The Quest For History

戰国

S E N G O K U

完 全 圖 解 事 典

B U S Y O U

武將

CONTENTS 目次

第三章
其他的群雄

群雄割據的戰國

在連親兄弟也會變成敵人的荒涼原野中，
出現了一群自認有資格君臨天下，成為霸主的男人，
後來他們被稱作是「戰國大名」；而那些以一擋千的勇者，
及率領千萬大軍的智者，也就是所謂的「戰國武將」，
他們則跟著霸主四處占領日本各地。這群男人出色的表現，
不但成為傳說流傳於後世，甚至跨越時空，
至今仍受到人們的尊敬及欽慕。

三支緊綁的弓箭就
絕對不會被折斷

毛利元就

牽制四國，覬覦本州

長宗我部元親

人稱魔鬼且懂得利
用兄弟長才

島津義久

稱霸一方

時代

伊達政宗
晚了一步的獨眼龍

上杉謙信
堅守品德的義士

武田信玄
風林火山旗幟的基礎

北条氏康
堅城小田原城的主人

織田信長
時勢所趨的風雲人物

男人們之間的戰鬥

這群男人在戰亂時代
為得到名聲而激烈鬥爭的軌跡

群雄的興亡

以織田信長、豐臣秀吉、德川家康為中心，解說戰國時代的走向。
在介紹各個勢力及武將來歷前，還是要先大概瞭解時代趨勢的變遷。

在應仁之亂結束的五十七年後
有一位英雄誕生

西元1467年，由於日本爆發了「應仁之亂」，京內街道變成焦土一片，室町幕府的權威也因而急速弱化。這場誰都無法從中得到好處的戰役，就這樣持續了有十年之久，隨著幕府的衰退，負責治理日本各地的守護大名及國人勢力則逐漸增強。

就這樣揭開日本從北到南，所有土地都遭群雄割據的「戰國時代」序幕，那些之後得到「戰國大名」稱號的群雄，則是趁隙擴張自己的領土，並率領大軍四處侵略，使得日本各地一再地發生血染戰役。

戰國大名渴望尋得優秀人才，都希望「戰國武將」能成為自己的部下，但由於身處亂世，武將們也都抱持野心而蠢蠢欲動。之後則有起而反叛並打倒主君的「下剋上」人物接連出現，整個時代就進入了任何人都能成為霸者的「亂世」時期。

甲斐（現今山梨縣）的武田氏、越後（現今新潟縣）的上杉氏、關東的北条氏，以及西邊國家的毛利氏，這些聲名遠播的勇猛者，也都是因為身處亂世，才會不斷地擴展自己的勢力範圍。1534年，在尚未出現統治者，且局勢陷入極度混亂的尾張（現今愛知縣西部），有一位英雄在此誕生，那個人就是織田信長，因為這位風雲人物的出現，使得整個亂世走向更為動盪。

織田信長為了達成天下布武[*1]
而展開侵略

從尾張開始燃起稱霸全國野心的織田信長，在年輕時也曾有過荒唐行為，所以大家都戲稱他是「傻子」。但等到他長大成人後，他開始改變自己的言行舉止，迎娶了人

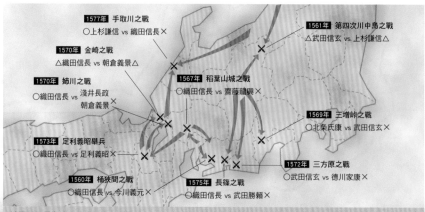

1577年 手取川之戰
○上杉謙信 vs 織田信長×

1570年 金崎之戰
△織田信長 vs 朝倉義景△

1570年 姉川之戰
○織田信長 vs 淺井長政 朝倉義景×

1573年 足利義昭舉兵
○織田信長 vs 足利義昭×

1560年 桶狹間之戰
○織田信長 vs 今川義元×

1567年 稻葉山城之戰
○織田信長 vs 齋藤龍興×

1575年 長篠之戰
○織田信長 vs 武田勝賴×

1561年 第四次川中島之戰
△武田信玄 vs 上杉謙信△

1569年 三增峠之戰
北条氏康 vs 武田信玄×

1572年 三方原之戰
○武田信玄 vs 德川家康×

以織田信長為中心的本州大名間戰役……有力大名群聚的近畿地區近郊簡直是激戰區，特別是經常發動攻擊的織田信長與武田信玄，兩人非常積極地侵略他國。

[*1]向天下宣示今後將由武家統治天下。

稱美濃（現今岐阜縣南部）腹蛇－齋藤道三的女兒為正室妻子，成功地為自己找到有力的後盾。他不僅出面協調織田家的家督之爭，還在桶狹間地區，以奇襲戰術成功擊退了當時的有力大名－今川義元。

之後他也擊敗了，以下剋上方式奪取齋藤道三地位的齋藤義龍之子－齋藤龍興。

直到他將根據地由美濃轉移至岐阜後，就發表了以武力制衡天下的「天下布武」宣言。如此一來，各地諸侯便無法漠視織田信長的存在，進而對其產生警戒。不過由於當時的幕府將軍－足利義昭在信長的庇護之下，所以一時還無法有所行動。

然而當織田與足利關係趨於惡化，足利就自行發號司令，組成了所謂的織田包圍網。就連娶了信長之妹－阿市為妻，而與信長有同盟關係的淺井長政也加入包圍網，使信長遭遇到最大危機，所幸此時包圍網主軸的甲斐武田信玄過世，受到上天眷顧的信長，在擊敗叛徒淺井長政後，將羽柴秀吉（後來的豐臣秀吉）、明智光秀、柴田勝家等優秀部下分配至各地，企圖藉由他們的各別行動來擴張自己的勢力範圍。

不久後信長親自終結了室町幕府時代，還神化自稱為「第六天魔王」。此人的卓越事蹟不僅使一般世人心懷恐懼，也讓其他人對信長感到害怕。然而事實上，信長真正的危險敵人是權力的內部核心。

織田信長死後
部下開始爭奪繼位者寶座

由於明智光秀的反叛，導致織田信長最終死於本能寺，而得知此情報後，最先展開行動的就是柴田秀吉。他奉信長之命以和平方式完成毛利攻略後，立即決定從備中（現今岡山縣西部）啟程飛奔至京都，並在「山崎之戰」中成功討伐明智光秀，順利成為織田信長的繼位者。

然而織田家的宿老－柴田勝家，卻對於這個事實深感不滿，這也讓織田家臣分裂為秀吉派與勝家派，兩雄在「賤岳之戰」正面交鋒下，成功奪下勝利的秀吉就繼承了信長的霸者之路，開始進行統一天下的計劃。

年號	發生大事
1467年	應仁之亂開始
1473年	細川勝元、山名宗全死去
1474年	足利義政把將軍職讓給足利尚仁後隱居
1477年	應仁之亂結束
1497年	毛利元就出生
1521年	武田信玄出生
1530年	上杉謙信出生
1534年	織田信長出生
1536年	花倉之亂
1537年	豐臣秀吉出生
1539年	長宗我部元親出生
1540年	毛利元就出兵安藝
1542年	德川家康出生
1543年	槍砲傳至日本
1545年	北条氏康確立關東支配權
1546年	河越夜戰
1548年	德川家康以人質身份前往今川義元陣營
1549年	織田信長迎娶齋藤道三女兒－濃姬為妻，進而締結同盟關係 聖方濟沙勿略（St. Francis Xavier）造訪鹿兒島
1550年	戶石城之戰
1551年	織田信長繼承織田家的家督
1553年	武田信玄平定信濃 第一次川中島之戰
1554年	武田晴信、北条氏政、今川義元締結同盟 豐臣秀吉追隨織田信長
1555年	第二次川中島之戰 嚴島之戰
1556年	長良川之戰 織田信長討伐弟弟－信行，結束家族權力鬥爭
1557年	第三次川中島之戰
1560年	桶狹間之戰 長浜之戰 德川家康的三河政權獨立
1561年	森邊之戰 第四次川中島之戰
1562年	織田信長與德川家康締結同盟
1564年	第五次川中島之戰
1565年	永祿之變
1566年	豐臣秀吉在墨俣築城 第二次月山富田城之戰
1567年	伊達政宗出生 稻葉山城之戰 織田信長將根據地從尾張移轉到美濃，並改以岐阜為根據地

7

四國和九州大名
獨自展開行動

由於四國和九州距離本州遙遠，所以各地的大名都會相互爭霸。四國有土佐（現今高知縣）的長宗我部氏，以及其對手一条氏和伊予（現今愛媛縣）河野氏。九州則有薩摩（現今鹿兒島縣西部）的島津氏與豐後（現今大分縣）的大友氏，以及肥前（現今福岡縣南部）的龍造寺氏等勢力抬頭。

最終是由和織田信長組成同盟，因而得到強大後盾的長宗我部元親稱霸四國，而九州則由能夠妥善分配兄弟職務，經歷多次激戰

勝出的島津義久掌權。可是對他們來說，並沒有能稍微喘口氣休息的時間，因為豐臣秀吉已經向他們伸出魔掌。

以天下統一為目標
不斷征戰的豐臣秀吉

豐臣秀吉雖然成功擊退柴田勝家，但在他的面前卻出現了一個阻礙，那就是德川家康。德川家康與織田信長次男－織田信合作，共同對抗豐臣秀吉，並在對戰時取得優勢，但織田信雄卻迫於壓力屈服於秀吉，因而失去對戰意義。

後來秀吉更借助越後的上杉景勝之力，成功壓制了逆謀的佐佐成政，因而完全掌握織田家舊有勢力。當時對秀吉來說，敵人就只剩下四國的長宗我部、九州的島津、奧州（現今東北地區）的伊達，及關東的北条。

在鎮壓四國和九州時秀吉軍陷入苦戰，所以他決定親自率軍征戰。後來奧州的伊達政宗派遣使者表達順從之意後，秀吉就立即針對以進行籠城術而聞名天下、北条家的名城－小田原城展開攻勢。雖然要攻下此城相當困難，但因為全國大名動員了二十一萬兵力包圍小田原城，形成前所未有的對戰布陣，逼得北条不得不認輸。另一方面，聽聞此消息的伊達政宗也急忙地趕往小田原參戰。至此，秀吉終以無血開城方式完成天下

四國大名間的戰役……土佐的長宗我部元親稱霸四國，但之後與秀吉發生衝突，而選擇向秀吉投降。

九州大名間的戰役……集結島津、大友、龍造寺勢力的九州軍，由島津勝出後則屈服於秀吉。

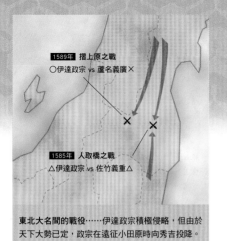

統一大業了。事情發展到這裡，一般都認為戰國時代就到此結束了吧！

「獨眼龍」伊達政宗顯露野心的新時代瞬間消逝

當豐臣秀吉以大阪為中心，築起體制磐石之際，奧州地區的角力鬥爭依舊持續。年輕的伊達家首領－獨眼龍伊達政宗為了統制奧州，正展開各地的侵略作戰。直到在「摺上原之戰」滅亡蘆名氏後，就以二十四歲的年紀確立了奧州霸權。

之後政宗與北条、德川共組三國同盟，企圖挑起與秀吉之間的戰火，不過因為家康在進行小田原征伐時，單方面放棄同盟關係，所以政宗決定轉而投靠秀吉。但由於他的野心仍在，反倒讓秀吉看出他的謀反之意，政宗只好轉而向海外獨自開拓貿易往來路線等活動，以往的野心已不復在。

戰國時代的終結

豐臣秀吉死後，政局突然變得混亂不堪，此時等待已久的德川家康終於展開行動，並捨棄了應該守護的豐臣家。另外由於秀吉生前「朝鮮出兵」政策的失利，使得以家康為中心的武斷派[*2]，和以秀吉心腹－石田三成

年號	發生大事
1568年	織田信長保護足利義昭
	任命足利義昭為征夷大將軍
1569年	三增峠之戰
	安藝城之戰
1570年	布部山之戰
	組成第一次信長包圍網
	金崎之戰
	金山之戰
	姉川之戰
	石山合戰展開
1571年	毛利元就死去
	織田信長燒毀比叡山延曆寺
1572年	木崎原之戰
	三方原之戰
1573年	一乘谷之戰
	小谷城之戰
	武田信玄前往京都途中病歿
1574年	織田信長鎮壓長島一向一揆
1575年	長篠之戰
	四萬十川之戰
	織田信長鎮壓越前一向一揆
1576年	織田信長開始建築安土城
	第一次木津川口之戰
1577年	信貴山城之戰
	手取川之戰
1578年	上月城之戰
	上杉謙信病逝
	耳川之戰
	第二次木津川口之戰
1580年	石山合戰結束
1582年	備中高松城之戰
	田野之戰
	本能寺之變
	山崎之戰
	中富川之戰
	神流川之戰
	天正壬午之亂
1583年	賤岳之戰
	北之庄城戰役
1584年	沖田畷之戰
	小牧長久手之戰
	引田之戰
1585年	豐臣秀吉就任關白
	豐臣秀吉鎮制四國勢力
	第一次上田城之戰
	末森城之戰
	富山之役
	人取橋之戰

9

為中心的文治派*³之間的關係更加惡化，戰國大名也因此被分為兩派加入這場大戰。家康所率領的東軍就與三成率領的西軍在「關原之戰」正面對決，雖然以人數多寡而言，西軍一時佔了上風，但由於西軍內部出現叛徒導致西軍瓦解，這場瓜分天下的戰役最後由家康所率領的東軍奪勝。

家康也因為這場戰役成為全戰國大名之首，並以征夷大將軍身份開創江戶幕府。直到二次經歷「大阪之陣」後，終於完全剷除豐臣殘黨，殲滅所有戰火。戰國時代自此終於走向終點，日本迎向太平盛世。

*²豐臣政權下的一個派閥，負責處理軍務。
*³負責處理政務。

〔東軍〕
總大將 德川家康
為討伐破壞眼前太平盛世的石田三成及其追隨諸侯而舉兵。

福島正則 前田利長
黑田長政 藤堂高虎
山內一豐 細川忠興
等人

對立

〔西軍〕
總大將 毛利輝元
認為家康輕視對其有恩義的豐臣家，才是大逆不道的惡人。有許多義士集結至三成陣營欲與康對戰。

石田三成 大谷吉繼
小西行長 島津義弘
宇喜多秀家
小早川秀秋（叛徒）
等人

年號	發生大事
1586年	德川家康臣服於豐臣秀吉
	豐臣秀吉就任太政大臣
	戶次川之戰
1587年	豐臣秀吉鎮壓九州勢力
	豐臣秀吉下令驅逐天主教勢力
1588年	豐臣秀吉頒布刀狩令
1589年	摺上原之戰
1590年	伊達政宗向豐臣秀吉投降
	小田原征伐
	豐臣秀吉統一天下
1591年	文祿之役
	豐臣秀吉就任太閣
1597年	慶長之役
1598年	舉辦醍醐賞花活動
	豐臣秀吉死去
1599年	長宗我部元親死去
1600年	伏見城之戰
	岐阜城之戰
	第二次上田城之戰
	大津城之戰
	石垣原之戰
	杭瀨川之戰
	長谷堂城之戰
	關原之戰
1603年	德川家康成為征夷大將軍，開創江戶幕府
1614年	大阪冬之陣
1615年	大坂夏之陣

關原之戰的布陣……東西部勢力龐大的大名在關原一決生死，兩方進行大規模決戰，但西軍卻遭布陣在松尾山的小早川秀秋背叛，使得西軍潰散，不到半天時間東軍就獲得勝利。

第一章

戰國時代的主人公

以武力擴大勢力的織田信長、繼承其遺志後來統一天下的豐臣秀吉、及維持天下太平盛世的德川家康，本章內容將解說代表戰國的三大代表英雄，以及其所屬重要部將。

建立天下統一基礎的尾張小規模豪族

織田家

因為戰國時代的風雲人物織田信長而出名的織田家，從尾張小規模豪族，歷經信秀及信長二代而聲勢大躍進。這個讓稀世天才誕生的織田家的家風又是如何呢？

<家紋：織田瓜>

是其中一種木瓜紋，織田瓜特徵在於有五片花瓣。

織田家的歷史起源及族譜

■越前是天才信長所誕生的織田家起源地

雖然織田家給人的印象是來自尾張（現今愛知縣西部），但其實他們是從越前（現今福井縣嶺北地區）移居至此的一族。據說越前現在還是有個地方取名為織田町，也有作為織田莊管理機構的織田神社，而織田家就是織田莊的莊官。

織田家在到信長這一代前，皆自稱是藤原氏後裔，直到信長即將平定天下時，則改稱為平氏。下面的族譜圖是廣為人知的織田家一族，據說這是信長為了讓自己看起來有資格征服天下，而創作出的族譜內容。

其實織田家的起源是忌部氏，忌部氏是大和時代的富豪家族，可以確定的是織田家絕對是系出名門之後。

西元1400年左右，在越前擔任守護一職的斯波氏兼任尾張守護，當時織田常松即任尾張的守護代。守護斯波氏因此與常松經常一起待在京都，而尾張的管理工作就交由常松的兄弟—織田常竹負責，織田家便是在此時開始有移居尾張的打算。

後來斯波氏因為家族內部出現紛爭，使織田家內部也分裂為伊勢守系及大和守系，開始了尾張的分割統治。另外，信長其實是來自織田家旁系的血親，而非織田本家，雖然這是在織田家移居尾張前就劃分清楚的事實，但尚未證實是否屬尾張守護代的旁系血親。

【織田家概略族譜圖】

平清盛—資盛—❶織田親真—❷親基—❸親行

❹行廣—❺末廣—❻基實—❼廣村—❽真昌

❾常昌—❿常勝—⓫教廣—⓬常任—⓭勝久

⓮久長—⓯敏定—⓰信定—⓱信秀┬信廣
└⓱信長
└信行

戰國時代織田家的興亡

■以經濟能力為背景，歷經二代勢力急速壯大

戰國時代的尾張是呈現由伊勢守系，及大和守系的織田家兩派分割統治狀態，而信長的出生家族就只是大和守系織田家的三奉行中其中之一。由於織田家的領地尾張是商業活動盛行的地區，所以到了織田信秀那一代就靠著經濟能力背景不斷壯大勢力。在織田信秀因病去世後，引發家族主導權之爭，後來由平息紛爭的織田信長繼承家督，歷時約八年時間才統一尾張。

西元1560年，雖然遭受駿河（現今靜岡縣東部）與遠江（現今靜岡縣西部）守護－今川義元的侵略，但也在有名的「桶狹間之戰」中成功地討伐今川義元。

接著信長前往京都急速擴大勢力範圍，一一擊破敵對勢力，得到中部到中國地區的廣大地域支配權。

但是當信長喪命於「本能寺之變」後，實際政權就轉移至豐臣秀吉手上。雖然信長的次男及三男也具備繼承權，但由於其嫡系身份遭剝奪，使信長的直系繼承就此中斷。

1555年左右的織田勢力

1581年左右的織田勢力

織田家的對立勢力

今川家　　P.204
雖然入侵尾張，但今川義元卻反被信長討伐，讓信長聲勢高漲。

足利家　　P.234
信長原擁立足利義昭為第十五代將軍，但不久後雙方反目，義昭就遭到驅逐。

本願寺家　　P.252
認定信長為佛教敵人，信徒群起發動一揆對抗信長。

織田家的居城 安土城

信長統一天下的據點－安土城，是從1576年開始，歷時約七年時間而建築完成。其北邊有後方堅固的安土山，南邊則有被內壕溝包圍的街道，而居城周圍也都有護城河環繞。

安土城有別於日本以往的山城，它融合了中國與西方要塞都市及日本風，被視為是近代城郭的先驅。不但如此，還另外找來擅長以金箔裝飾的繪師－狩野永德，奢華地打造了金碧輝煌的壁畫，建造出信長認為最適合當權者的住居。就是這座既堅固又絢爛豪華的安土城，在本能寺之變後，還是由信長的孫子－織田秀信繼續使用，直到豐臣秀吉掌權後的1585年才廢城，至今仍留有居城遺跡。

AZUCHI CASTLE
DATA

安土城

所在地：滋賀縣蒲生郡安土町下豐浦
別名：－
文化區分：國家指定特別史跡
築城者：織田信長
築城年：1576年
構造：平山城

13

戰國時代獨一無二的英雄

織田信長

■1534年生～1582年歿

降臨在這片無情荒野中的到底是神還是惡魔？為了實現心中日本應有的理想形態，而不斷四處征戰的織田信長，他到底為什麼要選擇走這麼嚴苛的道路呢？

PROFILE

1551年	繼承織田家的家督
1557年	殺害弟弟—織田信行，平息織田家的家族紛爭
1560年	在桶狹間討伐侵略尾張的今川義元（桶狹間之戰）
1568年	陪同足利義昭前往京都
1570年	為討伐朝倉義景入侵越前，因淺井長政背棄同盟而陷入危機（金崎之戰）
同年	雙方對峙姉川，成功擊敗對方（姉川之戰）
1571年	放火燒毀比叡山延曆寺
1575年	槍砲戰略擊退武田勝賴的騎馬隊（長篠之戰）
1580年	本願寺顯如向信長投降
1582年	爆發「本能寺之變」而逝世

illustration：米谷尚展

PARAMETER

武力 5
智力 4
政治 5
運氣 3
毅力 5

政治 5
能夠操縱將軍來拓展勢力，的確具備出色的政治能力。

運氣 3
雖然運氣不錯，多次從險境脫困，但最終還是因為部下謀反而死去，所以運氣只能算一半一半。

NATIVE PLACE

出身地〔尾張〕

從一開始的尾張放蕩兒子，轉變為令人敬佩的武將 信長的出現為戰國之世帶來一絲變革曙光

■被人當作是傻子的年少時期

成為日本驕傲的稀世英雄－織田信長，他很喜歡的歌舞曲目「敦盛」的一小節這樣唱道：「人生五十年……」，在他離五十歲還不到一年的四十九歲逝世前，他用盡全力在充滿競爭的戰國時代中，展現野心。

信長是尾張有影響力的織田信秀之長子，年少時的信長總是與同世代的玩伴一起到處玩耍，過著懵懂的生活，因此讓織田家歷代家臣與鄰國大名都覺得信長是個「傻子」。不過人類就是要在多愁善感的年紀經歷過某些事，才能決定之後的氣度，想必信長在此時一定見識過許多事，所以才會覺得要趕快「改變這個世界」。

信長在繼承督後，就改掉以往的言行舉止來領導織田家。當信長制伏其弟－織田信行覬覦成為織田家繼位者，所集結的反信長派勢力後，就對外到處宣稱自己的才是織田家的當家主人。之後當信長在桶狹間成功突襲今川義元大軍後，他的名聲便傳遍全國，後來他也順利壓制美濃的齋藤龍興，順利鞏固地盤，終於要正式踏上霸者之路了。

■受人仰慕也會因此樹立敵人

信長所發布的「天下布武」宣言，就是要以武力牽制日本。巧的是，信長這時如命運般地與明智光秀相遇了。

光秀是以被逐出京都的足利義昭使者身份與信長見面，信長第一眼看到光秀就很喜歡他，而決定保護義昭。雖然當時義昭的權威已跌落谷底，但相信義昭還是有利用價值的信長，決定將前往京都時擔任征夷大將軍的義昭當成傀儡來利用操縱。後來光秀被信長理想打動，所以選擇捨棄義昭成為信長的下屬。

就這樣有越來越多的人，因為仰慕信長而聚集，織田勢力明顯逐日壯大。不過同樣地，信長的敵人也與日俱增。很諷刺的是，就像信長因厭惡而與義昭反目那樣，全國大名都紛紛以取信長人頭為目標，彼此間的交戰也更為殘酷激烈。

隨著與淺井長政的同盟關係慘遭背叛、與人稱戰國最強的武田騎馬軍團壯烈激戰，以及與不害怕死亡的本願寺一向宗之間的爭鬥，這些連續的激戰使信長的內心失去知覺，並隨著年紀增長變得越來越殘酷無情。

雖然順利討伐敵人，但又接二連三發生下屬反叛，最後連光秀都選擇要推翻信長。起因是，原本應該要前往支援毛利攻略的光秀軍突然轉向，到達信長被困住的京都本能寺，由於信長無法立即派遣兵力，只能讓大火包圍本能寺，最後信長就在大火中，以雙手親自終結曾經風光一時的人生。

與織田信長關係密切的武將

明智光秀 P.16

本來是跟隨朝倉義景，後來透過義昭認識了信長，轉而加入其陣營。憑藉著優秀的能力成為織田家臣團首領，但卻突然造反討伐信長於本能寺。

足利義昭 P.238

室町幕府最後的將軍，在擔任前任將軍的兄長遭暗殺後逃離京都。雖然是得到信長庇護的將軍，但發現自己只是傀儡後，即與信長決裂。

在本能寺討伐信長的謀臣

明智光秀

■1526年生～1582年歿

因為本能寺之變給人不好印象的光秀，近年來都被描述為可悲的善良人物，到底他的真實面目為何呢？

PROFILE

1526年	清和源氏的土岐氏分支，以明智光綱之子身份出生
1559年	奉足利義昭之命，盡力輔佐信長前往京都
1571年	因為討伐燒毀比叡山戰功，獲得近江領地，並進駐坂本城
1579年	進攻丹波，成功佔有丹波領地，而進入龜山城
1581年	得到信長許可擔任京都閱兵式的指揮（京都御馬揃）
1582年	遠征中國地區途中突然急襲位於本能寺的信長（本能寺之變）
同年	對戰豐臣秀吉於山崎，因為敗戰而遭到農民圍攻致死（山崎之戰）

illustration：七片藍

PARAMETER

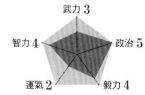

武力 3
智力 4
政治 5
運氣 2
毅力 4

政治 5　傑出的領土經營手法，並實行善政，因而受人民仰慕愛戴。

運氣 2　本能寺之變後，因為得不到細川藤孝和筒井順慶等人的援助，而敗給秀吉。

NATIVE PLACE

出身地［美濃］

才能受到信長青睞而嶄露頭角的謀臣

■突然出現在信長陣營的新星

明智光秀本身具備優秀才能，是地位到達織田信長家臣團頂端層級的武將。

在臣服於信長前，他曾經追隨過朝倉義景和足利義昭。光秀精通許多門學問，是愛好和歌及茶道的文化人，同時擔任朝廷的交涉等職務。在缺乏人才的織田陣營中，光秀是特別出色的人物。

近年來小說及連續劇中的光秀，大多描述他是個個性纖細有教養的人，因為長年看盡信長不講道理的行為，因此對其產生怨恨之意，最後才襲擊信長所在的本能寺。但是這卻與傳教士路易斯・弗洛伊斯在《日本史》所敘述的光秀大不相同。

光秀是信長的家臣團中後來才加入的外來者，據說家臣都很不喜歡他。他性格殘暴、喜好背叛和密會、獨裁、聰明的地偽裝自己及擅長計謀與策略，算是策略的達人，雖然都是很辛辣的批評，但確實可以從中稍微看出光秀真正的性格樣貌。

信長第一次和光秀見面時，就看中他的才能而拔擢他，而光秀出色的才能正好符合信長所謂的雖然出身不明，但只要有能力就能成為家臣的平等主義。光秀就憑藉著本身的謀略，轉戰於各地並立下不少功勞。雖然比較晚加入信長家臣團的競爭行列，但默默的已能和豐臣秀吉相提並論且受到信長信任厚愛的光秀，前途的確是一片光明。

■敵人就身處本能寺內，信長遭討伐！

然而光秀與信長之間的關係卻日漸產生裂痕。從爆發「燒毀比叡山延曆寺」事件開始，光秀就對信長的脫序行為抱持懷疑，最後讓他下定決心謀反的那一刻終於到來。

西元1582年，收到信長出戰命令的光秀對內容感到錯愕，為「攻下的毛利領地歸光秀所有，但近江和丹波領地則要沒收」，對此深感憤慨的光秀改變前往中國地區的路線，決定急襲留宿於本能寺的信長，導致信長被迫自我了斷生命。

雖然說嫉妒信長的人不在少數，但卻沒有人敢和光秀站在同一陣線。光秀在「山崎之戰」與秀吉激烈對戰，直到情勢對秀吉軍有利時，落荒而逃的明智軍因為沒有後路，無法延長戰線而戰敗。當孤獨的光秀落入專門獵殺落難武士的農民手上時，他的內心是何種感想呢？可以說是為了人民而決定謀反的光秀，結果卻不被人民所接受。

過去日本歷史所描述的光秀，以及受到民眾景仰的光秀等，就因為出現了完全相反的敘述，才會讓大家對明智光秀充滿興趣，但無論如何時代終究還是因為光秀而流轉，不但讓信長的天下布武政策落幕，也因此讓秀吉走向統一天下之路。

與明智光秀關係密切的武將

織田信長　P.14

信長相當看重光秀的才能，當光秀在石山本願寺作戰遭困時，信長還親自帶兵出征解救。

豐臣秀吉　P.48

對一介平民出身的秀吉而言，光秀是最大的仕途敵手，山崎之戰的勝利不僅是為信長報仇，也讓自己成為信長的繼位者。

最後一位既剛正又純真的織田家重臣

柴田勝家

■1522年生～1583年歿

剛開始是信長之弟信行的宿老，但是當信行對抗信長失敗後，得到信長許可後勝家就賣命為信長持續征戰。

PROFILE

1522年	出生於歷代皆為織田家宿老的家族
1556年	擁立織田信行舉兵謀反
1557年	告知信長信行的再度謀反意圖，之後就成為信長重臣
1575年	得到越前一國的支配權
1583年	以在本能寺死去的信長繼位者為賭注，與豐臣秀吉對戰而敗北（賤岳之戰），在北之庄城與正室妻子－阿市一同自殺

illustration：樋口一尉

PARAMETER

武力 4
智力 3　　政治 3
運氣 2　　毅力 4

武力 4
多數戰場上都有勝家身影，傳教士弗洛伊斯稱其為「信長的副將」。

政治 3
內政評價雖然高，但卻在信長繼位者之爭敗陣等，純粹是運氣不佳。

NATIVE PLACE

出身地〔尾張〕

即便立下許多戰功
最後還是輸給秀吉

■從逆臣變為忠臣

織田家首席家老－柴田勝家的人生的確很符合武將所給人不斷征戰的印象，如願獲得許多戰功，成為知名的猛將。但卻因為太過正直，不敵豐臣秀吉的政治外交手腕，就這樣失去了生命。

勝家一開始是織田信長之弟－信行的宿老，並追隨信行欲推翻信長。讓人感到畏懼的猛將勝家，原本激烈攻擊信長親衛隊，但之後情勢越顯不利，最後敗北。後來勝家剃髮向信長請罪，而信長也原諒了這群反叛者。有感於信長的情義相挺，更加鞏固了勝家願意為信長賣命拼戰的決心。勝家之後追隨信長並參與了美濃、近江等地的攻擊行動，佔有首席重臣地位。

西元1570年，當信長在攻擊朝倉義景，卻遭到淺井長政反叛之時，勝家就駐守在最前線近江八幡的長光寺城。據說當城池遭敵軍包圍斷絕水源時，勝家就將城中剩餘的水集中在瓶子裡，並分給每位士兵一杯水，讓他們一口喝下後，即表示：「想要死裡逃生就唯有進行突擊一途」，接著砸破還有水的瓶子，準備出城擊破包圍軍。這就是「破瓶柴田、鬼柴田」的傳說由來。

勝家在1575年得到越前的支配權，並擔任信長的北陸方面司令官。之後與上杉軍對戰，因為上杉謙信病逝而成功擊退敵軍，後來還平定了加賀的一向一揆，並持續進攻能登及上杉領地的越中。

■在信長繼位者之爭中敗北而自殺身亡

當信長因「本能寺之變」而在四十九歲辭世時，勝家是六十一歲，秀吉則是四十六歲。勝家由於長年追隨織田家，且還協助信長征戰四方，本身應具有一定的自信心。然而對年輕世代的秀吉而言，勝家就只是屬於舊世代的老將，是完全不需考慮其威脅性的對象。

信長過世之後，勝家就因為政權的繼承，而與秀吉形成對立關係。在選擇信長繼位者的清洲城會議上，秀吉因為討伐明智光秀而握有主導權，使織田家首領地位遭秀吉奪去，而且還是被比自己年輕十五歲的秀吉奪走權力。

之後當秀吉欲征服天下的野心越加明顯時，勝家就擁立信長三男－信孝，並聯合瀧川一益、佐佐成政以及前田利家等人共同對戰秀吉。

不過由於勝家所在的北之庄，位於積雪嚴重的北陸地區，使得勝家無法展開有利的戰局，再加上「賤岳之戰」利家的反叛，因而敗給秀吉。而逃往總據點北之庄城的勝家與正室妻子，也就是信長之妹－阿市，兩人最後一同以自殺方式結束人生。

就勝家的施政方式而言，他既是勇猛武將，也是個優秀、以民為主的政治家；能讓有美女之稱的阿市選擇其為再婚對象，應該也是被勝家的人品所吸引。

與柴田勝家關係密切的武將

織田信長　P.14

雖然勝家曾一度欲推翻信長，但之後就表現出對信長的忠誠。每次看到主君嚴重報復背叛者的行為，勝家都會想起自己之前的行為，而感到害怕。

豐臣秀吉　P.48

對首席重臣勝家而言，秀吉只是一介平民。而秀吉拿「柴田」一字，改名為羽柴等行為，也都是為了討好勝家。

前田利家

吸引目光的獨一無二耍槍技術

■1539年生～1599年歿

身著紅色軍裝奮戰於戰國中的「槍之又座」，受到友人和上屬的協助而踏上仕途之路，然而震驚天下的「信長之死」事件，卻成為利家最大的人生試煉。

PROFILE

1539年	以尾張的當地豪族－前田利昌四男身分出生
1551年	追隨織田信長並擔任其侍從
1559年	因為殺害信長另一侍從－拾阿彌而遭到織田家驅逐
1561年	重回織田家
1583年	因為在本能寺死去的信長繼位者問題，豐臣秀吉與柴田勝家激烈對立。利家選擇加入勝家陣營，但卻在戰爭最激烈時撤退，向秀吉投降（賤岳之戰）
1590年	擊敗侵略能登的佐佐成政（末森城之戰）
1598年	任命為五大老中的一人

illustration：虹之彩乃

PARAMETER

武力 4
智力 3
政治 5
運氣 2
毅力 5

武力 4
就如同稱號確實是擅長槍術的達人。

毅力 5
在信長面前有殺害其親屬的勇氣，之後又靠著不屈不撓的鬥志復活！

NATIVE PLACE

出身地 [尾張]

因為人際關係而吃盡苦頭
堅持到最後終究取得榮耀

■活躍豪放的年少時代

因為打下加賀一百萬石基礎，而受到當地的石川縣人民極大愛戴的前田利家，他在年少時，就是以喜好新奇事物而聞名的「新潮人士」，據說當時織田信長也是常和他往來夥伴中的其中一人。十四歲時選擇追隨信長，在信長與其弟織田信勝的家族鬥爭中，利家以擅長的槍術而表現活躍。成年後改名為前田又左衛門利家，不知不覺中又多了「槍之又座」的稱號，是個備受囑目的男人，後來也擔任信長親衛隊中的赤母衣眾首領，可以說是一帆風順的年少時代。

然而利家卻在之後嘗到了意想不到的苦頭。在織田家麾下的同朋眾（類似藝人）當中有織田信秀側室之子－拾阿彌這號人物，因為他都對信長下屬表現出傲慢態度，而這樣的行為就如同輕視君主，使得利家感到非常憤怒，便在信長面前斬殺拾阿彌，之後就離開織田家。

但成了浪人的利家，內心對信長的忠誠依舊不變，所以他私自參與了「桶狹間之戰」和「森部之戰」，利家在這兩場戰役中帶罪立功，最後信長原諒他，利家得以重新回到織田家。後來信長在仔細考慮後，便決定讓利家正式成為前田家的當家。

■對秀吉與勝家的對立感到困擾

此時有位引人注目的新武將加入，名為木下藤吉郎（也就是後來的豐臣秀吉）。雖然大部份的人都不喜歡農民出身的秀吉，但卻與經歷過苦難的利家很合得來，兩人之間的交情就有如親人般緊密。

而最討厭秀吉的就是長年跟隨織田家的長老－柴田勝家，信長將勝家的同等特權賜於利家，建構一個看似危險但又保持平衡的關係，然而當信長死於本能寺後，整個局面條地產生劇變。由於秀吉比任何人都迅速前去討伐明智光秀，所以自認是信長的繼位者，勝家對此無法坐視不管，所以兩方展開決定性的對戰。

這對利家來說是非常難以抉擇的局面，因為一邊是朋友，另一邊又是自己的上司，最後利家選擇加入勝家陣營。在決定織田家繼位者的「賤岳之戰」中，利家與秀吉終於要彼此刀劍相向，後來利家還是無法下定決心攻打朋友，於是突然領軍撤退。接著利家向秀吉投降，向其行臣下之禮，且成為「北之庄城戰役」的帶頭先鋒與勝家軍展開決戰，並為秀吉帶來勝利。

之後利家致力於創造豐臣的繁景，而秀吉也不負眾望成為天下人，利家成為秀吉繼位者－豐臣秀賴的監護人，並登上「五大老」之位。

與前田利家關係密切的武將

柴田勝家 P.18

當利家要被驅逐出織田家時，勝家還向信長求情，所以據說利家之所以會在「賤岳之戰」選擇加入勝家陣營，也是為了回報勝家恩情。

豐臣秀吉 P.48

織田軍中與利家較勁的同志，兩人雖一度為敵對關係，但由於之後利家向秀吉行臣下之禮，兩人的信賴關係才不至於毀壞。

晚年悽涼的聰明武將

瀧川一益

■1525年生～1586年歿

是織田家中足以勝任管理一國能力的優秀
人才，但卻在「本能寺之變」後，處境變
得艱難而沒落。

PROFILE

1525年	出生於近江國甲賀當地豪族家庭
1561年	負責與德川家進行交涉
1567年	確立在織田家的地位，成為進攻北伊勢軍隊的總大將
1578年	在討伐謀反的荒木村重時表現活躍
1582年	以織田信忠副將身份在天目山殲滅武田家
同年	擔任監控關東八州安全的職務
同年	被本能寺之變波及而遭北条氏追殺
1584年	入佛門出家

illustration：樋口一尉

PARAMETER

武力 4
智力 4
政治 4
運氣 3
毅力 3

政治 4　負責管理織田家一方面軍，如同宿老存在的文武雙全人物。

運氣 3　晚年時遠赴關東就任官職，但由於任務失利，生涯開始走下坡。

NATIVE PLACE

出身地 [近江]

受本能寺之變影響
晚年命運多舛的武將

■文武雙全的外來武將

出生於近江國甲賀望族的瀧川一益，是在外來者一一進駐的織田家中，努力爬升到最高階級宿老地位的其中一人。

像他這樣能夠如此受到重用，並獲得好幾個領地支配權的新進人物，另外還有明智光秀與豐臣秀吉。織田信長認為如果是無法達到要求的家臣，不論是多了不起的功臣，也應該像佐久間信盛那樣遭到驅逐，所以一益能被信長認同，亦是其為不可多得人才的最佳佐證。

雖然不清楚一益是何時進入織田家的，但是他在美濃攻略時即協助信長，所以應該是很早即追隨信長。他在1567年的北伊勢攻略，以一軍將領身份立下戰功，一益因此得到北伊勢五郡支配權的報酬。

另外，一益並不只在戰場上有優秀表現，像是他在桶狹間之戰後則是負責與德川家康進行交涉；除此之外，他在政治方面也有一定的才華，進而擔任與關東強者北条家的溝通窗口一職。

■從頂端不斷往下墜

擁有北伊勢領地、以織田家重臣身份踏上仕途、同時也以一軍大將身份追隨織田家的一益，參與了各式各樣的戰役，可以說是隨時作好準備的遊擊部隊。

在一益生涯中最出色的表現就是武田攻略，他是以信長長男也就是總大將一織田信忠的輔佐副將身份活躍於戰場，並順利殲滅了強敵武田家。

因為此次的戰功，一益得到上野國與信濃兩郡的所有權，也負責監督關八州的情勢變化，意謂擔任當時監視織田家東邊的最前線重要角色。

但一益心中對於這樣的恭維方式並沒有特別高興，當時甚至還流傳其實他所要求的回報只是知名茶器的趣聞。或許因為他年事已高，而且又是到荒涼且高度危險的最前線駐守，所以才會不喜歡這樣的安排，說不定一益當時也已預料到自己將來的沒落命運吧！

在一益治理上野國不久後，就爆發了「本能寺之變」，利用織田家混亂之際，北条氏趁隙進攻，雖一度遭到驅趕，但由於抵擋不住北条氏第二次進攻，一益被迫撤退至主要領地的伊勢長島。

後來的一益似乎完全失去了以往的光采，在秀吉與勝家之爭時，他雖然選擇站在勝家這邊，但之後就向秀吉投降。接著在秀吉與家康的「小牧長久手之戰」中以秀吉家臣身份，靠著謀略攻佔小城，但仍抵擋不了對方攻勢而失利。

應該是大人物的一益，最終還是看破紅塵選擇出家，並從歷史的表演舞台上消失。一益應該能夠算是在本能寺之變後，人生急轉直下的悲情武將。

與瀧川一益關係密切的武將

明智光秀　P.16

跟一益同樣都是外來者，但都成為織田家重臣，並以例外方式踏上仕途的人才，也因為光秀謀反導致「本能寺之變」，讓一益的人生出現變化。

豐臣秀吉　P.48

同樣是外來者，在織田家嶄露頭角。雖然對一益而言是後輩，但是當秀吉成為天下人後，也沒有對秀吉不敬，晚年的一益選擇臣服秀吉。

跟隨信長、秀吉的忠義之士

池田恒興

■1536年生～1584年歿

織田家歷代家臣，通稱為勝三郎，在信長
統一尾張前一起吃了不少苦，參加了多場
信長主戰的戰役，也屢屢立下戰功，為輔
助信長成就大業的勇將。

PROFILE

1536年	以池田恒利之子身份出生
1580年	擊敗荒木重村，並獲得重村舊有領地
1582年	與豐臣秀吉一同擊退明智光秀（山崎之戰）
同年	擁立信長嫡孫—三法師為繼位者（清洲會議）
1583年	秀吉與柴田勝家激烈對戰，在攝津牽制西國武將（賤岳之戰）獲得美濃國領權，並入主大垣城
1584年	在秀吉與德川家康的對決中戰死（小牧長久手之戰）

illustration：TOHRU

PARAMETER

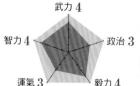

武力4
智力4　政治3
運氣3　毅力4

智力 4
在「山崎之戰」中——破解難關，具備多樣性的用兵手法。

毅力 4
會負傷再次上陣的剛毅之士，但有時候自尊心也會害到自己。

NATIVE PLACE

出身地［尾張］

能看出對戰走向與時代趨勢
並引領勝利的勇將

■自小就跟隨織田家，與信長親如兄弟

池田恆興小信長兩歲，是自小以侍從身份跟隨織田家的忠臣。他對織田家有很深厚的忠誠心且很重情義，由於他的母親－養德院是信長的奶媽，所以他們可以算是喝同樣母奶的兄弟。據說信長總是會吸光奶媽的母奶，所以他曾換過好幾次奶媽，但卻只有養德院沒被撤換掉。

因賞識恆興的武勇，所以成為信長的馬迴眾，也因自從信長懂事以來，恆興就一直待在織田家，所以信長很信賴他，在「桶狹間之戰」、「美濃攻略」、「姊川之戰」等，以信長為主線的戰役，都有恆興隨侍在旁。只要有信長出現場合，經常都能看到恆興的身影，當然恆興不單單只有參與戰役而已，他在所有的戰役中皆立有戰功。這是因為恆興很擅長推論戰勢走向，且具備能準確完成任務的指揮能力。

從他擔任信長嫡男－織田信忠的輔佐一職，就不難看出信長對他的深厚信賴。當他與信忠一同到達距離信長遙遠的尾張時，恆興持續牽制武田家，並參與「長篠之戰」成功地發揮所長殲滅武田家。

■認同秀吉為信長的繼位者

西元1582年，當信長即將一統天下之際，他命令恆興前去支援正在進行攻略中國的秀吉，不過就在出發前爆發「本能寺之變」，信長因而自殺身亡。此時人在京畿內的恆興，則收到光秀出兵協助的請求，但他斷然拒絕。接著他從中國地區快馬加鞭回京與秀吉會合，並且在與光秀決戰的「山崎之戰」中擔任右翼的主力部隊。

開戰初期兩軍攻勢你來我往，無法預知秀吉是否能獲勝，但恆興卻打破了雙方勢均力敵的局勢。他出奇不意從側面攻打正要渡河的光秀本隊，而其他分隊也緊接著同時發動攻擊，最後成功擊垮光秀軍。因為擅長推論戰局走向，所以是恆興的戰略遠帶領軍隊奪得勝利。

恆興為信長陣中最資深的家臣，但不可否認他的實際功績的確不如秀吉與柴田勝家等人。而他也預知在信長過世後，如果想要再擴大自己的領土範圍，與秀吉站在同一陣線會是最有利的選擇，雖無法與秀吉處於對等位置，卻也願意臣服於秀吉之下，可說是個擁有先見之明的人物。

二年後，家康與秀吉霸權之爭的「小牧長久手之戰」，竟成為恆興的最後參戰。雖然一開戰就順利進攻犬山城，但家康軍也立即還擊，形成兩方對峙場面。而恆興則指揮別動隊，趁夜晚局勢混亂之際以三河為目標前進，不料此行動遭家康察覺，恆興因而受到槍傷。但不輕易認輸的恆興仍繼續整軍準備攻擊，然而如此焦躁的情緒，卻是讓恆興命運急轉直下的關鍵；恆興的戰略布陣遭受攻擊，在還未見到秀吉統一天下即戰死沙場。據說如果恆興還能活著，他能夠得到尾張一國的所有權，但他與信長同樣在四十九歲時離開人世。

與池田恆興關係密切的武將

織田信長　P.14

信長並非只以對待兄弟方式重用恆興，而是以愛才的方式來重用很有能力的恆興。

豐臣秀吉　P.48

本能寺之變爆發後，恆興都與秀吉一起行動，兩者間的緊密關係，即是源自以往的密切交流，而秀吉也很重視恆興的存在。

獨自對抗秀吉奪取天下的孤狼

佐佐成政

■1536年生〜1588年歿

擔任織田信長的黑母衣眾首領，以己力往上攀升，成為一國治理者的猛將。儘管長年戰友一一變成敵人，但他仍然貫徹自己的信念，人們稱其為「北陸孤狼」。

PROFILE

1536年	以尾張當地豪族－佐佐成宗第五子身份出生
1550年	追隨織田信長
1560年	繼承家督成為比良城的城主
1567年	任命為信長親衛隊－黑母衣眾首領
1575年	獲得越前府中，成為小丸城的城主
1581年	以越中守護身份成為富山城的城主
1584年	在「末森城之戰」與前田利家對立
1585年	向豐臣秀吉表示投降
1587年	任命為肥後國的國主
1588年	因失政遭秀吉怪罪，而切腹自殺

illustration：藤川純一

PARAMETER

武力 4

智力 3　政治 3

運氣 2　毅力 5

武力 4
與別名「槍之又左」的信長赤母衣眾首領－前田利家實力不相上下。

毅力 5
眼看秀吉就要一統天下，但他仍然不放棄在寒冬完成橫越山區任務。

NATIVE PLACE
出身地 [尾張]

原本隸屬織田家的菁英變得殘暴兇狠

■對信長奉獻身心的忠誠下屬

從父親那一代就效忠織田家，誓言對織田信長絕對忠誠的男人－佐佐成政，他在擔任馬迴一職時，就以立下多次戰功而嶄露頭角，最高職位則是信長親衛隊中的黑母衣眾首領。他豪邁的戰姿得到極高評價，在「長篠之戰」中與前田利家、福富秀勝一同率領槍砲隊參戰的勇猛者。他應和信長一樣都抱有天下之夢，即使在夢中也馳騁戰場中。

在他為了與上杉謙信對決備戰而入境越中時，為了解決因融雪造成的水患問題，在備戰同時仍花費心思在建築堤防等治水工程上。他的能力絕對不是一天兩天才突飛猛進，而是本身就具備如此程度的政治能力，他還代替當時的國主－神保長住，以富山城的城主身份治理越中，可說是彰顯織田家世代菁英身份的境遇。

然而就在信長死於本能寺之後，成政的榮譽之路也隨之中斷，直到他以切腹自殺方式步上信長後塵之前，他的後半生幾乎是充滿災難的……。

■因為憎恨秀吉而變得性格殘暴

在豐臣秀吉與柴田勝家爭奪實權時，成政毫無異議地選擇了柴田方，因為對直率的成政而言，顯現出狡猾個性、欲奪大權的秀吉是個討人厭的人物。在成政心中，完全不希望秀吉會有統治天下的一天。在勝家戰死後，他乾脆假裝支持秀吉，但一得到德川家康與織田信雄的同盟邀約，他就決定與秀吉成為敵對關係。因此他還與昔日戰友前田利家分離，他們兩人在「末森城之戰」展現驚人的拼死戰鬥精神。成政決定要對戰秀吉至死，但家康與秀吉突然和解的事實，卻成為他的惡夢。

成政並沒有因此放棄，為了督促家康再次舉兵進攻，他在寒冬中橫越飛驒山脈（北阿爾卑斯）成功抵達濱松，就連現在都很難完成的橫跨路途（稱之為「俐落跨越」）至今仍讓人津津樂道，這是日本歷史上最快速的橫跨山岳表現。據說當時成政一行人身著熊毛皮、手握四尺長刀，仔細地察看周圍動靜。不過即便他有視死要打敗秀吉的決心，卻還是無法打動家康，逼得他不得不向秀吉投降。

說服家康失敗，從濱松歸來的成政，據說一聽到愛妻百合子與侍從私通的傳聞，內心感到憤怒不堪，不僅斬殺了百合子，還接連斬首百合子整個家族。其實成政並不是這麼殘暴的人，應是將內心無處可發洩的怒火，無意識的以如此殘忍的方式一次爆發出來。

雖然在他臣服於秀吉後，也得到肥後一國的所有權，但是最後還是因為失政遭到秀吉責難而切腹自殺。為何自尊心如此高的成政，當時沒有自殺而選擇向秀吉表示投降呢？或許他就在等待能打倒秀吉的機會，才會展現出這般不輕易屈服的精神。

與佐佐成政關係密切的武將

柴田勝家　P.18

據說成政在多次攻擊富山城的過程中與勝家發生口角，再加上「賤岳之戰」時幾乎沒有率軍來幫忙，所以打從心底不信任勝家。

前田利家　P.20

同為信長親衛隊的母衣眾首領，共同經歷多次激戰，彼此有密切聯繫。但信長死後，利家成為秀吉的下屬，使兩人關係漸行漸遠。

人稱魔鬼的剛直武將

佐久間盛政

■1554年生～1583年歿

猶如鬼神的戰鬥模樣，而被稱為「鬼玄蕃」的佐久間盛政，在「賤岳之戰」擊破敵陣，使得柴田勝家方又更靠近勝利一步。

PROFILE

1554年 以織田家麾下的佐久間氏一族身份出生

1568年 十四歲第一次上戰場攻打六角氏

1576年 追隨柴田勝家參與加賀一向一揆討伐

1577年 「湊川（手取川）之戰」對戰上杉謙信失利

1580年 受到伯父佐久間信盛失勢，連帶遭閉門處罰。之後戰功得到認可，而成為加賀金澤城的城主

1583年 「賤岳之戰」加入柴田勝家陣營，但在首戰討伐中川清秀失敗，遭遣返京都斬首

illustration：伊吹ASUKA

PARAMETER

武力5
智力3 ── 政治3
運氣3 ── 毅力5

武力 5
成功鎮壓一向宗，在「賤岳之戰」的奮戰精神的確值得獲得高評價。

毅力 5
即便戰敗也不自殺，而選擇遭遣返斬首，的確是勇氣十足。

NATIVE PLACE

出身地 [尾張]

28

人稱「鬼玄蕃」的超人般鬼神

■有「魔鬼」稱號的強壯男兒

佐久間盛政是尾張出身，與其父－佐久間盛次一同效力於織田信長。盛政是「身長六尺」（約一八二公分），為佐久間家中的巨漢，在當時平均身高只有一六〇公分的那個時代裡，盛政不管走到哪裡都相當引人注目。

不僅體格壯碩，武藝也很精湛的盛政早在十四歲時，就首次踏上戰場參與了六角攻略，之後也屢屢立下不少戰功。

盛政的母親是柴田勝家的妹妹，因此盛政也跟隨負責信長軍中的進攻北陸的柴田勝家，以討伐加賀一向一揆的軍隊先鋒身份奮戰。

盛政以不畏生死的姿態對戰一向宗徒，以不放過任何一個人的戰鬥精神進行鎮壓行動，他的身軀就猶如鬼神的對戰姿態，所以人稱「鬼玄蕃」。

盛政之後被任命為加賀守護，但就在他與一揆不斷激戰的1580年，其伯父－佐久間信盛之子信榮，卻因為怠慢職務而遭撤職。

當時的盛政表現很廉正，他辭退了所有之前因為戰功而得到的賞賜，自請閉門反省處份，此舉不但得到周圍人士一致好評，信長也願意原諒他，不久後盛政就被任命為金澤城的城主。

■魔鬼臨終前

西元1582年爆發「本能寺之變」信長自殺身亡後，勝家就與豐臣秀吉形成對立狀態，盛政選擇加入柴田方。隔年，由於秀吉不斷擴展領地範圍，使勝家實在無法再坐視不管，便決定從居城北之庄南下，在賤岳附近與秀吉軍展開對峙。由盛政擔任勝家軍副將，兩軍差不多持續了一個月的對峙狀態，直到支持勝家的織田信孝假裝投降於秀吉，在等待時機再次展開進攻，帶領軍隊朝岐阜城前進時，雙方才又有所行動。因為此時察覺敵軍行動的秀吉馬上趕往美濃，這也正是讓局勢出現大逆轉的時機。

盛政得知此情報後，便告知勝家應該趁著秀吉不在時攻擊大岩山，但勝家以攻擊後要迅速撤退為條件才答應此次行動，不過鬼玄蕃的決心卻不僅於此。盛政的攻擊不但強而猛烈，且與與親弟弟（勝家養子－柴田勝政），一同突破秀吉方的軍隊布陣。

於此同時，聽聞秀吉軍居於劣勢的秀吉，則馬上從美濃趕回作戰擊破盛政軍陣。殿後的勝政因此身亡，而盛政則逃往越前山中躲藏，但最後還是遭到逮捕。

秀吉相當欣賞盛政的驍勇善戰精神，所以希望他能效忠自己成為部下，但盛政卻斷然拒絕，並希望能讓自己處以死刑。接著他換上鮮艷裝扮，被遣送回京斬首。三十年的剛直形象的代表人物身影，就這樣消逝於世間。

與佐久間盛政關係密切的武將

柴田勝家 P.18

與盛政父親－盛次同為跟隨織田信長的武將，盛次迎娶勝家之妹為妻子，之後生下盛政。盛政也追隨伯父勝家，直到最後都一起行動。

佐久間信盛 P.38

盛政的叔父，信長以信盛「攻擊過於溫和，整天只對茶道有興趣」為由，將其流放邊疆，但剛直的盛政或許也對信長所言有同感。

有遠見的智將

丹羽長秀

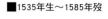 ■1535年生～1585年歿

即便臣服於從前的後輩，還是能準確得知主家存續繁榮的智者，即使沒有精彩的功勳，其優越的洞察力還是能讓他得以生存於亂世中。

PROFILE

1535年	以尾張的丹羽長政次男身份出生
1574年	擔任「蘭奢待切取」的奉行一職
1575年	擔任安土城的普請奉行
1581年	被賦予京都軍馬整頓（軍事典禮）最先入場榮譽
1582年	「本能寺之變」後討伐明智光秀 女婿－津田信澄（信長姪子）
同年	「山崎之戰」與豐臣秀吉一同對戰明智光秀
1583年	「賤岳之戰」前去支援秀吉

illustration：中山KESHO

PARAMETER

武力 4
智力 5
政治 5
運氣 4
毅力 3

 政治 5　在建築安土城時擔任普請奉行等，內政方面功績顯著。

 智力 5　即便在「山崎之戰」擁立信孝，但看清局勢選擇跟隨秀吉而順利存活。

NATIVE PLACE

出身地 [尾張]

槍術與築城都難不倒的多才武將

■織田家中什麼都在行的人物

丹羽長秀在織田家，是僅次於柴田勝家的第二號家老重臣的其中一人。「本能寺之變」後，在織田家所發生的內部紛爭中，他因選擇效忠秀吉得以存活下來，是個懂得分辨情勢而保有家老地位的武將。

長秀也通稱五郎左衛門，更衍生出「鬼五郎左」、「米五郎左」的兩個別名。

說到這兩個別名的代表意義：「鬼」是形容其在戰場上的勇猛果敢作戰方式；「米」則是代表他多才多藝、能夠完成所有工作，如同米一般不可或缺，意謂著長秀是個能隨時指派任務的萬能型武將。

以對戰方面來說，他在織田信長所發動的美濃攻略立下戰功，並在「長篠之戰」、越前的一向一揆討伐的參戰後讓家族勢力抬頭。接著他順利地在信貴山城殲滅謀反的松永久秀，另外也參與了丹波攻略、中國表攻略等戰事；不斷轉戰各地的長秀，的確是個不辜負鬼五郎左之名的武將。

不過，之後任何一場戰役他都沒有再被任命為總大將，因為在織田家的勇猛者當中，長秀在軍事方面的能力似乎稍嫌不足，因此他在織田家中的所領數和兵力等方面，都不如後進的豐臣秀吉、明智光秀以及瀧川一益。

即便如此，他還是在搭建安土城的大工程中擔任普請奉行職務等，在內政方面持續累積功勳，就因為如此他才能在京內所舉行的天帝看照儀式的馬匹軍隊演練中，獲得到最先入場的禮遇。

■認清自己的職責得以存活於亂世

對其他重臣而言，本能寺之變是命運極大轉換點，對長秀來說亦是如此。長秀當時是以織田信孝總大將身份，為了前去支援四國攻略軍而待在邊境城市內。得知光秀謀反消息的長秀和信孝商量過後，便前去討伐光秀女婿－津田信澄（也是四國討伐軍的一員），之後就率領軍隊與秀吉會合。

但與兵力過萬的豐臣軍相比，長秀、信孝率領的兵力頂多只有三千，在戰場上能率領越多兵力的人就越有發言權，無法集結更多兵力的長秀只能乖乖參與由秀吉這個後輩擔任主將的「山崎之戰」。

其實早在參與這場戰役前，聰明的長秀應該就已經知道，秀吉將會是下一個統一天下的人，因為他自從「清洲會議」以來，自始至終都在守護著秀吉，後來也一直協助秀吉成為天下人。

長秀的功勞為他自己帶來更多的領地與薪俸，進而成為更富有的大名，其子孫雖曾一度遭到撤職，但後來又恢復職權，丹羽家的後代就一直延續至明治維新時期。

在本能寺之變的這個時機點上，長秀成功完成了延續自家功名的這個課題，即便在戰場上無法以總大將身份掌握主導權，但長秀的確不失為是個優秀的戰國武將。

與丹羽長秀關係密切的武將

柴田勝家　P.18

一開始當信長繼承家督時，勝家曾因為織田家的內部紛爭，而與信長關係對立，當時長秀則是站在信長這邊，因為長秀總是會選擇勝者的一方。

豐臣秀吉　P.48

以前名字羽柴中的「羽」字，據說就是取自於丹羽長秀的「羽」字。原先兩人地位距離遙遠，但之後兩人的立場卻出現大反轉。

在戰國之世大放異彩的「歌舞伎者」

前田慶次

■生卒年不詳

就連隆慶一郎氏的小說《一夢庵風流記》都有描寫的「歌舞伎者」，在眾多武將中，大放異彩吸引不少目光的前田慶次，他的一生是充滿魅力的。

PROFILE

- **1567年** 利家奉信長命令繼承家督，利久與慶次離開荒子城
- **1581年** 利久和慶次投靠治理加賀的利家，之後就以利家部下身份從軍
- **1587年** 從利家麾下出走
- **1600年** 在出羽長谷堂包圍戰中，慶次殿後引導上杉軍撤退

illustration：虹之彩乃

PARAMETER

武力 5
智力 2
政治 2
運氣 4
毅力 5

武力 5
的確符合長谷堂撤退戰中，因為表現活躍所獲得的最高評價。

運氣 4
以歌武伎者身份還能活到長壽，可以說是很受上天寵愛。

NATIVE PLACE

出身地 [尾張]

以「歌武伎者」身份為人所知
是個愛好雅趣的武士

■離開前田家自由自在生活

前田慶次是擁有特別喜好的「歌舞伎者」、不害怕失去性命的勇敢武士。但其內心與外表相反，他精通和歌、文學、茶道，擁有愛好雅趣的一面，可以說是在戰國武將中，展現特殊風采的人物。

慶次雖然出生在瀧川家，但由於母親為前田利久再娶的妻子，所以慶次成為利家的養子進入前田家。但因為前田家是由利久的弟弟－利家所繼承，所以利久父子倆就離開荒子城。被瀧川家、前田家兩家名門剝奪名號的慶次，雖然因此暫時從歷史舞台上消失，但也因為如此，他在那段時間才能過得自由自在。

當前田利家來到加賀後，慶次和利久就雙雙投靠利家，慶次之所以捨棄自由的生活，而選擇成為利家的所屬武將，都是為了年邁的養父－利久著想。而對於利家而言，慶次的存在總是讓他傷透腦筋，所以每次總是會斥責慶次的怪異舉動。

等利久過世後，慶次就脫離利家麾下，當時還流傳著慶次以泡茶轉移利家注意力，趁他泡澡時逃走的趣聞。

■長谷堂撤退戰中猶如鬼神的表現

出走後的慶次，在京都每天都過著自由愉快的生活，他也正是在此時遇見了直江兼續。瞭解許多學問又重情義的兼續與慶次，兩人彼此都很欣賞對方，而慶次也答應兼續的提議，決定效力於上杉謙信。雖然曾經流傳在雅趣世界中的慶次，或許也無法抑制血液裡的那股熱情吧！

當「關原之戰」展開時，兼續攻打出羽霸者－最上義光，慶次也從軍參戰。由於兵力人數上的優越，上杉軍在初戰就奪得勝利，且進攻至離最上居城－山形城只有一步之隔的距離展開包圍戰術。

然而，由於收到石田三成在關原之戰敗北的消息，迫使上杉軍不得不撤退。因為西軍潰敗，受到極大打擊的兼續曾想要自殺，所幸被慶次阻止，拼命說服兼續才讓他選擇活下來，繼續輔佐上杉家。

事實上，真正的戰役從現在才開始。得到伊達家援軍的最上軍，開始針對撤退的上杉軍進行追擊，此時慶次親自率軍殿後並朝著最上軍射擊，緊接著慶次直接進攻，猶如鬼神的迅速姿態，輕鬆解決了一個又一個敵軍。在對戰中連敵方的總大將盔甲上都中彈，不難得知這是場激烈的混亂對戰，兩軍的死亡人數都不斷攀升，最後靠著慶次的出色表現得以讓上杉軍成功撤退。這場對戰對慶次而言，也是人生中最大、最後一場的大戰役。

關原之戰結束後的戰後清算，讓上杉家遭到剝奪勢力的處罰，許多家臣幾乎都選擇離開上杉家，不過慶次為了與兼續的友情，仍繼續留在上杉家。雖然不清楚慶次是何時死亡，但可以確定的是他到死之前，都還是所謂的歌武伎者。

與前田慶次關係密切的武將

前田利家 P.20

年輕時的利家是個不輸給慶次的歌舞伎者，雖然對於自己棄慶次不顧，而繼承家督的行為產生罪惡感，但是當慶次出走後，他也沒有要找尋他的意思。

直江兼續 P.122

「關原之戰」後由於上杉家遭到降級處罰，家臣因此一一離去，但慶次卻基於與兼續的友情，而繼續留在上杉家。

33

才色兼具的年輕事務官

森蘭丸

■1565年生～1582年歿

讓織田信長稱讚為「就算拿天下也很難交換到的秘藏寶物」的年輕人－森蘭丸，比起任何人都更受信長寵愛，而他的一生也從未背叛這份信賴感。

illustration：哉ヰ涼

PROFILE

- **1565年** 以美濃國金山城主－森可成三男身份出生
- **1577年** 成為信長侍從
- **1582年** 任命成為美濃國金山城的城主
- **1582年** 「本能寺之變」遭明智光秀部下的安田作兵衛殺害

PARAMETER

武力 3
智力 5
政治 5
運氣 3
毅力 3

武力 3
精通武術，在『本能寺之變』也讓明智軍團的精兵－安田作兵衛身負重傷。

政治 5
能完美地完成織田家的事務，據說也曾預感明智光秀會起兵謀反。

NATIVE PLACE

出身地【美濃】

與織田信長之間有深厚牽絆的幸運兒

■連信長也推崇的美貌與才智

以戰國武將中排名第一美少年而聞名的森蘭丸，少年時期就成為信長家臣。信長可以說是代替擔任其家臣的父親－森可成，作為蘭丸的養父，並對蘭丸有一股不尋常的寵愛。雖然信長被蘭丸外貌所吸引是事實，但信長也是因為自己卓越的眼光，所以才能看出蘭丸深藏不露的才智。

蘭丸以侍從身份負責家中與信長之間的溝通對話，更被賦予諸事奉行、加判奉行等重責，作為一名有能的事務官不斷地努力。之後也得到他人支持，能夠在作戰會議上提出意見，且作為織田家門面擔任出訪使者。在武田家滅亡後，信長賜與立下極大戰功的蘭丸之兄－長可能以領地更換舊武田領地的權力，並同時命令蘭丸擔任美濃國金山城的城主一職。這位在作戰中尚未以武力打下功績的年輕事務官，卻成夠成為一城之主，在當時真可說是前所未見的。

蘭丸是個聰明但不靠諂媚方式來建立自己的地位的人。因為大多數人都很害怕向信長進言，所以家臣中沒有人能很輕鬆地與信長對話，不過據說只有蘭丸敢口出直言，會針對所有事向信長提出諫言，而信長也不會因此發怒，反而直率地順從接受，因為蘭丸的想法總是符合條理。

■一舉一動都是為信長大人著想

其實蘭丸對信長也懷有一份深厚的情感，像是蘭丸在搬運裝有橘子的箱子時，信長會擔心地跟他說：「箱子太重很危險，你會跌倒喔！」，結果蘭丸就真的跌倒了。據說後來家臣之間談論著：「信長大人說會跌倒，如果沒跌倒的話那就是代表信長眼光不準，所以蘭丸才會故意跌倒的。」

還有一次，有回信長下令「將開著的門窗關上」，但當時門窗是關著的，因此蘭丸還特地先慢慢打開門窗，然後再發出關上門窗的聲響。為什麼蘭丸要特地這麼做呢？那是因為蘭丸不希望被周圍人知道，是信長自己搞錯狀況，所以才故意發出聲響。另外，蘭丸也會特地幫信長將剪下的指甲拿去丟棄在溝渠內，以防止有心人士以指甲為媒介施法。因為蘭丸很會拿捏狀況行事，也難怪信長會將蘭丸視為跟天下一樣重要。

片刻不離信長身邊的蘭丸，卻在十八歲時戰死於本能寺內，相信他如果能繼續活著的話，名聲說不定會遠播天下，但能夠跟信長一起死去，或許對蘭丸來說也是一件幸福的事吧！

與森蘭丸關係密切的武將

森可成　P.41

蘭丸的父親，擁有英勇的高評價，有擔任信長前往京都的先鋒等偉大功績，而蘭丸也是因為有這樣的父親，才會被信長所注意。

上杉謙信　P.120

偷偷來到上杉城下的蘭丸，雖然被謙信認出真正身份，但還是允許蘭丸在此參拜，看來蘭丸的名聲已遠播至鄰國，讓謙信也對他抱有好感。

具備準確眼力得以存活於大環境

金森長近

■1524年生～1608年歿

打下無數戰功的金森長近，不單單只以武士身份活躍於戰場上，同時也具備能察覺實力者的眼光。

illustration：
伊吹ASUKA

PARAMETER

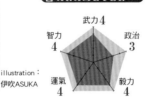

武力 4
政治 3
毅力 4
運氣 4
智力 4

NATIVE PLACE

出身地 [美濃]

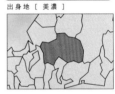

在織田家成長之後成為飛驒高山的首代藩主

■以赤母衣眾身份立下無數戰功

金森長近原名為可近，因為從信長那得到一字，所以改名為長近，之後還被拔擢成為赤母衣眾等，獲得信長的極高評價。長近在「桶狹間之戰」、「姊川之戰」、「長篠之戰」，及一向一揆的鎮壓等重要戰役中皆立下戰功，在柴田勝家麾下也獲得領地所有權，仕途一路平順。

長近的著名戰功之一，即是在攻打鳶之巢要塞時，與德川家康旗下武將－酒井忠次一起帶著五百個火藥及兩千士兵，朝著武田軍背後襲擊。這次的奇襲順利地討伐武田信玄之弟－武田信實，並奪回鳶之巢要塞。長近的功勞與後來長篠之戰的勝利密不可分。

■二度參與瓜分天下的戰役

收到命令就二話不說上戰場的長近，因為這樣行事作風使他的仕途一路順遂，但在信長死後為了繼續生存，他面臨要做出決定的時刻。當柴田勝家與豐臣秀吉對立時，長近一開始是屬於柴田方，並參與「賤岳之戰」與秀吉對戰，但之後他又脫離勝家加入秀吉陣營。得到秀吉赦免的長近，之後受秀吉之命攻打飛驒，接著因為戰功受到認同，被賜予同國領地所有權。「關原之戰」時長近加入家康所率領的東軍行列，因對勝利有所貢獻，成為領地範圍增加到六萬石的大名，也擔任飛驒山第一代的藩主。另外，長近的品茶人身份也頗為知名，不但與秀吉同為茶會成員，同時也是和千利休學習茶道的文化人。

遭到辭退的悲情武將

林秀貞

■生年不詳～1580年歿

是信長繼承家督之前織田家的重臣，但由於能力不被肯定，晚年面臨遭驅逐流放的悲慘命運。

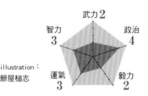

PARAMETER

武力 2
智力 3
政治 4
運氣 3
毅力 2

illustration：
鯵屋槌志

NATIVE PLACE

出身地〔尾張〕

因為信長的織田家合理化思考
使得家老地位遭剝奪

■跟隨織田家二代，但卻遭到驅逐

林秀貞是效命織田信秀、織田信長父子二代的織田家重臣，以林道勝之名而廣為人知的武將。

秀貞出生在尾張當地豪族家庭，追隨信秀成為其重臣，之後因為嫡男信長而成為排名第一的家老。

基本上，信長繼承織田家後，排名頭號的家臣地位不久後將成為首席重臣的可能性極高，是個非常具有未來性的地位，而秀貞本身實力的確也足於勝任此項職位。但因為秀貞對信長怪異的行為感到不滿，所以對信長能擔任主君身份的能力充滿懷疑。

信長繼承家督後又過了幾年，秀貞與柴田勝家等人決定擁立信長的親弟－信勝為主君，進行謀反。

雖然當時是北邊有齋藤道三、東邊有今川義元等強力戰國大名包圍的情勢之下，但秀貞單純只是為了織田家的未來著想，才做出此等決定。

與信長成敵對狀態的秀貞，卻在「稻生之戰」中輸給了兵力只有自己一半、盡力奮戰的信長軍。

因為慘敗、謀反行動遭鎮壓的秀貞，與勝家一同與信長謝罪，之後他以織田家宿老身份，活躍於內政及外交場合。

不過，卻有個晴天霹靂襲擊了秀貞。他因為之前謀反罪行，而遭到織田家驅逐。然而，實際上這只是織田信長藉機鏟除能力不符卻擁有龐大利益的家臣，於是秀貞就在信長合理化的家臣團運作方式下被迫犧牲了。

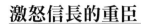

激怒信長的重臣
佐久間信盛

■1527年生～1581年歿

身為織田家歷代家臣，雖然集結了京畿內最大規模的軍團，但由於激怒信長，依然面臨遭驅逐的悲慘命運。

illustration：
佐藤仁彥

PARAMETER

武力 4
政治 4
毅力 2
運氣 2
智力 4

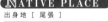

NATIVE PLACE

出身地 [尾張]

因信長提出十九條罪狀而遭流放

■擅長率領殿後軍隊的歷代重臣

歷經織田信秀、織田信長時代而效力於織田家，自小就成為信長家臣的佐久間信盛，參與多場信長主戰的戰役，在家臣團中屬於首領階級。也因為擅長在對戰中指揮殿後軍隊作戰，而有「撤退佐久間」的稱呼。

在近江的六角攻略、鎮壓一向一揆、攻打淺井氏等多場戰役中立下戰功，而獲得近江的栗田郡領土。仕途看似順遂的信盛，卻因為兩個失誤即將面臨悲慘命運。

第一個失誤是發生在武田信玄前往京都為目標的「三方原之戰」中，他以家康支援軍身份前去救援，卻不戰即撤退，而同樣前往支援的平手汎秀則因協助家康而戰死。

另一個失誤則是在朝倉攻略時，信盛向信長諫言表示不應該因家臣疏忽，沒有持續追擊朝倉義景而斥責家臣，此舉也嚴重激怒了信長，使得信盛往後人生覆蓋上一層陰影。

■提出檄文而遭流放

在本願寺攻略時的總大將－塙直政戰死後，信盛就接手他的職位，此時信盛的已是擁有織田家的最大規模家臣團。不過，雖然如此，他依然無法順利擊敗頑強抵抗的本願寺，結果還是信長透過朝廷達成雙方和解。後來有一天信盛就突然收到信長所提出的「十九條罪狀」，包括本願寺攻略的失利、三方原的撤退、朝倉攻略的忠告等責備內容，把信盛批評得體無完膚，還將歷代重臣身份的信盛，拿來與豐臣秀吉的戰功方面做比較。信長完全不念舊情地做出賞罰分明的決定，而人生已過半百的信盛，也只能接受自己遭流放的命運。

illustration：
海老原英明

跨越三世代的誠實一族
山內一豐

■1546年生～1605年歿

陸續追隨織田信長、豐臣秀吉、德川家康三位天下人的山內一豐，因為懂得解讀時代趨勢，得以建立功績。

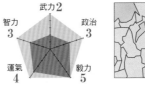

PARAMETER

武力 2
智力 3
政治 3
運氣 4
毅力 5

NATIVE PLACE

出身地 [尾張]

因與愛妻共同打拼
而脫離懷才不遇的年少時期

■一句話就收服土佐的男人

　　榮登土佐大名之位的山內一豐，在年少時就感受了家族離散的辛酸，不斷四處飄泊。雖然曾跟隨松倉城主－前野長康、近江國勢多城主－山岡景隆等人，但仍無法開花結果有所成就。直到二十三歲跟隨信長時，期盼已久的人生轉機終於到來。

　　即便在「刀禰坂之戰」中臉頰被射中而身負重傷，但還是靠著毅力擊敗弓箭名手－三段崎勘右衛門，這段英勇事蹟讓山內一豐一時聲名大噪。信長死後，他跟隨秀吉逐步地累積戰功，其實軍才與武藝都不算太出色的一豐，之所以能成功建立起仕途基礎，靠的是他那認真態度所帶來結果。

　　秀吉死後他也很快地追隨下一位以天下人為目標的家康，並表明自己的所屬領地都能交由家康管理。此舉激勵了其他武將，也都紛紛加入德川陣營，德川軍團隨之成形；同時，一豐也在「關原之戰」中立下許多戰功，家康對此充滿感激，將一豐拔擢為擁有二十萬石領地的土佐大名。

■與愛妻千代的同心協力

　　其實一豐的出色表現，其賢內助－千代的功勞亦不容小覷。當時默默無聞的一豐因從妻子手上拿到嫁妝購買了一匹名馬，而得到信長歡心。另外，據說千代在作為石田三成人質時，曾表示比起自己的安全，對家康的忠誠更為重要，因此一豐才因妻子的決心而有所動力，不再猶豫地全力協助家康。

　　一豐也打從心底深愛著千代，除了千代以外沒有再娶其他妻子，這對當時的知名武將來說是很難得的事。同心協力的山內夫妻雖然最後沒有一起生活到老，但依然彼此相互扶持地存活於戰國時代。

擅長取得平衡，受民眾仰慕的仁將

堀秀政

■1553年生～1590年歿

身為信長身邊隨從的堀秀政，以信長使者身份加入秀吉陣中時，就爆發了「本能寺之變」，之後他跟隨著秀吉一同作戰。

PARAMETER

武力 4
政治 4
毅力 3
運氣 4
智力 3

NATIVE PLACE

出身地 [美濃]

illustration：
伊吹ASUKA

偶然踏上仕途，卻深懂取得平衡的武將

■具備政治管理才能，且受民眾愛戴的仁將

堀秀政因為擔任信長侍從而踏上仕途，追隨秀吉後也成為豐臣政權中有力的武將。

堀秀政為美濃堀家長子，十三歲時就被挑選成為信長的侍從，十六歲時在足利義昭暫時居住的本圀寺擔任普請奉行，年紀輕輕即嶄露頭角。

至於，武藝方面的表現也很出色，堀秀政在越前一向一揆討伐、紀伊的雜賀眾討伐，伊賀攻略等戰役中都有參戰。

在「本能寺之變」爆發時，他則是信長出征中國地區的訊息傳達使者，所以待在秀吉陣中；也因為如此，秀政之後的人生產生巨大轉變—成為秀吉政權中的有力武將。

■連民眾都大嘆可惜的早逝

在秀吉為弔唁信長而展開的「山崎之戰」奪得勝利後，秀政因為「清洲會議」而成為佐和山城主。同時，秀政的實力也被一同作戰的秀吉看中，所以秀政之後就跟隨著秀吉。秀政也不負重望地在「賤岳之戰」、「小牧長久手之戰」等戰役中都有出色的表現，這些卓越的戰功讓他成為越前國十八萬石的大名。接著也參與了「小田原征伐」，不幸的是，秀政卻突然在此時因病過世，得年三十八歲。

除了武藝之外，秀政也頗有政治頭腦。當人民對政治有所批評時，秀政會召集、告知官員們說：「要心懷誠意接受民眾諫言」，所以人們都稱秀政為「品行左衛門督」，對他讚不絕口。

當秀政過世後，人民也表示：「相信若讓秀政管理天下政治，應該也不會有什麼問題」。大家都深為秀政的早逝感到遺憾。

奮力搭救信長的勇猛武將
森可成

■1523年生～1570年歿

以長可和蘭丸父親身份而為眾人所熟知的森可成，不僅立下無數戰功，最後還因為搭救陷入困境的信長而身亡。

illustration：譽

PARAMETER

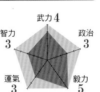

武力 4
智力 3
政治 3
運氣 3
毅力 5

NATIVE PLACE

出身地［ 美濃 ］

在無數戰場上立下功勳的知名槍術好手

■為盡義務而壯烈犧牲

森可成是效力於美濃國守護大名土岐氏的武將，為森可行之子。可行因為與奪走土岐氏所屬美濃的齋藤道三關係惡劣，所以便與鄰國的信長示好，進而成為織田家的家臣。

可成在成為信長家臣後，就陸續在信長的家督之爭、尾張統一、「桶狹間之戰」、美濃攻略等爭鬥中貢獻己力。

他是個為人所知的槍術名手，在與織田信友在清洲城展開對峙時，他也成功討伐敵陣主將，是擁有高評價的勇健武將。另外，他也在信長前往京都期間，攻下無數個城池。因此，當信長完成京都之行後，已順利的將勢力擴展到京都周圍。但就在織田家看似順利地朝天下統一大業前進時，卻發生了和信長有姻親關係的淺井家之背叛事件，使雙方形成敵對關係。

為求脫困的信長決定暫時撤兵，卻立即遭到淺井朝倉軍的攻擊，進而爆發「姉川之戰」，在此戰役中可成奮力阻擋敵方進攻，雖然最後由織田軍得勝，但卻已無力再殲滅敗逃敵軍了，同時織田軍也陷入遭到周圍勢力包圍的危機，所以信長只好不斷轉戰四方，繼續增強織田家的實力。

在四方征討的過程中，可成被分配駐守到為京都與近江聯絡路線上的宇佐山城，但卻不幸遭到淺井、朝倉軍隊的大舉壓陣，可成深知這是一場寡不敵眾的對戰，但仍奮力一搏，最後還是不敵對方攻擊而戰死。但也因為可成的死命阻擋，才使淺井、朝倉軍企圖突襲信長的策略宣告失敗，忠心護主的可成可說是拿自己的性命去幫助主君脫離險境。

41

受信長、秀吉重用的文武雙全武將
蒲生氏鄉

■1556年生～1595年歿

因才能得到信長認可，而加入織田一族的文武雙全武將。也是跟隨秀吉建立起國家的會津藩基礎的重要人物。

illustration：
鰺屋槙志

PARAMETER

武力 3
政治 4
智力 4
毅力 3
運氣 3

NATIVE PLACE

出身地 ［ 近江 ］

在作為人質時就受到信長認可的有才之人

■愛好雅趣且善待家臣的勇將

基本上，蒲生氏鄉是個與織田信長無直接關係的人物。當時有很多武將都是因為被信長發掘才能，而以人質身份來到岐阜城，蒲生氏鄉便是其中一人。信長一眼即看出氏鄉的實力，便把女兒冬姬許配給自小就擁有驚為天人的出色外表的氏鄉，讓他順利進入織田家族。

氏鄉果然如信長所料，是個文武雙全的武將，不但精通和歌、愛好茶道文化，還拜師在「利休七哲」門下。另外他曾擔任戰國三大美少年之一的槍術名手－名古屋山三郎的侍從，其備受寵愛的過往事蹟也廣為人知。

當信長於本能寺自殺時，氏鄉人正在日野城進行籠城，他斷然拒絕明智光秀的勸誘，感念於信長對自己恩惠，內心對信長的忠誠絲毫不為他人所動。即因如此，氏鄉的才能與人品受到豐臣秀吉的信賴。

■於會津交手並重挫政宗野心

氏鄉成為秀吉家臣後，入主會津的黑川城，負責擔任防備、牽制伊達政宗的角色，他所獲得的領地有九十二萬石。而從氏鄉進入會津之後的驚人活躍表現，就不難發現他為何能成為名將的原因了。

進入會津的氏鄉，迅速地平定政宗暗地參與活動的大崎、葛西一揆，成功重挫政宗的野心；另一方面，政宗派遣十六名刺客剌殺氏鄉，但刺殺行動因刺客遭到逮捕而宣告失敗。不過，得知此事的氏鄉卻以「有感於刺客對政宗的忠義」為由，釋放了這些刺客。如此看來，氏鄉是個連對刺客都能展現極大肚量的人物，想必政宗對氏鄉的存在應感到苦惱無比。可惜的是，原應會在秀吉政權中大放異彩的氏鄉，卻在四十歲時因病去世。

率領裝甲船管理海上秩序

九鬼嘉隆

■1542年生～1600年歿

讓織田與豐臣都讚賞不已的水軍，就算犧牲生命，也要奮力守住九鬼的家名，是個心地善良的「鬼」。

illustration：
中山KESHO

PARAMETER

武力 5
智力 3　　政治 3
運氣　　毅力 5

NATIVE PLACE

出身地〔志摩〕

想要一直保有最強水軍的名號

■讓九鬼家躍升為超級大名的猛者

九鬼嘉隆是率領直屬於織田信長、豐臣秀吉水軍的海上豪傑，其勇猛戰姿即使到了後世，仍被取了個「海盜大名」的稱號。

九鬼家原本是志摩當地的權貴，但由於政權不穩，最終還是不敵對手而敗陣，之後嘉隆不斷逃亡，直到透過瀧川一益的介紹才成為信長的仕官，而這正剛好是能使九鬼家再度復興的契機。得到信長這個強力後盾之後，嘉隆就意氣風發地鎮壓了志摩的紛爭，得以一吐多年來的心中怨氣。

但是，嘉隆並非是個因此就感到自滿的狹小氣度之人，他以信長的重臣身份，多次帶領頑強的水軍部隊，進行所向無敵的快速追擊戰。在鎮壓長島的一向一揆時，使用了破壞力極強的長槍，朝敵方進行猛烈的艦砲射擊，在一揆的鎮壓行動中貢獻良多。

不過，就在與毛利水軍作戰時，嘉隆卻因對方所發射的火箭而陷入苦戰，其敗戰結果深深激怒了信長，並下令要建造可防火的船艦。這在當時可說是個讓人相當頭大的命令，但嘉隆知道若違抗命令只有死路一條，或許是身為水軍的執著與驕傲吧！就在他苦思許久後，腦中突然閃過將船貼上鐵片的裝甲船想法，信長因此投入大量的資金來建造裝甲船，並向嘉隆表達了心中莫大的期待。

後來，在秀吉死後的「關原之戰」中，當時嘉隆的兒子－守隆加入東軍行列，但嘉隆本身則是在西軍。儘管如此，嘉隆並非真的要與兒子展開對決，而是希望不論是東軍或西軍獲勝，九鬼家名都能世代延續存續下去。

一反常態背叛信長，難道已勝券在握？

荒木村重

■1535年生～1586年歿

忽然背叛信長的荒木村重，花了將近一年時間封鎖攝津的有岡城，大肆破壞了信長的「天下布武」之路。

illustration：TOHRU

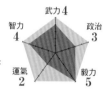

PARAMETER

武力 4
智力 4
政治 3
運氣 2
毅力 5

NATIVE PLACE

出身地 [攝津]

仕途順遂菁英的沒落

■決意謀反卻拋下妻子、部下逃跑

西元1578年，在中國地區從前年就展開的毛利攻略的秀吉陣營中，荒木村重忽然推翻織田信長，並封鎖據點的有岡城。

村重原本是攝津池田氏的家臣，趁著主家紛爭趁勢而起，不久即凌駕於主家之上，成為有實力的人物。1573年，信長成功封鎖足利義昭的行動而掌控京都所有權後，村重就立即率軍加入信長陣營，因為京都周邊仍有許多義昭的盟友，所以村重的加入讓信長感到欣喜。

成為信長部下的村重，進攻槇島城並流放了義昭，此次的戰功讓村重獲得攝津一國的所有權。之後他也活躍於石山本願寺、雜賀眾的對戰，在秀吉的毛利攻略時甚至還擔任副將一職，仕途一路順遂。

那麼村重為什麼要冒險謀反呢？有一說是：傳言村重將食物送至敵對的本願寺時，遭到信長懷疑有二心，因此才被逼到不得不謀反；另一說則是：當村重與信長首次見面時，信長讓村重吃下了被刀插住的糕點，雖然信長因此很欣賞村重的膽識，但村重卻因此傷及自尊心。

不過從村重的行為來看，他不會發動沒有勝算的謀反舉動，以他的解讀來說，只有與本願寺、毛利等人聯手對抗信長，才是有利的行動方式。儘管有岡城包圍長達一年，但毛利最終依然未有任何具體行動，村重只好逃出城外，之後投靠安藝的毛利輝元，而被迫遺留的村重家人、家臣則都慘遭信長殺害。「本能寺之變」後，村重與秀吉和解並成為其隨從，到死前都居住在堺區。另外，他也跟千利休學習茶道，是著名的茶人；有些文獻甚至還將村重列為「利休七哲」的其中一人。

因「本能寺之變」而分離的年輕武者

織田信忠

■1557年生～1582年歿

有一個未完成天下統一大業的草創者父親，是個具有能力繼承家業的第二代。

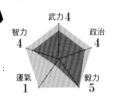

PARAMETER

武力 4
政治 4
智力 4
毅力 5
運氣 1

illustration：TOHRU

NATIVE PLACE

出身地〔尾張〕

因橫死無法繼承父親的偉業

■最接近天下大業人物的繼位者

織田秀忠因為「本能寺之變」被迫在二条城內自刃身亡。

因為父親的功績實在太優異，所以信忠並不太為人注目，但他以一軍總大將身份，累積了許多戰功，並懂得如何有效處理政務，是位得到眾多家臣好評的年輕少主。

信忠的勇名是在攻略武田時為人所知。當時武田家雖在「長篠之戰」中軍力受到極大耗損，但還擁有甲斐、信濃、駿河三國所有權，其勢力仍不可輕忽。而信忠作為先鋒大將出戰，不到一個月的時間，就趕在信長後備軍到達武田領地前殲滅敵軍。

這次的勝利可說是要歸功於兵力差異，及跟隨信忠經歷過許多戰役的武將協助，才能夠如此快速順利地指揮作戰。

除了攻下武田軍之外，還有在攻略雜賀時討伐雜賀孫一、攻打信貴山城時擊敗松永久

秀，以及在攻略中國地區過程中，在危險的敵營陣地，維持與對象毛利家大軍的戰線等，展現出總大將應有的身手架式等，這些都是信忠的實力表現。

■繼續跟父親一起……

然而，信忠卻在「本能寺之變」時，無法及時前去救援父親，只能待在封鎖的二条城內持刀奮戰，最後以自刃方式結束生命。這樣的果斷勇敢舉動，的確很符合年輕武者，只是就意義上來說雖然果決，卻讓人覺得很可惜。

已經繼承織田家家督、並具備足夠氣度的信忠，如果能夠活著離開京都，或許能整合織田家勢力前去討伐光秀，然後再繼承信長的事業，如此一來，織田家說不定能達成天下統一。因此，對織田家來說，他的死亡真是令人感到惋惜！

45

與秀吉一同誕生，一同消失

豐臣家

農民出身卻成為天下人的豐臣秀吉，因活躍於戰國而誕生了豐臣家。不過，在秀吉死後豐臣家也一同沒落了，可說是為了秀吉而存在。

〈家紋：太閤桐〉
與豐臣這個姓氏同為朝廷所賜，而成為豐臣家的家紋。

豐臣家的成立與其族譜

■由秀吉為首建立的豐臣家

從農民之子到成為天下人，只經歷了一個世代的時間就到達頂端的豐臣秀吉，這個農民踏上仕途的故事，至今仍為人津津樂道，但有關秀吉之前的豐臣家人物至今仍不清楚。

秀吉是來自尾張（現今愛知縣西部）中村的農民，能夠確定的是他父親是彌右衛門，但不清楚彌右衛門的詳細來歷。根據《甫庵太閤記》與路易斯‧弗洛伊斯所著《日本史》記載，彌右衛門是名有力名主，雖然也有一說他是以木下彌右衛門的身份效力於織田信秀（織田信長父親）麾下的槍砲步兵，但由於彌右衛門死亡時間與火藥流傳至日本是同一年，所以可信度不高。

一般認為，木下這個姓氏是在秀吉成為武士後才開始使用的，而秀吉只是經營小規模農家的彌右衛門之子。

後來的秀吉之所以改姓豐臣，是因為在他就任關白時，天皇賜與其新的姓氏，所以往後其家族就將姓氏改成豐臣，也等於了秀吉就是豐臣家族的先祖。雖然在秀吉死後，其家族血脈因為「大阪之陣」而斷絕，但其正室妻子－高台院的娘家依舊使用這個豐臣姓氏，因此直到明治時期豐臣姓氏還是存在的，並以原先的豐臣氏身份延續其家族歷史。

由於秀吉之後的姓氏與原先姓氏不同，而秀吉皆有在使用這兩個姓氏，所以文中就以秀吉之名稱呼。

【豐臣家概略族譜圖】

木下彌右衛門　┬　❶豐臣秀吉　┬　秀勝（側室方）
　　　　　　　└　秀長　　　　├　鶴松
　　　　　　　　　　　　　　　└　❷秀賴

戰國時代豐臣家的興亡

■即便曾一時掌握天下，但還是遭德川家康篡位

　　以農民身份出生的秀吉，從十八歲起就跟隨信長，當時秀吉的名字是藤吉郎但卻沒有姓氏，當他在二十五歲與寧寧（即為高台院）結婚時，由於寧寧娘家姓氏為木下氏，所以秀吉就開始使用這個姓氏。

　　西元1573年信長殲滅淺井氏後，秀吉成為長濱城的城主，並從織田家長老－丹羽長秀和柴田勝家的姓氏中各得到一個字，所以改名為羽柴秀吉。在「本能寺之變」信長橫死後，秀吉在繼位者紛爭中得到勝利，並在1585年受封關白一職。

　　得到豐臣姓氏賞賜的秀吉，就改名為豐臣秀吉，接著擊敗關東的北条氏，統一天下。

　　但就在秀吉死後，家中長老之間因為積怨而反目，「關原之戰」爆發後德川家康更獲得勝利而掌控實權。

　　「大阪之陣」時，因之前受到豐臣恩惠的大名，也不敢違逆德川家，導致豐臣家在戰役中敗北而中斷家族歷史。

1583年左右的豐臣勢力

1598年左右的豐臣勢力

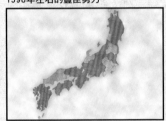

豐臣家的對立勢力

柴田家　P.18

在信長死後的繼位者紛爭中，因北國的地勢不利而敗北。

德川家　P.74

雖一時臣服於秀吉，在秀吉死後勢力抬頭，奪取天下人的地位。

北条家　P.132

仰賴德川、伊達與秀吉對決到最後，但卻在「小田原之役」中敗北。

豐臣家的居城 大阪城

　　作為豐臣居城而出名的大阪城，其實是搭建在與信長對立的石山本願寺所在地。本願寺於1580年被燒毀，但因為北邊有淀川主流通過的天然要害，所以只要沿著河川往上遊走，就能通往京都的交通要地。

　　注意到此地重要性的秀吉，因而在1583年開始築城。大阪城超越安土城的豪華程度，且融合西洋技術建造出的堅固巨大城池，特別是在市集外圍的溝渠效果極高。又因為居城內部有市集，所以即便進行籠城戰術，也能不被打擾地正常過活。

　　現今的大阪城則是在大阪之陣時燒毀的遺址上，使用建造城池的石垣修復後，還原當時的樣貌。

OHSAKA CASTLE
DATA

所在地：大阪府大阪市中央區
別名：錦城、金城
文化區分：特別史跡、重要文化財13件
築城者：豐臣秀吉
築城年：1583年
構造：輪郭式平城

以雙手攫取「天下人」寶座

豐臣秀吉

■1536年生～1598年歿

從農民到成為天下人，辛苦完成偉大夢想。儘管信長給予的「猴子」暱稱，卻加深兩人的情誼；雖然老是給人一種輕率的感覺，但真正的秀吉是個野心極大的人。

PROFILE

1554年	跟隨織田信長
1566年	在墨俣築起一夜城
1582年	本能寺之變信長橫死，在山崎討伐明智光秀（山崎之戰）
1583年	與柴田勝家正面衝突（賤岳之戰）
1584年	受織田信雄所託而與德川家康展開決戰（小牧長久手之戰）
1585年	就任關白
1590年	小田原征伐，因而達成天下統一
1591年	朝鮮出兵（文祿之役）
1597年	第二次朝鮮出兵（慶長之役）
1598年	六十三歲逝世

illustration：NAKAGAWA

PARAMETER

武力 4
智力 5
政治 5
運氣 5
毅力 5

智力 5
如果不是發揮了那驚人的智慧，決不可能以農民身分登上最高位。

毅力 5
成為信長部下的那段時期，都會不顧危險自願上陣，相當熱衷於戰事。

NATIVE PLACE

出身地〔尾張〕

追隨信長腳步順利統一天下，躍升為戰國第一

■效力於信長而發揮所長

在這個只要才能被發掘就有機會出頭的戰國時代，尾張中村農民出身的秀吉，一心夢想能踏上仕途，於是就帶著竹槍上戰場，終於靠著出色表現一舉躍升為大名。後來因為織田信長之死而逐漸加大自己的野心，最終成功一統天下。

秀吉年輕時即因才能被拔擢，效力於信長後很快就嶄露頭角。他最有名的功績應該就屬墨俁一夜築城了。當時由於死傷人數眾多，所以需要好幾天才能完成築城，但秀吉卻能成功地完成這個織田家歷代猛將們都挑戰失敗的艱難任務。秀吉也因此確立在織田家的地位，接著順利加入重臣之列。

雖然有許多人看不慣外來者的勢力抬頭，但在「金崎之戰」的撤退戰中，據說當秀吉自願表示要負責殿後時，反秀吉派的先鋒－柴田勝家卻因感念秀吉的行為，不惜借自己的兵力；且在秀吉成為大名時，其羽柴秀吉這個名字，據說就是各取自勝家和丹羽長秀的一字，看來秀吉與其他家臣之間的關係，並沒有想像中那麼不睦。

■終於統一天下，然後……

但就在信長死於本能寺後，情況出現一大轉變。秀吉領先其他人早一步成功討伐明智光秀，而成為第一號信長的繼位者。

之後秀吉順利擊敗因舊織田家勢力一分為二而演變為敵對關係的勝家，接著再平定四國、九州，並動員二十萬兵力組成前所未有的包圍網方式，成功讓抵抗到最後的北条家屈服，完成天下統一大業。

歷經苦難後終於登上霸者之位，換作是一般人應該就會滿足這樣的現況，但秀吉不是這麼簡單的人物，他的野心並未因此減少一絲一毫，他更進階地把目光拓展至廣闊的海外，連續進行了兩次朝鮮出兵的行動。不難看出秀吉在六十三歲離世前，內心仍持續燃燒的野心。

與豐臣秀吉關係密切的武將

織田信長　P.14

秀吉的主君，覺得對自己有用處而將秀吉留在身邊。秀吉為了讓信長成為日本的王者，願意粉身碎骨從旁協助。最後因為明智光秀的謀反死於本能寺。

明智光秀　P.16

織田家臣時代秀吉的競爭對手，由於兩人同樣是外來者，所以會互相比較功績，兩人都成為織田家重臣，但因為推翻信長而遭秀吉討伐。

柴田勝家　P.18

織田家最資深之一的家老，因為很多事而與秀吉反目，信長死後兩人嫌隙加深，終在繼位者紛爭中爆發衝突。

德川家康　P.76

與織田家締結同盟，和秀吉好像也是舊識關係，雖然在「小牧長久手之戰」中與秀吉對戰，但之後又對秀吉行臣下之禮。

戰國時代的代表性年輕天才軍師

竹中半兵衛

■1544年生～1579年歿

年輕時就繼承家督，為了防止信長軍的入侵勸諫主君諫言，並以十六人之姿佔領居城的謀略之士。容貌秀麗舉止平穩的這個男人，以秀吉軍師身份展開無血開城行動。

PROFILE

1544年 以不破郡岩手城主－竹中重元之子身份出生

1560年 因為重元過世而繼承家督，並效力於齋藤義龍

1561年 義龍過世，由龍興繼承家業

1564年 一夜之間佔據龍興居城－稻葉山城，自城持撤退後成為淺井長政的客將，之後受秀吉之邀成為其直屬家臣

1579年 在播磨三木攻略過程中病倒，恢復戰線後就因病死亡

illustration：虹之彩乃

PARAMETER

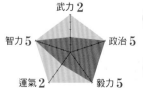

武力2
智力5
政治5
運氣2
毅力5

智力 5
與黑田官兵衛相輔相成，具有智慧而被稱為是天才軍師。

毅力 5
領悟到自己死期已到，就決意戰死沙場，懇請秀吉讓自己上陣。

NATIVE PLACE
出身地【美濃】

身形纖細性格沉穩的天才
以參謀身份協助秀吉陣營

■讓信長苦惱並擅長使用計策的年輕人

豐臣秀吉身邊有稱之為「兩兵衛」的二位軍師，一位是黑田官兵衛，另一位就是年輕的天才軍師－竹中半兵衛。根據記載他有像女性般的外表、性格沉著冷靜，出征時都安靜地坐在馬背上。

由於半兵衛總是坐在身形虛弱的馬背上，有次秀吉就建議半兵衛說：「要不要換匹符合身份的馬？」，他回答：「如果讓我坐在名馬上，會讓我為這匹馬感到可惜」，從這個小插曲中不難看出半兵衛是個頗為實際、重視效益的人。

其實半兵衛的才智很早即顯露出來。在他效力於美濃齋藤氏時期，當時的主君－齋藤義龍過世，其子龍興一繼承家業後，因為疏於管理國政使整個家臣團搖搖欲墜，這時織田信長又朝大濃發動攻擊，在兩頭燒的情況下，半兵衛靠著他靈活奇襲戰術，成功地兩次追趕織田軍。

■傳授秀吉無血開城的作戰方式

而讓半兵衛之名為世人所知，則是在他二十歲的時候。半兵衛與弟弟－竹中重矩等十六名將士，居然在一夜之間就佔領了龍興的居城－稻葉山城。聽聞此消息的信長向半兵衛表示，只要讓信長軍進駐就願意提供史無前例的優渥賞賜，但半兵衛卻沒有回應。其實半兵衛只是想藉由攻陷居城的這個動作，讓龍興改變以往態度罷了，後來將居城歸還給龍興後，他就離開美濃成為淺井長政

的客將。

由於信長很欣賞半兵衛的才能與人格，於是命令秀吉要讓他成為自己的家臣，不過卻遭到半兵衛的拒絕。但因為秀吉本身也相當讚賞半兵衛的能力，因此不論被拒絕幾次，秀吉還是一直拜訪半兵衛，然後就在第七次拜訪時，半兵衛終於答應成為秀吉的直屬下臣。雖然不曉得半兵衛不願追隨信長的原因為何，但秀吉真的很幸運能夠得到半兵衛以軍師身份的從旁協助。

秀吉在遠征中國地區時，即有半兵衛與官兵衛兩位天才軍師隨侍在旁。半兵衛提出策略攻下備前八幡山城，充分展現其靈活的戰術運用手法。當荒木村重舉謀反信長封鎖有岡城時，前去說服其開城的官兵衛卻遭到信長逮捕，因信長以為官兵衛也要背叛他，便下令要秀吉對其嫡男－黑田長政處以刑責。半兵衛知道秀吉不想因此失去官兵衛，所以就向秀吉表示可以把拿其他人頭顱偽裝再交由信長，適時解除長政與秀吉的危機。

然而，就算是天才軍師也無法抵擋病魔的摧殘。半兵衛不幸在進攻播磨三木城的途中病倒了，雖然秀吉想要讓他回京都好好靜養，但因半兵衛已悟道自己的死期，所以再次回到戰場，想戰死在沙場上；臨死前他還向秀吉進言兵糧攻戰術。就這樣，半兵衛無法親眼見證三木城的無血開城壯舉，在三十六歲時結束短暫人生。

與竹中半兵衛關係密切的武將

豐臣秀吉　P.48

秀吉造訪半兵衛多達七次，才成功說服他成為秀吉直屬家臣，並確立了利用水攻、兵糧攻的無血開城事蹟。

黑田官兵衛　P.52

當官兵衛淪為荒木村重的人質時，信長下令要處決官兵衛的嫡男－長政，半兵衛就交給信長假的頭顱，救了長政一命。

豐臣秀吉的知名參謀

黑田官兵衛

■1546年生～1604年歿

與竹中半兵衛為相輔相成關係，同時也是豐臣秀吉陣營的天才軍師。傳授秀吉各式各樣的計策，並協助秀吉奪得天下的這個男人，其實內心也藏有想成為戰國霸者的野心。

PROFILE

1546年	以小寺氏重臣－黑田職隆之子身份出生
1567年	繼承家督並就任姬路城代
1575年	織田信長謁見，成為秀吉的參謀
1582年	因為本能寺之變信長死亡，官兵衛向秀吉進言表示要討伐明智光秀
1586年	就任從五下位下勘解由次官
1589年	其子－長政繼承家督
1604年	在京都伏見藩宅邸中死去

illustration：藤川純一

PARAMETER

武力 2
智力 5
政治 5
運氣 2
毅力 4

智力 5
在對戰中有臨機應變的表現，即使雙方兵力懸殊，也能不花費過多功氣拿下勝利。

運氣 2
可說是具備統治天下的實力，但卻沒有那個機運。

NATIVE PLACE

出身地 ［播磨］

具備奪取天下實力
難得一見的俐落軍師

■年輕就得志的菁英

　　黑田氏是在黑田官兵衛的祖父－重隆那一代，就開始跟隨在播磨擁有龐大勢力的小寺政職。黑田氏得到極高評價，以重臣身份很快就成為姬路城代，官兵衛的父親－職隆也因此得到小寺姓氏的賞賜。官兵衛雖然系出名門，但絕不是靠父親的庇蔭才有那麼高的聲望。他在繼承家督兩年後，便靠著奇襲戰術僅以三百士兵就擊退入侵姬路城人數多達三千的敵軍。

　　官兵衛對自己相當有自信心，也充滿了野心，他在崛起後效力於織田信長，努力想打響自己的名號。不過，這樣的決心卻轉為仇恨；因為在荒木村重舉兵謀反時，他很積極地擔任遊說角色卻交涉失敗，為時一年的牢獄生活，使他腿部的關節產生毛病。據說，之後他在對戰時都只能坐轎子指揮。但官兵衛並沒有因此被打倒，依然不斷提供妙計給秀吉，為秀吉的地位躍升付出諸多貢獻。

■連秀吉也畏懼的虛幻天下人

　　當信長因為「本能寺之變」倒下時，官兵衛向秀吉表示應該要與交戰中的毛利家保持和平，然後迅速前往討伐明智光秀。聽從官兵衛建議的秀吉不但順利地「中國大返」，也進而建立起統一天下的基礎，如果說秀吉之所以能君臨天下，說是歸功於官兵衛的表現也不為過。

　　雖然，秀吉對這一切也充滿感激，但另一方面他也覺得，官兵衛在信長死後還能保持冷靜並暗示可藉機奪取天下的謀略讓他感到害怕。因此，官兵衛雖在之後持續立下功勳，但秀吉給他的賞賜卻是離大阪遙遠的豐前國十二萬石領地。雖說這樣的獎賞有些過份，但秀吉還是認為需要抑制官兵衛的勢力。據說隨從們還曾不小心洩露說：「官兵衛如果真的有意奪取天下，就算秀吉還健在，他也能夠掌握天下大權。」

　　其實，秀吉心中也察覺到這些風吹草動，為了消除自己對官兵衛的不安，他希望官兵衛能將家督之位讓給其子長政後隱居，不過因為秀吉還是需要官兵衛的從旁協助，因此，雙方就一直保持著持續警戒關係直到秀吉死去。

　　秀吉去世後，終於輪到官兵衛能夠實現掌管天下的野心，就在關原進行決戰時，他先另外在九州建立第三勢力。因為他認為這場東西激戰會長期持續，所以計劃要趁隙掌握九州全領土的所有權。

　　可惜這場決戰很快便分出高下，官兵衛的野心隨著戰爭結束後就瓦解了。儘管這次戰況官兵衛預估錯誤，但他的確是位能力非凡的智將，只是沒辦法以第三勢力自居，還是只能作為輔助的將領。

　　官兵衛在讓位家督時，改稱自己名號為「如水」，代表平常是清流但有時也會變為激流。縱觀其一生，官兵衛果真是如水一般的變化人生。

與黑田官兵衛關係密切的武將

竹中半兵衛 P.50

當官兵衛被軟禁時，信長下令處決其子長政，所幸因半兵衛的妙計而保住一命，所以當官兵衛得知半兵衛死訊時，難過到崩潰大哭。

北条氏直 P.141

小田原征伐時，官兵衛成功說服北条，使其無血開城。同時北条也贈與其國寶刀「日光一文字」作為與秀吉之間的溝通橋樑謝禮。

53

打倒家康！對豐臣家貫徹忠義的義將

石田三成

■1560年生～1600年歿

自小就跟隨豐臣秀吉，在秀吉死後依然為了守護豐臣家持續奮鬥，但由於無法集結曾受過秀吉恩惠武將的力量，而在「關原之戰」中戰敗身亡。

PROFILE

- **1560年** 以石田正繼次男身份出生於近江
- **1574年** 追隨秀吉就任官職
- **1585年** 在秀吉成為關白的同時，也就任從五位下治部少輔，成為近江水口四萬石領地城主
- **1592年** 文祿之役擔任船奉行
- **1595年** 成為五奉行的一員，受封近江二十一萬石領地的佐和山城主
- **1600年** 在「關原之戰」敗北，在伊吹山中遭到逮捕，被遣送回京都斬首

illustration：虹之彩乃

PARAMETER

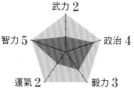

武力2
智力5　政治4
運氣2　毅力3

武力 2 雖然三成只有幾次的戰場活躍事績，但在小田原征伐時差強人意的處理手法卻很有名。

智力 5 實現太閤檢地政策，是秀吉統一天下不可或缺的人才。

NATIVE PLACE

出身地 [近江]

54

重視忠義活在理想中

■發揮優秀才能的同時也樹立眾多敵人

為豐臣家盡心盡力，誓言要打倒德川家康卻敗北的石田三成，這個重視忠義的佼佼者，為何會輸給家康呢？

從少年時期就開始追隨豐臣秀吉，受寵的三成隨著年齡增長，也漸漸展現出自己優越的一面。他跟隨秀吉在中國地區四處轉戰，並參與「山崎之戰」、「賤岳之戰」、「小牧長久手之戰」等與秀吉統一天下有關的戰役。不久後當秀吉就任關白時，他也接下從五位下治部少輔一職，之後更以奉行身份先後擔任堺奉行、檢地奉行等行政官，發揮其靈活的治理手腕。但由於三成在戰場上並沒有立下顯赫戰功，卻持續受封重要職位，這讓那些在織田家臣時代就與秀吉一同奮鬥的武將們深感不滿。同時，三成又是個重視秩序的人，只要看到不當的行為就會大聲責問，這樣的性格在對他不滿的人眼中，更是傲慢的表現，也就因此加速了彼此之間的對立。

然而，雙方衝突直到「朝鮮出兵」時期才真正爆發出來。當時因為前線無法獲得充足的食糧，這讓苦戰的加藤清正、福島正則等武斷派武將，對擔任船奉行一職的三成多有理怨。其實，三成在支援後勤補給及行政方面多有優秀的能力，朝鮮出兵一事的失敗頂多只能說是計劃不夠周全的跨海戰役，但三成卻被冠上許多因前線武將不滿的欲加之罪，可說是無辜的犧牲者。

如果三成能有秀吉一半的領導風範及籠絡能力，或許就不會讓自己陷入困境。對不懂得退讓的三成而言，後來的處境更是雪上加霜。

■為豐臣家貫徹始終

秀吉死後，三成與家康之間的對立更加明顯。當時因為三成的夥伴前田利家已經過世，接著1599年又發生了武斷派的清正和正則的襲擊事件，輾轉使三成只好辭官隱居於佐和山城。

但忠誠的三成依然無法放棄守護豐臣家，再加上無法忍受家康的專制，因此最終還是決定舉兵進攻。

三成與上杉家很有交情的直江兼續合作，故意讓家康看到上杉家加強軍備的行動而誤以為上杉家預備謀反，使家康決定舉兵討伐上杉家。成功讓家康上當的三成趁隙舉兵作戰，並集結了許多反對家康的勢力。在這個時代，能夠有能力計劃這樣大規模戰略的恐怕就只有三成與家康了。

豐臣方的西軍與德川方的東軍在「關原之戰」中正面衝突，可惜三成的作戰出現太多誤判，且總大將毛利輝元留在大阪城沒有上戰場指揮，再加上其他武將對三成的心結等等，種種原因使戰局不如三成預計中順利。最後，因為小早川秀秋突如其來的叛變使西軍戰敗，緊接著三成被捕處於死刑。

與石田三成關係密切的武將

直江兼續　P.122

上杉家的兼續和三成是在「賤岳之戰」後關係才變親近。「關原之戰」時是上杉家與三成之間的溝通橋樑，企圖尋求最大規模的同盟作戰。

島左近　P.250

三成將自己的所分封到的一半領地，約二萬石面積給予島左近，以破天荒的方式邀請左近加入自己陣營。

因為與三成的友情而殉死

大谷吉繼

■1559年生～1600年歿

主要是以奉行職立下功績，也擅長作戰，雖然有罹患重病這項不利條件，但從秀吉到家康的天下人都希望能借助其才能，在關原之戰時則是為了朋友而奮戰。

PROFILE

1559年	在近江（現今滋賀縣）出生，但詳細資料不明
1583年	在「賤岳之戰」中以計策騙倒敵將，七把槍後也持續立下功績
1587年	在「九州征伐」擔任兵站奉行，表現令人讚許
1590年	「小田原征伐」在三成指揮下參戰
1592年	文祿之役負責後方支援工作，並有出色表現
1600年	「關原之戰」奮戰無望而自殺身亡

illustration：丞惡朗

PARAMETER

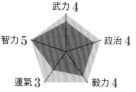

武力4
智力5
政治4
運氣3
毅力4

智力 5　擅長使用計謀，連繁複的後勤管理，也能處理得宜。

武力 4　在人生最後作戰的「關原之戰」中，讓東軍傷透腦筋的戰術家。

NATIVE PLACE

出身地［近江］

56

為了友情而喪命關原

■與石田三成之間的深厚友情

大谷吉繼是為了守護與石田三成之間的友情，而在「關原之戰」加入西軍行列踏上死途的武將。吉繼原是豐臣秀吉的侍從，因為能力受到認可，被拔擢成為豐臣政權的菁英官僚。在九州征伐和「朝鮮出兵」過程中，對於支援軍隊的後勤部門的管理也立下不少功勞，在在證明他的確是個有才之人。

像吉繼這樣不可多得的人才，當然東、西軍都想要他加入。因此決戰關原之前，德川家康與石田三成都忙著要讓大名們加入自己的派閥成為多數派，據說家康當然也有向吉繼開出優渥條件要求他加入。

其實吉繼在關原之戰一觸即發時，與家康還保持著良好關係；當前田利家與家康之間關係趨於緊張期間，吉繼也很著急地到家康官邸要家康有所戒備。

而當三成順利說服吉繼加入打倒家康的西軍行列時，據說吉繼還為了要參與家康的上杉征伐因此正在行軍中。

不過，最後吉繼還是為了這一生中獨一無二的友情，反被說服加入西軍之列。

在這個親人、兄弟相爭都不足以為奇的戰亂之世，可以說這兩人之間的深刻牽絆真的是難得一見。

其實這和因為吉繼身患重病，導致不得不在臉上覆蓋白布有關。由於裝扮有別於常人，在眾多不願接近吉繼的同輩中，只有三成是出自真心對待。

據說有次在喝茶的席間，患有重病的吉繼不小心把身上的膿瘡滴到茶杯中，後來輪流喝茶時，大家都覺得噁心而不想喝，這時只有三成若無其事地把茶喝光，吉繼因此對三成充滿感激。三成不介意吉繼的外貌，反而看到了他的人格與能力，這的確是很難得的一段佳話。

■關原一役奮戰不懈

吉繼首先在北陸以前田利長軍隊為對手展開前哨戰，順利阻擋了前田大軍。

接著，在關原迎戰的吉繼先於戰鬥前，事先搭建了堅固的野戰城，創造出對西軍有利的情勢。然後在東軍的猛烈攻擊中，他先一步看出了小早川秀秋的反叛之意，並事先備好軍隊。後來果然如吉繼所料，秀秋投入東軍陣營並朝吉繼軍襲擊，所幸吉繼早有準備秀秋反遭壓制。然而，此時突如其來的軍隊反叛事件，連帶讓吉繼軍隊也因此崩壞。

事以至此，大勢已去。據說他為了不要讓敵方取得自己的頭顱因而曝露容貌，只留下遺言說要將其頭顱深埋至地底，然後就自刃身亡。這個為了友情殉死的男人，以義士的勇敢姿態勇敢結束人生。

與大谷吉繼關係密切的武將

豐臣秀吉 P.48

因為看中吉繼的能力，讓他由侍從身份一躍成為大名，能讓天下人說出：「想要由吉繼來管理百萬大軍」這句話，可見吉繼非泛泛之輩。

石田三成 P.54

豐臣家的菁英官僚，與吉繼有很深交情的武將。「九州征伐」時兩人共同擔任後勤補給武將，在背後支持超過十萬名大軍。

連中國都害怕的名將

加藤清正

■1562年生～1611年歿

就如同傳說般擊退老虎那樣勇健，非常擅長作戰，在管理領土方面的表現也很出色。即便與三成為對立關係，仍不影響其一生對豐臣家的忠誠。

PROFILE

1562年 以尾張鐵匠－加藤清忠之子身份出生

1583年 在賤岳之戰中討伐敵將－山路正國，名列七把槍之列

1588年 成為領有肥後十九萬五千石的大名

1592年 經由對馬登陸釜山，只花費一個月時間就攻陷漢城（文祿之役）

1600年 在關原之戰以東軍身份參戰並對勝利有所貢獻

1611年 終於在二条城內讓豐臣秀賴與德川家康會面，但卻在回程的船上病死

illustration：佐藤仁彥

PARAMETER

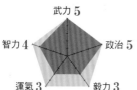

武力 5
智力 4
政治 5
運氣 3
毅力 3

武力 5 為文祿、慶長之役主力戰將，並持續長達七年奮戰，立下不少戰功。

政治 5 將土木工程集中在農閒期，且不會要求工人超過工時。

NATIVE PLACE

出身地 ［尾張］

賤岳七把槍之勇將
在內政上其表現也相當優越

■遇見秀吉後改變人生

在「朝鮮出兵」中，讓朝鮮與中國明朝士兵都感到畏懼；在針對土地貧瘠的肥後，積極進行灌溉工程與新田開發使物產豐饒，使人民感念。這些，都是加藤清正所給人深刻的印象，也是他的非凡之處。

清正是從小受到秀吉賞識、培養的武將，但在遇到秀吉之前，他的人生並不順遂。清正在三歲時就失去父親，和母親兩人相依為命，孤兒寡婦身處亂世，生活相當艱困。在清正十三歲時，母親拜託遠親（秀吉母親），表示想要拜訪當時在近江擔任長濱城主的豐臣秀吉。由於尾張到長濱的路途是一段不近的路，中間還必須越過險峻的山頂，好在秀吉熱烈地迎接清正母子倆。清正強烈感受到秀吉的善意，也很感激其恩惠，因此誓言一生都要效忠於豐臣家。

清正果然沒有讓秀吉失望，不但在「山崎之戰」中擁有出色的表現而收到秀吉的感謝狀，在「賤岳之戰」中也順利討伐敵將－山路正國，榮登「賤岳七把槍」的其中一名，並成為人人都認可的重臣。

■自始自終都對豐臣家表現忠誠

由於佐佐成政的肥後統治宣告失敗，他在遭到解職自刃後，就由清正與小西行長共同接任這項工作。當時的肥後不但由國人割據，也是既荒廢又難以治理的一國。

首先，清正在洪水侵襲頻繁的河川上築堤防，也讓貧瘠的土地變得肥渥。清正所築的堤防是藉由一種名為石刎的突起物，將水流往中間集中；同時為了防止激流，將石頭砌為兩層構造，即為現代的堤防潰堤。清正所造造的堤防不但堅固且能提供保護。再加上參與工程的人民都能確實拿到工資，所以人民對於這次工程都相當踴躍。清正因為小時候吃過不少苦，所以希望建立一個以人民為優先的國家。

後來，就在秀吉開始朝鮮出兵之時，清正與行長都擔任先鋒，不僅攻陷漢城還逮捕了兩名皇子。身高超過一百九十公分的清正，騎乘龐大愛馬－帝釋栗毛，揮舞著片鎌槍在戰場上衝鋒陷陣的姿態，不僅讓中國人十分畏懼，甚至穿鑿附會地出現了清正擊退老虎的傳說，可見他給人非常鮮明的印象。

儘管如此，戰況卻持續呈現膠著狀態，和解的氣氛也逐漸升高。行長則中了石田三成的計謀，便遭到逮捕引渡；也因為三成的讒言，使秀吉下令要清正閉門處罰。暗地裡，清正也正計劃要暗殺三成。不久後清正與家康締結親戚關係，因此在關原之戰中隸屬於東軍，但其實他並未失去對豐臣家的忠誠，因此藉機促成了家康與豐臣秀賴的會面。最後，他抱著豐臣家與德川家共存的夢想，在五十歲時離開人世。

與加藤清正關係密切的武將

豐臣秀吉　P.48

清正一生都對這個天下人表現忠誠。在發生大地震，自己在閉門處分時，也無所畏懼地前去救助秀吉，為此感動的秀吉因此解除清正的處分。

石田三成　P.54

「文祿之役」時因為和解方式而產生對立。事實上兩人從以前就不和；關原之戰時，清正無意幫助西軍的三成，反而是像敵人一樣對峙。

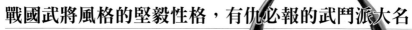

戰國武將風格的堅毅性格，有仇必報的武鬥派大名

福島正則

■1561年生～1624年歿

協助豐臣秀吉統一天下的猛將，秀吉死後便以德川家康為主君。因太過直率的個性而被幕府警戒，最後悲劇性地遭到撤職。

℗ROFILE

1578年	攻打三木城為首次參戰
1583年	「賤岳之戰」立下最佳槍術功勳
1587年	因為「九州征伐」功績賞賜而成為領有十一萬石的大名
1590年	在「小田原征伐」攻陷韮山城
1592年	參與「朝鮮出兵」
1600年	在「關原之戰」中奮戰
1619年	遭德川幕府撤職

illustration：米谷尚展

℗ARAMETER

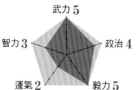

武力5
智力3　政治4
運氣2　毅力5

武力 5
賤岳之戰中立下最佳的槍術功勳，在許多戰役打頭陣。

毅力 5
關原之戰後想請讓西軍大名留條生路，展現出完全不畏懼的勇氣。

ℕATIVE PLACE

出身地〔尾張〕

武藝勇猛但卻在和平時代被視為危險而慘遭撤職

■不只武藝出色，也展現出身為大名的力量

在豐臣家中，福島正則是個能夠排列武藝前一、二名，評價極高的武將，因為與秀吉是姻親關係，所以自小便效力於秀吉麾下。十七歲時在攻略三木時首次上戰場並成功取得敵方頭顱，其出色的武藝讓人難以忽略。

接著正則跟隨秀吉多次參與戰事，立下了不少戰功，其中最著名的就是「賤岳之戰」。正則在此戰中不僅得到第一把槍的美譽，還展現出制伏敵將的稀世奇功；在秀吉死去後，成為領地多達二十一萬石的大名。

除了武藝超群，其實正則在治國經營與家臣團的統率方面也有優異表現。在關原之戰後，原來他只擁有的廣島四十九萬石領土，經過加封、轉封，及治水、開拓有功等，其領地範圍不斷增加。

加上正則很重義氣，以至於不只得到家臣團的傾慕，在武家社會中也得到極大的信賴。與人有摩擦時，不拘小節的正則如果發現對方有理，便勇於承認自己的錯誤，可見其度量之大。

當正則遭到撤職時，留在城內保護家園的家臣們，就立即封鎖居城表示反對，直到收到正則書信後，才願意撤退。也因為家臣們表現高度忠誠，因而使許多人想要任用正則舊臣來擔任仕官。畢竟這樣整齊的家臣統率方式，是其他武將模仿不來的。

■關原之後的急轉人生

秀吉死後，在正則、加藤清正、與石田三成等人所組成的家臣團，陸續產生了摩擦，剛好此時德川家康為了對抗急於排除自己勢力，便不斷接近那些對三成有不滿的大名。原本就與三成對立的正則便搶先一步宣布要與家康合作。

豐臣政權內部主導權之爭就這樣漸漸變得激烈，最後演變為關原之戰。加入東軍的正則和精銳的宇喜多秀家軍隊進行奮戰，不僅立下許多戰功，且負責毛利輝元的大阪城撤退的交涉角色，在戰後處理上也很活躍。

然而福島家卻開始受到打擊。關原之戰後，正則的某位家臣因為家康直臣－伊奈圖書而自殺，為了報仇便向家康要求得到伊奈圖書的腦袋。事實上，在「大阪之陣」時，正則已是被軟禁在江戶宅邸的狀態，加上正則本身對豐臣家的還有些思慕，所以也運送兵糧給大阪方。後來，德川幕府成立，正則是第一個最先遭到撤職的人，其理由是尚未許可就整修廣島城。

無論是不失戰國武將剛直風範的正則，還是不願意徹底表現恭順的正則，都為自己的晚年招來了如災難般的人生。

與福島正則關係密切的武將

石田三成 P.54

因與三成關係惡化，正則與加藤清正都很想要襲擊三成。正則在關原之戰時也曾提出想與石田軍對戰的請求。

加藤清正 P.58

為正則的同輩，當家康與秀賴兩人在二条城會面時，正則在大阪城擔任看守職務，沒有親眼看見豐臣家的滅亡，或許對他來說也是某種意義上的幸運。

秀長打下豐臣政權基礎

豐臣秀長

■1540年生～1591年歿

在背後支持兄長秀吉的首屆一指名輔佐角色，大多數人都認為如果沒有他，秀吉就無法成功統一天下。

illustration：
米谷尚展

PARAMETER

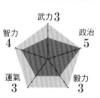

武力3
政治5
智力4
毅力3
運氣3

NATIVE PLACE

出身地 ［尾張］

在背後一直協助秀吉統一天下

■受諸位大名注目的爽朗性格

如果要說對建立豐臣秀吉政權最有貢獻的人，應當就屬豐臣秀長了。原本過著農民生活的秀長，在過了二十歲後，受到同母異父的哥哥－秀吉的邀約下而踏上仕途。之後就以輔佐的身份跟隨秀吉，對秀吉的統一天下貢獻良多。

在織田信長討伐越前遭淺井家挾擊時，秀長也為擔任殿後軍的秀吉盡心盡力。後來，秀吉擔任長濱城城主時，他負責城代工作，接著在但馬平定戰、四國侵略、九州侵略等戰役中，以指揮官身份發揮實力，默默的支持秀吉。

秀長本身是個性格敦厚又謙虛的人，所以絕對不會在人前多有表現，皆以背後輔佐身份協助秀吉。在當時，立下越多戰功的武將連帶氣勢也會增強，進而會有與武將相關的武勇傳說，不過，卻完全沒有與秀長相關的

故事流傳下來。可見他只是單純地想要做為秀吉分身，忠實地完成所有任務。

說白一點可說是完全沒有份量的人物，但秀長的人格、能力仍維持極高的評價。在奇人集結的豐臣家中，還在對外交涉、內政上嶄露頭角，的確不是一般人能做到的。秀長成功的說服擁有美德的長宗我部元親投降，成功地以和平方式平定了神社佛閣勢力。

而秀長之死對豐臣家的影響也無從估計，因為豐臣政權只維持了十年就崩毀，如果秀長還能夠活久一點，或許豐臣就能取代德川繼續掌管天下。

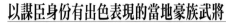

以謀臣身份有出色表現的當地豪族武將

蜂須賀小六

■1526年生〜1586年歿

尾張豪族出身的蜂須賀小六，以秀吉謀臣身份拉攏敵將加入己方，在和解交涉等方面都有活躍表現。

illustration：
佐藤仁彥

PARAMETER

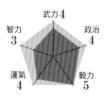

武力 4
智力 3
政治 4
運氣 4
毅力 5

NATIVE PLACE

出身地〔尾張〕

秀吉取得天下傳說的實踐者

■當地領主出身並獲得阿波一國的所有權

蜂須賀小六是尾張蜂須賀村當地豪族之子，並率領當地領主與在木曾川周邊活動的川並眾，稱為蜂須賀黨。

小六一開始是追隨齋藤道三，之後臣服於岩倉城主－織田信賢，後來又輾轉成為犬山城主－織田信清的部下。最後於1560年跟隨織田信長，並在討伐今川義元的「桶狹間之戰」中很快立下戰功。

在美濃攻略時，豐臣秀吉奉信長之命要在墨俁築城，據說當時秀吉就是求助於小六。小六利用河川在夜晚時將築城所需材料運送至墨俁，只花一個晚上的時間就搭建完成。而小六正是在此時效力於秀吉的，之後兩人也一同共赴戰場，如：秀吉最讓人津津樂道的著名撤退戰之一：1570年的「金崎之戰」，率領殿後軍的也正是小六。1573年，小六在秀吉賜與近江長濱所領後成為播磨龍野城主。

除了在戰場上表現活躍，小六也很擅長籠絡敵將投奔己營、和解交涉，及取得居城領地等。同時以秀吉謀臣的身份，參與山崎之戰、賤岳之戰、小牧長久手之戰及四國征伐，並在與毛利氏和解時有出色的表現。可以說秀吉擅長的部分，也就是小六擅長的部分，如果沒有小六，也許秀吉便無法統一天下。

鎮壓四國後的1583年，小六以不適任為由，堅決請辭阿波一國領主一職，改讓其嫡子繼承家業。後來，秀吉又另外以安養健康為由，賞賜小六攝津五千石領地。

他在1585年就任從四位下修理大夫（官職名），隔年就在逝世於大阪。

illustration：米谷尚展

遭流放又得到允許回歸
仙石秀久

■1552年生～1614年歿

在最有高升機會的九州征伐中失利而遭解職，後在「小田原征伐」中展現不屈服的毅力而再重新站起。

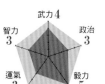

PARAMETER

- 武力 4
- 政治 3
- 毅力 5
- 運氣 3
- 智力 3

NATIVE PLACE

出身地〔美濃〕

一生起伏不斷的秀吉家資深家臣

■奉秀吉命令保護四國

戰國武將中人生起伏最劇烈非仙石秀久莫屬。

秀久是豐臣秀吉的資深家臣，他勇猛的面相是秀吉家臣中最讓人感到難以親近的原因。從征討中國開始就以十字槍陸續立下不少戰功，在賤岳之戰獲得勝利的秀吉也認同秀久的功績，並賞賜給他姬路五萬石領土。秀久在監視四國諸位大名、與九州島津氏的備戰準備，都擔任非常重要的角色。

這時島津家久為了能平定九州，開始以大友義統的豐後為進攻目標，這也正是秀久能發揮所長的時刻。

秀吉派遣秀久作為長宗我部元親、信親父子，及十河存保等人的援軍，秀久以軍監身份負責整合工作。雖然，攻略九州時將首戰這麼重要的戰役交由秀久負責，但由於援軍都是從四處聚集來的士兵，所以作戰意志不高。而秀久在元親、存保等人的反對聲浪中，卻仍固執己見的要舉兵，後來因受到島津家久的伏兵而遭擊潰，信親、存保等人戰死，豐後最後還是落入家久手中。但此時秀久第一個動作居然是失態地逃走，任務徹底失敗的秀久遭受撤職流放處分。不過，秀久的人生並未因此結束。

後來，秀久得到德川家康的助言，得以參與「小田原征伐」。秀久穿著一面縫有鈴鐺的白色羽織衣，舉著深藍底並寫上白色「無」字的旗幟赴戰。因為自己沒有留下任何功績，為了展現自己不認輸的精神，所以自願打頭陣，後來因為立下戰功而能回歸陣營。被流放的武將搖身一變又再度東山再起。

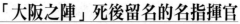

「大阪之陣」死後留名的名指揮官

後藤又兵衛

■1560年生～1615年歿

效力於從前主君－黑田長政時，由於犯錯而離開，但又兵衛最後在「大阪之陣」中迎向人生的最後一段壯烈旅程。

illustration：
三好載克

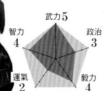

PARAMETER

武力5
智力4
政治3
毅力4
運氣2

NATIVE PLACE

出身地［播磨］

為回報浪人時代的豐臣所施恩惠而奮戰

■在戰國最後戰役中壯烈犧牲

德川幕府得以統一天下的最後戰役－「大阪之陣」中，以大阪城為據點，頑強抵抗的豐臣軍隊中，有一位展現優異指揮能力的武將，那就是後藤又兵衛。

又兵衛自幼喪父，由父親的友人－黑田官兵衛所撫養，長大成人後也效力於黑田家並立下無數戰功。之後因在關原之戰立下戰功，進而成為領有大隈城一萬六千石的重臣。但由於他與官兵衛繼承人－黑田長政關係不睦，終在多次摩擦後出走離開。為了不給主家添麻煩，而選擇在這時離開，不難看出又兵衛的人格特質。

然而，當功名廣為人知的又兵衛再次踏上仕途時，仍一直受到黑田長政的從中迫害，即便如此還是有幾位大名願意援助又兵衛，其中之一便是已衰退的豐臣家。

由於與德川家的開戰在即，所以豐臣家積極召集浪人，又兵衛也因此投身於豐臣家。

已是高齡之身，但卻還是願意遠赴戰場，讓人感到無限欽佩的氣慨！

進入大阪城的又兵衛，以自己曾長期奮戰的經驗，確實地鍛鍊聚募而來的浪人。同時，人品極佳的又兵衛，也會從旁協助經驗不足的武將，為他們做好建功準備，是一個擁有極大度量的人。

讓豐臣家走向結束的「大阪夏之陣」，因為家康的狡猾策略，豐臣軍因而無法順利封鎖大阪城。

面對大軍壓鎮只能加強野戰的又兵衛，後來因軍隊夥伴失誤而處於劣勢，最終不敵對手戰死。這就是所謂的與其以浪人身份腐朽，還不如在戰場上華麗死去的武將風範。

65

不需要反覆進行無益戰事的時代

小西行長

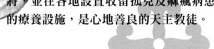

■生年不詳～1600年歿

以水軍背景聞名天下的勇猛、果斷武將，並在各地設置收留孤兒及痲瘋病患的療養設施，是心地善良的天主教徒。

illustration：
米谷尚展

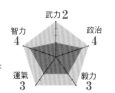

PARAMETER

- 武力 2
- 政治 4
- 毅力 3
- 運氣 3
- 智力 4

NATIVE PLACE

出身地〔和泉〕

武藝才智都出色的天主教徒

■商人之子一舉躍上大名之位

以天主教徒身份為人所知的小西行長，雖然他是堺市富商的次男，但他還是抱著野心踏上了武士之路。青年時期他在宇喜多直家麾下負責外交事務，直到直家降伏於織田信長時，他又成為豐臣秀吉的家臣，並為世人所注目。

擔任船奉行時即以水軍將領身份嶄露頭角，接著因在九州征伐與肥後國人一揆討伐中建功，而獲得肥後南半國二十萬石領土。這樣的人生看來一帆風順，但不幸的是此時獲得北半國領土的人是同為豐臣家臣的加藤清正。靠清晰頭腦而踏上仕途的天主教徒行長，與熱衷信仰日蓮宗的武人清正，在平常就極為不對盤。又加上兩人領土鄰接，巡視邊界線的行動更加深兩人之間的對立。

「朝鮮出兵」時行長與清正共同擔任先鋒，雖然也順利的立下不少戰功，但是行長其實是主張和平外交的，因此在秀吉死後他與石田三成都致力於和平對外交涉工作上。行長以智將身份所提出的對策受到讚賞，卻也同時因此與武斷派的清正擁有更深的鴻溝。

後來，三成與德川家康之間的恩怨爆發，行長不加思索聲援三成，在關原之戰中以西軍主將身份奮戰。可惜因為不對盤的清正攻陷居城等因素，讓行長不幸敗陣最後同三成一樣慘遭斬首。

傳聞身為天主教徒的行長，其名也遠播至歐洲。當時以羅馬教皇為首，全羅馬市民都因為行長之死為他進行祈禱。

天才血液中蘊藏的武勇與智略
黑田長政

■1568年生～1623年歿

以天才軍師－黑田官兵衛嫡男身份出生的黑田長政，繼承了父親的才能，並選擇以篤實方式過活。

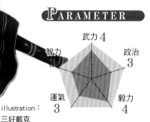

PARAMETER

武力 4
政治 3
智力 3
運氣 3
毅力 4

illustration：
三好載克

NATIVE PLACE

出身地 [播磨]

存活於戰亂時代的父親、為家康統一天下做出貢獻的兒子

■歷經朝鮮出兵後轉而支持家康

長政是追隨豐臣秀吉的天才軍師－黑田官兵衛的嫡子，相對於異於常人的才子父親，長政是誠實勇猛的武將。

長政自小就以人質身份待在秀吉陣營，當父親官兵衛以謀反之名遭荒木村重逮捕時，織田信長懷疑回不來的官兵衛有謀反之嫌，就在長政即將小命不保時，幸虧有竹中半兵衛及時解救。

在跟隨秀吉首次參戰攻略中國後，長政也在賤岳之戰、小牧長久手之戰等戰役中彰顯武將之名，有不少傑出表現。1589年，他從父親那繼承所領，成為擁有豐前六郡共十二萬五千石領土的大名，並就任從五位下甲斐守一職。

西元1592年「朝鮮出兵」時，他擔任先鋒，陸續進攻金海城、晉州城，並順利完成艱辛的防衛戰等，雖然立下不少功勳，但同時也與擔任軍監的石田三成及小西行長等人關係趨於對立。後來在秀吉死後逐漸與家康越走越近。

關原之戰時，長政與父親都加入家康陣營，除了負責針對西軍的小早川秀秋等人的計謀籌畫，在戰場上也有出色表現。

但同屬東軍的官兵衛與長政，父子兩人卻性格迥異。父親官兵衛之所以會鎮壓有西軍諸位大將駐守的九州，是因為他心中有取得天下的野心。因此，就在長政渴望得到讚賞，而向家康報告戰功時，家康卻表示：「那你的父親又在做什麼呢？」，以暗示方式展現出對其父的野心警覺。

或許家康早就察覺到了，所以並未賜與官兵衛任何獎賞，但卻將長政視為最大功勞者，賞賜給他筑前五十二萬三千石領土。在戰國時代歷經艱辛而存活的父親，與生活在安定時代的兒子，兩人在想法上擁有天壤之別。

67

錯失時機導致豐臣家崩壞的第二代
豐臣秀賴

■1593年生～1615年歿

秀吉所期盼的繼位者－秀賴，由於天下的趨勢都導向家康，使年輕的秀賴無力與其對抗。

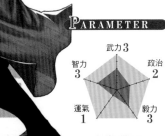

illustration：譽

PARAMETER

武力 3
政治 2
毅力 3
運氣 1
智力 3

NATIVE PLACE

出身地 ［攝津］

因為大阪之陣而被迫自刃身亡的秀吉繼位者

■五歲就繼承豐臣家

繼承豐臣家的秀賴，從出生到自刃身亡，一生歷經悲慘命運。

達成天下統一大業的秀吉其實有個煩惱，那就是沒有親生兒子。在秀長去世後，秀吉將姊姊的兒子－豐臣秀次當作自己的養子，並被視為秀吉的繼位者，但就在秀賴出生後，秀次遭到流放而自刃身亡。

秀賴五歲時秀吉便過世了，幼小的秀賴無法阻擋家康勢力的抬頭，又深陷於家臣團的對立之中，年僅五歲的秀賴只好成為任人操控的傀儡。

後來，德川家康成為征夷大將軍，將江戶作為政治經濟中心後，無法再容許形式上的主君－豐臣家存在，所以家康就強行挑起戰端爆發「大阪之陣」，最終秀賴也被迫在大火燃燒的大阪城上自殺身亡。

■無法躲開任何魔掌而滅亡

雖然秀賴給人不敢違逆母親淀君的軟弱少爺印象，但在流傳下來的文物記載中卻有極高評價。據傳他身高一九七公分，體重有一百六十一公斤，以武將來說是體面威風的身形，傳說家康就是在與秀賴見面時，對秀賴外形感到畏懼，才執意要舉兵討伐。

另外，根據江戶時代的文獻記載，秀賴遵從秀吉遺言轉移實權給家康、體恤人民，並期望國家興盛，具備聖賢風範。

而加藤清正、淺野幸長、池田輝政等眾多武將為了秀賴也盡心盡力。猜想之所以有那麼多人願意幫助這位因為時代趨勢而沒落的年輕人，或許就是因為秀賴本身就繼承了父親那股強烈的領導特質吧！

擁有冷靜且合於常理的思考

加藤嘉明

■1563年生～1631年歿

名列「賤岳七把槍」的其中一名猛將－加藤嘉明，從馬隻買賣小販，搖身一變為勇敢志士，並長久受到愛媛人民的愛戴。

illustration：米谷尚展

PARAMETER

武力 4
政治 4
毅力 3
運氣 3
智力 3

NATIVE PLACE

出身地〔三河〕

有能力突破海上作戰的勇士

■一舉闖出名號

由於父親－加藤教明離開主君德川家康麾下，而自小過著流浪生活的加藤嘉明，在買賣馬匹的地方工作時被發掘，進而成為豐臣秀吉養子－秀勝的侍從效力於秀吉麾下。看起來嘉明或許算是一舉踏上仕途，但他在沒得到秀勝許可下參與秀吉的遠征。原本應該會因此受到重罰，所幸秀吉對嘉明的表現相當滿意，之後就受到秀吉重用並成為其直屬部下。

在秀吉與柴田勝家的對決的賤岳之戰中，嘉明也名列「賤岳七把槍」之一，以猛將之姿與名聲響亮的加藤清正、福島正則等人並肩作戰。氣勢極旺的嘉明也陸續完成多次快速進攻，並在九州征伐、小田原征伐、朝鮮出兵等戰役中率領水軍，立下不少足以成為大名的功績。

■為德川家的貢獻出精準判斷力

在關原之戰中，是唯一察覺主君家康行動，即時率領軍隊緊急調整隊型的武將。據說這樣準確的判斷還讓家康大吃一驚。武藝高超的嘉明，也在伊予松山的松山城築城及城下町建設方面，展現出其出眾才能，讓現在的愛媛縣民也對這位知名政治家多加讚賞。

雖然在後來的「大阪冬之陣」為德川家所屬，但原本受秀吉恩惠的嘉明，卻讓家康產生戒心，懷疑他是否會與豐臣家私下有所往來。

嘉明更因此被迫面臨需對德川家表示忠誠的局面，但他冷靜判斷後認為不成熟的抗議只會帶來反效果，所以只乖乖地待在江戶留守。這樣賢明抉擇也讓他得以在之後的「大阪夏之陣」擔任將軍護衛的重要職務。

69

至死都貫徹信仰

高山右近

■1552年生～1615年歿

手染鮮血登上大名之位，但又乾脆放棄地位的天主教徒大名。

illustration：米谷尚展

PARAMETER

武力 3
政治 3
智力 3
毅力 4
運氣 2

NATIVE PLACE

出身地［攝津］

放棄大名之位而堅持天主教徒身份的武將

■無法捨棄的信仰

知名的高山右近是以天主教徒大名身份，及隸屬「利休七哲」的其中一人，而頗受好評的品茶人。

接連更換主君，最終以山崎之戰為契機而成為豐臣秀吉的家臣。能讓秀吉留有印象，那絕對不會是件壞事，因為在秀吉成為天下人後，右近的人生也會變得安穩。

然而，突如其來發佈的「神父追放令」，卻讓右近陷入兩難局面。當時有許多受到右近影響而成為天主教徒的大名，和有些天主教徒因為南蠻貿易利益而成為大名的人，他們後來都改信其他宗教。

但右近這位虔誠的天主教徒卻無法背棄自己的信仰，甚至為了守護信仰選擇到小豆島隱居，捨棄了大名地位的榮譽。雖然幸運地得到前田利家的庇蔭，得以在加賀過著平穩的下半生。然而，就在1614年德川幕府宣佈

「天主教禁止令」，這讓右近更加堅定要到海外的意念，之後也流傳他前往菲律賓的馬尼拉，且在當地去世。

右近前半輩子因為時機，而不斷轉換跟隨者，曾陸續效力於松永久秀、和田惟政、荒木村重、織田信長、豐臣秀吉，以看準時機的敏捷轉換跑道，在戰國之世下剽上的腥風血雨中，以這樣的方式生存。但是在右近那堅持不懈的戰國大名樣貌下，竟還另藏有一面。

他居然寧願放棄奮鬥許多年才得到的大名地位，也不願放棄信仰，或許對右近而言，真正的主君應該是上帝吧！

與秀吉有血緣的五奉行之首

淺野長政

■1547年生～1611年歿

擔任五奉行首領的智將，以軍監及監視工作在背後支持秀吉，其溫柔敦厚性格總能舒緩秀吉怒氣。

illustration：
米谷尚展

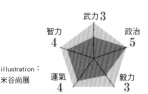

PARAMETER

武力3
智力4
政治5
運氣4
穀力3

NATIVE PLACE

出身地［尾張］

受秀吉、家康信賴，個性溫和擅長處理內政的將領

■在背後扶持秀吉的有能之士

淺野長政是豐臣政權中，擔任五奉行的首領。豐臣秀吉之妻－高台院與長政之妻－彌彌為姊妹，所以與秀吉有姻親關係。對庶民出身的秀吉而言，擔任軍監一職的長政讓秀吉相當有安全感，因為長政不僅能監督家臣團，還能在秀吉不在時守護居城，並在後方支援秀吉。因為具備卓越的內政能力，除了京都奉行之外，也身兼京畿內秀吉直轄地的代官。特別是長政所實施的太閤檢地，據說還成為江戶時代的政策執行基準。

由於長政性格過於溫柔敦厚，還曾因此受秀吉訓斥，但即使如此，秀吉對他的信賴不曾動搖。在小田原征伐中，當速度落後的伊達政宗到達目的地時，長政也負責協調處理秀吉與政宗之間的銜接事務，如果政宗沒有長政幫忙，應該早就小命不保了。

■因為重情誼又有才能而受家康重用

四國地區發生一揆事件時，負責平定的長政認為因為對方拼命進攻，所以不容易還擊，因此運用了許多的計策才成功地鎮壓這場暴動。

雖然同為五奉行的石田三成也是優秀的人才，但他不懂得適時退避，且與處事態度柔軟的長政不對盤。「朝鮮出兵」時，三成以監督身份跨越海峽，不過長政卻反對出兵，這件事更加確立了雙方之間的對立關係。

秀吉死後長政加入東軍陣營，並得到德川家康的信賴。本身是知名圍棋好手的長政，有時還會和家康邊下圍棋邊喝茶討論事情，而家康也很喜歡與長政下棋。隱居後的長政依然得到家康的信賴，並維持著以往的生活方式。

71

就由我負責細川家的繁榮吧！

細川忠興

■1563年生～1646年歿

歷經足利政權、織田政權、豐臣政權、德川政權，以文武雙全的才能協助當權者，讓細川之名被世間認可。

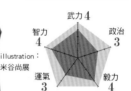

illustration：米谷尚展

出身地［山城］

武藝與教養兼備的勇猛武士

■兩位天下人都認可的真男人

雖是足利義輝幕府臣下－細川藤孝的長男，但不久後即跟隨織田信長。在與松永久秀的對戰中和明智光秀一同攻下片岡城，信長還直接遞交感謝狀給忠興。之後與光秀之女－玉子結婚，所以和光秀又加深一層緊密關係，但這樣的友好關係並沒有維持多久。本能寺之變時，當光秀向忠興要求援助時，受到忠興斷然的拒絕，因為他並不是一個會輕易改變自己信念的男人。

後來，他在秀吉麾下的表現也很出色，在無數個戰役中皆立有戰功，協助秀吉推動天下統一大業。而且忠興在小牧擊退織田信雄時，秀吉還為了感謝他完成大業，和信長一樣賜與感謝狀給他。

忠興與加藤清正都同樣是以武斷派出名的武將，當秀吉去世後就與石田三成形成對立關係，即便曾經是受秀吉恩惠的大名，但他也不顧父親及妻子都在京城內，很早就表態

要加入東軍。據說他的表態讓其他在場大名產生一定的影響。

■離開戰場後也是不可多得的文化人

據說忠興與信長一樣個性殘暴，會拐騙殺害同胞，對戰敗的殘兵會以殘忍戰法虐殺。話雖如此，但他也決不是一個粗俗的人，反之，他是個精通多項技藝，難得一見的文化人。

他與千利休學習茶道，鑽研利休流的箇中奧妙，同時也是利休的得意門生，名列「利休七哲」之一，由此可得知他在藝文方面的修養。

遭主君難題操弄的悲劇青年武將

小早川秀秋

■1582年生～1602年歿

豐臣秀吉的養子，人稱第二號繼位者的小早川秀秋，因為豐臣秀賴的誕生而開啟了遭到操弄的命運。

illustration：
中山KESHO

PARAMETER

武力 4
政治 3
智力 3
毅力 3
運氣 1

NATIVE PLACE

出身地〔播磨〕

之所以背叛西軍與豐臣家，是因為家康對他有恩？

■苦思許久最後決定背棄主家協助東軍

小早川秀秋是豐臣秀吉正室高台院的兄長－木下家定的五男，自小就成為秀吉養子，改名為羽柴秀俊。因為秀吉沒有親生子嗣，所以陸續領養了其他武將的子嗣為養子，秀秋便是其中一人，其中養子之首的是豐臣秀次，接著就是秀秋。

秀秋在秀吉的九州平定、小田原征伐等戰役中隨侍在旁，學習了事前作戰守則，而秀吉對秀秋的厚愛也吸引了眾人的目光。

但就在1593年，當秀吉與愛妾－淀君生下豐臣秀賴後，秀次就因為被懷疑有謀反之心，被迫自刃身亡，而秀秋也變成為小早川家的養子。此時秀秋心中到底作何感想呢？應該會覺得自己被秀吉給遭棄了吧？！

秀秋成為小早川隆景的養子，在先後擁有筑前、筑後領地期間，秀秋參與了「朝鮮出兵」。雖然是首次上戰場，但秀秋也立下不少戰功，但由於他曾違背命令行事而激怒秀

吉，因此就被轉封為領有越前，據說這是受到石田三成的讒言所迫害。

秀秋遭到秀吉操弄，但在秀吉死後因為家康的助言而重新得到筑前與筑後的領國，秀秋也因此開始與家康越走越近。

在關原之戰中，雖然一開始加入西軍行列，但卻在對戰中反叛，最後還因此成為東軍獲勝的主要原因。戰後，秀秋雖然成為坐擁舊領備前、美作五十萬石領地的岡山城主，但卻在短短的兩年後的便過世了。因為沒有繼承者使小早川家命脈就此中斷，享年二十一歲的這個年輕武將，人生實在太過短暫了。

德川家

存活於亂世並統治太平盛世的將軍家

雖然一度沒落，但松平家還是成為號令天下的德川家。在亂世中通過許多試煉才終於登上頂端。在此之前德川家到底經歷過哪些苦難呢？

〈家紋：三葉葵〉

原為京都賀茂神社的代表花紋，本多氏等人也都有使用。

德川家的歷史起源及族譜

■松平家始祖與德川家康的誕生

據說開創德川幕府的德川家始祖的松平親氏，原本名為德阿彌，是個在全國旅行的遊行僧，在三河（現今愛知縣東部）受到統率一門的長者－松平信重的認可，而成為入贅女婿，遂改名為親氏。

到了第三代－信光時期，發生了人稱「十四松平」的分家事件。而不斷拓展勢力的松平家，也經常遭受到近鄰的國人眾攻擊及今川氏的入侵，飽受戰火摧殘。

所幸松平家都成功壓制了所有攻擊，到了第七代的清康時期，更將勢力擴大至三河東部。當時的松平家已經茁壯到能夠與鄰國尾張（現今愛知線西部）的織田氏競爭的程度。

不過，這時卻發生清康遭家臣刺殺事件，產生內訌的松平家勢力因此大幅下降。沒有能力與織田信長對抗的第八代－廣忠，不得不以竹千代（之後的家康）為人質好交換今川氏的援助。後來，廣忠又遭到織田氏的刺客暗殺，失去當家的松平家只好轉而成為今川家的家臣。

在今川家長大成人的竹千代改名為元信，之後因在桶狹間之戰中成功討伐今川義元，並與其分割使自己勢力獨立。接著又轉而與織田信長共組「清洲同盟」，改名為家康，並驅逐東部的今川勢力統一三河

統一三河的家康雖然很想成為三河守護，但由於松平家的家格關係無法擔任守護一職，所以就自稱本姓為藤原，再從松平改姓為德川，德川家因而誕生。

【德川家概略族譜圖】

松平親氏──泰親──信光──長親──信忠──

清康──廣忠──❶德川家康──❷秀忠

❸家光------

戰國時代德川家的興亡

■在豐臣秀吉死後成為天下人

　　成功脫離今川家勢力，又與織田家結盟的德川家，以織田家盟友身份，在與淺井朝倉連合軍的對戰、與武田氏的決戰中都有很出色的表現，藉機確實地擴充領國範圍。

　　然而卻因為爆發本能寺之變信長橫死，使大環境出現極大轉變。原為信長家臣的羽柴秀吉（之後的豐臣秀吉）因為早一步打倒明智光秀，所以擁有權力發言權，成功平息了繼位者紛爭。

　　由於家康無力抵抗已稱霸西國的秀吉，所以選擇臣服於他並全力協助「小田原征伐」，之後轉移陣地至北条氏領國所在的關東地區。家康因為在秀吉麾下徹底實踐臣下義務，所以頗受秀吉信賴，在名聲與實力兼備的狀況下，漸漸確立了家康為繼秀吉之後，下個有能力掌管天下的人物。

　　秀吉死後，因為武將間的紛爭而爆發關原之戰，最後家康獲勝並幾乎將反抗勢力一掃而空，接著以將軍身份開創德川幕府。之後更在大阪之陣中殲滅秀吉遺兒－秀賴，於此正式展開長達二百五十年歷史的德川政權時代。

1561年左右的德川勢力

1585年左右的德川勢力

德川家的對立勢力

織田家　　P.12

差點讓德川家面臨到存亡危機狀態的信秀可說是第一強敵。

豐臣家　　P.46

信長死後由於主導權之爭，秀吉藉由政治力讓家康臣服。

武田家　　P.94

武田信玄是少數能擊退家康的武將之一。

德川家的居城　江戶城

　　以德川將軍居城而聞名的江戶城，其實原本是由扇谷上杉氏的家臣－太田道灌所建築的城池。小田原征伐結束後家康入城時，已是在築城後的一百年後，據說當時只有具備要塞規模罷了！

　　真正開始進行改建工作，是在家康成為征夷大將軍時。在持續歷經秀忠、家光三代的天下普請政策後，結果讓這座居城變為適合將軍居住的雄壯居城。

　　到了明治維新時期，皇室移居至京都御所，而這座居城至今也還保留著皇居功能。至於櫻田門、田安門、清水門等部分，都作為國家文化財而保存於至今，幾個倉庫及檢查口等都有另外再修繕復原，中央的皇居東御苑也有開放參觀。

EDO CASTLE
DATA

凸
江戶城

所在地：東京都千代田區
別名：千代田城
文化區分：國家指定特別史跡
築城者：太田道灌
築城年：1457年
構造：輪郭式平城

德川家康

終結戰國時代的真正勝利者

■1543年生～1616年歿

生存於信長及秀吉時代，經過長時間蟄伏到了晚年才覺醒的猛獅。在瓜分天下的戰役中奪勝，並為戰國之世劃上句點。

PROFILE

1549年	以人質身份進入今川家
1560年	今川義元在桶狹間死去，家康在三河獨立
1570年	與織田軍聯手在姊川與淺井朝倉連合軍展開對峙（姊川之戰）
1584年	與織田信雄聯手對戰豐臣秀吉（小牧長久手之戰）
1598年	豐臣秀吉去世
1600年	在席捲全日本領土的東西軍大戰中獲勝，登上統治大名的頂端（關原之戰）
1603年	開創江戶幕府
1614年	感念豐臣家恩惠的武將決定舉兵（大阪冬之陣）
1615年	感念豐臣家恩惠的武將決定再次舉兵，卻反遭家康鎮壓，豐臣秀賴切腹自殺（大阪夏之陣）

illustration：NAKAGAWA

PARAMETER

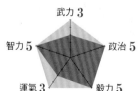

武力3
智力5
運氣3
政治5
毅力5

政治5

能夠接近信長與秀吉等當權者，其政治能力相當受人注目。

毅力5

歷經許多苦難才終於取得天下，這樣的毅力誰能比得上！

NATIVE PLACE

出身地［三河］

讓人瞭解到「人生七十才開始」的道理
步入老年後才發生的華麗逆轉劇

■長達五十年的逆境時代

在關原之戰及後來的大阪之陣中都獲得勝利，終於為長達一百年的戰國時代劃下句點的德川家康。然而，家康真正取得天下其實是在五十歲過後，在此之前他經歷了漫長的逆境時代。

家康從小就以人質身份在今川家長大，直到今川義元遭織田信長討伐後，家康才終於在三河擁有自己的獨立勢力。接著與織田信長結盟，在金崎之戰的轍退戰中擔任殿後軍，及在姊川之戰中擊退頑強的朝倉軍等。雖然經常都被分配到吃力不討好的工作，且感覺自己就像是附屬國一樣，加上還曾被懷疑與武田家私下往來，結果長男德川信康被迫切腹以示清白。看不下去的家臣們曾表示不如背棄與信長的盟約關係，但因為當時大勢掌握在信長手中，所以家康仍咬牙繼續忍耐。

■信長之死讓家康站穩地位

本能寺之變信長死後，家康見機不可失便立即展開行動。就在豐臣秀吉與柴田勝家爭奪信長繼位者寶座時，家康就接收了舊武田領地，以擴大自己的勢力範圍。接著與信長次男－織田信雄聯手，以不道德的篡奪織田家為由，與秀吉展開對決。原本在這次對戰中只差一步就能擊敗秀吉的家康，卻在信雄自行與秀吉和解下被迫撤兵，繼續等待下一個機會到來。

■秀吉之死使得周圍已無敵人

最後，屬於家康的時代終於到來，這個契機正是秀吉之死。當時，家康四周有傑出表現的猛者都已經不存在，剩下的都是些很好對付的人物。再加上二次實施的「朝鮮出兵」，已經讓武斷派大名、協助處理政治方面事務的文治派大名之間的關係趨於惡化，這對家康來說真是最佳時機。身為武斷派之首的家康，接連與其他大名們締造姻親關係，慢慢地加強自己的權威。

以石田三成為首的文治派尚未發現到情勢的改變，只為了想幫豐臣家報仇而彈劾家康。因此，雙方在關原之戰中雌雄對決，雖然剛開始家康率領的東軍居於劣勢，後來因為家康戰前佈下的計策生效，成功地讓西軍出現反叛者，進而使軍隊內部崩解，不到半天的時間家康如期獲勝。

發展至此，家康已排除所有的阻撓者，並成為征夷大將軍設立江戶幕府。之後在大阪之陣中將豐臣家滅亡，除掉所有會引起爭端的可能。

這個一生不斷在忍耐的男人，在晚年創造了令人吃驚的大逆轉，成功地讓自己登上頂端。

與德川家康關係密切的武將

石田三成　P.54

關原之戰策劃者中的一人，因為對豐臣家深厚的忠義而與家康反目，但不及狡獪的家康而敗北，並遭到處決。

本多忠勝　P.78

跟隨家康的猛將，具備戰國第一的威勇，經常參與家康主戰的戰役，並立下驚人戰績。

被讚譽為戰國第一的猛將

本多忠勝

■1548年生～1610年歿

一生都跟隨家康盡忠義，手持蜻蛉切參與所有戰事，在家康取得天下的過程中貢獻良多，之後也得到「德川四天王」其中一人的美稱。

PROFILE

1548年 以松平（德川）歷代家臣—本多忠高長男身份在三河出生

1560年 在家康的大高城運送兵糧中首次參陣

1561年 在與今川對戰的三河長澤之戰中首次獻上敵軍頭顱

1563年 三河一向一揆對戰時並未背叛家康，順利鎮壓並立下戰功

1572年 一言坂之戰中有出色表現，連敵營武田方都讚賞不已

1584年 在小牧長久手之戰中，率領少數軍力奮戰秀吉大軍

illustration：樋口一尉

PARAMETER

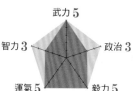

武力 5
智力 3
政治 3
運氣 5
毅力 5

武力 5 不論是擔任軍隊先鋒或殿後軍，多次受重用的忠勝都能順利完成任務。

運氣 5 在五十七次對戰中完全沒受過傷的忠勝，除了武藝精湛外，運氣也很好。

NATIVE PLACE

出身地〔三河〕

跨越德川歷代的勇猛武將

■連家康都大呼可惜的武將

參加過五十多次以上的對戰，但卻從沒受過傷，這就是傳說中的戰國武將－本多忠勝。忠勝多是負責先鋒或是殿軍等危險任務卻從未受過傷，由此可知為何世人對他的武藝會有如此高的評價。

因為立下不少功績，在德川家歷代家臣中排名第二，不但領有十萬石領地，且與酒井忠次、榊原康政、井伊直政合稱「德川四天王」。忠勝首次上戰場是在桶狹間之戰的前哨戰時，也就是大高城的補給活動。隔年在與今川氏的對戰中，首次取得敵方人頭立下戰功。

之後年僅十九歲的忠勝擔任德川家康旗本隊的先鋒，不斷在戰場上立功的忠勝，對家康而言是得以在戰國之世闖出名號，不可或缺的得力武將。

而忠勝的勇名之所以廣為人知，是與武田家入侵德川領地時所發生的一言坂之戰所致。當時有萬全準備的武田大軍出奇不意地攻擊德川軍，忠勝自願擔任殿軍並成功讓家康從困境中逃脫。

雖面臨這麼不利的戰況，忠勝卻為了要讓自己軍隊能有多一點時間撤退，而自願擔負起殿軍這麼困難的任務，相信如果不是對主君充滿忠義，恐怕很難做到。

然而，忠勝的軍隊還是遭到佔優勢的武田軍的分散進攻進而陷入困境。再繼續下去的話，忠勝軍將會完全被包圍而遭殲滅。既然如此，忠勝決定奮力一搏突破敵陣，針對在阪下已無退路的武田軍隊進行反攻，最後武田軍在不敵忠勝軍隊的視死攻擊下讓出道路，忠勝也順利存活下來。

後來，在成為戰場的一言坂上，也留有家康認為忠勝是不可多得的武將之題字，而且在武田家武將所撰寫的文獻中，也有提到忠勝的作戰英姿，並對他忠勝讚嘆不已！

■對德川取得天下來說是不可或缺的人物

當信長過世豐臣順勢而起之時，豐臣家與德川家發生了小牧長久手之戰。此時忠勝僅以五百士兵迎戰超過萬名的豐臣軍，成功阻擋了對方的進攻。如果此戰敗北的話，之後可能就沒有德川幕府的存在，因此，忠勝付出的貢獻實在難以衡量。

後來，德川家中不斷有背離者出現，不過忠勝仍保持對家康的忠誠，繼續奮戰於關原之戰。

忠勝隨身攜帶著「蜻蛉切」的名槍，意謂只要有蜻蜓停在刀的頂端，就會被切成兩半。另外，他將鹿角插在頭盔上的勇姿，不僅能激勵己方士氣，也會讓敵人退避三分。如果沒有忠勝，或許德川就無法順利取得天下。

與本多忠勝關係密切的武將

德川家康　P.76

爆發三河一向一揆時，德川家中陸續出現背離者，但忠勝還是不願意背叛家康，還拒絕了秀吉的邀約，選擇繼續再協助家康。

井伊直政　P.80

「德川四天王」中的一人，在戰場上受過不少傷，關原之戰時與忠勝一起進行擊破西軍諸位大將。

率領德川軍團最強部隊的忠義勇將

井伊直政

■1561年生～1602年歿

在戰場上經常帶頭揮舞槍械的井伊直政，
與本多忠勝情形剛好相反，老是身體充滿
傷痕，但這絕不是自己實力太弱，而是盡
力表現對家康忠義之心所留下的痕跡。

PROFILE

1561年	以井伊直親長男身份出生
1575年	得到家康拔擢成為其侍從
1584年	全身穿著紅色上戰場，討伐池田恒興（小牧長久手之戰）
1590年	夜襲小田原城順利進攻城內（小田原之役）
1600年	無視福島正則而擔任先鋒（關原之戰），戰後與毛利輝元進行和解，援助山內一豐進駐土佐，認真執行與島津義弘和平對話的仲介工作
1602年	在關原因為砲擊傷勢惡化而逝世

illustration：佐藤仁彦

PARAMETER

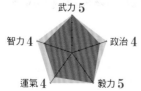

武力5
智力4
政治4
運氣4
毅力5

政治 4
除了武藝出名，也擅長外交內政，能順利進行與他人交涉。

毅力 5
雖然直政因為自己的外來身份而苦惱，但還是以行動贏得家康的信賴。

NATIVE PLACE

出身地 ［ 遠江 ］

為了展現對家康的忠義之心，總是全力以赴

■戰國最強的精兵「井伊的赤鬼」

井伊直政是協助家康的「德川四天王」之一，由於他會讓下屬士兵穿上全是紅色的頭盔、盔甲等作戰裝備，因此被稱為「井伊的赤鬼」。在家康與秀吉爭奪霸權的小牧長久手之戰中，直政成功討伐池田恒興而立下大功。但由於秀吉軍帶領了比家康軍多十倍的兵力，反讓直政率領的赤鬼軍隊陷入不利局勢，但井伊赤鬼軍的善戰還是敵軍心生恐懼，之後也得到德川家臣團最強的美名。

赤鬼軍的組成是在家康統治信濃、甲斐，直政成為武田家舊臣的部下時。當時武田軍的特徵就是紅色盔甲裝備，在戰場上赤色軍團的行動會格外醒目，也更容易指揮作戰，而且也有讓對戰敵方產生畏懼，而失去戰意的效果存在。

據說直政是一位讓家康都著迷的美男子，即使不是德川家歷代家臣出身，但還是成為家康的侍從，又加上武藝出色所以年紀輕輕就加入重臣之列。不過，在歷代家臣中，有許多人對於直政突然被拔擢的這件事相當反感且有所批評。直政為了表示自己對家康的忠義，只好沉默地面對這些閒言閒語，雖然他是個不擅長表達的人，但是直政選擇不以言語，而憑實力讓對手保持沉默，由此不難看出直政的行事作風。

■對自己與部下都很嚴厲

直政自始自終都對家康毫無表留的徹底奉獻，因為直政本身有著嚴以律己的個性，他對待部下也是同樣嚴厲。由於直政是個天生激進的人，不允許有一絲的失敗，所以他也因此多次斬殺下屬。不過由於直政實在過於嚴苛，因此離開直政的人也不少，甚至連家老之首的木俣守勝都因此向家康哭訴。

不畏激戰的直政，不在乎自己是否會傷而持續奮戰，據說因此家康一直都很擔心直政的身體。有一天，家康找來直政的家臣，然後指出直政身上有多少傷，並淚流滿面地述說直政在戰場上的忠義表現。家臣們因此覺得很感動，並誓言會為了直政全力以赴以表忠義之心。

雖然在關原一戰中，直政是隸屬家康本陣，但他卻無視於福島正則，一意孤行地率先衝鋒陷陣。因為對直政而言，他無法接受一心想對豐臣報仇的正則擔任先鋒。另外，在討伐島津豐久時，正則因為緊追不捨而受槍擊落馬，雖在戰後他擔任與毛利輝元的和解，及作為與島津義弘交涉的媒介，但由於槍傷惡化感染破傷風，導致直政在這場天下大戰結束的同時，也讓生命就此燃燒殆盡死去。

與井伊直政關係密切的武將

德川家康　P.76

直政不只在活躍於戰場上，對於處理政治及生活方面的問題也很拿手。由於家康非常信任直政，據說只會和直政大方討論事情。

石川數正　P.88

直政無法原諒背叛家康投向秀吉懷抱的數正，有一次剛好有機會在秀吉陣營與數正同席，當時直政斥喝表明：「拒絕與膽小者同桌而坐」。

令三河感到驕傲的智勇與膽量
榊原康政

■1548年生～1606年歿

「德川四天王」的其中一人，被視為英雄的榊原康政，晚年雖然因為官吏派勢力抬頭而失去發言權，但他為德川幕府穩固基礎的事實並不會因此而動搖。

ℙROFILE

1548年	以松平家臣－榊原長政次男身份在三河出生
1560年	成為德川家康麾下仕官
1570年	在姉川之戰中擊敗朝倉軍
1584年	就任從五位下式部大輔
1590年	受封上野館林十萬石領地
1600年	參與第二次上田城之戰

illustration：YOJIRO

ℙARAMETER

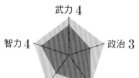

武力 4
政治 3
智力 4
毅力 5
運氣 3

智力 4　在軍法相關領域表現突出，家康還交代秀忠要遵守康政的軍法。

毅力 5　是德川家臣中唯一敢直接與秀吉大聲說話的大膽之人。

ℕATIVE PLACE
出身地 ［ 三河 ］

家康出於信賴而將子－秀忠託付於他

■獲得家康的「康」字

榊原康政為開創德川幕府費盡心力，也是至今仍為人讚賞偉大功績「德川四天王」的其中一人。康政自小就成為家康的侍從，在首次上戰場的三河一向一揆戰役中，即展現出讓敵軍心生恐懼的勇猛姿態。由於家康對其功勳大為讚賞，所以便直接賜與他一個「康」字，才改名為康政。之後康政讓自己兄長－清政繼承家督，可說是相當具有氣度。

由於當時的三河還很貧困，康政家雖好不容易踏上仕途，卻沒有能力購買盔甲，因此在一向一揆戰役時，他是穿著同門前輩使用過的殘破盔甲。之後康政就將此副盔甲當作幸運物，以深厚情誼的象徵妥善保存著，據說他在順利取得官職後，出戰時還會在第一層先穿上此副殘破盔甲。

在家康取得天下的關原之戰中，康政擔任東軍主力－德川秀忠軍的軍監，察看軍隊狀態而展開進攻。在眼看就要達成目標之時、康政作戰步調也順遂之際，卻在途中遭遇真田家極力反抗的狀況。

兩方開始正面衝突，秀忠軍因為陷入苦戰發生參軍延遲的窘況。雖然康政本身並未因此受到責備，但認為秀忠因此激怒家康自己也該負責，所以便冒著生命危險，調解兩人關係而救了秀忠一命。

期間康政陸續立下不少戰功，而且在政策決定上完全沒出過差錯，但就在關原之戰後，不但所屬領土沒有因此增加，家康也逐漸疏離康政。但對康政來說這並不是什麼壞事，因為他在被任命為秀忠的老中時，康政就以「讓關原之戰沒立下功勞的老臣得到權力，就是亡國的徵兆」為由拒絕接受，此番言論讓家康有所感慨，據說還因此留下需對康政有所回報的保証文。

■在面對秀吉時也大膽以對

康政不但個性沉穩，還會適時展現其讓世人都不禁冒冷汗的大膽作為。在家康與秀吉衝突的小牧長久手之戰中，由於豐臣秀吉背叛有恩於他的織田家，康政大聲抨擊表示：「上天會給秀吉應有的處罰」，想必家康也因此背脊感到一陣涼意吧！但康政卻一副無所謂的樣子，即使秀吉因此激動地提出賞金十萬要斬殺康政的人頭，康政依然不為所動。

另外，有一次織田信長將所釣的鯉魚贈與家康，康政在看到家康過於呵護鯉魚的行為後，就毫不在乎地吃掉鯉魚，家康得知後怒火中燒甚至還拔刀相向，但康政卻說：「殿下與信長是平等的同盟關係，但卻表現地像個家臣，真的很令人失望！」，瞭解康政冒死諫言真正意義的家康，便安靜地把刀收回去。

與榊原康政關係密切的武將

本多忠勝　P.78

在「德川四天王」中，本多忠勝的知名度較高，但由於兩人同年紀，所以和康政是好友關係。

德川秀忠　P.89

因關原之戰失誤而感受到康政恩義的秀忠，曾立下約定表示：「絕不會讓榊原家無後」，所以當榊原家嫡子中斷時，秀忠讓大須賀家的嫡子來守護榊原家。

被稱為「德川四天王」首領的歷代最資深武將

酒井忠次

■1527年生～1596年歿

從德川家康小時候就從旁協助的酒井忠次，為首席「德川四天王」，也是歷代資歷最深的武將。

illustration：YOJIRO

PROFILE

1527年	以松平（德川）家歷代家臣－酒井忠親之子身份在三河出生
1549年	與德川家康一同前往駿府
1563年	鎮壓三河一向一揆
1570年	在姊川之戰擔任先鋒
1572年	在三方原之戰敗北
1575年	長篠之戰立下戰功
1596年	在京都病死

PARAMETER

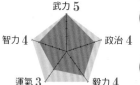

武力5
政治4
智力4
毅力4
運氣3

武力 5
在讓德川家康經過苦戰才擊敗武田方的鳶之巢砦之戰中有傑出表現。

毅力 4
接下會遭他人批評的任務，即便讓家康產生不信任感，卻還是貫徹自己的信念。

NATIVE PLACE

出身地〔三河〕

為了德川家就算受人憎恨也在所不惜的老將

■從家康人質時代就跟隨的歷代武將

以「德川四天王」之首聞名的酒井忠次與石川數正等人，都是擁有德川氏三河統一時代宿將身份的武將。比家康年長十五歲的忠次從家康父親－德川廣忠時代起就擔任官職。

直到今川義元遭織田信長討伐，家康勢力獨立後，忠次就與數正一左一右從旁輔佐家康，並在三河一向一揆全力奮戰。當家康統一三河一國時，忠次成為吉田城主，並為東三河地區諸士的首領。忠次也透過多次的征戰與家康和家臣們締結了超越血緣的穩固信賴關係，忠次等人的「三河時代忠臣」成為象徵德川家團結的鮮明代表。

■在多場戰役中輔佐家康

之後忠次在軍事方面持續輔佐家康，並在姊川之戰、三方原之戰、長篠之戰等戰役中立下戰功。其中在長篠之戰時則以武田方背後的鳶之巢要塞為目標進攻，因為這次的奇襲作戰，成功討伐武田信玄之弟－武田信實，並奪回在層層包圍之下的鳶之巢要塞。在武田軍於長篠之戰遭受毀滅性攻擊的背景下，其實武田當時也因為害怕其後的鳶之巢要塞被奪走，而一直提心吊膽，認為必須展開決戰。成功讓局勢進入短期戰的忠次可算是立下極大戰功。

雖在戰場上驍勇善戰，但私下的忠次其實也有幽默的一面。據說在長篠之戰前，家臣們都籠罩在一股沉悶低氣壓中，當時忠次就開始跳起「蝦子舞」，在場的人無不大吃一驚，但隨後即陷入一股大笑聲中，可說是一位擁有機智的老練武將。

■間接造成信康切腹

歷經無數大小戰役的忠次，卻在晚年遭遇到嚴苛的命運。

起因是這樣的，家康與正室－築山御前之間生下嫡男－德川信康，家臣們也都對這位智勇兼備的年輕武者抱有很大的期待。

之後信康迎娶信長女－德姬為妻，但德姬卻寫了封信給父親，內容說到築山御前和信康共謀並與武田私通。而當時負責送信的人就是忠次，信長於是追問內容是否屬實，但據說忠次完全沒有為此做出任何辯解。於是信長便下令要信康母子自縊，家康只好充滿悔恨地處決築山御前，並下令要信康切腹謝罪。

這次的事件讓其他家臣對忠次相當不滿，紛紛批評忠次是「巧妙地附和信長質問」、「主君換成了德姬」等難聽字句。

忠次也因此與家康的關係降至冰點，所以晚年過得極為悲慘。但這件事真的是忠次的失策嗎？不，忠次就是知道信長是個多麼可怕的人，所以才會接下如此惹人爭議的任務，或許這就是身為宿老才會做的痛苦抉擇。

與酒井忠次關係密切的武將

德川家康　P.76

忠次從家康成為今川家人質時就跟隨他，從旁輔佐年輕的家康，是家康統一天下不可或缺的人物。

石川數正　P.88

與忠次同樣在人質時期就跟隨家康，當忠次在東三河掃蕩其他勢力時，數正則在西三河進行鎮壓行動，兩人是激烈的競爭關係。

為了主君不惜一死的三河武士典範

鳥居元忠

■1539年生～1600年歿

成為關原之戰的正當理由犧牲品，在伏見城之戰壯烈犧牲的家康侍從。

illustration : YOJIRO

PARAMETER

```
        武力 4
智力 3        政治 2

運氣 2        毅力 5
```

NATIVE PLACE

出身地 [三河]

為了主君在出戰前就決定誓死戰鬥

■在伏見城壯烈犧牲

鳥居元忠是在家康小時候就效力於德川家的忠臣，也是在家康以人質身份時就待在今川家時的侍從，可以說是一生都奉獻給了家康。不斷陪同家康四處征戰、屢屢建功的元忠卻在長篠之戰受到武田軍砲擊而受傷，嚴重到需有東西攙扶才能行走。

這個與家康有長久交情的武士，命運卻在關原之戰時走向終點。

因為如要挑起石田三成與家康戰端，還是必須有個直氣壯的藉口才好，使德川家不得不先做出犧牲。

當時相較於因討伐上杉而離開大阪城的家康，三成則下定決心要組織反德川軍，所以一定要在家康聽聞此消息趕回前，就要先限制住德川軍行動一段時間。

另一方面，為了要讓家康有正當理由去討伐三成，必須有位自願成為陷阱中的犧牲品，等死般地來接受三成軍包圍。然而，這名擔任犧牲品角色的人，絕對不能是個普通人物；因此，對家康忠義深厚，又在戰場上立下諸多戰功的元忠便是很好的適任者。

元忠也很瞭解自己的職責，於是便以一千八百兵力封鎖伏見城，接著拒絕投降，一起與城兵跟三成軍奮戰死守伏見城，最後壯烈犧牲，世人都稱讚其為三河武士典範。

讓交情匪淺的舊識擔負如此壯烈犧牲的角色，讓家康為首的德川家深深感到罪惡，所以之後德川拔擢元忠之子成為領有二十四萬石的大名。

德川家重臣卻被稱作奸臣的參謀

本多正信

■1538年生～1616年歿

曾一度消失在歷史舞台的名參謀，後來又再次回歸擔任德川家智囊，並從旁協助家康。

illustration：
YOJIRO

PARAMETER

武力 1
政治 5
毅力 4
運氣 3
智力 3

NATIVE PLACE

出身地〔三河〕

身為家康名參謀，協助德川建立幕府基礎

■從家康陣營出走

　　隸屬德川家康家臣團，武藝出眾並擔任參謀的本多正信雖然幾乎沒有什麼戰功，但對家康而言，他是個必須存在的智囊團，幫助德川獻上不少各式各樣的計策。即使大家都不瞭解正信在說什麼，但家康總能懂得他的想法，兩人之間可以說是有深切的聯繫存在，並不單單只是主從關係，應較類似於友情般深刻情感。

　　但正信並非一直跟隨著家康，他也曾出走過一段時間。當三河爆發一向一揆時，正信苦思許久後決定支持一向一揆方，而這對家康而言如同是朋友棄他而去。之後一揆遭鎮壓後，正信就轉而效力松永久秀，雖在那裡得到不少好評，但正信最後還是選擇離開久秀，其身影從歷史舞台上消失了一段時間。

■即便與武功派對立依舊不動搖的忠誠

　　之後正信便透過舊識大久保忠世，向家康懇請讓正信回到德川家，由於忠世拼命地奔走發揮作用，正信最終得以回歸至家康麾下，跟從前一樣作為參謀，從旁輔佐家康。據說在豐臣秀吉死後，家康為了掌握霸權而實行的計策，幾乎都是出自於正信。

　　開創江戶幕府後，正信以家康侍從身份主導幕府政治，到了秀忠時代則擔任其顧問，在政治上擁有極大的權限。

　　自古以來，政權內部都會出現武人與官吏的對立，德川政權也不例外。正信握有大權這件事讓本多忠勝等人產生反感，雙方多次產生意見不合的口角。忠勝甚至說正信是「膽小者」，彼此之間的關係嚴重龜裂，不過這仍絲毫不動搖家康對正信的信賴。只不過，據說正信為了表明自己的立場，還謝絕了二萬二千石以上的俸給。

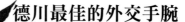

德川最佳的外交手腕

石川數正

■生年不詳～1592年歿

身為德川歷代家臣，但卻反叛投奔豐臣秀吉的劇變人生。就是因背負反叛之名才決定出走。

illustration：
YOJIRO

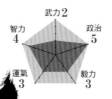

PARAMETER

武力 2
政治 5
智力 4
運氣 3
毅力 3

NATIVE PLACE

出身地 [三河]

因為與豐臣秀吉的往來而改變人生

■家康從小到大的重臣

石川數正是以首代藩主身份建立起信濃松本藩基礎的武將。雖然松本是豐臣秀吉給予的賞賜，但石川家是德川家的歷代家臣，因此從家康小時候成為今川家人質開始，數正就是家康的玩伴兼侍從，為重臣中的重臣。

但數正並不是靠著與家康的長久交情，才爬到如此高的地位，而是他出色的軍人才能獲得家康賞識。在今川家失勢、德川家宣告獨立後，數正成功帶回作為人質的家康嫡子－信康及家康正室－築山御前。而數正不顧生死的行為也受到讚賞，因而決定了他在德川家的地位。

如此一來，數正不但得到了家康的信任，並與酒井忠次等人同時被拔擢為家老，在內政與外交方面都受到重用，並擔任信康成人後的監護人，之後更成為西三河的指揮者地位；尤其是他的外交手腕，可說是德川家第

一的水準。在秀吉勢力抬頭後，數正也一手包辦與秀吉之間的往來溝通。

■從德川家出走的真正意義

如此剛直的三河男子，忠心到甚至都能將骨骸埋於德川家的數正，照理說應該不至於會做出讓自己的清白遭受懷疑的行為。不過，有一天數正卻突如其來的從德川家出走，更驚人的是他去了秀吉陣營。知道德川所有機密的數正出走，不只是家康、德川家全體上下都相當震撼⋯⋯這件事也迫使德川家長年來的軍制將因此而改變。

到底是與家康的不和，還是因為賞賜讓他失去理智等，有許多關於數正離開的憶測不斷出現，但應該不會是怨恨家康到必須切斷所有關係。雖然數正心中的真正想法依舊是個謎，但想必是為了他心中所謂的正義，才會出此下策吧！

確立、守成德川幕府權力的人物

德川秀忠

■1579年生～1632年歿

以德川家康三男身份出生的德川秀忠，被評價為能夠守護家康大業的「守成人」。

PARAMETER

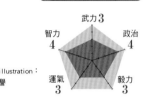
```
        武力3
智力4        政治4
  運氣3      毅力3
```

NATIVE PLACE

出身地［遠江］

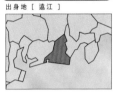

即便為家康三男，但還是成為德川幕府第二代將軍

■即使武藝不出眾，卻依然繼承德川家

德川家康三男德川秀忠因為長兄－德川信康自刃，次兄－德川秀康成為秀吉養子，因緣際會下而擁有繼承地位。但由於家康個人表現實在太過傑出，使得秀忠至今仍不受注目，但他在德川幕府的建築基礎上，的確實行過相當重要的政策。

在秀忠青年時，德川家與豐臣家有相當密切的往來。秀忠不但1590年在秀吉的聚樂第迎接成人式，還得到秀吉的秀字而改名為秀忠，也與秀吉養女（織田信雄之女）－小姬訂下婚約，可惜之後因信雄遭流放而破局。1594年因為秀吉再度提起，仍秀吉養女（淺井長政三女）－江與結婚。之後所生下的長女－千姬，也與秀吉之子－秀賴締結婚約，成為與秀吉家姻親關係的中心人物。

秀忠在關原之戰時脫離家康本隊，延著東山道西上，因為遭受信州上田城真田昌幸的阻礙，所以來不及參與決戰，也因此受到家康嚴厲斥責。

西元1605年秀忠雖繼承了將軍之位，但實權還是掌握在家康手中。秀忠除了在京都以外都以江戶城為主，代替在外奔走的家康進行守護工作，在與退位的家康二元政治之下，以東國為中心而統率大名。

豐臣家滅亡隔年的1616年家康去世，秀忠以將軍身份接收外交權等權利，並首次發行大名領地證明等，在政治上實施獨有的政策。此外，還針對包括德川門下及歷代三十九位大名進行職位改制調整，並讓五女－和子進入後水尾天皇宮內等對朝政策；接著再強化天主教徒禁令、結合貿易的制度統整、管理的外交政策等，在加強德川幕府的制度上付出不少心力。

解除家康最大危機的功臣

服部半藏

PARAMETER

智力 3 ／ 武力 4 ／ 政治 4 ／ 毅力 4 ／ 運氣 3

NATIVE PLACE

出身地〔三河〕

■1542年生～1596年歿

illustration：NAKAGAWA

自願擔任家康護衛

　　總是會讓人聯想到伊賀忍者首領的服部半藏，其實他也是個名槍手、人稱「鬼半藏」的勇敢武士。而半藏也不負其鬼之名，在戰場上揮舞長槍而立下不少功績，但是他最大的功勞是在於足以動搖天下的「本能寺之變」後，護送家康從伊賀回國的活躍表現。

　　當時，光秀謀反的消息對只帶了幾個侍從、在堺市觀光的家康來說，簡直就是晴天霹靂。因為家康一直都是信長的盟友，所以擔心光秀接下來會把自己列為下一個目標。因此，無論如何都要快點回到本國三河才安心，所以找上了父親為伊賀出身的半藏幫忙，不但途中順利得到伊賀與甲賀的當地有力者的協助，並且立下了迅速護送主君回國的莫大功勞。

戰場上耀眼的長槍術

渡邊守綱

PARAMETER

智力 3 ／ 武力 4 ／ 政治 3 ／ 毅力 4 ／ 運氣 3

NATIVE PLACE

出身地〔三河〕

■1542年生～1620年歿

illustration：YOJIRO

家康極為信任的武臣

　　渡邊守綱是松平家（之後的德川家）歷代家臣出身，俗稱「槍半藏」，據說是因為有很出色的長槍術而獲得其美稱。在戰場上擁有出色表現的守綱，不但跟隨家康四處征戰，並在姉川、三方原、長篠之戰中奮力作戰。

　　守綱在姉川之戰中，立下旗本武士中最佳的槍術戰功；在三方原之戰中成功驅趕起武田軍；另外也流傳他在長篠之戰中討伐了山本勘介嫡子－山本勘藏。這些都足以證明守綱是勇者中的勇者。

　　多次在戰場上負責先鋒及殿軍等重要任務的守綱，其實也特別受到家康信賴，後來他也成為德川御三家之一的尾張藩的付家老，甚至還晉升為領有一萬石以上奉祿的大名高位。

最終獲得十二萬石奉祿的第二代目前橋城主

酒井忠世

■1572年生～1635年歿

PARAMETER

武力 3
智力 3
政治 3
運氣 4
毅力 3

NATIVE PLACE

出身地〔三河〕

illustration：哉丼涼

以秀忠重臣身份協助幕府

效力於德川家康的酒井忠世，其後成為家康三男－秀忠的從屬家老。在關原之戰追隨秀忠，但因為沒有順利攻陷真田昌幸、幸村父子駐守的上田城，所以在決戰時大遲到並因此激怒了家康。但忠世還是作為首席家老，誠心誠意支持秀忠。對秀忠而言，忠世是相當值得尊敬的人物；本來忠世在家康麾下時的奉祿只有三千石，最後卻增加到十二萬石，這便是深受秀忠信賴的最佳佐證。

在秀忠前往京都時忠世也一同隨行，還代替秀忠向駿府城的家康唸賀詞等事宜，由此可知忠世對儀式與典禮相當瞭解。另外，在「大阪之陣」中討伐了敵陣多達三十的敵方頭顱等，除了在內政上，忠世也以武藝回報秀忠。

在德川家擔任劍術指導的行政官

柳生宗矩

■1571年生～1646年歿

PARAMETER

武力 4
智力 3
政治 3
運氣 4
毅力 4

NATIVE PLACE

出身地〔大和〕

illustration：哉丼涼

為了拿回柳生舊領而仕官

為柳生宗嚴的五男，在柳生村跟父親學習新陰流的刀法。柳生宗矩在二十四歲時，到家康面前實際表演極致的「雙手奪白刃」技法，家康相當喜歡他的表演，因此讓他進入德川家工作。

宗矩少年時期，因為秀吉的太閤檢地政策，使柳生家被奪去二千石領地，所以對宗矩來說拿回舊領一直都是他的宿願，因此他才選擇效力於家康麾下。關原之戰時，宗矩奉命要擾亂西軍後方，雖然柳生家有些人不同意這個機密行動，不過宗矩最後還因此功勞拿回舊領。宗矩的仕途並未因此而結束，不久後他即擔任秀忠、家光與將軍家的劍術指導，並受到幕府高層的重用，被家光任命為總監督成為領有一萬石奉祿的大名。

大名們的署名方式 畫押

經常會與家紋同時介紹的「畫押」方式，在此向各位解說這些圖案所代表的意義。

以藝術方式草寫文字 證明是自己本人 而使用的「畫押」

武田信玄▶

◀真田幸村

上杉謙信▶

◀毛利元就

伊達政宗▶

◀長曾我部元親

所謂的畫押就是在狀紙最後留下本人認可的證據，由當事者直接寫下類似於象形文字的親筆簽名。

這種畫押歷史流傳已久，在日本平安時代即開始使用，而深受漢字文化影響的東亞圈也有廣泛地使用。一開始大多是草寫自己的名字，之後漸轉變為只使用一個字的署名。後來，到了戰國時代就不再那麼重視自己的名字，大多都是以能夠代表自己的文字或喜歡的漢字當作畫押內容。這可說是一種玩文字遊戲的動作，並代表了作為知性人物的證明，所以畫押方式不僅限於一種。

畫押文化影響民眾極深，後來更演變為使用方便的印鑑，不過至今仍有少部分人會使用這樣的畫押署名方式。

第二章　建立一個時代的群雄

這章要介紹的是武田信玄、上杉謙信及長宗我部元親等有力大名及其所屬部下。讓我們接著來看看每一位主角人物會有怎樣的精彩活躍表現。

武田家

名震全日本的甲斐名族

以武士一族聞名的清和源氏是武田家的祖先，也是世代都以甲斐作為根據地的知名家族，家中並誕生了一位「甲斐虎」信玄。就來看看武田家的興亡歷史吧！

〈家紋：分割菱〉
菱紋是與清和源氏義光有家族關係的甲斐源氏經常使用的圖案。

武田家的歷史起源及族譜

■延續清和源氏血統的武士名家

雖然說戰國時代有許多戰國大名勢力崛起，但武田家卻是自古從甲斐（現今山梨縣）起家的名門，1028年房總地區爆發「平忠常之亂」，靠著清和源氏一族的源賴信以甲斐守身份順利鎮壓，才讓武士出身的源氏打響名聲。後來賴信一族陸續在陸奧（現今東北地區東部）1056年所發生的「前九年之役」與1083年的「後三年之役」中努力奮戰。最後成功壓制所有反亂，直到賴信之孫義光擔任甲斐守一職後，甲斐源氏才順利誕生。

雖然甲斐武田氏的祖先是義光，但改名為武田的則是從義光曾孫－信義那一代開始。信義在武田庄搭建宅邸並改名為武田太郎，因為改姓為武田因此以武田家的立場而言，甲斐源氏第四代的信義即為首代當主。

信義在源平合戰中有活躍表現，也有為鎌倉幕府的創立貢獻己力，直到鎌倉幕府結束，經過時代動亂而進入室町時代。第七代的武田信武以足利尊氏部下身份活躍於政治面，之後被任命為甲斐守護並建立起甲斐武田氏的勢力基礎。然而第十代的信滿卻加入了1714年的「上杉禪秀之亂」，導致幕府追討罪行被迫卸下守護一職。後來第十一代的信重再次以守護身份重回甲斐，但由於新興勢力崛起及家族內鬥爭不斷，導致武田家體制不如以往強盛，影響力也明顯降低。最後，直到第十五代的信虎時期，武田家才終於達成領國統一。

【武田家族譜圖】

源義光──義清──清光──❶武田信義──❷信光

❸信政──❹信時──❺信綱──❻信宗──❼信武

❽信成──❾信春──❿信滿──⓫信重──⓬信守

⓭信昌──⓮信繩──⓯信虎──⓰晴信──⓱勝賴
（信玄）

戰國時代武田家的興亡

■從信虎開始自勝賴結束的武田興亡記

在進入戰國時代時，當時第十三代武田信昌一族剛好爆發繼位者爭奪，同時也受到稱霸鄰國駿河（現今靜岡縣中部與東北部）的今川氏與統治伊豆的北条氏入侵等，使武田家處於危急狀態。

但是到第十五代的信虎時，卻成功擺脫窘況並以躑躅崎館為據點統一甲斐。等宿敵今川氏病死，信虎與其議和解除威脅後，就著手進行信濃（現今長野縣）攻略。不過因為此戰時間過長，導致民心散去而慘遭兒子晴信（之後的信玄）流放。

成為新當主的信玄與今川、北条締結三國同盟後，在村上氏及小笠原氏奮力抵抗的同時也開始入侵信濃。當今川義元遭織田信長討伐，今川家勢力因而衰退時，武田家趁機併吞了駿河擴大其勢力，不過後來因為信玄病逝，繼承家業的勝賴又在長篠之戰中大敗，使武田一族開始崩解，最後在1582年完全滅亡。

1531年左右的武田勢力

1573年左右的武田勢力

武田家的對立勢力

德川家 P.74

與信長合作在長篠之戰中擊敗進攻的武田勝賴。

上杉家 P.118

為信玄競爭對手，雙方在信濃北部的川中島多次對戰。

村上家 P.311

與小笠原氏合作共同抵抗入侵信濃的信玄而陷入苦戰。

武田家的居城　武田氏館

雖然在歷史書籍等處一般都稱之為「躑躅崎館」，但由於國家指定史跡的名稱為「武田氏館跡」，所以在此就稱為武田氏館。

武田家從鎌倉時代就以位於甲府盆地中心的岩和為根據地，但由於笛吹川氾濫偶爾會發生水災，所以會有川水很容易流入平地的缺點。

因此第十五代的信虎重新搭建並移居至武田氏館，往後的六十三年就以此成為武田家的據點。

武田氏館是一座能眺望甲府盆地的高台建築，背後也圍繞著山群，對防衛工作來說相當有利。周邊除了有家臣宅邸及寺廟外，也以武田氏館為中心形成城下町，現在則有搭建武田神社，作為中世紀城郭史跡並成為國家的指定史跡。

TAKEDASHI YAKATA

DATA

凸
武田氏館

所在地：山梨縣甲府市古府中
別名：躑躅崎館
文化區分：國家指定史跡
築城者：武田信虎
築城年：1519年
構造：連郭式平城

武田信玄

■1521年生～1573年歿

因為受不了惡政而流放父親，讓自己成為甲斐領主的武田信玄，打著『人民是牆，人民是城』的口號掌握人心，組織了戰國時代的最強軍團。

PROFILE

1521年	出生於清和源氏的後繼名門武田家
1536年	成人式、首次上戰場
1541年	流放父親－信虎，並繼承家督
1542年	平定諏訪
1547年	制定「甲州法度」
1553年	與越前上杉謙信五次
1564年	激烈對戰
1564年	進攻飛驒
1572年	開始西上，在三方原之戰擊退德川家康
1573年	在信濃馬場病死

illustration：立澤準一

PARAMETER

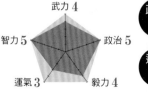

武力 4
智力 5
政治 5
運氣 3
毅力 4

政治 5 不論是內政或外交，在戰國武將中都是屬於最高能力水準。

運氣 3 雖然順利取得信濃與上野等地統治權，但中途就病倒。

NATIVE PLACE

出身地 [甲斐]

靠著整頓國力與滴水不漏的外交關係累積軍事力量

■流放父親讓自己繼承家督

率領人稱最強甲斐武田軍團、連織田信長都退避三分的武田信玄，之所以強盛的秘訣就在於領地經營及帶領家臣團的領導性格。

成人後的信玄跟隨在穩固甲斐地盤、對信濃進行攻略的父親－信虎身旁，因而首次站上攻略佐久郡戰場。

才能逐漸展現的信玄認為信虎不如自己有用，進而產生了想要遠離父親的想法；再加上領內對戰事的不滿聲浪逐漸增強，因此於1541年，信玄在家臣的協助下將信虎流放到有姻親關係的駿河今川義元據點，讓自己成為武田家的當家。

相比之下，信玄與急於立功給領內人民看的父親不同，反而在內政上費了不少力氣。信玄在治水上建築「信玄堤」、以「甲州法度」重整領地的律法秩序，及開發金山鞏固國內財政。這些內政制度上的管理、調整不但使國力提高，也因此得到武田二十四將為首的家臣團高度信賴。

至於，外交方面則與駿河的今川氏及相模的北条氏保有同盟關係，並因此締結婚姻關係。在確認自己安全無虞確實獲得勝利後，信玄才開始展開戰線，且陸續成功獲得信濃、諏訪、飛驒等地區的統治權，並將兵法書《孫子兵法》中所說的「風林火山」作為旗幟，打造出名震天下的戰國最強軍團。

■與上杉謙信的激戰

因為村上義清在信濃遭到信玄入侵，所以向越後的上杉謙信尋求援助，於是謙信就往信濃出兵與信玄展開對決，其中知名的川中島之戰便是這次戰火的開端。在這十二年間，兩者主要的正面對決有五次之多，兩雄爭霸也使雙方損失眾多人數，尤其在「第四次川中島之戰」時，部下武田信繁與山本勘介都因遭到討伐而死。信玄終於瞭解到謙信不是個簡單角色，於是盡可能地避免與其正面對決。之後以對戰、計策成功壓制周邊當地豪族，終於坐收北信濃的統治權；信玄並與謙信在北關東進行對決，後來因為信玄佔了上風，所以也拿到上野的統治權。

■擊退德川軍卻充滿悔恨地病死

之後信玄進攻駿河殲滅今川氏，原與北条氏的對決後來也達成和解。至此，信玄終於要前往京都展開行動了。經過多次的遠江、三河出兵，終於到了與織田信長和德川家康對決的時刻。1572年信玄親自率領大軍西上，接近家康居城所在的濱松，並在三方原之戰擊潰信長、家康連合軍，入侵三河並陸續攻陷德川氏領內諸多城池。然而就在隔年四月，信玄在包圍三河野田城的軍陣中生病了，在往甲府的回程於信濃馬場因病結束了五十三年的人生。信玄死後其子武田勝賴遵從父親遺言，對外界隱瞞了三年的喪期，才將信玄真正下葬。

與武田信玄關係密切的武將

上杉謙信　P.120

信玄與謙信在信濃、上野多次對決，相較於速戰速決的謙信，信玄則是選擇長期戰。據說在「第四次川中島之戰」中，兩雄有上演一對一決鬥戲碼。

北条氏康　P.134

信玄與北条氏康、今川義元三人組成「三國同盟」，在守護南方安全的考量下進攻信濃，以巧妙的外交手法，讓北条對自己不構成威脅。

山本勘介

■生年不詳～1561年歿

武田家的天才軍師－山本勘介，幫助武田信玄取得當家身份，進而受到重用成為步兵大將及軍師。為了報恩勘介最後也壯烈犧牲了。

illustration：譽

PROFILE

？　年	出生於三河
1536年	盼望成為今川家仕官
1543年	受到板垣信方推舉而成為武田家仕官
1546年	在諏訪平定中盡心盡力
1550年	砥石敗北
1553年	海津築城
1561年	川中島戰死

PARAMETER

武力 3
智力 5
政治 4
運氣 3
毅力 5

智力 5　遊走諸國學習兵法，因智慧出眾成為武田信玄軍師。

毅力 5　歷經苦難以致身體不能自由行動，但還是奮戰到底的毅力令人敬佩。

NATIVE PLACE

出身地 [三河]

在「風林火山」的旗幟下留下無數個勇猛傳說

■謎樣的出身與經歷

以武田家軍師而聞名的山本勘介，在江戶時代完成的《甲陽軍鑑》文中有許多描述其活躍表現，但因為勘介實在擁有太多謎團，因此甚至還出現是否真的有這個人存在的說法，畢竟他在效力於武田家之前的出身與經歷等，有太多不清楚的疑點存在。

據說勘介的祖先是今川家舊臣，而他則捨棄浪人身份回鄉務農，年輕時就行走京都等各國學習築城法與陣法，也懂得楠木流的兵法。遊列諸國修行的勘介，除了皮膚黝黑、單眼失明，行走也不是很方便，雖然他想效力於今川家，但因外貌關係所以並沒有被接受。

後來，勘介就投靠武田信玄。欣賞勘介能力的信玄，據說在當場就賜與二十貫錢與二十五人的兵卒給勘介。勘介也發揮實力擔任步兵大將，在許多對戰中都有出色表現。此外，他不僅進行海津城、小諸城的修繕工作，還在信玄進攻信濃時立下攻陷九座城池的功績。

又因為勘介擅長兵法，所以信玄就重用其為軍師。不難想像處於遠離京都的甲斐虎信玄，卻能藉著勘介瞭解各國狀況，兩人勢必相談甚歡。

■天才軍師的死期

西元1561年「第四次川中島之戰」中，為了攻擊在妻女山擺軍陣的上杉軍，勘介提出「啄木鳥戰法」。所謂的「啄木鳥戰法」就是將軍隊一分為二，讓機動部隊在夜間接近上杉軍背後，等到天亮時就展開攻擊；接著當遭受奇襲的上杉軍下山時，等候已久的信玄本隊就以挾擊方式擊潰敵軍。

但是，上杉謙信卻察覺了這次的奇襲行動。當武田軍的機動部隊還在移動行進時，上杉就悄悄地從妻女山下山，反而賞了信玄本隊一記奇襲戰術，這讓武田軍頓時陷入危機中。

在一陣猛攻的上杉軍面前，武田軍居於劣勢，勘介領悟到自己作戰的失敗，據說決意犧牲生命保護本隊的勘介，以行動不便的身軀衝入上杉軍陣中，並朝著前後左右的敵人一陣亂砍，最後就在敵陣中壯烈犧牲。這應該就是勘介對一手拔擢自己的信玄所做出的交代。

■謎樣軍師的真實面目

由於《甲陽軍鑑》的資料有許多疑點存在，所以不禁讓人對勘介的行動與真實存在性產生懷疑。事實上他也有以「山本管助」之名出現在別的資料中，所以應該有這號人物。但是否與《甲陽軍鑑》中出現的「山本勘介」為同一人呢？就讓我們好好期待今後的研究報告吧！

與山本勘介關係密切的武將

武田信玄 P.96

重視人民且抱持能力主義的武田信玄，因為看中勘介能力而將他納為下屬。之後勘介就像如魚得水般，誓死為信玄奮戰。

今川義元 P.206

拒絕勘介仕官要求的義元想必非常後悔，不過因為義元已經擁有強大勢力，所以沒必要召集浪人加入。

受信玄寵愛的美型年輕武將

高坂昌信

■1527年生～1578年歿

農民出身能力受到武田信玄肯定的高坂昌信，也因為出色的外貌而備受信玄寵愛。身兼傑出武藝與智慧的名將，也參與了信玄的最後戰役。

PROFILE

1527年	以有力農民之子身份出生
1542年	成為信玄的奧近習眾
1552年	獲得一百五十名騎兵，拔擢為侍大將
1556年	此時期晉升為海津城代
1561年	在「第四次川中島之戰」擊潰上杉軍，解救陷入苦戰的信玄
1572年	參與信玄的西上行動
1578年	謙信死後與上杉家展開和平交涉，卻在中途因病身亡

illustration：鯰屋槌志

PARAMETER

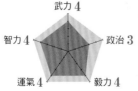

```
          武力 4
智力 4            政治 3

  運氣 4      毅力 4
```

 武力 4
駐守在臨近上杉謙信掌管的越後的海津城，不時會大膽地入侵越後。

 運氣 4
擁有美型外貌雖是運氣很好，但也是靠著自己的才智受到拔擢。

NATIVE PLACE

出身地 [甲斐]

瞭解信玄一切的男人

■與信玄身心相通的青年武將時代

高坂昌信又名春日虎綱，為有力農民春日大隈之子；是「武田四名君」之一，也是跟隨武田信玄、勝賴二代的重臣。

十六歲被選為奧近習眾的昌信是位美少年，據說因此備受信玄寵愛。在戰國時代，男人喜歡男人的同性愛，並不是什麼稀奇的事，後來也發現了信玄寵愛昌信的證據，就是信玄寫給昌信的「情書」。

不過，昌信本身是個有能力又勇敢的人物，他在信濃平定時嶄露頭角，1552年成為侍大將，順利成為重臣中的一員。之後更擔任北信濃的海津城代，為對戰上杉謙信的最前線做足準備，他率領四百五十到七百的騎兵，有一次入侵至謙信勢力下的越後，流傳著許多以武力壓制的事蹟。

其實昌信不只是勇敢，他還擁有「逃彈正」的俗稱，意指他絕不會進行無意義的對戰；不過因為昌信對男人與女人來說都很具吸引力，也有一說這俗稱由來是他要逃開這些人的引誘。

在1561年的「第四次川中島之戰」中，昌信所率領的是進攻妻女山的機動部隊，但由於謙信看穿了武田軍的策略，反而讓武田軍陷入遭上杉軍猛攻的危機。所幸昌信還是擊退了部署在妻女山上的上杉軍殿軍，讓武田軍成功突破此次困境。

■陪伴前往京都的信玄到最後

之後昌信便以海津城主身份監視謙信動靜，有很長一段時間都忙於北信濃的領國經營工作，已鮮少與信玄一同作戰。

但就在信玄展期期盼已久的前往京都行動時，人在北部的昌信也參與了信玄的西上行動，或許是因為信玄即將面臨到這個勝負關鍵，所以才會想要讓昌信待在身邊。而對信玄的身心一切瞭若指掌的昌信，應該也已察覺到信玄生病的事實，所以才想要陪伴主君到最後。

當武田軍在三方原之戰中擊潰德川軍後，就必須做出判斷，決定是要攻擊封鎖濱松城的家康、還是要繼續西上。當時昌信是唯一主張西上的家臣，也許他想讓信玄的願望成真吧！

■《甲陽軍鑑》中留有文獻

據說在江戶初期集結完成的軍書《甲陽軍鑑》內容中，有以昌信遺留紀錄為基礎的文字內容，書中有讚賞信玄的功績及對勝賴的嚴厲，或許這就是昌信對信玄的真正想法也說不定。

與高坂昌信關係密切的武將

武田信玄　P.96

昌信隸屬於武田軍團，原先就與信玄關係密切的昌信，直到信玄死前都隨侍在旁。

武田勝賴　P.110

昌信在信玄死後，因為擔心武田家的將來，所以便向勝賴上呈諫言書，但卻不被接受。勝賴之後因為厭惡昌信而逐漸疏離他。

「所到之處無敵人」武田軍團中最強的男人

山縣昌景

■1529年生～1575年歿

武田家歷代家臣出身的山縣昌景，以武田信玄最重要家臣之一充分發揮實力；在信玄死後也持續協助勝賴，在長篠之戰中壯烈戰死沙場。

PROFILE

1529年	出生在從室町時代以來武田家歷代家臣家族
1550年	躍升成為使眾
1565年	兄長－飯富虎昌因謀反嫌疑而遭處決，飯富家因此廢絕，而繼承山縣名號
1569年	拔擢為尻城代
1572年	三方原之戰參戰，擊潰家康軍
1575年	在長篠之戰戰死

illustration：三好載克

PARAMETER

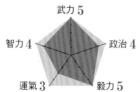

武力5
政治4
智力4
毅力5
運氣3

武力 5
唯一讓家康產生死亡危機的男人，家康在昌景死後也對其武藝感到惋惜。

毅力 5
在長篠之戰身中十七發子彈仍奮力抗戰。

NATIVE PLACE

出身地〔甲斐〕

率領全身大紅裝備的騎兵團
讓家康最為恐懼的武將

■讓家康產生死亡恐懼的男人

主君武田信玄稱其為「源四郎所到之處皆無敵」的山縣昌景，不只是武藝精湛、在內政及外交等各方面都有相當出色的表現。

昌景原名為飯富源四郎，但因當時信玄與嫡子－武田義信對立，進而懷疑源四郎的兄長－飯富虎昌謀反，所以將他處決。之後源四郎就改名為山縣昌景。不過據傳是昌景本人向信玄舉發兄長謀反的。

昌景以信玄部下身份的表現相當活躍，之後也加入了侍大將、歷代家老眾之列，甚至還在武田家負責重要職務。除了在內政上有所發揮，在駿河及相模等進攻戰中也有出色表現。

據說昌景外形瘦小長相並不出眾，所以多少和高坂昌信那樣外貌非凡的武將抱著競爭心態。昌景對信玄展現十足的忠誠度，在戰場上他率領全身著朱色盔甲，人稱「赤備軍」的最強軍團，表現出如鬼神般不可思議的對戰姿態。

在與德川家康對戰的三方原之戰中，昌景率領的軍隊一舉擊潰德川軍，步步逼近家康本營，之後家康還因昌景的猛烈攻擊，評論昌景是：「讓人感到無限恐懼的山縣」。信玄在戰役之後就病倒了，臨終前還召集昌景、馬場信房、內藤昌豐的三名老臣，將武田家的未來託付給他們。

■瘦小昌景的最後戰役

信玄死後，昌景持續協助著繼承武田家的武田勝賴，但急於立功的勝賴卻聽不進昌景等人的諫言，執意挑起與織田、德川連合軍的戰火，開始展開侵略行動。

對此侵略展開反擊的織田、德川連合軍，這次的戰役就是織田信長以無數砲擊擊潰武田軍的「長篠之戰」。在軍隊左翼布陣的昌景，親眼見勢到織田、德川連合軍兵力遠超過自己，再加上對方以馬柵欄進行防守，因此認為局勢不利於武田方，而向勝賴進言表示應該撤軍。

但是勝賴卻以輕蔑態度回應：「昌景是害怕失去生命」，聽到此番回應的昌景怒不可遏，脫口說出：「我們要為了犧牲主動出擊」，之後便朝著織田、德川軍的砲擊隊進行突擊。

當時的戰場設樂原是狹小的平地，不便於騎馬應戰，加上正值梅雨季，地面溼濘不堪，人與馬都無法自由行動。這對武田軍而言是極為不利的情勢。儘管如此昌景還是大膽地進行了九次突擊行動，其間他身受十七發子彈砲擊，但依然奮戰不懈，最後戰死沙場。

據傳就是因為昌景的死才讓武田家早十年滅亡，他的死連敵方都備感惋惜，家康還特別讓昌景舊臣加入井伊直正麾下，重新讓赤備軍復活；另將家臣本多信俊之子命名為本多山縣，這些都是昌景武藝過人的證明。

第二章　建立一個時代的群雄【武田家】山縣昌景

與山縣昌景關係密切的武將

武田信玄　P.96

以重臣身份效力於信玄的昌景，對信玄之死無計可施，在長篠之戰的奮力作戰姿態，或許是因為想要趕快回到信玄身邊吧！

武田勝賴　P.110

信玄死後昌景就任職於駿府，這是因為勝賴想要疏遠身為重臣的昌景。年輕的勝賴急於立功，總無法接受重臣的諫言。

在背後協助武田家三代的宿老

馬場信房

■1514年生～1575年歿

馬場信房為效力武田家三代的武將，擔任三十年以上的家老一職。陸續轉戰於信濃、上野、駿河，長篠之戰為其參與的最後一場戰役，以年邁身軀率領殿軍。

PROFILE

1514年	出生在甲斐教來石村的教來石氏家族
1546年	名列歷代家老眾，被拔擢為侍大將，此時改姓為馬場
1550年	任命為深志城代
1559年	成為美濃守護
1562年	任命為牧之島城代
1575年	在長篠之戰戰死

illustration：鯵屋槌志

PARAMETER

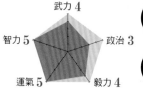

武力 4
政治 3
毅力 4
運氣 5
智力 5

智力 5 被稱為「武田四名君」，智慧應屬最高層級水準。

運氣 5 一生在戰場上都沒受過傷，只能說信房的武運極佳。

NATIVE PLACE

出身地［甲斐］

104

■效力於武田家三代

馬場信房是跟隨武田家三代的歷代家臣，他是特別擅長策略運用的名將，也是「武田四名君」之一，其出眾能力還得到「具備一國太守的才能」稱號。

信房出身自為土岐氏一族的教來石氏，當信虎遭流放，信玄繼承家督後，他就受到信玄拔擢成為侍大將，而他也是在此時改名為馬場。

對才剛繼承家督的信玄而言，比自己年長七歲的信房讓信玄相當依賴，因此在後來的征戰中，信房也成為信玄最信任的武將之一。

信房在攻略信濃中立下戰功，即有一說是他為了打聽當地情勢而潛入諏訪長達三年之久。之後與上杉謙信的對戰中，信房也展現出令人目不暇給的戰鬥英姿。1550年信房被拔擢為深志城代、1559年成為美濃守，1562年則是被任命為北方最前線的牧之島城代，來監視謙信一舉一動。

雖然信房參與了不少戰事，但卻從沒受過傷，就連擦傷也沒有。這不僅是因為信房武藝出眾，也是他武運絕佳的最好佐證。

■對軍規嚴格要求的宿老

後來，由於信玄與嫡子武田義信的對立關係，間接使飯富虎昌遭處決後，信房與山縣昌景就成為武田家宿老眾的重要左右雙將。

信房因為是武士身份，所以特別嚴格重視名譽。據說當信玄入侵今川家勢力下的駿河時，信玄特地下令要拿走今川家所收藏的貴重藝術品，但信房卻表示：「奪取敵人的寶物對武士來說，簡直就等同於亂黨、盜賊的行為」，語畢，便將所有物品放火燒毀。聽聞此消息的信玄也只能苦笑。

勝賴繼承武田家督後，信房與昌景仍從旁協助，並嘗試多次向勝賴表達各種的諫言。但勝賴就是不接受已年老的信房所言，也不顧家臣們反對執意與織田、德川對戰。此時已年屆六十二的高齡信房也決定協助勝賴參戰。

在戲劇性的長篠之戰中，武田軍吃敗戰，早就做好犧牲準備的信房，自願擔任殿軍角色。信房成功地阻斷敵軍追擊，帶著一身老骨奮力拼戰，可惜還是不敵織田軍，不久後便用盡氣力。不過，為了讓勝賴有多餘時間逃離戰場，信房仍爬上山丘大聲叫喊說：「我乃馬場美濃守信房是也，有誰敢與我對決」，就這樣吸引敵軍靠近，但信房卻連刀都沒拔就遭討伐身亡。之後連織田信長也稱讚信房為：「世間不可多得的名將」。

與馬場信房關係密切的武將

山縣昌景 P.102

比信玄年長七歲的信房，與比信玄小八歲的昌景，兩人分別為帶領武田家前進的左右雙將，認真的信房與謹慎的昌景同為武田家不可或缺的重要人物。

武田勝賴 P.110

比自己年長的信房所表達的諫言與忠告，在勝賴看來就是在教訓他，所以勝賴才會重用長坂光堅等乖乖服從的人。

繼承真田家智略的「隱性威脅」

真田昌幸

■1547年生～1611年歿

被豐臣秀吉稱為「隱性威脅」的真田昌幸，是少數兼具戰略眼光與智略，還能兩次以少數兵力讓家康嘗到苦頭的武將。

PROFILE

1547年	以真田幸隆三男身份出生
1570年左右	成為侍大將
1575年	由於兩位兄長在「長篠之戰」戰死，因而繼承家督
1585年	在上田合戰中擊退德川軍
1600年	在上田城成功阻擋德川秀忠軍

illustration：樋口一尉

PARAMETER

武力 4
智力 5　政治 5
運氣 4　毅力 4

智力 5　以出色的戰略讓武田家跨越危機，也讓真田家得以持續流存於後世。

武力 4　以少數兵力封鎖上田城，巧妙利用地形阻擋德川大軍的入侵。

NATIVE PLACE

出身地〔甲斐〕

擁有優越的戰術及戰略眼光
在戰國時代末期的戰役中脫穎而出

■具有「隱性威脅」的真田昌幸

豐臣秀吉說他是「表裡不一」（比喻為隱性威脅）的人、德川軍因為他而嘗到兩次苦頭；他就是真田昌幸，深具獨一無二戰略眼光與精微計略的武將。

昌幸是跟隨信玄的真田幸隆三子，自小成為人質來到信玄陣營，後來成為親近智而跟隨在信玄身旁。

長大後的昌幸陸續參與了「第四次川中島之戰」、小田原征伐，逐漸成為武田家的重要武將。過了不久，已是步兵大將的昌幸更繼承了武田家歷代的武藤姓，也就是說幸隆不過才經歷武田家二代，就享有了歷代家臣的待遇。

信玄對於昌信的當機立斷的判斷能力給予極高的評價，說他是：「猶如信玄雙眼的人物」。

直到主君信玄和父親幸隆死後、長篠之戰時長兄－真田信綱與次兄－真田昌輝接連戰死，昌幸才回到真田家繼承家督。後來，昌幸追隨勝賴進攻上野的沼田城，而獲得附近一帶的領地。

武田家滅亡時，昌幸向勝賴進言表示應該要逃往上州，但勝賴卻無視此番意見，反而仰賴小山田信茂協助自己逃脫，後來得知信茂背叛主君消息的昌幸，極度感到憤怒與悲傷。

武田家滅亡後，昌幸運用巧妙的計略成功的讓諸大名的舊武田領地成為一片荒野，並巧妙避開北条與德川的勢力範圍，得以確保真田家的上田與沼田領地。

後來，昌幸轉而跟隨德川家康，其上田城依然安全無虞，但家康卻想把沼田領地權交付給北条氏直。然而，昌信卻以沼田領為真田家靠實力獲得，沒有歸還的必要為由而違抗家康命令。怒火中燒的家康隨即以七千兵力攻擊上田城，但昌幸卻僅以兩千兵力封鎖上田城，在兵力落差狀況下還逆轉獲勝，這就是著名的「第一次上田合戰」勝利，也因為這次事件，昌幸自此與家康即成為對立關係，並成為豐臣底下的大名。

由於昌幸十分瞭解家康實力，所以便將沼田交給長男－信之掌管，讓他去效力於德川家，所以後來真田家就一分為二。從這裡也能一窺昌幸瞭解如何讓家族延續的遠見。

■這次成功阻斷了三萬八千德川軍去路

不久後秀吉逝世，豐臣方與德川方爆發大決戰－關原之戰。昌幸與次男幸村加入西軍，而長男信之還是跟隨德川方。

昌幸依然僅以兩千兵力封鎖上田城，成功阻斷了前往關原途中，德川秀忠所率領的三萬八千兵力的去路，這次無法讓秀忠順利參戰也讓家康嘗到苦果。

關原之戰後，昌幸的上田領地遭沒收並遭下令處決，但由於德川方的信之向家康求情發揮作用，昌幸就與幸村同遭流放至高野山，之後他也在此地死去。

與真田昌幸關係密切的武將

德川家康 P.76

由於昌幸兩次都讓家康在上田城吃緊，所以當在「大阪冬之陣」家康聽聞昌幸在大阪的消息時，還略有恐懼。

真田幸隆 P.112

昌幸的父親－幸隆也是位知名的智略好手。昌幸吸取了父親所有知識，展現出優越的戰略與戰術，而真田家的傳統也在之後傳承給幸村。

以武將身份貫徹達成信念與名譽的男人

真田幸村

■1567年生～1615年歿

在上田城阻擋住多達十倍兵力的德川軍、在「大阪冬之陣」以「真田要塞」禁止德川軍靠近、在「大阪夏之陣」中差點就能討伐家康，這都是真田幸村的英勇事蹟。

PROFILE

1567年	以真田昌幸次男身份出生
1585年	作為人質前往上杉陣營
1587年	作為秀吉的人質來到大坂城
1600年	在上田城阻止德川秀忠軍往關原前進
1614年	「大阪冬之陣」在真田要塞中奮戰
1615年	「大阪夏之陣」決定與家康本隊正面衝突而戰死於茶臼山

illustration：米谷尚展

PARAMETER

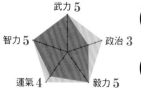

武力5
政治3
智力5
毅力5
運氣4

武力 5
即使很少有機會參與對戰，但每次參戰都會立下卓越戰功。

毅力 5
執意跟隨戰敗可能性高的豐臣方，到最後都為了貫徹信念與名譽而奮戰，其精神令人欽佩。

NATIVE PLACE

出身地［信濃］

戰國最後的突擊
身著紅色裝備的真田軍進攻德川本陣

■連姓名都禁止出現

受到豐臣秀賴請求而參戰「大阪冬之陣」，即便知道勝算不大但還是決定出戰的真田幸村，可說是為了貫徹己志而殉死的戰國最後猛將。

幸村的正確名字是信繁，取自於武田信玄弟弟的名字，然而「幸村」則是江戶時代廣為流傳的名字。「真田信繁」對德川家而言是猶如蛇蠍般厭惡的名字，所以在戲劇表演及軍記物都是禁止使用的文字，只能以幸村稱呼此人。

幸村是以出眾智略而聞名的真田昌幸次子，有一段時間跟隨著上杉景勝，但不久後就轉而臣服於豐臣秀吉麾下，也參與過小田原征伐，在文祿之役時則在名護屋出戰。

在關原之戰與父親一同加入西軍陣營，並僅以二千兵力與父親死守居城上田城，因為成功阻止了三萬八千的德川軍西上，而變得遠近馳名。

■待在勝算極低的大阪城

關原之戰後，幸村和父親隱居在高野山，後來受到豐臣秀賴的請求，而在「大阪冬之陣」時進入大坂城，並在居城的東南方一處搭建「真田要塞」堡壘奮戰。相對於因為幸村的煽動而盲目展開攻擊的德川軍，幸村則是運用有效的近身砲擊方式反擊。這讓德川軍的損害不斷大幅增加；就在場面混亂之際，幸村又從真田要塞中派出一隊士兵攪局，終於讓家康停止攻擊大阪城，最後家康

計劃以和平協議將棘手的真田要塞和大阪城的溝渠給拆掉。

■戰國時代的最後一次大膽行動

「大阪夏之陣」時，幸村於五月六日在河內國的片山道明寺口與伊達政宗大軍對戰，並順利擊退敵軍。看出伊達軍因害怕真田軍而不太敢發動攻擊的舉動，幸村大聲一喝表示：「即使關東有一百萬名武士，但還是沒有一個真正的男子漢啊！」之後便不疾不徐地揚長而去。

接著在隔天的對戰中，不管是德川方或是豐臣方，充滿著想要立功的人、迫不及待開戰的人，反而讓戰場陷入一片大混亂。在這樣混戰的場面中，幸村觀察、得知家康的本陣，便率領三千士兵展開攻擊，真田家的紅色裝扮軍隊擊潰德川歷代大名部隊，緊接著又突然襲擊家康的旗本眾，讓旗本眾一部分開始崩解，據說當中還有人因此逃亡了好幾公里遠。

幸村死命守備，等到旗本眾回到軍隊時又展開攻擊，就這樣攻了有三次之多，不過，幸村卻在此時氣力用盡，畢竟是從前一天就開始激戰，身體已不堪負荷。最後，幸村在茶臼山北部的安居天神遭討伐身亡。

幸村死後大坂城也隨之陷落，但幸村的壯烈犧牲也讓他得到「日本第一士兵」的稱號，而且還因此讓後人創作出知名的真田十勇士故事等，深深影響著後世。

與真田幸村關係密切的武將

後藤又兵衛　P.65

幸村與又兵衛同為參與大阪城戰役武將的中心人物。「大阪夏之陣」中，幸村與又兵衛聯合抵抗入侵的德川軍，與大軍奮戰到最後一刻。

真田昌幸　P.106

昌幸被豐臣秀吉稱為「隱性威脅」，運用計策與智略成功阻擋德川軍；而繼承其才能的幸村，則在大阪城戰役中完全發揮。

與武田家一同滅亡的悲情武將

武田勝賴

■1546年生～1582年歿

繼承信玄家業的武田勝賴，卻無法搞定與信玄舊家臣團的信賴關係。急於超越父親所為的勝賴，所產生的焦慮感，也使武田家走向滅亡。

PROFILE

1546年	以武田信玄四男身份出生，母親為諏訪當地豪族諏訪賴重之女─諏訪御寮人
1562年	繼承諏訪名號，改名為諏訪勝賴
1571年	成為武田家嫡子
1573年	隨著父親病逝而繼承家督
1575年	在長篠之戰敗北
1582年	在天目山自刃身亡

illustration：譽

PARAMETER

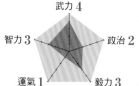

武力 4
政治 2
毅力 3
運氣 1
智力 3

武力 4	不顧重臣擔心勸阻而一馬當先出擊的勝賴，其武者姿態果然勇猛。
運氣 1	勝賴繼承家督並不能算是運氣好，因為身上須背負著沈重命運。

NATIVE PLACE

出身地〔甲斐〕

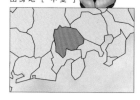

110

為了追上父親偉業反讓勢力衰退的悲情年輕武將

■以代打者身份繼承武田家

武田勝賴是武田家的四男，母親是遭信玄殲滅的諏訪賴重之女－諏訪御寮人。其實原本四男身份的勝賴成為繼承人的機會很小，因為信玄會擔心身上流有以前敵人諏訪家血統的勝賴，會對武田家展開報復行動。後來勝賴成人後改姓為諏訪，這就如同是以被信玄征服諏訪眾身份，向武田家宣誓忠誠的舉動；加上勝賴的名字中沒有使用「信」字，反而使用了賴重的「賴」字，這都在在暗示是為了要繼承諏訪眾所做的準備。

但是「義信事件」卻讓勝賴命運大轉變。由於信玄嫡男義信企圖謀反而遭軟禁、處決，而信玄次男－信親則是眼盲，三男－信之也很早就過世了，因此勝賴就成了嫡子。

這樣突如其來的變化讓勝賴難以適應，又因為年輕氣盛而急於想得到認可；不過，因為其作為老是被資深家臣拿來與信玄做比較，間接使家臣對勝賴產生不滿情緒。這種複雜的情感讓武田家內部關係開始出現裂痕。

■無法與舊家臣建立信賴關係

西元1573年，信玄在前往京都途中病死，雖然信玄的遺言中有提到要隱瞞自己死訊三年，但其實當信玄一死，各國馬上都已立即得知消息，之後還讓德川家康奪回三河的長篠城，勝賴可說是完全沒有能獨當一面的氣勢。

隔年勝賴開始入侵美濃，陸續攻陷織田方的諸多城池，接著轉而入侵遠江並攻下連信玄都未曾攻陷的高天神城。

勝賴對自己很有自信，但這樣的自信到最後卻變為過於自負，所以，他接著入侵三河，意圖奪回長篠城。

織田信長與德川家康聽聞消息後，則趕緊前往長篠城救援，因此織田、德川連合軍與武田軍便在設樂原展開對峙。織田、德川連合軍不只在兵力上有絕對優勢，又加上三河本身的突出地形讓武田軍害怕敵軍會從後方襲擊。

勝賴為了突破這樣的僵局，認為只好與織田、德川本隊以迅速決戰定勝負，因為如果現在馬上引兵撤退，身邊的人會怎麼看待自己呢？

然而，勝賴卻小看了織田軍的鐵砲隊威力。織田軍為了能夠陸續發動子彈射擊，因而設置馬柵欄阻擋武田軍進攻。山縣昌景、馬場信房、內藤昌豐等多位武田家武藝出眾武將，都因此曝屍荒野。失去許多重臣的武田家也喪失了內部向心力，家族關係逐漸分裂崩解。此外，當時在上杉謙信死後，勝賴與繼承家督的上杉景勝組成同盟，並與北条陷入敵對關係。

在外交與戰敗的困境下，不久後家臣便陸續反叛出走。最後，遭到織田德川攻擊的勝賴，則是因為小山田信茂的背叛，而在天目山自刃身亡。

與武田勝賴關係密切的武將

武田信玄　P.96

在軍政、內政、外交方面都發揮才能的信玄，其實很煩惱繼承者問題。因為義信身亡而讓勝賴繼承，但信玄還來不及教導勝賴就去世了。

內藤昌豐　P.116

勝賴繼承家督後，家臣們就一分為二，勝賴將表示沒有輕視舊家臣之意的誓詞送交至昌豐手中。

打下真田家基礎的策略高手
真田幸隆

■1513年生～1574年歿

以信濃小縣郡為據點的豪族出身，但卻走上流浪一途的真田幸隆，在跟隨信玄後以策略協助他。

PARAMETER

武力 4
政治 4
毅力 4
運氣 3
智力 4

illustration：譽

NATIVE PLACE

出身地〔信濃〕

擅長策略與情報蒐集的真田家先祖

■遭武田信虎奪走領地

真田家始祖的真田幸隆是以信濃小縣郡為據點的當地豪族。

幸隆與海野一族都遭到武田信玄父親－信虎及村上義清的攻擊，而逃往西上野。喪失領地的幸隆期盼有一天能捲土重來，所以在情報蒐集與策略上費了不少心力。

後來，幸隆得知信虎遭信玄所流放，又知道信玄是個任用人才不問出身的主君，所以決定要為信玄效命，而信玄也認為對信濃地理熟悉的幸隆加入，將對自己日後入侵信濃有所幫助。

■在策略運用上有出色表現
因而恢復舊有領地

所以，幸隆在信玄攻略信濃中扮演重要的角色，其中讓信玄感到棘手的砥石城，幸隆也因策略成功而與小兵達成內應，順利攻陷城池，這使得幸隆的聲勢大漲。

接著，幸隆在西上野攻略中立有戰功，進而成為岩櫃城代並擁有當地治理權。或許這也是幸隆的策略之一，因為周邊的豪族都臣服於武田家。

曾經四處流浪的幸隆終於復興了家族，也恢復了舊有領地權。不過，信玄也很信賴幸隆，並給予他和歷代家臣相同的待遇，所以幸隆也身為效力於武田家的「武田二十四將」之一。

信玄逝世隔年，幸隆也追隨其腳步離開人世，並由其嫡子－信綱繼承家業。不幸的是，信綱與次男－昌輝在1575年的長篠之戰中相繼身亡。後由真田家三男－昌幸繼承家督，而昌幸也遺傳到幸隆的才能，使真田家的聲勢攀升。

效力於武田家的同時也企圖謀反

木曾義昌

■1540年生～1595年歿

生於名門木曾氏、臣服於武田信玄的木曾義昌，在效力於武田家的同時，也在等待反叛時機的到來。

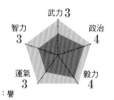

PARAMETER

武力3
智力3　政治4
運氣3　毅力4

illustration：譽

NATIVE PLACE
出身地［信濃］

即便臣服於信玄，卻還是想背叛勝賴

■之前曾是遭信玄降服的一族

背叛在長篠之戰後勢力衰弱的武田家，而投向織田家懷抱的逆謀武將－木曾義昌，到底為什麼會背叛長年效力的武田家呢？

義昌是木曾谷領主－木曾義康的嫡子，而木曾氏則是繼承木曾義仲的名門。義昌與父親在信玄侵略信濃時都曾奮力抵抗，但最後還是降服於信玄，接著迎娶信玄之女－真理姬，並享有與武田家同樣的待遇。不過，事實上是，因義昌有親人作為人質，且義昌以武田家附屬國身份駐守在信濃西方的最前線才有如此待遇。

即便如此，義昌還是以武田家一員身份，活躍於飛驒、美濃地區的最前線。

■終究還是背叛了武田家

信玄死後，義昌對於日漸衰弱的武田家未來感到不安，又因為對勝賴的營造新府城的勞動役及重稅不滿，所以便與織田家訂定盟約，決定背叛勝賴。

於是，勝賴便派遣武田信豐為大將，率領討伐軍朝木曾谷前進，但因義昌有地利之便，再加上得到織田信長援軍相助，所以信豐在鳥居峠遭擊退。

後來義昌決定加入織田方，當織田信忠軍隊入侵信濃時，武田家的重臣都為此深感不安，最後連武田家重臣兼親屬的穴山梅雪也決定反叛，如此一來更無法壓制織田軍的進攻，義昌加入織田軍後只花了兩個月時間，武田家便完全遭到殲滅。

雖然義昌因此報仇成功，但他也付出極大的代價，那就是以人質身份待在武田家的義昌母親、嫡男、長女都在新府城遭到處決。後來，雖然義昌的領地更換至下總阿知戶，並於當地過世，但是為了復仇而犧牲家人的作法也太可悲了。

113

因為背叛主君所造成的悲劇

小山田信茂

■1539年生～1582年歿

親族眾出身的小山田信茂，為了小山田家及領民而背叛了主君－武田勝賴，但終究還是得到了報應。

illustration：
海老原英明

PARAMETER

武力3
智力3
政治4
運氣2
毅力4

NATIVE PLACE

出身地［甲斐］

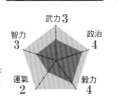

即便效力於信玄、勝賴兩代
最後還是反叛的武田家親屬

■苦惱許久最後還是背叛勝賴

小山田信茂在最後還是背叛了勢力急速衰退的武田勝賴，而信茂之所以會出此下策，也是苦思許久後的決定。

小山田家是繼承關東平氏血統的家族，而且在某種程度上能夠脫離武田家而獨立存在的勢力。因為與武田氏在南北朝時代就締結姻親關係，所以雙方關係匪淺，而信茂的母親也是武田信虎的妹妹，所以他與武田信玄是表兄弟關係。信茂效力於信玄、勝賴兩代，是親族眾中被認為具有實力的人物。

在信玄死後信茂繼續協助勝賴，也提出過各種諫言，並參與長篠之戰。在山縣昌景等重臣陸續戰死沙場後，信茂卻沒有在戰場上犧牲，其實是因為信茂必須為了郡內家臣與領民效力。

信茂在長篠之戰後依然協助勝賴；在武田家與上杉家締結同盟時，他被拔擢為協議

人。但就在1582年信長開始入侵甲斐時，就陸續有背叛勝賴的家臣出現，而信茂對陷入困境的勝賴還是相當忠誠，所以規勸勝賴捨棄新府城，先轉往信茂的居城－岩殿城避難，當時真田昌幸也向勝賴進言表示希望他能往上州逃亡，但勝賴並未聽從昌幸意見。

然而，早一步回到岩殿城的信茂卻面對親戚和家臣們的反對聲浪，因為他們認為若勝賴入城就會導致小山田家滅亡。為此信茂苦思良久，最後還是決定背叛勝賴。

後來，信茂雖然有向織田信長求和，但信長不予理會，因此信茂依然遭到處決結束了生命，看來反叛行為還是會遭到報應的。

即便與父親和弟弟為敵對陣營
卻還是貫徹忠義

真田信之

■1566年生～1658年歿

武田家滅亡後，追隨德川家康的真田信之與父親、弟弟演變為敵對關係，不過還是對德川貫徹忠義之心。

PARAMETER

武力3
政治3
智力3
運氣4
毅力4

NATIVE PLACE

出身地［甲斐］

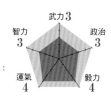

illustration：
樋口一尉

留下武名的父親、弟弟，與延續家族的信之

■影響後世深遠的真田家誠實忠義武將

武田家滅亡後，武田家家臣真田昌幸，遭到以武田領地侵略目標的上杉家及德川家的左右挾擊，面臨到外交的困境。因此昌幸將長男－信之作為德川家人質、將次男－幸村送到上杉家。

信之長大後效命於家康，而父親昌幸與弟弟幸村則是跟隨豐臣家。在秀吉死後爆發關原之戰時，信之在東軍陣營，父親與弟弟則加入西軍之列，但是信之並沒有因此怨恨父親與弟弟，因為不論東軍還是西軍獲勝，真田家都能夠繼續存在，可說是一個別具意義的策略。

加入東軍的信之，跟隨德川秀忠軍隊朝中山道前進，而封鎖信州上田城的父親，則曾派遣使者告知信之，表示會盡快撤軍離開城池，不過卻遲遲沒有動作。秀忠察覺昌幸是想延長作戰時間，所以便命令信之攻擊位於上田城後方、由幸村駐守的砥石城，也就是

要他自己攻打以前自己曾駐守過的城池。

由於駐守的幸村不希望與兄長對戰，所以立即將砥石城交給信之，也讓信之得以在此立功。然而，因為秀忠軍沒有攻下上田城而繼續西上，結果趕不上關原之戰，這樣的窘況讓秀忠顏面盡失。

反之，信之則因功勞得到認可，便移居至上田城並獲得九萬五千的奉祿，家康也接受了信之對父親與弟弟免於處刑的請求。

信之對家康貫徹忠義，雖然在「大阪之陣」與弟弟幸村再次成為敵對關係，但他還是跟隨德川方努力奮戰，也因為這樣的功勢，信之在之後領有十三萬五千石的奉祿，並讓真田家血脈得以延續至幕府末期。

115

戰到剩一兵一卒的武田家最後武士

仁科盛信

PARAMETER

武力 4
政治 3
智力 3
運氣 2
殺力 5

NATIVE PLACE

出身地〔甲斐〕

■1557年生～1582年歿

為武田奮戰到最後的年輕武將

illustration：藤川純一

仁科盛信為武田信玄五男，是勝賴同父異母的弟弟。他繼承了信州安曇郡的名門－仁科的名號，進入仁科氏居城－森城並管理仁科領地。信玄死後成為兄長－勝賴身旁的有力助手，1581年代替叔父－武田信廉成為重要據點信濃高遠城主，此時盛信雖已不是跟隨勝賴的家臣，但他還是決定死守城池。

當織田信忠的大軍逼近，並勸戒盛信選擇投降時，盛信卻沒有回應。不久後信忠軍開始發動攻擊，選擇封鎖城池的盛信則激烈抵抗。

仁科軍直到最後都奮戰不懈，全員因此遭討伐身亡，而盛信則是在腹部劃開十字，壯烈地自刃身亡。在眾多背離勝賴的武將中，盛信的奮戰英姿成為武田家武士最後一抹光輝。

勝賴也認可的「甲陽副將」

內藤昌豐

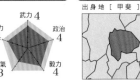

PARAMETER

武力 4
政治 4
智力 4
運氣 3
殺力 4

NATIVE PLACE

出身地〔甲斐〕

■1522年生～1575年歿

追隨信玄與勝賴的「武田四名君」

illustration：鯵屋槌志

名列「武田四名君」的內藤昌豐，因為身為武田信虎家臣的父親－虎豐惹惱信虎而遭到誅殺，使昌豐只好離開甲斐逃至相模。

直到聽聞信虎遭流放，且繼承家督的武田信玄是個只看能力不問身份的主君，所以便加入信玄麾下。不過昌豐也沒有辜負信玄期待，在攻略信濃等戰役中都有出色的表現。

因為昌豐是個沉著冷靜，且時常會站在全軍立場做判斷的武將，所以據說連山縣昌景都稱讚他是：「真正的副將」。

在信玄過世後，繼承家督的勝賴也很看重昌豐的能力，還送交了表明沒有輕視舊家臣之意的誓詞給昌豐。最後，在長篠之戰中，昌豐不畏生死地突擊敵軍部隊，但還是因為好幾發的子彈貫穿身體而戰死沙場。

激怒信長的男人
秋山信友

PARAMETER

武力4
智力3　政治3
運氣2　毅力3

NATIVE PLACE
出身地〔甲斐〕

■1527年生～1575年歿

illustration：藤川純一

娶織田家女人為妻的悲情武將

　　秋山信友是繼承甲斐源氏血統的秋山信任之子，早在二十歲時就成為擁有同心眾五十騎兵的侍大將，並加入歷代家老眾之列。在1547年成功逮捕攻打福與城的敵將－藤澤賴親而立下戰功，也在木曾福島攻略時表現活躍，被拔擢為信濃伊那郡代，先後擔任過高遠城代及飯田城代。

　　他在武田信玄五女與織田信長嫡男－信忠訂定婚約時，以使者身份出席，也是武田家中唯一與信長接觸過的人物。

　　當信玄展開西上行動時，信友則進攻織田方的美濃岩村城並強搶信長叔母，也就是把城主的妻子作為自己妻子，這個行為相當惹惱了信長。長篠之戰後，岩村城不但遭到信長軍包圍，信長及其夫人都雙雙遭到處決，且所有封鎖城池的相關人等都遭到殺害。

成為武田家滅亡最後關鍵的男人
穴山梅雪

PARAMETER

武力4
智力3　政治3
運氣2　毅力3

NATIVE PLACE
出身地〔甲斐〕

■1541年生～1582年歿

illustration：佐藤仁彥

身為武田親屬卻對勝賴抱持不滿

　　由於穴山梅雪母親是武田信玄的姊姊，而他自己也娶了信玄之女為妻等層層關係，所以在親族眾是屬於首領級的重量級人物，同時也被允許能夠使用武田姓。梅雪以擁有二百騎兵的侍大將身份，從川中島戰役開始陸續參與無數對戰，進而成為駿河的江尻城主。

　　但梅雪卻不認同繼承信玄家業的勝賴，與信玄有親近血緣關係的他，或許也曾思考過自己可以繼承武田家的家督也說不定。因此，在長篠之戰中見到慘遭強力攻擊的自家軍隊時，他就開始撤退。戰後雖然有許多重臣主張梅雪應該切腹自殺，但是已經失去夠多重臣的勝賴卻沒有因此責怪梅雪。後來梅雪透過家康向織田信長投降，由於連親屬都選擇背叛，這讓其他家臣都動搖了。或許，他可以說是讓武田家走向滅亡的最後關鍵人物。

上杉家

從沒落的關東管領家到誕生全新的上杉家

因謙信在戰國時代繼承了山內上杉家家名而誕生的上杉家。深具實力而能以守護大名保護領土，所以幾乎沒有再去擴大勢力範圍，是很少見的大名。

〈家紋：上杉笹〉
山內上杉家的家紋，為祖先─勸修寺家的家紋簡化後的圖案。

上杉家的歷史起源及族譜

■繼承山內上杉家而全新誕生的上杉家

如果提到上杉家，大部分人應該都會首先聯想到上杉謙信，但其實謙信原是屬於長尾氏一族。以下內容則為說明擔任關東管領的上杉一族與謙信改名為上杉的歷史由來。

歷經南北朝動亂後，開創新的室町幕府的足利尊氏設置了掌管關東的行政府－鎌倉府。當時前往鎌倉府就任，並擔任執事的就是上杉氏。因此上杉氏同時移居至關東，以輔佐足利氏的身份成為關東管領。

上杉一族分為四個家族，其中的山內家與犬懸家交替著分擔關東管領一職，由於之後犬懸家舉兵謀反，所以關東管領一職就成為山內家的獨佔職務。

然而，之後卻因「永享之亂」讓關東局勢變得很混亂，接著又歷經了「享德之亂」後倏地進入戰國時代。就在上杉氏因為家族紛爭而勢力衰弱之時，各地的戰國大名勢力崛起，在越後（現今新潟縣）擔任守護職的越後上杉氏遭長尾氏擊倒，長尾氏勢力因而擴張。

接著稱霸房總地區的北条氏接近山內上杉氏的上野（現今群馬縣）並展開攻擊後，當主的上杉憲政就逃往長尾景虎（之後的謙信）的居所，景虎接受了憲政所提出的山內家繼承及關東管領移讓的條件。景虎為了讓幕府內部認同官職而出兵關東，並在回程的鶴岡八幡宮舉行關東管領就任儀式，同時也繼承了山內家，改名為上杉。

【上杉家概略族譜圖】

上杉重房──賴重──憲房──憲顯──憲方──憲定─

憲基──憲實──房顯──顯定──憲房──憲政─

❶景虎（謙信）═❷景勝

為景──能景──重景──賴景──景房─

高景──景恒──景為──？──？──長尾定景

戰國時代上杉家的興亡

■總算渡過動亂的戰國時代而存活

就任關東管領的上杉謙信，利用了關東管領的權威幾乎完全統整了越後的勢力。

之後由於謙信收到信濃（現今長野縣）豪族的請求、又再與武田信玄爭鬥的同時，收到與北条氏對抗的關東大名的請求，因此進入關東與北条氏對決。

雖然謙信曾多次參戰，但他並沒有拋棄對幕府的忠誠，還是相當尊重儀式。扣除掉唯一例外的越中（現今富山縣），上杉家的領土並沒有多大變化。

謙信死後由成功壓制「御館之亂」的景勝成為當主。本能寺之變後，景勝得到豐臣秀吉的信任，在秀吉晚年與德川家康共同平定東國時成為五大老。

不過在秀吉死後，轉封會津（現今福島縣西部）的景勝開始展開恢復越後領地的行動，而啟動上杉征伐軍，最後雖然讓上杉家遭受到嚴重處分，但上杉家依然存續並未遭到滅亡。

1557年左右的上杉勢力

1576年左右的上杉勢力

上杉家的對立勢力

德川家　P.74

為了得到關東政治權限，很有可能成為敵人。

武田家　P.94

由於信濃有與越後鄰接的部分，所以曾數度跨越川中島對戰。

北条家　P.132

因為以關東霸權為目標，所以遭受擔任關東管理的謙信阻撓。

上杉家的居城 春日山城

在戰國時代以少數難攻居城而聞名的春日山城，雖然當初的築城者身份不明，但普遍都認為是在南北朝時代，越前守護的越後上杉氏為首位築城者。

後來，謙信父親長尾為景擁立上杉定實為守護，此處就成為長尾氏的居城，並歷經了為景、謙信、景勝三代。其間為景、謙信有進行過翻修、強化工程，將春日山城修建為更堅固的居城。

直到戰國時代中期，春日山城都是沒有使用石垣的居城，而是以整座春日山為城郭再搭建屋頂，是周圍遍佈土壘和溝渠的大規模城池。雖然在1607年成為廢城只留有遺跡，但近年來除了毘沙門堂以外，已整修了水池及警衛室。

KASUGAYAMA CASTLE
DATA

春日山城

所在地：新潟縣上越市中屋敷字春日山
別名：蜂峰城
文化區分：國家指定史跡
築城者：不明
築城年：1346年～1370年左右
構造：連郭式山城

擁有戰國最強美譽的越後龍

上杉謙信

■1530年生～1578年歿

在為數眾多的戰國大名當中，人氣屬一屬二的上杉謙信，篤信佛教、內心藏有真理，因為重視秩序與義理的精神，而不斷吸引人心。

illustration：譽

PROFILE

1530年	以越後守護代―長尾為景末子身份出生
1548年	繼承長尾家家督
1550年	成為越後國主
1553年	爆發川中島之戰
1561年	就任關東管領職
1564年	川中島之戰結束

PARAMETER

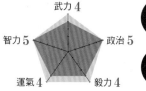

武力 4
政治 5
智力 5
運氣 4
毅力 4

武力 4
據說在川中島之戰時，突破敵人總軍陣而劃傷武田信玄。

政治 5
在金山營運、海上交易上獲得諸多利益，讓越後民眾生活水準向上攀升。

NATIVE PLACE

出身地 ［越後］

120

捨棄私利私欲的正義聖人武將

■不會不顧正義利用他人壯大聲勢

上杉謙信的勇敢表現來自於年少時期的廉潔精神，他在暫住的寺廟中加強自己的學問及書法，也在此建立他尊佛的基礎。即便身處嚴苛的戰國之世，還是能保有自己的信仰精神而順利成長，在這樣的群雄割據時代中，完全看不出謙信的私欲及野心。

就連對抗敵軍的侵略，及為擴大領土的對戰，謙信都盡可能地將傷害降至最低；這與為私欲流血奮戰的諸位大名相比，從裡到外都是風格迴異。

謙信本身最重視的就是正義，最極端的表現就是發生在「川中島之戰」時的故事。當時，上杉的宿敵武田信玄因為受到今川氏真阻撓，而無法拿到足夠鹽巴時，如果是普通的大名，應該會對此結果高興得直跳腳，因為在兵法裡，斷絕敵人的資源絕對是絕佳的策略。然而，希望能公平對戰的謙信，卻對氏真的卑劣行為提出批判，甚至還援助武田方所需的鹽巴物資。因此，流傳至今的「送給敵人鹽」說法，就是出自於謙信的正義之舉。

另外，據說當謙信得知信玄死訊時還悲痛大哭，也禁止家臣團表現出欣喜不已有失風範的行為。而信玄也的確有視人之明，他不僅讚賞敵方謙信的人格，臨死前還對其子勝賴表示：「要與重視義理的謙信保持良好關係」的遺言。雖然兩人曾經有幾次刀劍相向的對戰，但能確定的是彼此理念是相通的。

■織田信長也害怕的「毘沙門天化身」

雖然說上杉軍並未具備強大戰力，但仍以直接戰鬥時的爆發力而聞名，並在手取川之戰時輕鬆擊敗織田軍。然而，其秘訣就在於謙信這位大名身上。

在戰場上一馬當先，還能想出讓名軍師都吃驚的迅速且準確的用兵指揮方式，謙信的姿態就猶如讓人心生畏懼的「毘沙門天（四天王中的一尊武神）化身」，因而獲得天才之名。其實在他數十次的對戰生涯中，還真的沒出現過大敗的經驗。

而謙信本身也相信自己是毘沙門天的化身，所以不管遇到任何逆境，他總能勇敢地正面迎戰。

與上杉謙信關係密切的武將

織田信長　P.14

信長深知謙信實力，所以希望與他保持同盟關係，但在武田信玄病逝後，謙信就捨棄同盟，以自己為盟主建立起信長包圍網。

山本勘介　P.98

在「第四次川中島之戰」中，謙信直接看穿武田方名軍師－山本勘介的策略，而順利反制敵方讓武田軍面臨崩解危機。

上杉景勝　P.126

謙信一生都保持單身，所以他的四名子女都是養子，其理由應該是為了遵守毘沙門天或是飯繩權現信仰的禁制。

北条氏康　P.134

連氏康也讚賞謙信說：「信玄與信長都是不足以信賴的人，但是謙信卻是一旦受人所託，就會執行到底的有義之士。」

高貴爽朗的氣慨

直江兼續

■1560年生～1619年歿

在這個以己利為優先的戰國之世中，會思考該如何貫徹仁義，及對領民、家臣要怎樣表現愛的認真男子漢。

PROFILE

1560年	以長尾政景家臣－樋口兼豐嫡男身份出生
1581年	擔任上杉景勝的家老職
1583年	就任山城守
1598年	獲得米澤三十萬石領地
1600年	在長谷堂城之戰撤退
1601年	降服於德川家康，在米澤城下經營自己的事業

illustration：すずき ちぇるな

PARAMETER

武力 3
政治 5
毅力 5
運氣 4
智力 5

政治 5　第九代米澤藩主－上杉鷹山也很欽佩兼續的政治手腕，將其視為藩政改革的模範。

毅力 5　只要是符合仁義，就算要與家康有所爭執也毫不退縮。

NATIVE PLACE

出身地 ［ 越後 ］

連秀吉都稱羨的為貫徹忠義而存在的才氣

■能夠託付天下之事的男人

以頭盔上閃亮的「愛」字方式守護國家，直江兼續讓戰國時代揚起一陣清爽微風。兼續自幼萌生的才氣，因得到上杉謙信親姊姊－仙桃院的推薦，而成為上杉景勝的近侍。

事實也證明仙桃院並沒有看走眼，景勝立即就被兼續的資質所吸引，當景勝的重臣－直江信綱過世後，因為對名門直江家的斷絕備感惋惜，所以就讓兼續入贅、繼承直江家。之後的兼續負責內政與外交上的處理工作，讓內亂、情勢動盪的越後保持安定，這些都是兼續的指揮成果。

這位日本首屈一指的能人，豐臣秀吉則稱讚他是：「能夠託付天下之事的男人」，並極度渴望兼續能為自己效力。

因此，秀吉向兼續提出豐臣姓氏、米澤三十萬石領地及山城守地位作為利誘條件，想讓兼續成為家臣。但這對完全沒個人私欲的兼續而言並不感到動心，因此遭到兼續拒絕。直到最後兼續仍只為了輔佐主君景勝而努力。

不過，如果秀吉因為太想得到兼續，而暗殺了景勝，那麼兼續是否會就此臣服於秀吉呢？相信兼續必定也會為了弔唁景勝之死，不惜犧牲生命地向秀吉對戰討回公道吧！

■敢於挑戰德川家康的底限

當秀吉死後、家康勢力抬頭時，兼續就定決要與家康敵對，因為踩著豐臣家往上爬的家康不義舉動，及基於謙信公所要傳達的正義信念，兼續便向家康下挑戰書。

當時，由於上杉家忙於軍備增強、領內的整頓及城池的改建，所以便拒絕了家康前往京都的要求，因此遭到家康以有謀反意圖為由的嚴厲質問，但兼續卻回以充滿強烈反抗意志的書信給家康，即為有名的「直江狀」：「我方並沒有打算隨便編個理由搪塞，如果要因此定罪，我方必定奉陪到底」，如此直接挑明地引起家康的怒火。

雖說在這個時代，也有許多無所畏懼的武將，但膽敢與家康話語針鋒相對的可以說只有兼續一人。

即便如此，家康還是擁有壓倒性的力量，讓兼續不得不屈服。最後，他依然為了守護上杉家，努力專注於政治工作上。所以，儘管因此激怒了家康，但最後上杉家的處分，也只有米澤三十萬石領地遭到移封而已，不過這也都是兼續默默努力的結果。

然而，雖然因處分關係連帶使歷代家臣的奉祿減少，但因兼續個人名望仍在，所以幾乎沒有家臣因此離開上杉家，反而一同移居至米澤。

也許，當初如果沒有選擇與家康對立，或許上杉家還能維持超級大名的地位，但想必兼續心中應該不曾後悔過。因為對兼續而言，能夠發揮忠義信念的人生，才是無法取代的幸福。

與直江兼續關係密切的武將

前田慶次　P.32

在與最上義光軍交戰時，聽聞關原之戰西軍敗北消息，兼續就已經有自我了斷的打算，但卻因為慶次的勸阻而罷手，最後順利存活下來。

石田三成　P.54

湊巧的負責上杉家與豐臣家的外交事務的兼續與三成，兩人不僅同年齡，連出身遭遇都很相似，所以關係變得很緊密，在秀吉死後兩人都與家康為敵。

越後流派軍學的始祖

宇佐美定滿

■1489年生～1564年歿

經歷諸多不順後選擇效力於謙信，這對宇佐美定滿來說是個聰明的決定。晉升為「上杉四天王」的定滿將兵法精髓託付於謙信，以離奇方式離開世間。

PROFILE

1489年	以上杉定實家臣－宇佐美房忠之子身份出生
1542年	追隨長尾晴景
1548年	追隨上杉謙信
1561年	參與「第四次川中島之戰」
1564年	與長尾政景同時在野尻池（現今大源太湖）溺斃

illustration：すずき ちぇるな

PARAMETER

武力2
政治2
智力5
毅力3
運氣2

智力 5

雖然沒有立下顯著功績，卻具備擔任謙信參謀一職的才智。

運氣 2

在追隨謙信之前的主君都接連失勢，最後還因溺水而死，實在不能說他有任何好運。

NATIVE PLACE

出身地〔越後〕

124

以自幼鑽研的兵法知識協助上杉謙信

■宇佐美定行的形象取自定滿

雖然宇佐美定滿是名列「上杉四天王」的能幹軍師，但由於與定滿相關的文獻紀錄很少，所以對於他仍有許多不清楚的部分。但是他在歷史連續劇中，卻是個頗具人氣的角色，其關鍵就在於「宇佐美定行」的這號人物。十七世紀時，效力於紀州藩的軍事學者宇佐美定祐致力推廣上杉謙信軍法所屬的「越後流軍學」，當時定祐就自行塑造出宣稱是自己祖先的宇佐美定行，使其出色的才智也因此在世間廣為流傳，所以定行的形象即來自於宇佐美定滿。

■與謙信的相遇改變一生

其實宇佐美家的據點原本在伊豆，但為了跟隨越後守護─上杉憲顯，所以在南北朝時來到越後國。不過在突然進入戰國時代後，上杉家勢力很明顯地減弱，反倒開始有長尾家勢力崛起的徵兆出現，而建立此基礎的人就是謙信的父親─長尾為景。雖然定滿的父親─房忠曾以兵法家身份前去支援上杉家，但還是敵不過為景的猛烈攻擊而慘敗，房忠也因此被迫自殺身亡，幸好定滿當時逃亡而存活下來。幾年後有備而來的定滿轉而追隨上条定憲，為了要復興上杉家、報父仇，所以向為景下戰書，可惜以敗戰收尾。不過此時定滿轉而效力於為景嫡男─長尾晴景，踏出人生新的一步。

但由於不滿自己不受重視，所以在晴信與謙信爭奪家督時，選擇協助謙信。當父親盟友上杉政景發動反亂時，定滿還是繼續協助謙信，因此提升了謙信對他的信賴，在外來臣子們中也獲得了極高的地位。

雖然定滿在當時享有如此高的待遇，但是之後卻再也沒有留下出色功績，即便是身為才智極為出眾的人，但仍在成為謙信參謀後，無法有效發揮才能。

■戰國史上充滿謎團的溺死事件

說也奇怪，定滿最後不是戰死或是病逝，而是在池塘裡溺斃而亡。雖然有可能只是單純的溺水事件，但由於上杉政景也一同溺水喪命，所以推測應是定滿蓄意讓兩人殉死。因為，政景在歷經與謙信的對立後便成為謙信屬下，之後就在春日山城擔任看管職務，表現出對謙信的忠誠。但謙信總對政景抱持著一股不安，因而或許有謙信下了暗殺命令的一絲可能；不過，寬宏大量的謙信必須要有能夠明確殺害對方的理由存在才會動手，因此也有定滿謀殺政景的說法存在。

由於定滿的領土很少，就算想要立下功績，卻已年屆七十歲高齡。或許是想要在人生的最後綻放光采，所以才會想拿生命作交換也說不定，只是至今仍沒有人能夠解開謎題，到底定滿當時是抱持什麼樣的心情沉入水底的呢？

與宇佐美定滿關係密切的武將

上杉景勝　P.126

政景為景勝的生父，而政景之妻則為謙信的親姊姊。據說在景勝成為當主後，因為溺水事件而冷淡對待宇佐美家。

柿崎景家　P.128

定滿與柿崎景家、甘粕景持、直江景綱被稱作是上杉四天王，其中只有定滿精通兵法，可以說是四天王中極為重要存在的人物。

上杉景勝

■1555年生～1623年歿

以上杉謙信養子身份繼位成為當主，並讓上杉家族登上領有會津一百二十萬石的巔峰，看似順遂的菁英人生，其實充滿波折。

PROFILE

1555年	以長尾政景次男身份出生
1564年	成為上杉謙信養子
1579年	成功鎮壓「御館之亂」而成為上杉家當主
1595年	任命為豐臣家五大老中的一人
1600年	在關原之戰隸屬東軍，並與最上義光與伊達政宗交戰
1601年	領地大幅銳減為米澤三十萬石

illustration：すずき ちぇるな

PARAMETER

武力 4
政治 5
毅力 5
運氣 3
智力 3

政治 5

擔任關東管領時，為豐臣政權與北關東各領主的重要溝通橋樑。

毅力 5

即便在「御館之亂」時居於劣勢也不氣餒，還是勇敢挑戰當權者德川家康。

NATIVE PLACE

出身地〔越後〕

體會到上杉家繁榮與凋零的不變信念

■名副其實的謙信繼位者

上杉景勝是坂戶城主－長尾政景與上杉謙信親姊姊－仙桃院所生的孩子，所以由身上流有正統血液。之後由於政景過世，所以景勝就進入春日山城並成為謙信養子；然而在政景還活著時，其實曾與謙信發生過一些糾葛。當時，長尾家爆發長尾晴景與謙信的派閥鬥爭，政景站在晴景那一邊，並對謙信繼承家督感到不滿所以決定謀反。雖然最後謙信選擇原諒他，但這對景勝而言，父親有過如此不光采的經歷，而謙信卻依然對自己呵護有佳並感受到謙信的恩義，所以景勝更加堅定地宣誓要為謙信表現忠誠。

抱持著這種強烈想法的景勝在謙信政權下擔任重職，不但負責三百七十五人的軍務處理，不久後更被任命為上杉一門眾的領袖，當然這不是受到謙信養子光環的庇蔭，而是靠自己實力所得到的地位。

照理說讓忠心又有實力的景勝成為謙信的繼位者，應該不會有反對聲浪，但是在謙信的養子當中還有一個不容小覷的實力存在，那就是上杉景虎。雖然景虎沒有實際功績，但卻擁有從北条氏康過繼為養子的背景；又加上當時發生謙信突然過世的情況，所以還來不及明定誰為繼位者；種種原因使上杉家爆發了景勝與景虎兩者的劇烈繼位者之爭，也就是著名的「御館之亂」。即便一開始景虎有北条家這個強力背景做後盾，但景勝的氣勢還是略勝一籌。之後景勝也靠著豐富資金與武田勝賴締結同盟，拿下了一場華麗的逆轉勝。

最後，眾望所歸成為上杉家當主的景勝，與知名執政官－直江兼續共同促進上杉家的安定。而在豐臣秀吉掌管天下後，景勝也在許多戰役中有極大的貢獻，並到達領有會津一百二十萬石的巔峰地位。

■做好上杉家逐漸凋零的打算

不過就在秀吉病逝、德川家康握有政權，使情勢出現重大轉變。其關鍵在於家康察覺景勝的領內政策中有些不尋常的舉動，於是家康便要求景勝前往京都說明，但上杉方卻主張無罪而斷然拒絕。家康因此展開會津上杉征伐，揭開打倒景勝的序幕。與此同時，景勝也決定堅持自己的忠義，表現出徹底抗戰的決心。

不過，由於家康在關原之戰改變進攻路線，所以兩人沒有直接對決，但也因為家康在關原獲勝，景勝決定改變心意順從家康。當時所得到的懲罰是從會津一百二十萬石遭大幅縮減至米澤的三十萬石，不過景勝並未因此做出不成熟的反抗舉動。

因為景勝身負繼承謙信家業的重擔，據說他一直都是眉頭深鎖的，繼位後只有開懷大笑過一次。不過，相信他掌握人心的手腕絕對不輸給謙信，不然兼續也不會打從心底欣賞這位主君吧！

與上杉景勝關係密切的武將

前田慶次　P.32

雖然厭惡官職的前田慶次，因為欣賞景勝與兼續的人品，而以兼續下屬武士身份效力於上杉家，據說還公開表示：「放眼天下唯有稱呼景勝為我主君。」

德川家康　P.76

雖然曾一度對立而決定討伐，但家康還是認同景勝的能力。當景勝在「大阪之陣」立下大功時，家康也讚賞其為：「不愧是繼承謙信公血統的武將」。

越後七郡無人能敵
柿崎景家

■生年不詳～1575年歿

上杉謙信所讚賞的越後第一豪傑，但就在眾人都開始期待他在謙信麾下會有更出色表現之際，眾人卻懷疑景家……。

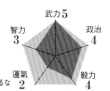

PARAMETER

```
          武力5
    智力3        政治4
    運氣2        毅力4
```

illustration：
すずき ちぇるな

NATIVE PLACE

出身地 ［ 越後 ］

讓周邊各國都感到震撼的獨一無二武將
卻背負不義汙名而消逝

■可怕到能讓大哭孩子瞬間沉默，謙信麾下的首席武將

出生在柿崎家的柿崎景家，原先是效力於長尾晴景，後來才轉而追隨上杉謙信。景家被重用為擁有三百騎兵的大將，一戰必定橫掃每場戰役，最後甚至不知從何時開始，敵軍只要聽到景家之名就會嚇得趕快逃跑。

景家在「第四次川中島之戰」負責先鋒大任，一身黑色打扮的景家軍團連武田軍都得退避三分，而且還曾直闖敵營本陣，使頑強的武田軍本隊面臨崩潰危機。連武田家軍師－山本勘介都說他是上杉家的最強猛將，相信應該不會有人持反對意見。

在戰場上戰鬥力相當勇猛的景家，也以奉行職身份在政治交涉上發揮所長，其證據即是使上杉家不需花費多大力氣就順利與北条家締結同盟。謙信想必相當信任景家，兩人之間的牽絆應該可以永遠持續，然而這時卻……。

■給信長的書信引起謙信疑心

景家的悲劇命運就從他將馬匹賣給上位者時開始。由於那匹馬是被織田信長買走，所以信長致贈謝禮給景家。如果這時直接將這件事稍微跟謙信報告一下就沒事了，但當時輕率的景家卻輕忽了這個動作。而因此牽上線的景家與信長就持續地以書信往來，也讓彼此關係更加親密。

但景家這樣的舉動還是被人以有謀反意圖為由，輾轉流傳至謙信耳裡，其實只要謙信肯直接詢問景家，就能知道他其實並沒有這樣的意圖，但由於謙信認為事態嚴重，並斷定景家與信長有私通舉動，所以不經審判就直接將他處死。平常總是寬宏大量的謙信，為何只針對景家斷然處刑呢？這個藏在謙信心中的祕密，已經無人能夠得知了。

持續協助謙信公的鬼神

齋藤朝信

■生年不詳～歿年不詳

人稱「越後鍾馗」的這一名猛將，在政務處理上也是個優秀智者，以其功績所換來的「上杉二十五將」名號是相當名副其實。

illustration：
すずき ちえるな

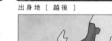

PARAMETER

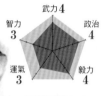

武力 4
政治 4
智力 3
毅力 4
運氣 3

NATIVE PLACE

出身地 [越後]

成功得到謙信、景勝兩代的信賴

■在政務與軍務兩方面協助上杉家

越後齋藤家從室町時代就以赤田城為總據點，代代都擔任「下野守」一職，以奉行人身份協助處理守護－上杉家的事務。在上杉家臣團中也是資深名門，且從未離開過上杉家，一直提供上杉家所需的協助。在具有這樣的家族歷史中，最有名的人物就是齋藤朝信了。朝信在上杉謙信政權下擔任政務奉行一職，謙信對他的信賴程度也是家中排名第一。在謙信就任關東管領時，朝信也因為能力得到認同，還與柿崎景家一同被任命為謙信的侍從。

他不僅具備政治手腕，同時在武藝上也得到很高的評價，並在軍制上兼任軍隊指揮，其勇姿還因此得到了「越後鍾馗」的美名，在多次的征戰後更讓其名號遠播各國。自古以來「鍾馗」就是指鬼神，就如同前田利家與本多忠勝使用旗印那樣偉大的象徵，能夠被拿來與鍾馗相比，這對朝信而言是無上的

榮譽。而朝信也沒有辜負這樣的稱號，在川中島之戰和越中侵略、關東出兵等對戰大舞台上，他都一一立下大功。據說他在越中侵略時已率領二百士兵，在上杉家臣團中是屬於高層級的規模並擔任軍隊的核心角色。

謙信死後因爆發上杉景勝與上杉景虎的家督之爭，當時朝信毫不猶豫就選擇支持景勝，並發揮過人的武藝協助景勝軍拿下勝利，更因此得到感謝狀。之後他也負責處理與武田勝賴的外交事務，深深得到景勝的信賴。

當上杉軍遭受織田信長攻擊時，朝信也成功擊退名將柴田勝家，證明了他的能力依然健在，但就在爆發本能寺之變時，朝信便以年事已高為由退隱，此後他未再出現於戰國舞台上，只沉浸在過往榮耀中安靜地過活。

內心不斷動搖的反逆兒
本庄繁長

■1539年生～1613年歿

PARAMETER
武力 4
政治 3
毅力 4
運氣 4
智力 2

NATIVE PLACE
出身地〔越後〕

illustration：すずき ちぇるな

過著反叛人生的阿賀北第一豪勇

跟隨上杉謙信在關東出兵、及川中島之戰留下不少功績的本庄繁長，也是在關原之戰輕取伊達政宗軍的武士。

謙信很看重繁長，雖然繁長屬於外來臣子，但仍然給他很好的待遇。然而繁長卻沒有很尊重謙信，他會引人注目地說出輕視謙信的話，在引起謙信不滿的狀況下，他自己也有強烈的獨立意識，就這樣不滿的過著日子。

直到有一天繁長因為武田信玄的號召，而決定謀反。但因敵不過謙信而使生命陷入絕境危機，好險謙信的寬大之心讓繁長得以重回上杉陣營。

原以為繁長應該會就此展現忠誠……然而沒得到教訓的繁長，後來又再次因信長的策略而再度謀反。

讓仕途增添光彩的上杉四天王名號
甘粕景持

■生年不詳～1604年歿

PARAMETER
武力 4
政治 3
毅力 4
運氣 4
智力 4

NATIVE PLACE
出身地〔不詳〕

出身地不詳

illustration：すずき ちぇるな

以技法操弄一萬二千武田騎馬隊

原本出身低下的甘粕景持是以農兵混合身份，期盼能夠踏上仕途而努力鍛鍊。他這份勇氣吸引了謙信的目光，換來的代價就是踏上全新的人生道路。

甘粕景持原本的名字為長重，後因獲得謙信（當時為長尾景虎）的一字贈與而改名為景持。通常能夠獲得國主名號的只有重臣而已，這表示景持擁有相當高的評價，所以能享有此待遇。其實，景持是在與武田軍對戰的川中島役後才聲名大噪。當時居於劣勢的上杉軍決定先撤退，但由高坂昌信率領的一萬二千機動部隊還是步步逼近，那可是戰國史上最強的武田騎馬隊，不過卻被默默無名的景持以一千士兵鎮壓，準確又具效率地完成的殿軍工作。據說這樣精彩的表現連武田信玄都吃驚表示：「難道謙信也在殿軍之列？」

歷經三代的長尾家智囊
直江景綱

■1509年生～1577年歿

PARAMETER

武力 4
智力 5
政治 5
運氣 4
毅力 4

NATIVE PLACE

出身地［越後］

illustration：哉弉涼

以老練的政治手腕建立上杉家繁榮基礎

以直江兼續岳父身份而為人所知的直江景綱，具備著不輸給兼續的政治手腕，效力於長尾家三代。他在上杉謙信旗下以首席家老身分擔任政權中樞角色，被評為排名第一的家臣。對長尾家而言，像景綱這樣擁有卓越智慧的人，絕對是極為珍貴的存在人物。

然而景綱並非只有頭腦聰明，他同時也具備優越的武藝表現，這也讓他在上杉家的重要性更為提升。景綱以七手組的指揮身份行軍各地，在軍事方面成為謙信的強力輔佐。如：在川中島之戰中擊潰武田信繁氏等、擔任殿軍角色等，都可以一窺景綱勇姿。雖然他並沒有活很久，在六十九歲時即因病過世了，但景綱卻沒有留下任何遺憾，因為兼續已完美地繼承了他的一切才氣。

消逝在越後的悲情貴公子
上杉景虎

■1554年生～1579年歿

PARAMETER

武力 2
智力 3
政治 3
運氣 2
毅力 3

NATIVE PLACE

出身地［相模］

illustration：哉弉涼

爭奪關東霸權並擁有二位大名父親

上杉景虎是上杉謙信其中一個養子，但其實他是北条氏康的親生兒子。原本是在上杉家與北条家締結同盟時，以人質身份被送來越後，但是謙信卻讓他改名為自己的舊名「景虎」，還讓他入住春日山城等，以很好的待遇迎接這位養子，所以後來兩國同盟宣告終止後，景虎還是繼續待在謙信身邊。

雖是人質身份，但景虎卻很滿足自己順遂的境遇，不過就在謙信死後，這樣的狀況就立即產生改變，因為他必須與上杉景勝在繼位者爭鬥中分出勝負。因為得到本庄秀綱、北条高廣等有力人士支持，且有北条家做為後盾，起先景虎深信自己能拿下勝利，不過最後仍不敵與武田信賴合作的景勝。以二十六歲年紀離開人世的景虎，人生真的太過短暫！

131

北条家

直到最後都在抵抗秀吉攻勢的關東霸者

從今川家的家臣身份到以將軍家作為跳板使勢力獨立；在奪得關東霸權之前的北条家，可以說是戰國亂世中，以下剋上的代表之一。

〈家紋：三角鱗〉
鎌倉時代北条氏所使用的家紋，之後仍繼續沿用。

北条家的歷史起源及族譜

■由伊勢盛時打下北条家的基石

說到北条家的祖先最有名的就是北条早雲，但這其實是後人取的名字，其真正本名應該是伊勢盛時。

伊勢氏是在備中（現今岡山縣西部）擁有領國的家族，盛時效力於室町幕府九代將軍足利義尚，並擔任由將軍直屬軍構成的奉公眾。

這時，盛時的姊姊嫁給了今川義忠，但在義忠死後，繼位者問題就浮上檯面。盛時因為支持義忠與姊姊所生之子龍王丸（之後的今川氏親）而介入這場紛爭，並成功討伐當主小鹿範滿，一躍成為今川家中支持氏親的中心人物。

西元1491年，管理伊豆的堀越公方死後發生了家督內訌。盛時在爭奪幕府中央次期將軍時順道入侵伊豆，進攻堀越居所奪取堀越公方身份，進入韮山城並以此為總據點。之後盛時殲滅足利茶茶丸（原第二代堀越公方），共花了六年時間平定伊豆。

期間，因為盛時與扇谷上杉氏為舊識，所以也介入了扇谷、山內兩個上杉氏的內部紛爭。因要進攻山內方的大森氏的小田原城而進入相模，之後盛時就以小田原城為據點，逐漸擴大相模一帶的領地範圍。

此時由於關東中心周圍不斷發生亂事，因而讓盛時開始走向獨立路線。盛時死後氏綱成為當主，便將總據點移至相模的小田原城，努力加強領國支配權，接著也改掉姓氏，全新的北条氏就此誕生。

【北条家族譜圖】

伊勢盛繼━━━━━盛經━━━━━教經━━━━━教久

盛經━━━━━盛定━━━━━盛時━━━━━❶北条氏綱

❷氏康━❸氏政━❹氏直

戰國時代北条家的興亡

■築起廣大版圖但卻敗給豐臣秀吉

　　就在氏綱持續加強領國支配鞏固地盤後，之後就依序入侵兩個上杉氏領國，也讓相模與武藏（現今埼玉縣與東京都）周邊的豪族都一一伏首稱臣，接著再攻打扇谷上杉氏的據點江戶城、及總據點的川越城。最後還介入關東足利氏的內部紛爭，順利得到關東管領的地位，成為名副其實、具備關東最大勢力的戰國大名。

　　繼承氏綱家業的氏康則是在「河越合戰」中滅亡扇谷上杉氏，並把山內上杉氏追趕至上野（現今群馬縣）之後奪取其勢力；接著與鄰近的武田氏與今川氏共組三國同盟，逐漸加深與關東各勢力的影響力。

　　之後由氏政與氏直繼承北条家的領國，但就在歷經本能寺之變後情況產生急速變化，那就是豐臣秀吉率先統一西國。

　　雖然北条家表示願意服從秀吉，但又以與真田氏的領土問題為導火線，連帶引發了「小田原征伐」，戰國大名北条家因而走向滅亡，但是之後氏直又以豐臣家旗本身份再次出發，讓北条家延續至明治維新。

1516年左右的北条勢力

1570年左右的北条勢力

北条家的對立勢力

上杉家　　P.118

彼此都在爭奪唯一的關東管領而互不相讓，長久以來就是對立關係。

足利家　　P.309

雖然還是有對強力支配權的北条家做出反擊，但還是戰敗而從屬於其下。

山內上杉家

自上杉家發生內部紛爭時就與北条家對立，但由於勢力沒落而逃往越後。

北条家的居城　小田原城

　　北条家的居城－小田原是在十五世紀左右由大森氏建造而成，不久後伊勢盛時就從大森氏手中奪取此城，之後也成為北条家的居城。

　　小田原城也是在此時進行大規模的強化作業，並成功阻擋了上杉謙信、武田信玄等善戰者的攻擊，是座守備堅固的居城。

　　最後因為要抵擋豐臣秀吉的侵略，並為了能進行長期的封鎖戰，便建築了長達九公里的大規模外圍牆，不過最後還是遭到物資準備萬全的秀吉軍團團包圍，而被迫開城。

　　在江戶時代時有被縮減城池規模，而明治時代時雖然城內建築物大多已解體毀損，不過之後有進行將它恢復成江戶時代末期面貌的計劃，目前逐漸修復當中。

ODAWARA CASTLE
DATA

小田原城

所在地：神奈川縣小田原市城內
別名：小峯城
文化區分：國家指定史跡
築城者：大森賴春
築城年：15世紀中期
構造：平山城

打造名門地盤的關東霸者

北条氏康

■1515年生～1571年歿

在政局動盪的關八州，不管遇到任何強敵都足以匹敵的北条氏康，被稱作是「正面負傷氏康」的勇猛武將，卻也是對家臣與領民懷抱仁慈的武將。

PROFILE

1515年 以北条家當主－北条氏綱嫡男身份出生
1541年 繼承家督成為北条家當主
1546年 成功的「河越野戰」奇襲作戰
1554年 締結「甲相駿三國同盟」
1559年 讓位家督給兒子－氏政後隱居，並打造與氏政之間的兩頭體制

illustration：藤川純一

PARAMETER

武力 3
智力 5
政治 5
運氣 3
毅力 5

政治 5 不但確立了近代的行政機構體制，也建立了得到領民高評價的善政。

毅力 5 生涯對戰時完全沒讓對方看見自己的背部，所以都是正面受傷。

NATIVE PLACE

出身地 ［相模］

謹守家訓而成功獲得領土與人心

■引人注目的北条家的榮耀

人稱「戰國時代的先驅」的北条早雲，開啟了北条家光輝的歷史。早雲入侵伊豆並攻下小田原城，而早雲的嫡男－氏綱也趁勢以小田原城為據點，逐漸擴展關東勢力。而繼承這兩位偉大當主信念，為北条家帶來穩固繁榮的就是第三代當主－北条氏康。

氏康在成人後很快就展現出身為武將的才能，先在與扇谷上杉家的攻防戰中奪得首戰的勝利，之後也在甲斐山中合戰、河越城攻略等戰役中多次立功，還在第一次國府台戰役中成功討伐敵軍總大將－足利義明，立下極為顯赫的功績。接著因為氏綱去世而繼承家督，想必氏綱應是毫無掛念的將北条家託付給氏康。

成為當主的氏康仍繼續發揮自己的才智與實力，其代表作就是讓後世不斷傳頌的「戰國三大奇襲作戰」之一的「河越夜戰」。當時，山內、扇谷上杉氏與足利晴氏連合軍入侵北条領國，面對八萬敵軍的北条軍只有不到一萬的兵力，處與相當不利的劣勢。氏康心想絕對不能就此捨棄祖父與父親辛苦打拼的榮耀，重心燃起鬥志的氏康開始思考如何起死回生的策略，終於想出先假裝屈服並交出領土權，然後再趁敵方不注意大舉夜襲。最後，成功殲滅扇谷上杉氏。

之後，氏康持續發揮卓越的先見之明與政治手腕的展現，並與武田家與今川家締結「甲相駿三國同盟」。陸續拿下武藏、下總、上野等地統治權，此時的氏康已完全鞏固北条家在關東的地盤。

他在四十五歲時讓位家督給嫡男－氏政而隱居，但是他精力依舊旺盛，依然繼續掌握軍政實權，並多次與上杉謙信、武田信玄進行激戰。

■對領民誠實以待，實行無數善政

氏康不只擁有高超武藝，在民政上也立下許多好評的功績。作為全國大名的先驅，他實行多數創新的經濟政策：首先是在他成為當主時，花了十二年時間在相模、武藏、伊豆地區展開大規模的檢地政策；這個「替換檢地」方式，很有效率地徵收廣大的北条地稅務。另外，因為當時每個家臣的領地與所領奉祿不夠明確，所以很容易造成軍役上人數與物資負擔的混亂情形，因此氏康就製作出縝密的「所領役帳」，打造一個能順利管理的制度。

此外，氏康也將稅務整理為段錢、懸錢、棟別錢三種類別，並公開表示不再徵收以外的稅。氏康所實施的循序漸進統一貨幣等政策，在之後也被其他大名作為政策範本。

氏康強烈表示要讓北条家「對領民誠實以待」的家訓代代相傳，據說當氏康去世的消息傳來時，多數領民都因感到不捨而放聲大哭。

與北条氏康關係密切的武將

上杉謙信　P.120

當謙信包圍小田原城時，氏康以籠城戰術成功擊退敵軍。之後更打敗在川中島之戰後體力不繼的上杉軍，也創下與上杉軍對戰不敗的記錄。

今川義元　P.206

「甲相駿三國同盟」就是為了藉由武田家援軍，阻斷對義元的侵略行為，而思考出的方案。氏康將女兒嫁給義元之子－氏真，而嫡男氏政則迎娶信玄之女為正室。

對抗天下人的關東最後勇者

北条氏政

■1538年生～1590年歿

為了北条家繁榮而打拼的氏政，絕對不是一名昏君，只是曾經一度誤判局勢，卻背負所有罪過，最後悔恨地切腹自殺身亡。

PROFILE

1538年 以北条家三代當主－北条氏康次男身份出生

1559年 繼承家督成為第四代當主

1580年 讓位家督給北条氏直，但因為兩頭體制而握有實權

1585年 努力將勢力範圍擴大至下野與常陸

1590年 「小田原征伐」後降服於豐臣秀吉，受命切腹自殺

illustration：藤川純一

PARAMETER

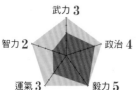

武力3
智力2
政治4
運氣3
毅力5

政治 4 雖然是奉北条氏康之命，但還是重視民意實施檢地與德政。

毅力 5 敢無視於成為天下人的豐臣秀吉命令，真的是很大膽的行為。

NATIVE PLACE

出身地〔相模〕

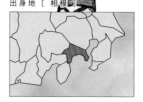

不敵豐臣秀吉勢力而中斷北条家歷史

■經歷家族榮華與滅亡的男人

北条氏政是繼承北条氏康家業，使北条家的勢力達到最盛時期的第四代當主。雖然他也立下諸多能被稱為名君的功績，但是大家對氏政的評價卻很低。因為，儘管北条家是在第五代當主－北条氏直時代滅亡，但實際上當時氏政仍握有實權，所以他才是直接讓北条家走向滅亡的人物。

氏政在二十一歲時就因父親讓位而成為家督，但當時氏康並未立即放棄實權，倆父子建立了共治的兩頭體制，而氏政就在氏康的主導下，與鄰國知名大名處於對等位置，在外交與軍事上相互競爭。

氏康死後，氏政先讓嫡男氏直成人後繼承家督，並像氏康那樣掌握實權，從旁協助氏直。氏政先對織田家發動攻擊，更趨勢進攻上野，非常積極地在拓展勢力範圍，而這樣的野心也被實現，加上下野、常陸、駿河等領國，北条家的領土達到從前至今以來最多的二百四十萬石。

不過，就在豐臣秀吉勢力崛起後，氏政卻錯估了的情勢。因為秀吉邀請氏政參加天皇來到聚樂第的列席，但氏政卻看輕秀吉而拒絕，並讓弟弟－北条氏規以代理人身份前往京都。如此不當一回事的做法，嚴重影響到秀吉對氏政的觀感。直到北条家臣－豬俣邦憲展開針對真田家領地的名胡桃進攻時，才終於讓秀吉的敵意浮上檯面，加上秀吉也認定這是造反行動，所以發動了「小田原征伐」。

但再怎麼說對手都還是天下人，兩方戰力差別顯而易見，但氏政還是強硬地徹底反抗，不過這終究是場勝負已分的戰役，再加上重臣－松田憲秀的反叛，迫使北条軍到最後只能全面投降，北条家的絢爛的歷史就此中斷。雖然當主的氏直得以存活，但由於氏政為北条家討伐的始作俑者，所以遭受到切腹自殺處分。

在後世的創作中，也有描述氏政的相關軼事。某次在吃飯時，氏政一度起身去添加飯上不足的湯汁，而看見其動作的氏康就嘆氣表示：「連飯菜湯汁都無法判斷之人，又怎麼能衡量領國與家臣。」

■對妻子的慈愛之心

雖然氏政得到不少惡評，但是他的個性卻非常體貼溫柔。當氏康與武田信玄締結同盟時，氏政迎娶了信玄之女－黃梅院。自古以來北条家就出現許多愛妻一族，氏政當然也是其中之一。兩人雖是策略聯姻，但夫婦倆的感情極佳，也生了許多孩子，過著相當和睦的生活。

但就在某一天，氏康以同盟出現漏洞為由，命令他倆離婚，氏政雖然對此相當反對，但他身為當主又不能罔顧國家情勢，便很不情願地答應了。據說他為了表達歉意，還給與黃梅院慰問金。等到之後與武田家的同盟關係恢復，雖然那時黃梅院已經離開人世，但氏直還是以黃梅院之名建立寺院，以極為隆重的方式弔唁。

與北条氏政關係密切的武將

織田信長　P.14

氏政在與武田勝賴對立之際，面臨到上野、下野國眾歸武田掌管的困境，為了阻止勝賴與信長締結同盟，氏政就先臣服於信長。

上杉謙信　P.120

當謙信侵略上野時，為了擊退謙信而在利根川展開對戰。氏政無視於因為一向眾問題而避免決戰的謙信，攻陷上杉擁有的居城。

對北条家繁榮有貢獻的風魔

風魔小太郎

■生年不詳～1603年歿

冷靜地在暗地裡活躍，在背後支持北条家的風魔忍者首領－風魔小太郎，與德川家的服部半藏並列，並擁有戰國數一數二的人氣。

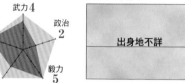

PARAMETER

```
        武力4
智力5         政治2
   運氣3    毅力5
```

NATIVE PLACE
出身地〔不詳〕

出身地不詳

illustration：
七片藍

在北条家斷絕後也失去道路的最強忍者

■到達藝術境界的攪亂戰術

其實風魔小太郎並不是某個特定人物，而是率領於北条家忍者集團－風魔眾的歷代稱號。風魔眾是以「相模足柄郡」為活動據點，在早雲時代就以諜報、攪亂行動方式做出重大貢獻。在風魔歷史中最為人所知的就是效力於氏政、氏直父子的五代小太郎。

在與武田勝賴多次激戰的黃瀨川之戰中，因為成功攪亂武田軍本陣，而讓北条軍快速獲勝。武田軍因為害怕敵方又會使出奇怪的招數而夜不成眠，甚至還因此疑神疑鬼到錯殺同伴的事件。另一方面，武田軍為了要討伐小太郎，所以讓忍者集團的「甲州亂破」混入風魔眾之中，但還是無法突破小太郎所構想出的「呼應戰法」，意謂在小太郎說出暗號時，屬下就能做出對應行動。這樣的作法可瞬間判別出哪些是敵人，所以能以不敗之姿結束這場攪亂戰役。

■從眾多傳說中所拼湊出的真實面目

小太郎很擅長變裝，據說有半數以上的風魔眾夥伴都沒見過他的真實面貌，而世間一般所流傳的描述是：「身高約二百二十公分、全身佈滿肌肉、眼睛往上吊、大到像裂開的嘴巴裡有四顆尖牙」。很明顯地並非人類長相，看來應是大眾對小太郎過於害怕，結果才會製造出了這樣的恐怖面貌；又或者說不定是小太郎刻意隱瞞真實面貌，為了操作情報才會自己散佈出這些說法。

北条家滅亡、豐臣秀吉統治天下後，小太郎就對風魔眾的生存道路遭封閉一事備感痛心，後來在江戶時代淪為盜賊，最後落得被處決的下場……。

北条家最大的權力者

松田憲秀

■生年不詳～1590年歿

以首席家老身份為北条家盡心盡力的松田憲秀，被貼上反叛者標誌的這個男人，也是遭時代掩沒的可悲武將。

PARAMETER

武力 3
政治 4
毅力 3
運氣 2
智力 4

NATIVE PLACE

出身地〔相模〕

illustration：ue☆no

背叛主君導致北条家滅亡的關鍵

■被秀吉權力摧毀的首席家老

以藤原鎌足為遠祖的相模松田家，是歷代擔任北条家宿老的名門，而第十代的松田憲秀則是松田家史上握有最大權力的人物，他是北条家臣中唯一使用文書印章的人，這意謂著如同擁有一國大名權力的証明。但是在關東得到如此高評價的憲秀，卻在豐臣秀吉取得關東治權後出現命運般的改變。

當秀吉連合軍展開「小田原征伐」時，憲秀知道若以野戰方式進行，獲勝的機率會很低，所以便反對有權的北条氏邦等人所主張的野戰策略，並堅持要以籠城方式進行。事實上，小田原城的確曾成功抵擋上杉謙信和織田信長的攻擊，因此憲秀的判斷可謂十分明智。然而秀吉真正可怕的地方不是武力的猛烈攻擊，而是不露痕跡地對北条家設下圈套。

就在家臣疑神疑鬼使北条家面臨潰散之際，憲秀也因為察覺到再這樣抵抗下去也沒什麼意義，因此最後決定以領地做為籌碼與秀吉和解。就戰況角度而言，這應該是個合情合理的決策，但由於憲秀是想以獨斷方式暗中進行，所以，即便本人沒有要與敵方私通的意圖，但還是很容易被周圍的人所誤會而被貼上背叛者標籤。

憲秀遭懷疑與秀吉私通這件事，也成為北条家向心力崩解的關鍵，最後北条家以全面投降方式，為這場小田原役劃下休止符。其實，不能說是因為憲秀的行為而導致北条家戰敗，因為就事實來說，無論如何北条家都毫無勝算。不過就單純思考角度而言，或許可以開玩笑說，憲秀的功勞就是沒有再讓北条家受害程度再往上增加吧！

「地黃八幡」的勇猛武者
北条綱成

■1515年生～1587年歿

PARAMETER

武力3
智力4　　政治4
運氣2　　毅力3

NATIVE PLACE

出身地〔駿河〕

illustration：ue☆no

讓八萬敵軍一步都動彈不得

手持寫有「八幡」黃底軍旗，邊大聲叫喊：「勝利！勝利！」，邊進行突擊的北条綱成其英姿人稱「地黃八幡」，並讓敵軍備感威脅。原本是今川家臣的福島家一族，但由於父親－福島正成戰死，便轉而跟隨北条氏綱。

氏綱很欣賞綱成的勇猛，不僅讓他成為自己的女婿，還賞賜其名字中的一字。

到了北条氏康的時代後，他被任命為氏康親衛隊－「北条五色備」的其中一人，即使時代更換，綱成仍受到重用。而綱成也沒有辜負這樣的期待，在「河越夜戰」中抵擋了八萬敵軍的猛攻，成為確立氏康政權的核心人物。據說當時綱成已有戰死打算，但氏康卻大喊：「絕對不能讓綱成就這樣死去！」

教養才氣滿溢的名政治家
板部岡江雪齋

■1536年生～1609年歿

PARAMETER

武力2
智力4　　政治4
運氣4　　毅力3

NATIVE PLACE

出身地〔不詳〕

出身地不詳

illustration：ue☆no

在北条家滅亡後依然活躍

精通和歌與茶道，知識豐富的板部岡江雪齋，是才氣縱橫的北条家重臣－板部岡康雄的繼位者，並在北条氏康麾下發揮內政、外交才能，被評價為名奉行的有能力政治家。

他在與秀吉會面時，其優越的外交能力也讓秀吉深感敬佩，據說秀吉還親自端茶給他。因為這樣的機緣，在北条家滅亡後，他就改姓岡野並成為秀吉的「御伽眾」（編註：類似顧問），但就在秀吉死後，聰明的江雪齋沒有一絲猶豫，轉而投向下個時代當權者德川家康的懷抱；雖然如此，但他絕不是見風轉舵之人。另外，他在關原之戰也能準確預測出小早川秀秋的反叛，是個擁有優越謀略能力的人物。

正統來歷的軍政達人
大道寺政繁

■1533年生～1590年歿

PARAMETER

武力4
智力3　　政治4
運氣3　　毅力3

NATIVE PLACE

出身地〔相模〕

illustration：ue☆no

轉而加入豐臣方的「御由諸家」

北条早雲與其六人盟友家族稱之為「御由諸家」，其中末代的政繁就是效力於氏康、氏政、氏直三代之中的重臣。他不但在政治與軍事兩方面都有出色表現、在政治方面也以河越城代身份致力於治水事業，並執行美化新城市的任務。另外，不論是在軍事方面統率頑強軍團的河越眾，或在主要的對戰場合中，他都是不可或缺的人物。

在豐臣秀吉展開「小田原征伐」後，雖然他也立即封鎖要塞松井田城，但由於前田利家等大軍壓陣，因此奮力對抗後還是換來開城投降的結果。後來政繁轉換心境決定加入豐臣軍，雖然無法得知他當時的想法，但是以御由諸家身份投向敵方懷抱，只能說這是個很諷刺的舉動。

面對戰國波瀾也不退縮的穩健派
北条氏直

■1562年生～1591年歿

PARAMETER

武力2
智力3　　政治4
運氣2　　毅力3

NATIVE PLACE

出身地〔相模〕

illustration：三好載克

以家族存續為第一優先的外交戰略

因為父親隱居而成為第五代當主的北条氏直，其實生並不好戰，雖然將重點放在外交戰略上，但他還是在掌握實權的氏政等強硬派人士之間，企圖摸索出能讓北条家存續的方法。例如：在爭奪武田家遺留領地時，因為加深了與德川家的對立，氏直就決定迎娶德川家康之女－督姬為正室，兩方因此締結同盟，就是個很好的例子。

但就在豐臣秀吉發佈禁止私戰的「關東總無事令」時，家臣卻因為奪取真田家支城而導致「小田原征伐」，這樣的結果絕非氏直本意，他甚至為了解釋清楚而到處奔走，就是要避免演變成戰爭。

最後，當北条家向秀吉投降時，氏直因為是家康女婿而得以存活，但條件是必須要在高野山渡過餘生。不過，據說當時氏直提出了以自己切腹來交換家臣活命機會的請求。

141

毛利家

即使被大勢力包夾也依然崛起的中國地區霸者

即使遭大內氏、尼子氏兩大勢力包夾，但仍稱霸中國地區的毛利家，就如同精通兵法的先祖，是個出現眾多頭腦清晰人物的家族。

〈家紋：長門三星〉
將代表勝戰的三星當作是第一，意味著能夠奪得第一的家紋。

毛利家的歷史起源及族譜

■以寶治之亂為契機移居至安藝的毛利家

毛利家的祖先是平安時代在學問及文學領域，效力於朝廷的大江氏；而在平安時代後期的大江匡房也曾有一段時間在源義家教授兵法，由此可知毛利氏在當時已經是具備學問與兵法的長才一族。

在鎌倉時代追隨源賴朝的大江廣元是幕府中樞的有才人物，而廣元之子－季光則成為相模（現今神奈川縣）毛利庄的領主，之後就改名為毛利氏。

雖然毛利季光也兼任越後（現今新潟縣）和安藝（現今廣島縣西部）的領主，但之後由於發生執權－北條時賴與三浦泰村的「寶治合戰」，北條方遭三浦方擊敗，導致所領都遭沒收。但基於么子毛利經光年紀幼小，因而得到允許保有越後和安藝的所領。

之後到了經光之子毛利時親時，便移居至安藝，安藝毛利氏就此誕生，而時親也以郡山城為據點成為毛利家的祖先。

當中央的實力者細川勝元與山名宗全之間爆發應仁之亂時，大內氏在西部的周防（現今山口縣東部）建立起強大勢力。雖然毛利家第八代當主豐元原為東軍勝元的作戰夥伴，但因為大內政弘為了協助西軍而上京，所以之後毛利氏就轉而成為大內氏的屬下。

當時的毛利氏只不過是眾多弱小的國人眾之一，但不久後卻因為跟隨大內氏而踏上仕途。

【毛利家族譜圖】

大江音人－（中略）－廣元－❶毛利季光－❷經光

❸時親－❹貞親－❺親衡－❻元春－❼廣房

❽光房－❾熙元－❿豐元－⓫弘元

⓬元就─⓭隆元─⓮輝元
├ 元春（吉川家）
└ 隆景（小早川家）

戰國時代毛利家的興亡

■雖然擁有西部中國地區的統治權，但在關原之戰後遭減少

　　進入戰國時代後，毛利家就遭到西部的大內氏及以東部出雲（現今島根縣）為根據地的尼子氏勢力夾攻，而周圍的國人領主都是呈現遊走於大內氏及尼子氏之間的狀態。

　　而歷經好幾代當主都早死的毛利家，此時由元就繼任為新當主，在完全進入大內氏勢力之下的同時，也分別將子嗣送往小早川家和吉川家當養子，確立了所謂的兩川體制。

　　但由於爆發了大內氏麾下的陶晴賢謀反，導致大內義隆自刃身亡的事件，直到元就在嚴島之戰中成功討伐晴賢後，約花費一年半時間統一西部，之後再擊敗尼子氏，在中國地區建立起廣大的領土範圍。

　　然而活躍的毛利家氣勢也僅止於此，因為後來持續受到織田信長下屬的羽柴秀吉（之後的豐臣秀吉）的鎮壓，所以在秀吉統一天下後，便向他伏首稱臣。

　　秀吉死後，雖然曾因當主輝元在關原之戰的輕率舉動，使毛利家的領國遭到大幅縮減，不過還是仍保有毛利家名至幕末時期。

1555年左右的毛利勢力

1579年左右的毛利勢力

毛利家的對立勢力

德川家 `P.74`

因為大幅減封而遭毛利氏懷恨在心；到了幕末時期遭面臨崩解危機。

尼子家 `P.268`

以出雲為據點與毛利家對戰，一度遭滅亡後還是有舊臣發起叛亂。

大友家 `P.292`

為了進入在義隆之後成為大內氏的當主一族，而與毛利家對戰。

毛利家的居城　郡山城

　　有很長一段時間成為毛利氏居城的郡山城，是首代毛利氏－毛利時親移居安藝時所建造的城池，之後就成為毛利家當主的居城。

　　當時是在山的東南方搭建起小城，城的外郭範圍非常狹小，但是進入到戰國時代後，在元就擔任當主時，因為曾有遭尼子氏攻擊的經驗，所以便進行加強城池的修整與擴大，之後即成為整座山為城內範圍，並具備二百七十個劃分區域的西日本最大山城。

　　到了元就孫子的輝元時代，由於搭建了全新的廣島城作為總據點，所以郡山城在1591年變為廢城，現在則是只剩部分構造遺留至今。

　　另外，為了與大和（現今奈良縣）郡山城有所區別，所以又稱為吉田郡山城。

KOHRIYAMA CASTLE

DATA

郡山城

所在地：廣島縣安藝高田市
別名：－
文化區分：國家指定史跡
築城者：毛利時親
築城年：1336年
構造：山城

思考各種計略而成為大名中的大名

毛利元就

■1497年生～1571年歿

只花一代時間就打下毛利家基礎的毛利元就，站在國人立場尋求四周情勢與自身能力的最大可能，進而成為西國數一數二的大名。

PROFILE

1523年	繼承毛利家家督
1540年	在吉田郡山城擊退尼子軍的攻擊
1550年	誅殺重臣的井上元兼一族
1555年	在嚴島之戰擊敗陶晴賢
1557年	大內氏滅亡
1566年	尼子氏滅亡
1571年	病逝

illustration：藤川純一

PARAMETER

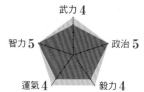

武力 4
智力 5
政治 5
運氣 4
毅力 4

智力 5

為了維護辛苦累積的勢力，努力提升家臣的整合及家族的向心力。

政治 5

懂得如何適當地拉攏大內氏、尼子氏等大勢力，而讓自己成為大名。

NATIVE PLACE

出身地 ［ 安藝 ］

144

不受他人操弄、成為強大戰國大名的謀略人物

■歷經一代就擁有相當勢力的少見策略家

從被兩大勢力夾擊的一介國人領主身份，憑著自身的智謀，花費一代的時間，就成為西國第一的超級大名的名將就是毛利元就。

元就是安藝國人領主的次男，由於兄長及其子早逝，所以就由元就來繼任家督。他在擔任家督期間，分別被尼子經久、大內義興的二大勢力夾擊，苦無獨自行動的機會。其實，元就在繼承家督之前，已活躍在戰場上，但因當時一直未闖出名號，所以一直都是受到束縛狀態，因此只能算是有力國人之一罷了。

就在元就繼承家督不久後，之前為友好關係的尼子方與大內方卻反目。大內方雖然遭到尼子方的攻勢，所幸後來有陶晴賢的援軍幫忙，所以成功擊敗尼子方。

毛利家在之後進入大內家麾下，但因為大內家與尼子家的對戰，又再加上陶晴賢的反叛，使大內氏領國面臨動搖危機。此時敏銳的元就見機不可失，就跟隨晴賢，趁亂擴大勢力範圍。

但是元就如此快速擴大領地範圍的舉動，卻引起晴賢的不快，兩者關係日漸惡化，最後竟演變成「嚴島之戰」兩軍對戰局面，結果元就拿下勝利。而這勝利要歸功於事前先散播出晴賢方有猛將會謀反的傳聞，迫使晴賢親自將其殺害；再搭配與村上水軍的合作關係，才得以順利取得勝利。元就事前的謀略真是幫了大忙。

就這樣不知不覺中，元就幾乎已經成為整個中國地區的最大勢力，此時距離元就繼承家督約莫已過了四十年的歲月。

■「三支箭」趣聞的誕生

就這樣元就成為西日本最大勢力，但是其中仍有不安的因素存在，那就是家臣團的掌控。

元就之前為了突顯家中政權，會直接誅殺表現輕率的重臣；為了有效掌控有力家臣，元就可是花費不少苦心。

元就特別重視家族團結的向心力，據說元就還時常要求，已被送往當養子的吉川元春（原元就次子）、小早川隆景（原元就三子），一定要向毛利家表現出忠誠心。所以後世才會流傳元就所寫給兒子的信件內容，說明一支箭容易折斷但三支箭折不斷的「三支箭」趣聞。

就因為這樣的傳承，所以元春與隆景的兒子也都沒有辜負父親的期望，為了元就之孫輝元盡心盡力，還幫忙阻擋織田家的中國侵略軍攻擊，就是不想父親擔心。

元就死後，因為毛利家受到織田與德川兩政權影響，使得勢力大幅減弱，但依然還是得以保有大名家的命脈。

以會去思考如何將一代的權威傳承至下一代的這點來說，元就真的可以算是位有遠見人物。

與毛利元就關係密切的武將

尼子經久　P.270

當元就繼承家督時，經久有表示抗議。經久支援元就同父異母的弟弟，聯合一部分家臣起來謀反，元就因此趁機疏遠尼子氏。

大內義隆　P.282

脫離尼子氏的元就後來臣服於義隆，但由於還是會被迫參戰、無法改變失去自由的現實，讓元就更加想要尋求獨立。

吉川元春

繼承少見名將血統的猛將，為了山陰地區的治國策略而努力，從生涯七十七次的戰役中，獲得六十四次的勝利，是個勝利率超過八成的戰略家。

PROFILE

1550年 以養子身份繼承吉川家
1555年 參與嚴島之戰
1562年 以主力身份參與「第二次月山富 田 城之戰」
1566年 尼子氏滅亡
1578年 逮捕並處分山中鹿介
1582年 秀吉的高松城攻略對陣
1586年 在秀吉的九州征伐從軍途中病逝

illustration：藤川純一

PARAMETER

武力 5
智力 4　　政治 4
運氣 4　　毅力 4

| 武力 5 | 即便雙方實力相等，也從未吃過敗戰的武將。 |
| 智力 4 | 據說在對戰期間還寫下《太平記》四十四卷內容，是古典造詣極高的讀書人。 |

NATIVE PLACE

出身地［安藝］

以毛利兩川一員身份終生為毛利宗家付出

■因為父親的謀略而繼承吉川家

吉川元春為毛利元就的次男，與弟弟小早川隆景並稱為「毛利兩川」，是支撐毛利家的名將。

父親元就擴展勢力的其中一個策略，就是將元春以養子身份送往吉川家，讓元春繼任吉川家，之後就改姓為吉川。而元春的母親也是吉川家出身，所以算是母親娘家，並不是完全沒有親戚關係。

等到元春掌管吉川家事務後，就將主力放在攻略山陰地區來協助毛利家。

元春所在的山陰地區是自尼子經久掌權以來，就一直屬於尼子軍的勢力範圍。因為毛利家與尼子家之間長久的因緣關係，反而讓元春在攻略尼子氏中有所發揮。

即使因面對頑強尼子軍而備感艱辛，但元春還是只花了四年時間就攻下月山富田城，成功地殲滅尼子氏。

但是尼子氏遺臣山中鹿介卻執意擁立新當主，冀望尼子勢力再起，導致元春必須對此做些處理。

最後遭到元春逮捕的鹿介，雖然被處決了，但由於鹿介是以織田信長支援者身分捲入這場風波，因此，這樣的狀況對元春而言又是一大難題。

■直到最後還是以武士身份走完一生

所以，信長之後便命令豐臣秀吉以大將身份率領大軍到中國地區，而以元春與毛利家為首的中國軍，因為與秀吉的長時間對戰而疲憊不堪。但即便在這樣不利的戰況下，元春還是奮力一搏，其勇猛的武名也因此廣為人知。

直到信長死後，秀吉成為天下人，毛利家選擇降服於秀吉而得以延續存活，但元春卻不能接受沒有敗戰就要投降，因此將家督讓位給兒子，自己選擇隱居。不過，之後元春還是以隱居身份，參與秀吉所發起的九州征伐，但最後卻在戰役中病逝。

元春在武藝上得到不少好評，能夠在戰場上結束生命，或許這對元春這位武士而言，也是件幸福的事。

與吉川元春關係密切的武將

豐臣秀吉　P.48

以信長代理人身份，入侵、橫掃毛利所掌管的中國地區。而元春這名毛利家首席猛將，瞭解到不利狀況依然與其對抗。

毛利元就　P.144

元就將元春以養子身份送至吉川家，還讓原本當主的興經隱居，就是為了讓元春繼承吉川家。為此他還殺害興經與其子，讓人看到了元就殘暴的另一面。

安國寺惠瓊　P.152

惠瓊在本能寺之變後迅速與秀吉締結和睦關係，之後得知本能寺之變消息的元春主張追擊，後來與惠瓊為對立關係。

山中鹿介　P.272

為尼子氏家臣，以元春及毛利家為對手奮戰，雖一度成為元春俘虜但成功脫逃，在封鎖上月城時，還是遭到元春逮捕，之後遭到殺害。

147

小早川隆景

■1533年生～1597年歿

父親為毛利元就，負責掌管毛利水軍且表現活躍的智將，擁有能參透未來世事變化的智慧，在父親死後依舊為了毛利家而奮鬥不懈。

PROFILE

1544年	以養子身份進入小早川分家
1550年	繼承小早川家家督
1555年	在嚴島之戰率領水軍有出色表現
1576年	「第一次木津川口之戰」勝利
1586年	參與秀吉的九州征伐，成為獨當一面的大名
1595年	讓秀秋繼承家督而隱居
1597年	病逝

illustration：藤川純一

PARAMETER

武力 4
智力 5
政治 4
運氣 4
毅力 4

智力 5
擅長情報蒐集的武將，能夠正確解讀時勢，並對豐臣政權造成威脅。

政治 4
輔佐毛利輝元治理廣大領國，與中央政權建立良好關係。

NATIVE PLACE

出身地 [安藝]

遵從父親遺志以自身為後盾對毛利家貢獻己力

■看清時代走向的先見之明

為毛利兩川中的一員，相較於兄長吉川元春主要的貢獻在於軍事面上，弟弟小早川隆景則是在外交、內政方面，協助宗家三代—元就、隆元、輝元的武將。

隆景對毛利家最大的貢獻，就是在敵方－豐臣秀吉因為在本能寺之變後，為了要討伐逆臣－明智光秀，而與毛利家達成和解，並且之後能夠順利撤退，不再遭毛利家追擊一事。其實隆景並非因為贊成和解而不再追擊秀吉，而是因為毛利家長年與織田軍對戰已感疲態，而且也不希望與有機會稱霸中央的武將之間關係惡化。

而隆景也因為遵守與秀吉間的和議，所以不再對秀吉發動追擊，專注於毛利家中的統一，這也使得秀吉得以無後顧之憂地與光秀對戰；對之後成為天下人的秀吉而言，這絕對是份大恩惠；而對隆景來說，也製造了一個秀吉日後必定要有所回報的人情。

除此之外，隆景的先見之明對毛利家所做出的貢獻還不僅於此。例如：秀吉為了要加深與毛利家的關係時，而硬要把自己的外甥送給輝元當養子。但隆景因為早就知道秀吉的外甥生性愚鈍，所以為了不影響毛利家，隆景就接受其外甥，讓他成為自己的養子，而這個外甥就是之後為人所知的小早川秀秋。就因為隆景的挺身而出，才保護了毛利宗家的血統。

以及，因為隆景不信任擔任毛利外交僧的安國寺惠瓊，所以便向輝元發出警告要他提防惠瓊。可惜輝元還是誤信惠瓊的勸說，而在關原之戰中擔任西軍總大將一職，也因此失去了元就時所建立的大半領土範圍。

由上述事蹟可知隆景是一個瞭解時代走向、懂得分辨人心，具備先見之明的武將。

■讓敵人也賞識的才能

秀吉深深瞭解隆景是一個有才之人，再加上曾經受過其恩惠，所以在四國征伐和九州征伐等西國平定行動中，也讓毛利家積極參與協助，對代替年輕當主輝元成為軍隊指揮的隆景很信任。

在九州征伐後，秀吉就拔擢隆景成為獨立大名，與毛利宗家輝元同樣等級，而隆景之後也成為豐臣政權中，人稱五大老的其中一位重臣。

隆景死後就由上杉景勝接手他的地位，雖然說景勝因此成為毛利家臣的阻礙，但就之後上杉家的狀態來看的話，如果隆景還在世，說不定豐臣家的末路、毛利家的滅亡會有些許轉圜餘地。

隆景可說是毛利元就為毛利家所留下的最佳後盾，但他卻比擁有活到七十五歲的父親，還早十年的離開人世，實在令人相當惋惜。

與小早川隆景關係密切的武將

九鬼嘉隆 P.43

信長麾下的水軍武將，與隆景展開兩次激戰。第一次是隆景戰勝嘉隆，第二次則是讓擁有裝甲船的嘉隆拿下勝利。

毛利元就 P.144

雖然隆景是小早川分家的養子，但元就還是將主家幼小當主的監護人殺害，讓隆景佔據新當主地位。

不知前人辛苦的第三代少爺

毛利輝元

■1553年生～1625年歿

在失去了吉川元春、小早川隆景兩位優秀叔父後，就露出無能馬腳。失去了元就辛苦打拼的廣大領地及祖先遺留下來的土地。

illustration：藤川純一

PROFILE

1563年	繼承毛利家家督
1576年	保護逃亡中足利義昭而與織田家敵對
1582年	跟羽柴（豐臣）秀吉和解
1596年	就任五大老
1600年	關原之戰擔任西軍總大將
同年	遭減封只剩下周防、長門（現今山口縣）的二國領有權
1625年	病逝

PARAMETER

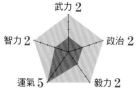

武力 2
智力 2
政治 2
運氣 5
毅力 2

智力 2 — 不懂得如何運用毛利家影響力，甚至讓整個家族面臨滅亡危機。

運氣 5 — 因為受到宗家血統的家臣輔助，才得以守住大名地位。

NATIVE PLACE

出身地 ［ 安藝 ］

沒有善用五大老地位，在關原之戰中失去一切

■有權有勢的西國第一大名

毛利輝元是元就的孫子，繼承了早逝父親的家業，成為毛利家第三代的大名。

輝元前半輩子過著優越戰國大名的生活，因為毛利家有眾人稱羨的「毛利兩川」—吉川元春、小早川隆景兩位叔父的輔佐，所以還能在保有祖父元就時代領地的同時，不斷地擴大其範圍。

當輝元遭信長派遣的豐臣秀吉率領的中國侵略軍牽制而動彈不得時，只好被迫不斷對戰，輝元的毛利軍戰力明顯不足。如果沒有發生本能寺之變，或許毛利的性命就不保了，但似乎運氣是站在他這邊，信長之死讓毛利家能夠有喘息機會。

之後輝元就臣服於以織田信長繼位者身份，往天下邁進的秀吉麾下，也因此保有超過一百萬石的領土範圍。

因為輝元還是西國所領最多的大名，所以秀吉就給予了輝元五大老的重臣地位，此時可以說是輝元人生到達巔峰的時期。

■一天就失去祖先花半世紀打下的功績

但在協助毛利家的元春、隆景死後，平庸且優柔寡斷的輝元即為毛利家帶來混亂局面。

秀吉死後，在石田三成與德川家康的派系鬥爭越加激烈的狀態下，輝元沒有任何自發性的行動，可以說是只扮演旁觀者角色，或許輝元本人是想站在中立的立場，但是周圍的人卻不允許五大老之一的輝元做出這樣的決定。

在三成舉兵的同時，輝元因為受到安國寺惠瓊的說服，而擔任西軍總大將，此時的輝元已經將叔父要提防惠瓊的警告忘得一乾二淨了。沒有為家族設想，就因為自己的獨斷而成為西軍的總大將，簡直妄想一步登天。

而輝元雖然身為總大將，卻留守在大阪城，最後西軍敗北，原以為輝元會封鎖大阪城，使其演變成一場激戰，沒想到輝元卻很爽快地撤軍，或許這是不想讓主君豐臣秀賴再捲入戰後風波的忠義表現吧！

雖然說交出了大阪城，但輝元還是無法從敗軍總大將的責任中逃脫，據說家康有就此擊潰毛利家的打算。

所幸有人在此時伸手救援，那就是同屬一門的吉川廣家。他為了主家的存續不惜成為東軍的內應，甚至還願意犧牲自己的論功行賞，只求能換得家康允許宗家的存續。

所以，輝元雖然因此遭領地大幅減封，也失去了祖先傳承下來的安藝國，但還是能以大名身份得以保有家名。

儘管輝元是個平庸的主君，但他仍具備為家臣及其一門家族展現忠義的美德。

第二章 建立一個時代的群雄【毛利家】毛利輝元

與毛利輝元關係密切的武將

石田三成　P.54

三成將輝元當作是對抗家康的籌碼，而對他有所期待。當武斷派武將襲擊三成時，有督促輝元出兵，但輝元卻不為所動。

德川家康　P.76

秀吉死後，家康讓輝元照著秀吉遺言，向保護他的堂兄弟毛利秀元給予所領分配、分家獨立等，並沒有想讓輝元成為自己夥伴的意思。

預知秀吉奪得天下而登上大名之位
安國寺惠瓊
■生年不詳～1600年歿

以毛利家外交僧身份有出色表現後，就與秀吉密切接觸，對方也欣然接受並給予惠瓊領土，使他搖身一變成大名。

illustration：藤川純一

PARAMETER

武力3
智力4
政治4
運氣2
毅力3

NATIVE PLACE
出身地 [安藝]

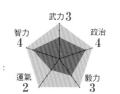

從優秀的外交僧變為豐臣政權下菁英官僚

■獨具慧眼看出秀吉的未來性

安國寺惠瓊據說為安藝國名門的武田氏出身，當毛利元就殲滅武田氏時逃脫而進入佛門。

安國寺惠瓊是在擔任毛利外交僧時登上歷史舞台的，因為惠瓊的才智和能言擅道，讓他得到之前將他滅族的元就拔擢。

後來，他就從事外交協議並發揮其能言擅道的技巧，在外交戰當中成功讓對方屈服。

而惠瓊所完成的外交協議中，最有名的就是與豐臣秀吉的和解協議。當時正在進行「備中高松城攻略」的秀吉，由於本能寺之變，而必須快速撤退，所以迫切需要達成和解協議。

經惠瓊涉交後，條件由割讓五國領土，改為割讓三國領土及高松城城主清水宗治需切腹的協議。而看中秀吉未來性的惠瓊就賭上這一把，說服毛利家接受條件，完成這次的協議。此時惠瓊的心思其實已經隨秀吉而去，並認為自己是在幫助秀吉，因為再怎麼說毛利家也算是他的仇人。

惠瓊也因此得到秀吉的信任，並在四國征伐中有出色表現，之後便以僧侶身份直接被拔擢為大名，惠瓊也是唯一一位保有僧侶身份，沒有還俗就成為大名的人。如此一來已經完全脫離毛利家的惠瓊，就以奉行身份嶄露頭角。

但也因為擔任奉行職的關係，所以與石田三成變得很親近，以至於在關原之戰時順應三成心意，說服之前的主軍毛利輝元成為西軍的總大將。

不過由於西軍戰敗，屬於敗軍之將的惠瓊因而遭到逮捕並遭處決，可以說是早一步為豐臣家殉死。

被譽為武士模範的勇敢自刃舉動

清水宗治

■1537年生～1582年歿

秉持對毛利家一貫的忠義，拒絕對方的勸降忠告，最後為了拯救城兵性命，不惜犧牲自己的生命。

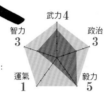

ＰＡＲＡＭＥＴＥＲ

武力 4
智力 3
政治 3
運氣 1
毅力 5

illustration：
藤川純一

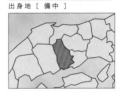

ＮＡＴＩＶＥ ＰＬＡＣＥ
出身地〔 備中 〕

猛將宗治展現對毛利家的忠誠以及對屬下的慈善心

■為了城兵性命而挺身的烈士

以豪族家臣出身而成為毛利家家臣的清水宗治，在與豐臣秀吉對戰的水攻高松城時，因為以悲劇方式結束生命而歷史留名。

身為毛利家家臣的宗治是個深具忠誠、值得信賴的武將，也是在小早川隆景麾下多有戰功的猛將。

然而，宗治所駐守的高松城卻遭到奉織田信長命令，而展開攻略中國的秀吉所攻擊。高松城本身四周被沼田包圍，是個容易守備卻很難進攻的要城。

宗治不顧秀吉的投降勸說，以眾多士兵力拼秀吉並將其擊退，據說還立下成功討伐數百名敵軍的戰果。

然而這樣的勝利，卻促使秀吉改用其他進攻方法，那就是水攻。

秀吉將因梅雨季而水位急速上升的河水，引進快速搭建的堤防中，讓高松城被水淹沒。毛利家的援軍也因為受到秀吉軍的阻擋而無法進入，讓高松城內的所有人飽受饑餓之苦。

但就在此時爆發本能寺之變信長喪命，為了想儘快回到京畿內的秀吉，便與毛利立下和平協議，以城主自己切腹及割讓三國領土的條件，來換得城兵性命，。

而身為毛利家下屬的宗治，如果遭到切腹會讓毛利家面子不保，為了道義宗治決定自刃來拯救城兵。

以如此勇敢悲壯的方式結束生命，這也讓敵方為此讚嘆不已，就連秀吉也稱讚宗治是武士的模範。

伊達家

在奧州嚴苛環境下所培育出的反抗精神

自古就在奧州擁有一定勢力的伊達一族，因為身處具政治中心地的遙遠之地，因而擁有不認同中央命令就勇敢拒絕的氣概。

〈家紋：仙台笹〉
為伊達稙宗母方親戚的上杉氏所贈與，之後成為正式家紋。

伊達家的歷史起源及族譜

■稱霸東北地區卻因內部紛爭而一度勢力衰退

伊達家的始祖是常陸（現今茨城縣）出身的伊達朝宗，據說他是藤原山蔭的子孫，因為1189年參與源賴朝的奧州征伐，因而有功受封伊達郡，並在此時改名為伊達朝宗，伊達家因此正式誕生。

鎌倉時代也在各地擔任領主一職，家族因為有多數分流而繁盛。不過後來因在南北朝動亂時跟隨南朝，所以在室町幕府誕生後便遭到制伏。

因為這樣的背景下，室町幕府在鎌倉設置鎌倉公方，並向第九代政宗要求割讓土地，政宗拒絕後反而擊敗了對方的討伐軍，成功地保有領國。

雖然伊達家也有處理事務的權限，但是當有展開獨自行動的鎌倉府與京都幕府呈現對立後，伊達家與將軍的關係變得更加緊密，到了第十一代持宗時甚至還接受了將軍的偏諱（贈與對方自己名字的一個字）。

提升家格的伊達家到了第十四代－稙宗即就任陸奧（現今東北地區東部）守護職，並與鄰近豪族締結血緣關係擴大勢力範圍，還讓奧州探題職的大崎氏加入麾下，有很明顯的成長。

然而卻因為十五代晴宗與稙宗的爭執，而讓奧州的豪族捲入「天文之亂」，使伊達家的勢力因此一度衰退；直到第十七代的政宗登場，伊達家才又再次繁榮。

【伊達家族譜圖】

戰國時代伊達家的興亡

■即使不以天下為目標還是以大藩身份存活

　　突然進入戰國時代後，伊達家就爆發了長達六年之久的天文之亂，也因為如此麾下的相馬氏、最上氏、蘆名氏諸大名都紛紛獨立，使伊達家需花費一段較長的時間去掌控家中勢力。

　　西元1584年，伊達家與長年對立的相馬氏達成和議，因此得以收復從前伊達家的所有領土。但是到了第十七代當主政宗在位時，發生了與政宗敵對的畠山義繼綁架其父—輝宗的事件，由於輝宗因此喪命，所以政宗與鄰近諸大名的關係一口氣降至冰點。

　　所幸政宗仍成功渡過危機，更因此擴展了勢力範圍；而當時的秀吉已即將統一全國，但政宗依然不願對秀吉表示服從，且還因為被懷疑主導葛西一向一揆，而遭減封為五十八萬石。

　　後來，因在秀吉死後展開的關原之戰中跟隨德川方，使伊達加增至六十二萬石，之後便回到米澤，以仙台藩身份繼續生存。

1580年左右的伊達勢力

1589年左右的伊達勢力

伊達家的對立勢力

豐臣家　`P.46`

以即將統一天下的龐大勢力背景，逼迫伊達家要對自己表示服從。

佐竹家　`P.192`

因為蘆名氏的繼位者問題，而與伊達家出現紛爭，在勝利後便與蘆名氏合併。

相馬家　`P.307`

獨立後多次因為要衝的丸森城與伊達家發生紛爭，而嘗盡苦頭。

伊達家的居城　仙台城

　　仙台城是在得到家康移居許可後，自1600年起花了二年時間搭建而成的。之後稱其為千代城的仙台城是建築在青葉山、位於廣瀨川與斷崖環伺的險峻地形之上，以實用性為取向的居城。雖然也有政宗欲打倒家康奪得天下的說法出現，或許與時代不符的堅固仙台城，也是此說法的根據之一吧！

　　城內大部分建築物都在明治時代都已廢棄，遺留下來的大手門等部分，也都因為戰火而燒毀。近年來開始進入本丸的調查、北面的石垣修復，及大手門脇櫓的復元，本丸遺跡為護國神社，而二之丸遺跡則是東北大學。

SENDAI CASTLE
DATA

仙台城

所在地：宮城縣仙台市青葉區
別名：青葉城
文化區分：國家指定史跡
築城者：伊達政宗
築城年：1600年
構造：連郭式平山城

為了政宗重整了所有舞台

伊達輝宗

■1544年生～1585年歿

雖然在二十二歲就因讓位而繼承家督，但實權還是掌握在父親晴宗及中野宗時等人手裡。輝宗流放獨裁的家臣，重整伊達家後，將統一奧州成為天下霸者的夢想託付與嫡男政宗。

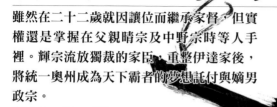

PROFILE

1544年	以伊達晴宗次男身份出生
1564年	迎娶最上義光之女一義姬，由於兄長親隆成為岩城重隆的養子而讓位於輝宗繼承家督
1567年	嫡男政宗出生
1570年	攻打中野宗時居城，宗時投奔相馬氏
1583年	奪回丸森城，並重拾舊領
1584年	與相馬家和解，讓位家督給政宗而隱居
1585年	遭畠山義繼挾持，因為不想成為人質，就命令政宗射擊而與義繼一同死去

illustration：YOJIRO

PARAMETER

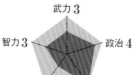

武力3
智力3
政治4
運氣2
毅力5

政治 4
流放囂張的家臣，也重整了自天文之亂以來對立的家臣團。

毅力 5
遭畠山義繼挾持後，下令政宗射殺自己與義繼。

NATIVE PLACE
出身地 [出羽]

156

重建面臨存亡危機的伊達家，並收復失地

■注重政宗的教育

伊達輝宗是奧州獨眼龍－伊達政宗的父親，政宗之所以能成為奧州第一的武將，並且能與豐臣秀吉、德川家康等人匹敵，輝宗的栽培絕對是功不可沒的。

輝宗繼位家督時，伊達家正處於內憂外患之際，由於父親晴宗與祖父稙宗之間的紛爭，而影響到周圍國人眾，因而爆發了歷時六年的「天文之亂」，也因為這樣的內部紛爭，所以稙宗決定隱居，將家督繼位給輝宗，但這時伊達家已疲憊不堪。而晴宗則給予有功的中野宗時、牧野久仲特權，由兩人獨斷負責家內事務。後來，不幸遭到相馬家攻擊，因而失去了不少的領地。

輝宗決心重整伊達家；首先，他以宗時有謀反之意而攻陷其居城，將反輝宗家臣一掃而空，確實掌握實權。對外方面，則是在與蘆名家維持同盟關係的同時，邊與相馬家爭鬥，努力想要收回失地；以相當靈活的手法來重建伊達家。

以重建伊達為目標的輝宗，也對家督繼位者寄予厚望。輝宗非常注重教育，所以還從特別從甲斐請來名僧－虎哉來教導政宗，因此政宗的文化、雅趣教養，或許可算是從小就奠定的基礎。另外，輝宗也積極培育將來會有作為的年輕家臣，以便讓他們以後為政宗有所貢獻，而當時輝宗所相中的就是之後成為政宗最信賴的下屬－片倉小十郎。

■向政宗託付後事走向悲壯的死亡

政宗成人後，分裂的家臣團也在輝宗整頓下統一，在此之前專注於內政的輝宗，也開始對相馬家展開反攻。這時，政宗也在與相馬家的對戰中首次踏上戰場，並跟隨輝宗四處轉戰。政宗在戰場上勇猛的表現讓眾人驚呼不已，漸漸整個奧州都知道「伊達家的政宗」。

輝宗將伊達家的未來命運都壓在政宗身上，在從相馬家奪回所有舊領後，輝元就讓位給政宗繼承家督，此時的輝宗四十一歲，而政宗才十八歲。

不過，就在此時發生了一件事。那就是輝宗的正室妻子－義姬非常溺愛次男小次郎，所以想讓他繼承輝元家業，家中也陸續出現支持小次郎的家臣，就連最上義光也加入攪和，使伊達家面臨一分為二的危機。輝宗深知內部紛爭是愚笨之舉，為了要避免家臣團的分裂，所以才讓自己引退。最後，直到內外問題都解決完畢，不再出現繼位紛爭後，輝元就將舞台交付給政宗，憑藉著親子間的堅固情誼，將自己的想法交接給政宗。

然而，輝宗卻無法親眼見證政宗的偉業，因為輝宗被前來拜訪的畠山義繼給陷害並遭到狹持，輝宗為了不讓自己淪為人質，便命令政宗朝自己射擊，政宗無奈地只能悲痛射殺父親與義繼。沒想到最後等待輝宗的卻是如此悲劇式的結果。

與伊達輝宗關係密切的武將

伊達政宗 `P.160`

輝宗很早就認同政宗的氣度及看好他的可塑性，所以把未來計劃託付於他。

最上義光 `P.190`

為輝宗正室義姬的兄長，當出羽國內爆發義光與最上義守的抗爭時，輝宗決定援助義守，但在義姬的撤兵懇求下，輝宗才罷手。

片倉小十郎

■1557年生〜1615年歿

以劍術師、戰略家身份效力於政宗的智勇兼備軍師，也是秀吉與家康都想得到的人才，但一生中與政宗的深厚關係卻不曾改變過。

illustration：七片藍

ℙROFILE

1557年	以片倉景長次男身份出生
1575年	因為遠藤基信的推薦而成為政宗侍從
1581年	追隨政宗首次上戰場
1585年	與蘆名、佐竹等人在南奧州聯合戰中對決（人取橋合戰）
1589年	在摺上原擊敗蘆名家（摺上原之戰）
1590年	說服政宗參與小田原征伐，對秀吉表現恭順
1602年	成為白石城城主
1615年	因病去世，享年五十九歲

ℙARAMETER

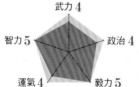

武力 4
智力 5
政治 4
運氣 4
毅力 5

智力 5

在許多必須做出判斷的戰役中及政治面上，多次協助政宗渡過危機。

毅力 5

拒絕秀吉與家康的家臣邀約，從未離開政宗身邊。

ℕATIVE PLACE

出身地 ［ 出羽 ］

自小就與政宗苦樂共享
馳騁於戰國之世的名軍師

■與年輕政宗的深厚情誼

片倉小十郎以伊達家軍師身份，從旁協助伊達政宗，其實他一開始是以侍從身份效力於輝宗，因為才氣過人受到遠藤元基的推舉，而成為幼小政宗的近侍；又因為小十郎也擅長劍術，所以也由他來指導政宗劍術。

在所有的近侍中，政宗似乎與小十郎最合拍，而小十郎也從每次跌倒都能快速站起的政宗身上感覺到可靠性，認為他是能夠跟隨的主君。

但是聰明又才華洋溢的政宗，卻在五歲時感染天花，雖然保住一命，右眼卻不幸失明，且眼珠像是要掉出來一樣。政宗因為自己的醜陋容貌而鬱鬱寡歡，小十郎也認為這樣的外觀會對政宗的未來造成影響，便下定決心向政宗進言表示應要切除右眼，並親自切下政宗快掉落的眼球。由此不難看出他們之間強烈的主從關係。小十郎不但趁機消除了政宗的自卑感，同時也讓兩人結下改變人生的深厚情誼。

當政宗首次上戰場時，小十郎也陪伴在旁，雖然政宗的勇猛令眾人吃驚，但由於政宗過於深入追擊敵軍，導致自己遭敵軍包圍，此時小十郎則大喊：「我才是政宗！」，成功引開敵軍並解救了身陷危機的政宗。之後小十郎就參與政宗主戰的戰役，以政宗參謀身份引領其奪得勝利。

■不顧生死說服政宗參與小田原征伐

政宗人生中最大的危機是出現在豐臣秀吉發起「小田原征伐」之際。當時政宗對於秀吉發出的小田原參戰邀約，決定採取徹底抗戰態度面對，已經做好與居城共生死的打算，許多家臣也支持這樣的決心。但是小十郎認為如果要讓伊達家能夠存續下去，就必須向秀吉伏首稱臣，所以便不顧生死向政宗表示：「太閤的士兵就像蒼蠅一樣，不管追擊幾次，他們都一定會再聚集」，拼命的說服政宗。因為對伊達家來說，北条家是自輝宗時代以來的盟友，所以因而猶豫不決，但聽到了小十郎那讓人豁然開朗的蒼蠅比喻諫言，即使已經有點晚了，但還是決定參戰。

事實上小十郎的才能並非唯有政宗賞識，秀吉在進行奧州分配時，也想拔擢小十郎為大名，並讓他成為自己的直臣，但由於小十郎基於對政宗的忠心，所以堅持拒絕。此外，在一國一城的制式規定下的江戶時代中，家康還特別允許仙台藩能夠擁有政宗的青葉城，及小十郎的白石城兩座城池，看來家康也給予小十郎極高評價。兩位天下人都一致認為小十郎具備成為大名的氣度，但小十郎還是只想成為政宗的軍師。

小十郎這個名字也是繼承自父親之名，歷代片倉家當主都會繼承此名，像是其子一重長就以「鬼之小次郎」稱號為世人所畏懼等。即使時代轉移，「伊達有個片倉小十郎」的讚許還是會永續流傳。

與片倉小十郎關係密切的武將

豐臣秀吉　P.48

秀吉在奧州處置時想要拔擢小十郎，而欲賜與給他三春五萬石領地，但小十郎卻告知秀吉自己對政宗的忠誠不變而斷然拒絕。

伊達政宗　P.160

為了消除政宗的自卑，小十郎以小刀粗略地割下政宗右眼；對將一切事務都交由小十郎處理的政宗而言，小十郎是他絕對信任的對象。

伊達政宗

稱霸奧州的獨眼龍以天下為目標

■1567年生～1636年歿

因為只有單眼視力所以被稱為「奧州的獨眼龍」，身邊有眾多優秀家臣，是智勇兼備並擅長謀略的一流文化人，也是具備足以稱霸天下能力的人物。

PROFILE

1567年	以伊達輝宗長男身份出生
1584年	由於輝宗讓位而繼承家督
1585年	因為輝宗遭畠山義繼挾持，所以同時射殺了兩人
1589年	在摺上原擊敗蘆名而移往黑川城（摺上原之戰）
1590年	因為參與小田原征伐而與秀吉見面
1600年	參與家康的上杉景勝討伐戰
1613年	派遣慶長遣歐使節
1636年	在江戶宅邸去世，享年七十歲

illustration：譽

PARAMETER

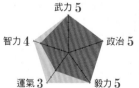

武力5
智力4
政治5
運氣3
毅力5

武力 5
十八歲時繼承家督，只花了六年時間就稱霸南奧州，的確是實力強大。

毅力 5
要與秀吉進行說明時，提出死亡裝扮等想法，讓周圍人士都為此直冒冷汗。

NATIVE PLACE

出身地〔出羽〕

十八歲就繼承家督的單眼年輕人
之後成為馳騁於戰國之世的獨眼龍

■獨眼龍成為奧州霸者

兒時因感染天花而失去右眼，就仿傚中國的獨眼英雄－李克用，因此擁有「獨眼龍」稱號；再加上其獨特的外貌，具備早一步出生或許就能得到天下的卓越能力，是人氣絕頂的戰國武將之一。

人稱伊達政宗是遲來的英雄，他與真田幸村等人同年紀，在織田信長奪得美濃、提倡「天下布武」的那年出生，並在天下勢力底定時首次踏上戰場。

政宗十八歲就繼承家督，二十四歲時在「摺上原之戰」殲滅宿敵－蘆名家，一躍成為奧州最大勢力。等到終於要入侵關東時，秀吉卻展開「小田原征伐」，政宗聽從軍師－片倉小十郎意見，雖對秀吉表示服從，但並非出自真心。之後受命鎮壓舊領－大崎葛西地區，但政宗反而煽動一揆動亂，讓旁人認為政宗做出謀反舉動。結果卻讓蒲生氏鄉拿出其謀反的證據書狀，因此政宗在隊伍前放上貼有黃金的磔刑行刑柱，並一身赴死裝扮前往京都，所幸結果還是得到秀吉的諒解。另外，他也因為被懷疑協助叛臣秀次的謀反而遭牽連。不過，事實上政宗一直都有想要取得天下的想法。

相較於政宗多次向秀吉表明自己的清白，政宗在寫給母親的書信中卻表示：「秀吉就像父親一樣」，看來兩人雖為宿敵，但政宗對於秀吉這個人還是抱持善意。

■獨眼龍造就仙台藩的繁盛

在秀吉死後，政宗的長女－五郎八姬與德川家康六男－忠輝結婚，與家康締結同盟。政宗在關原之戰中以東軍身份參戰，家康也讓政宗加增至四十九萬石，還賜與其「百萬石證書」，雖同盟關係在戰後已廢棄，但家康還是增加政宗自己所攻下的刈田郡領權。

儘管時代已走至德川幕府，但政宗的野心尚未消失，他派遣西班牙使節團前去締結通商條約，雖然最終還是失敗，但此行並非只有締結通商條約，據說也有以打倒幕府達成軍事同盟的目的。不過因為行動失敗，讓政宗放棄了天下之夢。

政宗將此番熱情轉移至領地經營上，積極參與治水灌溉工程，持續累積所得，並修改河川工程，讓稻米能更順利地運送至江戶等，仙台藩就在政宗努力之下順利發展。

政宗也擁有豐富的古典修養，精通茶道、能劇、喜好和歌等，是一名出色的文化人；與秀吉、家康相比，完全是毫不遜色的重要人物。讓人不禁想像，要是政宗能得到天下的話，會是個什麼樣的局面。政宗本人似乎對「奧州探題」地位引以為傲，在與秀吉表明自己立場時，也會強調奧州探題的正當性，這應該就是曾經以奧州探題身份，募集眾多大名、國人加入的那份矜持所致吧！

與伊達政宗關係密切的武將

豐臣秀吉　P.48

遭秀吉懷疑在大崎葛西一揆有支援謀反人士等，政宗經常有會讓自己產生危機的表現，但秀吉卻能允許他的這些舉動，就是想要政宗臣服於己。

德川家康　P.76

家康擔任秀吉政權的牽線人與溝通橋樑，對政宗也有所幫助，不過似乎是對政宗的能力感到不安，所以總不忘對他有所牽制。

引領政宗走向勝利的同門猛將

伊達成實

■1568年生～1646年歿

幫助政宗從「人取橋之戰」中脫困、成為「摺上原之戰」逆轉的關鍵人物等，在以政宗為主的戰役中都有出色表現。

illustration：YOJIRO

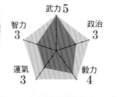

PARAMETER

武力5
智力3　政治3
運氣3　毅力4

NATIVE PLACE

出身地〔出羽〕

以政宗參謀身份在戰場上衝鋒陷陣的年輕猛將

■在人取橋之戰解救政宗的危機

小伊達政宗一歲的伊達成實，是以武藝協助伊達家的實力者。在頭盔上放上代表「絕對不後退」的蜈蚣模型，還公開宣示自己是勇武無雙；因成實的武藝自信陸續參與政宗的奧州鎮壓，立下許多戰功。

在與蘆名、佐竹連合軍對戰的「人取橋之戰」中，政宗身受五槍、人數出於劣勢的伊達軍戰線崩毀，眼看就要戰敗，但就在此時成實從敵軍側面進攻，這位有衝勁十足瘋狂的十八歲年輕武士，讓蘆名、佐竹連合軍都退避三分，並讓即將潰散的伊達軍得以起死回生，更因為成實解救成功幫助政宗脫離險境。

■一度出走但還是回歸擔負重任

當豐臣秀吉提出小田原參戰要求時，成實也和政宗一樣主張要徹底對抗，可是政宗最後還是被片倉小十郎說服，臣服於秀吉。堅持要積極反抗的態度，的確很符合血氣方剛的成實性格。對政宗而言，成實就是那股想要得到天下的熱情象徵。

不過，後來成實卻突然離開政宗麾下，雖然理由和去處都不清楚，但在關原之戰爆發時，成實拒絕了上杉景勝和德川家康的邀約，而是答應片倉小十郎的說服，重新回到伊達家。又到了政宗奪得天下的好時機－或許成實就是抱持這樣的想法回來吧！成實回歸陣營後，也在與幕府的外交上擔負重任，並效力於二代的忠宗，晚年則在江戶商討軍事意見。

伊達家最強的政治官

鬼庭綱元

■1549年生～1640年歿

得到政宗信賴而擔任奉行的優秀政治官，在戰場上負責補給及兵站工作，其出色手法也受到秀吉青睞。

illustration：YOJIRO

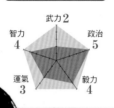

PARAMETER

武力 2
政治 5
毅力 4
運氣 3
智力 4

NATIVE PLACE

出身地〔出羽〕

以奉行及後方支援身份協助政宗的伊達三傑之一

■獲得政宗十足信賴的奉行

伊達政宗家臣團中，特別優秀的片倉小十郎、伊達成實和鬼庭綱元三人，被稱作是「伊達三傑」。小十郎及成實都是耳熟能詳的人物，但應該有許多人不清楚綱元的來歷。其他兩人有許多活躍於戰場上、軍略和武藝的有名故事，而沒有以武藝立下戰功的綱元，則是以政治家身份協助政宗。擔任奉行的綱元在內政上發揮實力、在戰場負責後方補給工作等，因此深獲政宗的信任。

鬼庭家是效力於伊達家的歷代家臣，綱元與父親良直一同參與「人取橋之戰」，但由於良直當時已是七十三歲高齡，所以沒有穿上盔甲，而是戴上縫有水色錦緞的黃帽，並揮舞竹槍，激勵在人數上處於劣勢的伊達軍。最後擔任殿軍的良直戰死，而綱元也因此繼承家督。

綱元在三十八歲時被任命為奉行，能夠從眾多老臣中受到拔擢，不難看出綱元內政能力相當優秀。

在秀吉的奧州分配過後，大崎葛西地方爆發大規模的一揆行動，因為蒲生氏鄉之舉，而讓政宗有在暗中煽動一揆的嫌疑，為此綱元即前往京都向秀吉做出辯解。秀吉因此對綱元的才能相當欣賞，雖然想要賞賜其領地，但受到綱元斷然拒絕，不過秀吉最後還是將愛妾－香之前贈與綱元。

然而，綱元卻因為無故受贈而激怒政宗，便下令綱元減俸並隱居，但綱元不能接受此等處分，於是選擇離開伊達家。直到五年後獲得回歸允許，才又再度擔任奉行一職，成為伊達家內政上不可或缺的政治官。

illustration：
YOJIRO

人稱伊達者的年輕勇將

原田宗時

■1565年生～1593年歿

因為對自己的年輕及武藝有自信，便將後藤信康視為競爭者，向對方提出一決高下的邀約，最後卻和解而成為好友。

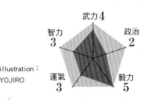

PARAMETER

武力 4
智力 3
政治 2
運氣 3
毅力 5

NATIVE PLACE

出身地〔出羽〕

因為文祿之役而讓京內民眾驚嘆，而被稱為「伊達者」

■年輕武士獲得好友

所謂的新潮裝扮伊達者、伊達男，其名稱起源就是來自於原田宗時。十八歲時就效力於伊達家的宗時，因為武藝出眾而逐漸嶄露頭角。

在當時的家臣團中，比宗時大九歲的後藤信康的評價極高，於是宗時便對比自己更受好評的信康產生嫉妒之情。又加上，當時宗時將自己的部下送入蘆名家，希望能有個內應者，但由於部下反叛，所以計策失敗。聽聞信康嘲笑此事的宗時便怒氣攻心，想要去揍信康一頓。但信康卻回答：「我可以接受決鬥，但不希望是為了伊達家而爭鬥」，這番道理讓宗時瞭解到自己的不成熟，同時也很敬佩信康的度量。而信康也很欣賞宗時直爽的性格，因此兩人反而成為好朋友。

■讓京畿民眾為之驚嘆的伊達者

在秀吉「朝鮮出兵」之際，京畿的出征儀式上，伊達政宗是以第三軍陣身份行軍，京內民眾都很好奇，能讓關白秀吉都佩服不已的政宗年輕武士軍是什麼模樣。

步兵頭戴有金色棒柱的頭盔，黑色防護衣上佩帶紅色的刀等，在這樣裝扮的伊達軍中，宗時是最引人注目的一位。他所乘坐的駿馬身上披著豹紋馬盔甲，除了配戴有金色大刀，還背著一把長達2.7公尺的長刀。京內民眾看到宗實的勇姿，還不斷讚嘆「不愧是伊達者」。

但是渡海出征的宗時，卻因此病倒了，雖然之後回到對馬，但不久後還是撒手人寰。據說信康在聽聞如同自己弟弟般的好友死訊後，也不禁落下男兒淚，而宗時所遺留的長太刀也交由信康保管。

以遣歐使節身份前往西班牙
支倉常長
■1571年生～1622年歿

搭上應該會到來的政宗天下之夢列車，以遣歐使節團的大使身份，出發前往墨西哥與西班牙。

illustration：
中山KESHO

PARAMETER

武力 2
政治 3
毅力 5
運氣 2
智力 4

NATIVE PLACE
出身地［陸奧］

為了與西班牙締結通商條約，率領遣歐使節的團長

■政宗的野心轉往海外

江戶幕府設立後，伊達政宗指派遣歐使節團前往西班牙，而其中的大使就是支倉常長。常長到羅馬時還被當作是貴族，受到列隊歡迎。

一開始家康希望能開啟與墨西哥之間的通商，但由於建造的船隻觸礁，計劃被迫中斷。對此感到困擾的天主教會傳教士－索鐵羅（Luis Sotelo），便向政宗提出派遣使節團前來建造船隻的要求。雖然說在關原之戰後德川幕府成立，但政宗並未放棄取得天下的野心。於是他便趁此時機，與欲掌管世界海權的西班牙通商。締結軍事同盟對政宗而言，等於又朝天下邁進一大步，而常長就是執行此重要任務的最佳人選。然而，為何會選擇常長呢？雖然不瞭解明確的理由，但政宗的確是選了一個擅長協議的人來負責此次任務。

■前往西班牙不斷協議

常長的遣歐使節團所搭乘的施洗者約翰號（St. John the Baptist），帶著政宗的野心出港。雖然越過太平洋成功到達墨西哥，但卻遭對方懷疑非正式使節，導致通商協議破局。

不過常長卻仍未放棄，為了政宗的天下之夢，他越過大西洋前往西班牙，得到西班牙國王的接見，雖然有告知對方政宗為奧州之王，但也不被對方認可。之後常長又前往義大利與天主教的羅馬教皇會面，尋求一絲起死回生機會，但努力終究白費，還是無法達成與西班牙的通商條約。回國後的常長受政宗之命棄教，然後就帶著失落心情，落寞地離開人世。

不過，昌長長達七年時間的出航，仍被世人看作是日本的海洋交通史的偉業，而傳頌於後世。

長宗我部家

以中國大陸為起源的四國霸者

從中國大陸渡海而來，以秦氏為祖先的長宗我部家，雖然曾沒落但也恢復聲勢成功統一四國。即使最終宗家血脈斷絕，但仍是認真以天下為目標的實力者。

〈家紋：七鳩酢草〉

鳩酢草是十大家紋之一，特徵就在於七片樹葉。

長宗我部家的歷史起源及族譜

■眼看就要沒落但卻靠著毅力復甦

長宗我部的起源是中國秦朝始皇帝為祖先的秦氏，其中一支來到山城與信濃地區後，在第二十六世的能俊當家時進入土佐的長岡郡宗我部鄉為開端，以當時地名的「宗我部氏」來改姓，但由於香美郡已經有名為宗我部氏的一族，所以就再加上郡名的一個字作區分，長宗我部家因而誕生。

基本上，秦氏在古代算是歸化中最具勢力的氏族，勢力範圍從東部的常陸（現今茨城縣）到達西部北九州的筑紫（福岡縣），展現出家族榮景。

而進入長岡郡的長宗我部家移居岡豐郡後，在南北朝動亂時加入細川氏麾下，並於與細川氏頗有淵源的吸江庵擔任寺奉行一職。

長宗我部家以細川氏的權威為背景，集結附近當地的豪族發展自己的勢力，但卻在第十三代－兼綱當家時，因為不明原因領地遭到削減，到了十七代－元門當家時，卻又因為主家紛爭而失去寺奉行一職，走上一條不算平坦的道路。

所幸到了第十九代－兼序當家時，又累積了一定的權勢，不過此時又受到細川家影響而衰退，加上面臨附近當地豪族的逆襲，最終因岡豐城遭攻陷而戰死。眼看長宗我部家就要這樣沒落下去時，這時第二十代的國親逃往至頗有交情的一条氏據點，並受到當主－一条房家的庇蔭而順利成長，十年之後因緣際會下才又拿回原本領地，並回到岡豐城再次恢復家族勢力。

【長宗我部家族譜圖】

❶長宗我部能俊－❷俊宗－❸忠俊－❹重氏－❺氏幸

❻滿幸－❼兼光－❽重俊－❾重高－❿重家

⓫信能－⓬兼能－⓭兼綱－⓮能重－⓯元親

⓰文兼－⓱元門－⓲雄親－⓳兼序－⓴國親

㉑元親─┬信親
　　　　├親和
　　　　├親忠
　　　　└㉒盛親

戰國時代長宗我部家的興亡

■即便統一四國最後宗家還是斷絕

　　因為國親順利回鄉再興的長宗我部家，在經過十五年以上的勢力累積後，終於找回失去的舊有領地。但就在與殲滅兼序的本山氏開戰之時，國親卻因為生病突然過世，改由繼承父親家業的第二十一代－元親完成土佐的統一。

　　當元親準備展開四國攻略時，因為要協助關係良好的本州其他勢力而進行攻略，最後等到終於統一後，卻又面臨到秀吉即將要取得天下的局勢。元親選擇與秀吉討伐軍對戰，不過仍因實力懸殊過多而投降，但也因此保有土佐一國領權。

　　但就在九州征伐中長男戰死，四男盛親成為繼位者後，長宗我部家的命運就急轉直下。

　　關原之戰中加入西軍之列的盛親，因為被懷疑與東軍私通，導致兄長親忠遭到殺害。接著，盛親在「大阪之陣」時加入豐臣方，又再次與家康敵對，並因戰敗導致宗家斷絕。

1569年左右的長宗我部勢力

1885年左右的長宗我部勢力

長宗我部家的對立勢力

織田家　　P.12

計劃鎮壓四國的三好氏，所以與長宗我部家對立。

豐臣家　　P.46

以四國征伐作為統一天下的其中一個環節，讓長宗我部舉白旗投降。

本山家

集結對長宗我部不滿的豪族，並攻陷岡豐城。

長宗我部家的居城　岡豐城

　　作為長宗我部家總據點的城池是岡豐城，雖不清楚確切築城年份，但因為第十九代－兼序是在1508年戰死，所以可以確定是在那之前所建造的。

　　岡豐城座落於山頂、周圍有四段式的主郭，下方斜面則有橫向溝渠、土壘和堅渠等，是座非常堅固的居城。

　　自1985年起的五年間，總共進行了六次的挖掘調查，有許多能夠辨別年代的磚瓦等建材出土，所以能肯定在國親與元親的年代的居城機能已很完備。

　　調查後也進行了史跡的整頓行動，雖然被指定為國家史跡，但從2008年後就被歸類至其他類別。

OKOH CASTLE
DATA

岡豐城

所在地：高知縣南國市
別名：－
文化區分：國家指定史跡
築城者：長宗我部氏
築城年：不明
構造：連郭式山城

統一四國的風雲人物

長宗我部元親

■1539年生～1599年歿

原為土佐的小城主，後來成為統一四國的
名將，即便在秀吉大軍面前遭阻斷天下之
路，但依然是戰國之世威風凜凜的英雄。

PROFILE

1539年	以長宗我部國親的長男身份出生
1560年	首次征戰就手持以竹槍立下戰功（長濱之戰）
同年	國親突然過世而繼承家督
1574年	流放一条兼定並統一土佐
1585年	統一四國，但遭受秀吉軍攻擊而投降
1586年	秀吉的九州攻略後出征至豐後，但由於軍監仙石秀久的過失而戰敗，信親因而戰死（戶次川之戰）
1599年	於伏見宅邸因病去世

illustration：樋口一尉

PARAMETER

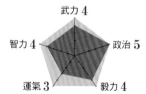

武力 4
智力 4　　政治 5
運氣 3　　毅力 4

武力 4
因軟弱遭揶揄是「姬若子*」，但在首次征戰時持竹槍勇敢奮戰。
*比喻年輕而柔弱的姿態。

政治 5
平常就會為家臣與人民著想，並制定「長宗我部元親百法條」。

NATIVE PLACE

出身地〔土佐〕

很晚才首次出征的猛將覺醒
在牽制秀吉的同時稱霸四國

■從軟弱的姬若子搖身一變為猛將

肩負統一四國任務而出生的長宗我部元親，從一名盼望復興宗家的小領主到統一土佐，最後更將勢力延伸到整個四國。

小時候的元親雖然長很高，但因為皮膚白又很安靜，所以看起來很軟弱，被批評是「姬若子」，這一點也讓父親長宗我部國親感到苦惱，因此元親在二十二歲時才首次踏上戰場，比起其他的戰國武將晚了好幾年。

在首次出征時，元親還向家臣請教竹槍的使用方式、與大將的對戰心得，家臣們便傳授其：「竹槍要瞄準敵人的眼睛與鼻子，並且不能過於畏懼」。雖然元親是毫無對戰經驗的人，但是一踏上戰場，元親就確實地發揮實力，以精彩的表現獲得勝利。而元親的勇猛對戰表現，也讓國親和家臣們大感驚喜，相信已經沒有「姬若子」的怯懦，而是展現出「鬼若子」的天賦。

元親在首征過後不久即繼承家督，好像在趕進度彌補遲來的一切，僅花了八年時間就統一土佐。

有一次家臣問元親：「為何不以四國統一為目標？」，他回答：「為了要讓家臣得到足夠的賞賜、讓家族能夠過著安穩的生活，土佐還有需要進步的空間」，元親總是以家臣及家族的感受為優先考量。同時，在切斷敵人糧食補給路線時，也會先將一半的收割稻麥發送給人民，讓人看見元親不忘為領民著想善良的一面。

雖然元親順利統一四國，但他還是不得不向擁有十一萬大軍的豐臣方投降，才能因此保有土佐的安全。有一次在聚樂第的宴會上，秀吉問他：「之後的目標是成為四國霸者，還是要取得天下？」，元親回答：「要取得天下」，在天下人面前元親也展現出無所畏懼的氣魄。

■嫡男之死導致夢想破碎

因為受到秀吉之邀，元親以先鋒身份參與了九州攻略，並與嫡男－長宗我部信親一同前往救援大友氏。當時元親因為對軍監仙石秀久過於輕率的進軍策略而感到憂心，就向秀久進言表示行動的不妥之處，但秀久仍堅持舉兵，結果遭到精銳的島津軍的強力攻擊而戰敗逃亡。就在此時元親遭遇到無法預期的悲劇……，那就是信親在戰亂中戰死的事實。對信親的將來抱有極大期望的元親，因為打擊太大，甚至還因此自殺了結，所幸被家臣給勸阻。另一方面，秀吉也對元親遭遇表示同情，便提議將大隅國交給他治理，但元親回絕了。在失去信親的同時，元親不但失去了野心還因此性格大變，不顧旁人的反對，堅持要指名四男盛親為繼位者，甚至還殺害了持反對意見的家臣。

這位四國名將是比起名譽更疼愛兒子的父親，這樣親情流露的人性表現，或許就是元親的魅力所在。

與長宗我部元親關係密切的武將

明智光秀　P.16

光秀是織田信長與元親之間，擔任溝通角色的人。而光秀重臣－齋藤利三的妹妹正是元親的正室妻子，所以有一說認為本能寺之變與元親有所關聯。

豐臣秀吉　P.48

在四國攻略後，元親成為豐臣麾下大名，並參與無數戰役。在小田原征伐率領水軍時，還運送了一隻巨大鯨魚進入大阪城，讓秀吉大為吃驚。

為了重振家風而持續奮戰到最後

長宗我部盛親

■1575年生～1615年歿

由於兄長信親戰死沙場而繼承家督，但又因為繼位者問題導致家中混亂，盛親繼承家督不到一年就遭撤換，一生風波不斷。

PROFILE

1575年	以長宗我部元親四男身份出生
1588年	元親指名為繼位者，並迎娶信親之女為正室
1597年	制定長宗我部百法條
1599年	元親死去繼承家督
1600年	被迫加入西軍但卻戰敗（關原之戰），之後土佐被沒收而遭撤職
1614年	受豐臣秀賴之邀進入大阪城
1615年	率領主力部隊奮戰卻敗北（大阪夏之陣），在六条河原遭斬首

illustration：海老原英明

PARAMETER

武力 4
智力 3
政治 3
運氣 2
毅力 5

毅力 5
為了重振家族氣勢在「大阪夏之陣」奮戰，敗戰後也繼續思考該如何讓家族延續。

運氣 2
在關原之戰受妨礙而沒有緊追東軍，導致之後遭撤職。

NATIVE PLACE

出身地〔土佐〕

突然繼承家督但又遭撤職
盼藉由「大阪夏之陣」重振家族

■由於元親的強行指定而成為繼位者

長宗我部盛親是長宗我部元親的四男，因受父親指名而繼承家督。盛親有一百八十公分高，是位長相勇猛的武將。雖然盛親成為繼位者時才十二歲，不過也就是因為年紀小，才會讓他成為繼位者。

自從元親嫡男－信親在「戶次川之戰」中戰死後，元親就顯得失魂落魄。原本應該是由次男的香川親和，以及三男的津野親忠作為長宗我部家的繼位人選，但元親卻不顧旁人的反對，堅持指名盛親為家督繼位者。其實從兩位兄長的姓氏，就能看出他們原本就已經決定要繼承其他家族了，再加上為了讓繼位人選與元親最疼愛的信親之女結婚，盛親就是年紀最符合的一位。

雖然過程曲折，但被選為繼承人的盛親，還是與父親一同參與「小田原征伐」和「朝鮮出兵」，並制定了「長宗我部元親百法條」。盛親在父親的提拔下，也立下不少實績，逐漸成長的盛親不僅長得高大勇壯，也具備父親及兄長的那份威嚴。

■繼承家督一年後遭撤職

雖然在關原之戰中原是加入東軍行列，但由於遭到西軍阻礙，不得已只好加入西軍陣營。後來，在沒有對戰機會的情況下戰敗，使土佐領權也因此遭沒收，並遭到撤職。這一切發生於盛親只繼承家督的一年後。

之後盛親雖然創辦教學設施，但還是過著家臣提供金援的生活；盛親再次現身於歷史

舞台時，是受豐臣秀賴之邀進入大阪城之際，也正是德川與豐臣即將對決的時刻。對此盛親提出以土佐一國為獎賞的參戰請求，因為即使生活在山野之中，他還是抱持著重振家風的大志，而此時機會終於來臨。

在「大阪之陣」中，盛親與木村重成共同擔任主力，並與藤堂高虎展開激戰，原本只差一步就能擊潰敵軍，但因井伊直孝的援軍攻勢而敗陣。此時認為豐臣軍毫無勝算的盛親，為了能夠再起而決定逃亡，但卻在躲藏處遭到逮捕。在仲裁庭上，盛親直言表示家康方的直孝為戰功第一的人選，並認為當時因自己的大膽、輕忽而導致失敗，相信若不失敗的話，應該有獲勝的可能。家康士兵質問盛親為何不自刃？他回答：「只要讓我保有性命和右手，我有自信能讓家康和秀忠再登上高峰。」

為了讓長宗我部家的勢力再起，盛親丟棄了武士的尊嚴，不管要吃多少苦，他都不會就此放棄，這就是盛親的武士精神。雖然盛親甚至提出以出家為條件，希望對方能放條生路，但由於家康已看穿盛親心中的意向，當然沒有理由讓他存活。但是據說在盛親得知自己將要被斬首後，仍表現的毫無畏懼。

與長宗我部盛親關係密切的武將

豐臣秀賴　P.68

因為無法避免與家康對戰，便召集下鄉的盛親回大阪城，而盛親也抱持起死回生的想法，期望能以戰功換回土佐一國。

井伊直政　P.80

關原之戰後透過有交情的直政，與家康和平協議，但由於直政去世，雙方溝通受阻而遭撤職。

從旁協助兄長元親的名軍師

香宗我部親泰

■1543年生～1593年歿

元親的第三個弟弟，是擅長外交及謀略的長宗我部家軍師，雖然有精湛的率軍技術，但卻因為生病而突然過世。

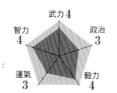

PARAMETER

武力 4
政治 3
智力 4
毅力 4
運氣 3

NATIVE PLACE

出身地 [土佐]

illustration：
米谷尚展

在軍事與外交兩方面協助元親，對四國統一做出貢獻

■確實執行元親的軍事戰略

香宗我部親泰是統一四國的風雲人物，也是長宗我部元親的軍師、親弟弟。姓氏之所以不同，是因為親泰為了繼承家督，而成為土佐名門－香宗我部親秀的養子。

但是親泰在繼承家督的過程中並不順利，因為親秀之弟－秀通並不認同親泰的養子身份，所以親秀為了避免發生家中紛爭，就暗殺了弟弟。

繼承家督後的親泰，成功凝聚了已動搖的家臣團向心力，也因為親泰治理得宜，讓家中團結一致。而當元親開始展開統一土佐的行動時，親泰也跟著兄長到處征戰。

親泰率領主力部隊擊潰三好家知名的四國最大精銳部隊的「鬼之十河」，立下不少戰功。另外，還有因為成功交涉，而讓敵方開城等軟性戰略也令人印象深刻。

在外交方面親泰也大展長才。他順利透過明智光秀與織田信長進行溝通，並在安土城直接與信長見面。雖然信長對元親沒有很高的評價，但是親泰仍成功得到信長的承諾。

不久，當元親的四國鎮壓進入最後階段時，親泰就負責與柴田勝家、德川家康以及織田信雄進行協商。就是為了在「賤岳之戰」、「小牧長久手之戰」建立起反豐臣秀吉體制，而與這些人進行交涉。但也是因為親泰那積極明快的政治手腕，明確表現出要與秀吉對戰的態度，讓秀吉展開四國征伐的原因。雖然最後遭到秀吉降伏，除了土佐一國都全遭沒收，但親泰的外交手腕依然獲得極高的評價。

然而，親泰卻在1593年前往中國大陸的途中在長門突然過世。如果親泰還在世的話，相信就不會導致長宗我部家在關原之戰的失態表現，他的離開對長宗我部家而言，真的是莫大的損失。

172

在外交上拯救元親的神官
谷忠澄

■1534年生～1600年歿

在秀吉的四國討伐時，成功說服原本決定徹底抗戰的元親，而願意向秀吉投降，成功拯救長宗我部家免於走上滅亡一途。

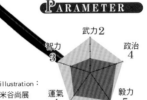

PARAMETER

武力2
政治4
智力3
毅力5
運氣4

illustration：
米谷尚展

NATIVE PLACE

出身地 [土佐]

賭上性命讓元親免於滅亡的忠義之士

■受元親賞識而成為家臣

原本在土佐神社擔任神官的谷忠澄，因為受到長宗我部元親的賞識而成為家臣。雖然以他這樣踏入仕途的方式非常少見，但他卻讓世人見識到不輸給其他將士的勇敢行為。

當秀吉展開四國征伐後，忠澄基於秀吉軍都是屬於征戰多次的精兵，再加上雙方戰力上的差距，因此做出就算對戰也毫無勝算的判斷；不過當時家中清一色都是抱持對戰想法，因此，即使忠澄向元親進言應該投降，但意見還是遭到否決。

當對決正式展開時，忠澄則是在最前線的阿波一宮進行封鎖，奮力抵擋豐臣秀長所率領的大軍攻勢。剛好秀長也在此時提出暫時停戰的提議，抱持和平心態的忠澄，就趁此機會再次說服元親。由於忠澄已實際參與戰場，意見較具說服力，加上重臣們也都被忠澄的想法打動，所以家中意見傾向投降。只是元親還是堅持己見，甚至還下令要忠澄切

腹，決心要抗戰到底。不過忠澄並不因此放棄，他花了三天三夜說服所有重臣，以此向元親提出懇求，最後元親才勉為其難地接受。忠澄的這舉動成功的讓長宗我部家免於走向滅亡之路。

另外還有一個忠澄不顧生死的忠義事蹟。在「戶次川之戰」中長宗我部信親戰死後，元親便顯得失魂落魄，以極度悲痛的心情過活，甚至想結束生命。元親更向忠澄表示，希望至少能將信親的遺體帶回。深知元親心中悲痛的忠澄，便在對戰中不顧生死，朝島津軍陣前進。而忠澄的勇氣與誠意也打動了敵將－新納忠元，於是忠元便將信親的遺體火葬，並由僧侶交給忠澄。忠澄順利將信親遺骸帶回的舉動，對元親而言簡直是莫大的救贖啊！

illustration：
米谷尚展

構想出農兵制度的參謀
吉田孝賴

■1496年生～1563年歿

要說到長宗我部軍的厲害之處，就不得不提到孝賴；他所構思名為「一領具足」的農兵制度，成功地引領元親進行四國統一。

PARAMETER

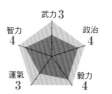

武力3
政治4
毅力4
運氣3
智力4

NATIVE PLACE

出身地〔土佐〕

對元親的四國統一有所貢獻的智勇兼備武將

■從旁協助國親、元親父子二代

　　吉田孝賴是從國親主政時，即跟隨長宗我部家的家臣，也是擅於謀略、經驗老道的參謀。

　　孝賴在效力於國親時，長宗我部家遭至本山茂宗等周圍領主攻擊，甚至連父親兼次都被迫自刃。對於一心想再起的國親而言，智勇兼備的孝賴是個很重要的存在人物，他甚至將自己的妹妹許配給孝賴。而在國親順利奪回岡豐城後，孝賴也繼續從旁協助國親拓展勢力範圍。

　　不過由於孝賴反對國親之女與香宗我部秀義的婚事，並讓其女嫁給本山茂辰，這個舉動激怒了秀義，且不惜舉兵討伐國親。後來孝賴以出家方式謝罪，所以秀義怒氣轉向茂辰，兩家發展成敵對關係，但不久後兩家的勢力都漸漸式微。

　　國親死後，元親繼位家督後，孝賴仍以參謀身份提供年輕主君意見。

■提高四國統一機率的一領具足制度

　　據說孝賴就是建立起長宗我部軍的「一領具足」制度的人。所謂的一領具足，就是指平常耕田，但若農閒期、對戰期來臨時，農民就必須參戰的制度。元親不但將其組織化並善用其能力，而他們也在四國統一的行動中，扮演極為關鍵的角色。不過也由於農民們的裝備過於老舊，無法抵擋豐臣秀吉軍隊的砲彈等激烈攻擊，最終被迫投降。

　　但在長宗我部家被撤職後，其制度還是擁有堅固的凝聚力；就在山內一豐進入土佐時，長宗我部的遺臣還封鎖浦戶城做出抵抗。這些人都是出身卑微的農村武士，但卻勇敢與山內家的家臣上土對立。就連在幕府末期，也出現許多農村武士的志士，想必孝賴本人也料想不到，自己會為之後的歷史帶來如此大的影響。

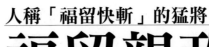

人稱「福留快斬」的猛將

福留親政

■1511年生～1577年歿

由於自身的勇敢果斷而立下不少戰功，甚至還得到元親的「親」字贈與，獲得主君深厚的信賴感。

PARAMETER

武力 4
智力 3
政治 3
運氣 3
毅力 5

illustration：
米谷尚展

NATIVE PLACE

出身地〔土佐〕

得到元親深厚信賴的長宗我部家一介猛將

■元親不在時孤軍奮戰

獲得長宗我部元親致贈「親」字的福留親政，他是長宗我部家以勇猛出名的家臣。

當長宗我部軍攻打本山時，安藝國虎便趁機進攻；而駐守城內的親政在多數的敵軍面前，仍毫不畏懼斬殺敵軍。他在此時斬殺的人數在《土佐物語》記載是二十人，但在《元親記》則為三十七人，不管哪個才是正確數字，一個人居然能夠連續斬殺如此多人，實在讓人大呼不可思議，猜想親政在斬殺敵軍時應該是快如鬼神吧！由此他也得到「福留快斬」的美名，連敵軍都不禁稱讚其能力。

親政也因為這次出色的表現，在武藝上得到元親的信任，並贈予他多達二十一張感謝狀，接著更讓親政擔任元親寄與厚望的嫡男－長宗我部信親的護衛。

■死後由子儀重繼續輔佐元親

在元親的四國稱霸漸入佳境的伊予遠征中，由親政擔任先鋒，不過奮戰到最後仍戰死。在未見證元親統一四國就倒下，親政心中想必充滿悔恨。

親政有一個武藝不輸給自己、且相當精湛的兒子－儀重。他也是個首屈一指的猛將，立下卓越軍功，並代替父親繼續協助元親統一四國。據說有次元親沒有遵守禁酒令還偷偷把酒瓶帶回，看見酒瓶的儀重便將酒瓶敲碎並以此向元親提出諫言。

儀重不只在戰場上立功，也會以諫言方式輔佐元親。然而雖然父子都是盡忠職守的武將，但儀重卻在「戶次川之戰」中，與信親一同戰死。不僅失去信親又連帶喪失像儀重這樣不可多得的家臣，不難得知這對元親而言是多麼沉痛的打擊。

島津家

解決內部紛爭展現繁景的九州霸者

雖然是從早期就擁有廣大領國的島津家，但由於家族紛爭不斷，需要許多時間修復家中凝聚力，而這也被視為其無法完全稱霸九州的要因。

〈家紋：圓形內十字紋〉

據說圓形內的十字是由「兩條龍」變化而來。

島津家的歷史起源及族譜

■廣大莊園的莊官而成為守護大名

島津家起源於中國秦朝始皇帝為祖先的其中一支－惟宗氏，後來追隨屬於藤原氏一門的近衛氏，並就任近衛家莊園島津莊的莊官。之後被源賴朝任命為總領主的惟宗忠久就以莊園名的島津為名，島津氏就此誕生。

島津莊是橫跨日向（現今宮崎縣）、大隅（現今鹿兒島縣東部）、薩摩（現今鹿兒島縣西部）的日本最大規模莊園，忠久也在之後被任命為此三國的守護職。西元1203年爆發掌權的北条氏欲抵制源氏將軍的亂事，島津的三國守護因而職遭解職，後來也只恢復薩摩的守護職。在討幕運動展開之際，島津家大力協助足利尊氏，到了島津貞久當家時，即已順利恢復大隅和日向的守護職。

然而，就在貞久將薩摩與大隅分別交由三男－師久與四男－氏久管理時產生了內部紛爭，師久的家系更因此斷絕。而原本島津家的總據點在大隅，後來也因為氏久家系的勝利，所以日後改以薩摩為總據點。

廣大的領地問題讓島津不斷產生紛爭，從忠昌的自殺開始島津家便走向凋零，到了勝久當家時，勢力已經完全弱化。因此，勝久一心想要成為分家的薩州家家督，並同時向同是分家的伊作家－忠久、貴久父子求援，之後貴久便成為勝久養子，並成為當主讓島津家得以起死回生。

【島津家族譜圖】

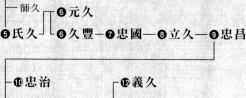

戰國時代島津家的興亡

■即便沒有統一九州仍是薩摩之祖

貴久成為當主後，家中紛爭才終於落幕的島津家，在次代－義久當家時勢力範圍便快速地成長。

由於當時擔任日向守護職的伊東氏與島津氏的抗爭相當激烈，而趁著島津家當主移交時展開攻擊的伊東氏大軍，卻在「木崎原之戰」中遭島津軍擊敗。大敗後的伊東氏陸續出現反叛者，最後當主還得仰賴在北九州有勢力的大友氏來協助逃亡。

另一方面，島津軍也與南下的大友軍爆發「耳川之戰」，這次的戰役島津軍拿下未曾有過的大勝，大友氏勢力大大衰退。因此，島津家開始認真地進行北上行動，而大友氏則加入當時為關白的豐臣秀吉麾下。島津家不顧秀吉的停戰命令，依然拿下九州大半領土，後來因「九州征伐」軍的攻擊而降伏，不過還是保有薩摩、大隅和日向三國領權。

在關原之戰時以西軍身份上戰場，最終與德川家康達成和解並創立薩摩藩。

1560年左右的島津勢力

1586年左右的島津勢力

島津家的對立勢力

豐臣家　　P.46

由於島津家沒有遵守停戰令，所以下令二十萬大軍展開攻擊。

大友家　　P.292

應伊東氏之邀展開南下計劃，但卻敗北使勢力衰退。

伊東家　　P.319

代替因內部紛爭而動搖的島津家成為日向守護，並入侵島津領地。

島津家的居城　鹿兒島城

以島津家居城聞名的鹿兒島城，是由島津忠恒在城山所建築的城池。從1061年開始搭建，花了十年時間才完成，延伸自中世以來的簡樸場館風格，在本丸及二之丸以連郭方式並列；高塔不具監視作用，算是城池的防衛據點功能很不足的居城，但因為島津家已經在周圍支城建立起防止敵軍進攻的陣形，所以本城並不需要作為要塞使用。

雖然在1696年一度燒毀，之後在1707年重建，但是到了1873年又再次燒毀，後來就沒有再重建的計劃。現在只剩下石垣和水溝等遺跡，本丸遺址現場則是作為鹿兒島縣歷史資料中心－黎明館使用，而二之丸遺址則是縣立圖書館。

KAGOSHIMA CASTLE
DATA

鹿兒島城

所在地：鹿兒島縣鹿兒島市
別名：鶴丸城
文化區分：縣指定史跡
築城者：島津忠恒（家久）
築城年：1601年
構造：平山城

177

冷靜應對的大將典範

島津義久

■1533年生～1611年歿

建立九州最大勢力的島津家大將，差一步
就能達成九州稱霸的野心，可惜最後還是
屈服在豐臣政權壓力之下的悲情大名。

PROFILE

1566年	繼承島津家家督
1572年	統一薩摩、大隈、日向三州
1578年	在與大友家決戰的「耳川之戰」中獲勝
1584年	因為在「沖田畷之戰」獲勝而領有肥後
1587年	在豐臣秀吉的九州征伐中投降，九州所領都遭奪取
1600年	即便弟弟義弘以西軍身份參與關原之戰，但還是無法對島津家有所幫助

illustration：中山KESHO

PARAMETER

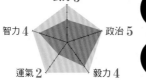

武力3
智力4
政治5
運氣2
毅力4

政治 5	不須自己親自上陣，而是善用家臣團來平定九州。
運氣 2	在九州平定戰時，經常抽籤占卜，但仍錯過開戰時機。

NATIVE PLACE

出身地〔薩摩〕

178

不只受到兄弟及家臣輔佐
還會善用這些力量的義久

■能夠自由掌控有能力的家臣團

能夠自由掌控以武藝與智略見長的弟弟以及家臣團，並在戰國末期差點統一九州，這就是島津氏當主－島津義久。

在擴大島津家勢力的過程中，義久親自率領軍隊的大型對戰只有與大友家對決的「耳川之戰」，但他卻能善用優秀的弟弟及家臣團，建立起島津家的全盛時期。

能夠凝聚家臣的向心力，讓他們發揮所長而展現其影響力，不需親自上陣就能得勝的義久，也在之後被譽為大將典範。

義久的每個弟弟都是具備足以成為一國之君的器量，而能讓這群有力的武將團結一心、共同創造島津家繁景的領導者義久，氣度想必更為驚人。

■因為與豐臣家的應對失當所領遭沒收

義久背後這群團結、有力的家臣團，就這樣慢慢地拓展島津家勢力，並依序奪回薩摩、大隅、日向等舊領，完成島津家多年以來的宿願，並展現接下來要征服九州的那股氣勢。

表現無可挑剔的義久，很可惜在展開九州平定戰之際，首先要面對的就是與秀吉過招的窘境。

義久所發起的九州平定戰，因為違反了秀吉所下的「總無事令」，進而演變成與中央政權直接對決的局面，據說義久自己也不樂見於此。但由於家中多數的強硬派意見，義久索性以占卜方式請神明指引，每次占卜就修改一次行事方針，所以總遲了一步展開九州平定戰。

雖然是為了避免與強權正面對決，才會以占卜方式延後開戰，不過義久依然舉兵開展九州平定，後來果然也遭秀吉討伐軍擊敗，導致一部分所領遭到沒收。

原本島津家能夠在取得優勢的情況下，將九州平定變成秀吉的中央政權所負責的工作之一，但由於行動不夠積極的義久多所猶豫，加上對情勢的誤判，終以失敗結尾。

與島津義久關係密切的武將

豐臣秀吉　P.48

發佈大名間禁止私戰的「總無事令」，並率大軍鎮壓不顧此令、執意平定九州的島津家，之後也讓島津家在內政上嘗盡苦頭。

島津義弘　P.180

擔任島津家軍事部門核心的義久之弟。擅長軍略的義弘在豐臣政權下備受禮遇，但也由於他服從中央的表現，使得他與兄長之間關係越顯微妙。

島津家久　P.182

島津家最會使用戰術的名將，在許多戰役中為島津家拿下勝利，在義久臣服於秀吉不久後，也對豐臣政權伏首稱臣。

島津歲久　P.183

身為島津四兄弟的歲久，是兄弟中唯一主張要臣服於秀吉的人，即便持反對意見，但因為要遵循島津家的抗戰方針，還是遭到秀吉的監視。

島津義弘

■1535年生～1619年歿

在「耳川之戰」、「泗川之戰」、「島津後退」等戰役中，立下傳說性的功勳，是連秀吉都欣賞的島津家名將。

℗ROFILE

1554年	岩劍城攻略首踏戰場
1572年	「木崎原之戰」將伊東氏從日向（現今宮崎縣）驅逐
1578年	在「耳川之戰」奮戰，帶領島津家獲得勝利
1587年	在兄長義久的說服下，向秀吉投降
1598年	「泗水之戰」中擊潰多出好幾倍的明朝鮮連合軍
1600年	在關原之戰完成歷史性的敵中突破戰術

illustration：中山KESHO

第二章 建立一個時代的群雄【島津家】島津義弘

℗ARAMETER

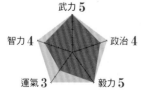

武力 5
智力 4　政治 4
運氣 3　毅力 5

 武力 5　很早就注意到砲彈效能，並開發專屬的戰法，不只偏限於戰場上的指揮。

 毅力 5　在關原召集眾多士兵突破敵陣，終於完成悲壯的撤退行動。

ℕATIVE PLACE

出身地［薩摩］

■島津最強武將

在世人眼中呼聲極高的最強武將，也就是島津義久、義弘、歲久及家久的島津四兄弟，其中義弘是對島津家的成長，付出最多貢獻的一名猛將。

義弘在二十歲展開首征以來，到關原之戰屢屢都有精彩表現，並立下許多的功勳。

其中較知名的事蹟，就是以僅有百名士兵快速擊敗在日向勢力龐大的伊東氏的「木崎原之戰」，及與前往日向救援伊東氏的大友軍，奮戰到最後終於獲勝的「耳川之戰」等。另外，還有豐臣秀吉的「朝鮮出兵」、與中國明朝和朝鮮大軍交手的「泗川之戰」，也都獲得極大勝利。當時還流傳當時以七千島津兵力壓八萬敵兵的說法，簡直就是神蹟顯靈的戰果。

而義弘也在人生最後的關原之戰中，立下史上難得一見的功勳，即是日本史上留名的敵中突破行動。當時以西軍身份參戰的義弘，在西軍幾近潰散、東軍猛追的困境下，居然還能夠創下驚人的敵中突破行動並順利生還。

但是這場一千名生還者的撤退戰中，還是有八十多名士兵壯烈犧牲。雖然說這是島津兵的剽悍表現，但從將領士兵們為了讓大將義弘存活，而寧願犧牲小我的舉動看來，不難看出義弘的菁英氣魄所發揮的影響力。

■為島津的國力加強做出貢獻

除了戰場上的精彩戰績，義弘的出色表現及功績，還發揮在其他表現上。義弘在首次上戰場時，就瞭解到砲彈的威力，但是他卻因此構思出不由步兵發射砲彈，改由武士親自執行的島津獨家戰法。

這個戰法叫做「省力發射」，就是讓擅長砲彈射擊的武士，以接二連三快速發射的方式，來增加火力及攻擊力，待敵軍瀕臨崩解時再展開攻擊。如此獨創的「省力發射」戰法，再加上用心管理家臣團，所培育出的建全薩摩武士，才是人稱戰國最強的島津集團。

擁有強大武力後盾的島津家，就這樣持續擴張勢力，直到只差一步就能完成九州平定，由此不難得知義弘在拓展島津家勢力上花了多少心血。

連豐臣與德川都對這樣的義弘感到害怕，因此賜予他領地等禮遇對待，不過還是無法分化島津家。

不為榮華只為家族而努力的義弘，展現其高尚的情操，不愧是身為世人所熟知的一代豪傑。

與島津義弘關係密切的武將

井伊直正　P.80

直正在關原的「島津撤退」奮力追擊，但也因為義弘反擊而受傷，之後有感於島津的勇猛，便居中引薦給家康。

島津義久　P.178

義久與義弘同心協力地在支撐島津家，但後來兩人之間關係卻產生龜裂，所幸島津家的深厚羈絆，使兩人沒有因此引起嚴重的家族紛爭。

島津名將成功討伐「肥前熊」

島津家久

■1547年生～1587年歿

在戰場上指揮軍隊、任何與帶兵相關的行動，島津家各個兄弟都是所向匹敵的名指揮官。

illustration：中山KESHO

PARAMETER

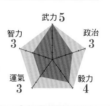

武力5
智力3　政治3
運氣3　毅力4

NATIVE PLACE

出身地 ［ 薩摩 ］

在戰場上輔佐島津家的短暫人生

■島津四兄弟中最擅長對戰的人

就如同祖父島津忠良給予的「優越戰術」評價，島津家久在各個戰役中，靠著自己的出色指揮表現而獲得勝利。家久是九州第一大勢力—島津四兄弟中的么弟，為人所知的戰略表現則有「沖田畷之戰」以及「戶次川之戰」。

沖田畷之戰是與以肥前為中心、快速擴充勢力的龍造寺隆信之間的對戰。隆信被稱為「肥前熊」的一名猛將，在此次對戰中，他率領了多出家久一倍以上的軍力應戰。

然而，家久在容易守備的地形上擺設陣營，巧妙地引誘隆信到此，再以伏兵讓隆信軍隊產生混亂，家久則在混亂中成功討伐隆信，讓島津坐擁肥後領權。

另外，在打敗豐臣秀吉所發起的九州征伐軍的戶次川之戰中，家久也是趁著豐臣方軍隊渡河時，巧妙安排伏兵而擊退敵軍。

同時，家久也在此時討伐長宗我部元親的嫡男信親，以及其他知名敵將。由於家久所率領的島津軍對戰表現出眾，使敵方總大將仙石秀久害怕得逃離四國總據點。

不過，如此奮戰的家久最後還是不敵秀吉勢力。因為兄長義久首先投降，接著二哥義弘也決定投降，所以家久不久後也對秀吉表現臣服。但之後沒有多久，家久卻突然在正值壯年的四十一歲時離世。

在戰場上創造島津繁景的猛將家久，幾乎是在島津的勢力擴大行動告一段落的同時，也讓自己的人生劃下句點。

島津家最叛逆反骨的智將

島津歲久

■1537年～1592年歿

雖然瞭解秀吉實力，但直到最後都不願屈服的剛直之人，最終卻因親兄長的決擇而死。

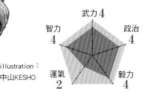

PARAMETER

武力 4
智力 4
政治 4
運氣 2
毅力 4

illustration：
中山KESHO

NATIVE PLACE
出身地〔薩摩〕

為了島津家的存續而遭犧牲的悲情武將

■因為兄長之意而遭殺害

在島津兄弟中以智將身份而聞名的島津歲久，其實是島津家中最早提出向秀吉降服意見的人，但也由於他遵從島津家的行事方針因而選擇抵抗秀吉，反讓自己失去性命。

歲久跟隨兄長義弘與義弘，多次在戰場上立功，在內政上也立下能讓國力提升的功績，雖然沒有那麼出色，但也算是島津家不可或缺的人物。

在島津欲平定九州秀吉為援助大友氏而提出調停方案時，就可看出歲久的智將表現。雖然兄長們都沒有理睬秀吉的調停舉動，但歲久卻認為島津家對於自己的實力過於自信，因此，便主張應該要遵從秀吉的意見。

不過，這樣的主張卻被當作是膽小的行為，島津家就這樣突然與秀吉展開對戰，結果不但大敗還導致領土遭大幅縮減。

不過，在此時被當作是膽小者的歲久，卻展現出一定要抗戰到底的強烈意志，就在兄長一一臣服於秀吉之時，歲久以生病為由沒有出現在秀吉面前。

而這長期的宿怨也在「朝鮮出兵」時，以歲久沒有履行軍役為由而遭到下令誅殺，然而實際上這卻是歲久的親哥哥義久要秀吉下的命令。

其實不難想像義久為什麼會下這樣的決定。為了持續島津家的霸業，義久身陷困難抉擇的處境；若不服從秀吉，就會危害到島津家的存亡。所以，終於下定決心的義久，不但襲擊了歲久且一一殺害了歲久所有侍從。而歲久因為生病無法自刃，據說他還叫人來砍下自己的頭顱，來結束生命。

以如此悲劇般的方式，結束了這位堅持反抗的薩摩武士性命。

演出島津撤退的勇將
島津豐久

■1570年生～1600年歿

在最後的戰場上，展現出不愧是名將家久兒子的對戰氣魄，因而在史上留名。

illustration：
中山KESHO

PARAMETER

武力 4
政治 3
毅力 5
運氣 3
智力 3

NATIVE PLACE

出身地〔薩摩〕

為了讓如父親般尊敬的義弘脫逃，便代替其犧牲性命

■以名將之子身分出生的豐久

島津豐久為島津最強指揮官的島津家久之子，他是個資質不輸給父親的優秀武將。

豐久的首戰就是與龍造寺軍對戰的「沖田畷之戰」，當時由於龍造寺方擁有比島津方多出一倍以上的上萬軍力，家久因為擔心兒子的安全，而下令要豐久回國。然而，豐久卻沒有遵守父親命令，堅持參戰到底並成功地討伐敵軍。

雖然因為此次的勝利，讓島津氏差一步就能拿下九州霸權，但就在不久後還是屈服在中央的豐臣政權之下，接著豐久又遇到父親突然離世的變故。

■為了讓伯父脫逃而犧牲性命

關原之戰是豐久悲壯的最後戰役。他跟隨伯父加入西軍，原本戰況進入拉扯階段，但卻因為西軍出現叛徒而敗戰。島津軍也因此錯過撤退時機而慘遭東軍包圍。

身經百戰的義弘，也做好在此結束生命的打算，但是豐久無論如何也要讓視如自己父親般的義弘平安回國。而義弘在豐久的勸說下最後決定撤兵，這即是知名的「島津撤退」事件。

為了讓義弘有充足時間甩開敵軍追擊，豐久便代替伯父奮不顧身地猛力攻擊，最後終於壯烈犧牲。而這奇蹟性的撤退成功，應該也可歸功於豐久使出渾身解數的代價。

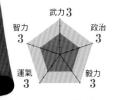

砲彈國產化的推手
種子島時堯
■1528年生～1579年歿

成功讓日本剛開始流行的最新型武器－砲彈國產化的時堯，為戰國時代的軍事革命付出極大貢獻。

illustration：
中山KESHO

PARAMETER

武力3
智力3　　政治3
運氣3　　毅力3

NATIVE PLACE

出身地〔薩摩〕

為戰國時代帶來革命性砲彈的重要人物

■創造砲彈普及的契機

種子島時堯是種子島的領主，也是島津氏的當主島津貴久的家臣。

儘管種子島是島津家的交易場所，不過，位於邊境地帶的種子島領主為何會在歷史上留名呢？原因就在於他就是將砲彈帶入日本歷史的人。

雖然關於砲彈的流傳，也不一定最初是由種子島傳入，因為日本尚有流傳其他砲彈引進的說法，但目前還沒有能分辨真偽的定論出現。

但是由種子島傳播砲彈知識、其製作方式這一點相信應不會出錯，而創造出此一契機的人正是時堯。

在1542年或1543年時，有位葡萄牙人漂流至種子島，據說當時好奇心旺盛的時堯，就對葡萄牙人手中的砲彈很有興趣，然後時堯就花了二千兩向葡萄牙人購買了兩個砲彈。

時堯本身的優點就在於他實事求是的精神，他不但下令要鐵匠搞懂其中的構造，最後還成功的自己製作出砲彈。

就因如此，所以首次成功國產化的砲彈之後也被命名為「種子島」。

後來，國產化的砲彈製作方式也逐漸流傳至全國，接著就是要研究如何讓使用砲彈的戰術更為熟練，讓砲彈配置率以及運用方式，成為決定勝敗的最大關鍵。

因此，時堯可說是創造出砲彈普及契機的人物，也是對戰國時代的軍事革命做出重大貢獻的人。

辭世之句

這裡要介紹武將們的「辭世之句」。藉著這些辭句可瞭解這些將人生奉獻給戰事的武將，在死期將近時有著什麼樣的內心感受。

四十九年一睡夢
一期榮華一杯酒

上杉謙信

回顧自己四十九年的人生，就如同一場夢般；一時的榮華富貴，只不過是一杯酒罷了。從文中能看出謙信的神佛信仰，並感嘆人世間的無常。

隨露珠凋零，隨露珠消逝，此即吾身波浪般的往事，宛如夢中之夢

豐臣秀吉

為辭世之句中相當有名的部分。回顧自己成為天下人的過程，就像是與夢想和榮華一同消失的一場夢，的確是頗具意義的一段話。

心中明月當空無絲雲
照盡浮屠世間黑暗

伊達政宗

意思是說：只仰賴細微光線，讓自己在充滿黑暗的人生中得以前進。生長在重視天下趨勢走向時代的政宗，費盡艱辛才得以長壽之姿等待死亡時的感觸。

人生如似夏夜夢，輕嘆聲歲月即誓，欲送功名上九宵，凡人奇願寄杜鵑

柴田勝家

期盼自己的名號能流傳於後世，但又因為自己沒有飛行能力，所以才會乘坐杜鵑鳥。不難從文字中看出勝家的謙虛個性。

吾身就如筑摩江蘆間點點燈火
隨之消逝而去

石田三成

雖然在死罪執行前，因為胃部不適而拒吃旁人給予的柿子，雖然看似那股打倒德川的熱情還未消散，但辭世之句卻帶有放棄之意。

五月雨是雨是淚，不如歸，我名終將頌稱雲之巔

足利義輝

在很年輕的二十九歲就遭暗殺的足利義輝，由於內容充滿野心，推論應該是早在暗殺事件前所寫，但詳細相關內容不明。

第三章

其他的群雄

一口氣介紹日本從北到南，也就是日本全
國大名及其部下生平；最後也有針對活躍
於歷史上的小規模大名進行情報說明，所
以絕對不能錯過！

最上家

與戰國時代同時結束的奧羽名門

最上家是與足利將軍家有關係的奧羽－斯波氏的同門，在戰國時代末期終於成為大名，但由於無法建立起家臣與主君的絕對服從關係，最終仍走向滅亡之路。

〈家紋：二條平行線〉
由於祖先是與足利氏有關係的斯波氏，所以採用與將軍家相同的家紋。

最上家的歷史起源及族譜

■以足利同門身份成為羽州探題

鎌倉時代中期，足利家的第四代當主－泰氏的長子以奧州的斯波郡（現今岩手縣紫郡附近）為本領地，而改名為斯波氏。斯波氏在越前（現今福井縣）擔任守護，之後斯波家兼則成為奧州管領，而家兼的次男－兼賴則擔任羽州探題；在得到羽州（現今山形縣）最上郡為領國後，最上家就此誕生。

當時正值南北朝動亂最嚴重的時期，最上家受中央影響，而以北朝方身份應戰。之後幕府方與鎌倉府的對立持續了很長一段時間，但最上家還是以羽州探題身份，與同屬一族的奧州探題－大崎家活躍於政治面。

到了第十代－義定當家時，將勢力範圍拓展至奧州的伊達植宗卻開始入侵最上領地。戰敗的義定以迎娶植宗之妹為正室作為和解條件，不過這事實上就等同於臣服於植宗，所以不久後最上家就轉而效力於伊達家。

後來，伊達氏內部的植宗與兒子晴宗爆發紛爭，甚至演變成波及周邊豪族的「天文之亂」，這時最上家的第十一代當主－義守就決定趁此腕離伊達家自立門戶。

然而，這時最上家內部卻發生長男－義光與次男－義時的家督之爭事件。義時先與伊達輝宗進行交涉，而天童氏與中村氏等也都表示支持義時，但最後義光卻和輝宗達成協議，義時被迫自殺。

【最上家概略族譜圖】

```
斯波家氏──宗家──家貞─┬高經
                      └家兼─┬直持（大崎家）
                            └❶最上兼賴

❷直家─❸清直─❹清家─┬❺賴宗
                    └❻義春─❼義秋

❽滿氏─❾義淳─❿義定─⓫義守─┬⓬義光
                          ├義時
                          ├義保
                          └義久
```

戰國時代最上家的興亡

■關原之戰時成為超級大名，卻因為主君家紛爭而遭撤職

成為當主的義光，為了要貫徹領國統治，所以必須掌控那些原本支持義時的國人。在運用謀略、對戰之下，義光漸漸將所有人都歸入自己的支配下。

西元1586年時由於奧州的戰亂依舊持續，此時統一西國的豐臣秀吉，向關東與奧州的大名發出禁止私戰的「總無事令」，並將勢力伸向奧州。

之後義光在1590年參與「小田原征伐」，雖然對秀吉表示臣服，但卻慢慢地接近擔任與秀吉對話窗口一職的德川家康。

西元1598年秀吉死後，政權內部的長久對立漸浮上檯面。「上杉征伐」連帶引起關原之戰，義光因為加入家康方，最後成為由二十四萬石加增至五十七萬石的超級大名。不過，因為無法順利從舊有家臣的聯合關係中脫身，導致在義光死後發生內訌，而遭到大名的撤職。

1572年左右的最上勢力

1622年左右的最上勢力

1622年滅亡

最上家的對立勢力

上杉家　　P.118
同屬庄內盆地周邊勢力而對立，在「上杉討伐」時入侵最上領地。

伊達家　　P.154
在東邊的奧州拓展勢力，與最上家相互牽制。

北畠家　　P.312
南北朝動亂時以南朝方身份，擁有奧州勢力而對立。

最上家的居城　山形城

山形城是由最上家祖先斯波兼賴，在1357年所建造的城池。到了最上義光時代，增加了十幾個監視高台，進行了大規模的平城擴建工程。

在最上家遭撤職後，由成為山形藩主的鳥居忠政入住，且進行大規模的改建，而居城也在此時定型。

山形城是三道溝渠的輪郭式建築，防禦中心設置在二之丸，但沒有建造高台。

現在除了大手南門移建成萬松寺山門之外，雖然建築物已不復存在，但二之丸遺址也以霞城公園方式存留。另外在二之丸東邊的大手門、本丸一文字門的石垣，以及大手橋等遺跡都順利修復，目前本丸的溝渠仍在修繕當中，山形市也會繼續進行修復工程。

YAMAGATA CASTLE
DATA

山形城

所在地：山形縣山形市
別名：霞城
文化區分：國家指定史跡
築城者：斯波兼賴
築城年：1357年
構造：輪郭式平城

與政宗爭奪霸權的梟雄

最上義光

■1546年生～1614年歿

伊達政宗的舅舅，在出羽建立起穩固地位，並在「長谷堂之戰」中，比自己多數倍以上的上杉軍多次激戰，讓最上之名廣為人知。

PROFILE

1546年	以最上義守長男身份出生
1560年	成年並得到足利義輝的義字贈與，寒河江攻略首次出征
1563年	義守、義光前往京都與足利義輝見面
1571年	義守入佛門，繼承家督
1588年	政宗進攻大崎後派遣援軍，順利擊敗伊達。因為義姬懇求而達成和議（大崎合戰）。政宗侵略山形，但由於義姬出現在兩軍面前，兩軍撤退無對戰。
1590年	參與秀吉的小田原征伐，順利保有領地
1600年	抵抗並擊退直江兼續攻勢（長谷堂之戰）

illustration：七片藍

PARAMETER

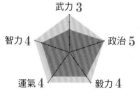

武力 3
智力 4
政治 5
運氣 4
毅力 4

 政治 5
積極治水並提高稻米收成量，以及整頓城下等實行善政。

 智力 4
積極引進集團戰法、火器，擁有二千個火藥，並在與上杉對戰時使用。

NATIVE PLACE

出身地〔出羽〕

在防範伊達家入侵的同時
也建立出羽五十七萬石的繁景

■政宗的舅舅是智勇兼備的名將

最上義光是出羽國名門－最上家的二十一代當主，同時也是伊達政宗的舅舅。

在小說或是連續劇中，義光總是被塑造為政宗及直江兼續的敵人，給人擅於陰謀的冷酷武將形象。但事實上義光很擅長讓敵方陣營產生分裂與混亂，以盡可能不讓自己兵力有所犧牲，來追求效率的結果。對義光來說，不戰而勝就是最好的策略，所以總以和平解決為優先考量。

重視效率的義光，很早就注意到砲彈這項最新武器，並從堺港上層人士手中得到砲彈及火藥，積極導入砲彈的使用。在義光進行寒河江攻略時，也是因為砲彈隊而獲勝。

由於義光平時就很善待家臣與士兵，且對投降者表現寬容，所以有許多人願意成為義光的內應者，這也是義光謀略多次成功的原因所在。他會提供好的條件吸引有能之士，積極地網羅人才；加上義光本身具備有古典的教養，可謂當代的英雄人物。

熱衷蒐集情報的義光，也比其他東北武將更瞭解天下的情勢，並且偷偷地與豐臣秀吉有密切的往來。在小田原征伐時，義光因為父親的喪禮甚至比政宗還要晚到，但他卻沒有受到責備。但也有一說在小田原征伐時，教唆義姬毒害政宗的幕後黑手就是義光，不過至今尚未得到定論。

■注意中央情勢而得以存活

義光對於豐臣政權，所採取的行動是拉攏

秀吉養子－豐臣秀次，甚至不惜以女兒駒姬為籌碼與豐臣家結為親家，不過就在秀賴出生後，秀吉就下令要秀次切腹自殺，因此連駒姬也遭到處刑。對義光而言，失去才十五歲的女兒是相當大的打擊，而且義光還被冠上了謀反的嫌疑，而遭受閉門處分。這時，將義光從困境中解救出來的人就是德川家康，所以義光之後就傾向追隨家康。

秀吉死後，家康展開上杉征伐，義光則與家康、上杉景勝，都約定好要以夥伴身份應戰。後來，在接受景勝大量軍資金的同時，為了奪回庄內，最終決定加入家康方。

不過家康為了討伐石田三成而前進關原，已調派奧州所有大名的軍力。如此一來，孤軍奮戰的最上軍就要承受上杉軍與直江兼續的猛攻。但即便是在如此不利的情勢下，最上軍所有將領還是奮力抵抗上杉軍的侵襲。不久後，由於石田三成在關原的快速戰敗，上杉軍便撤退，而義光也在此戰中因遭受敵方射擊使盔甲中彈。詳情可以查閱關於「長谷堂之戰」的內容，就能對這個最上家所遭逢的最大危機略知一二。

戰後的義光成為領有五十七萬石的大名，並實施了不少的善政。

與最上義光關係密切的武將

德川家康　P.76

因為已經先跟家康報備要參加父親喪禮，而來不及參戰小田原征伐，所以沒遭受責罵。之後慶應大地震時，義光還趕來擔任家康護衛。

伊達政宗　P.160

因為有血緣關係，所以兩軍並未進行生死存亡對戰。在「長谷堂之戰」時，幾乎所有大名都準備打道回府，唯有政宗派遣三千援軍前去救援。

持續九百年的關東名門

佐竹家

與武田氏同樣是以清和源氏一族為祖先的佐竹家，努力在奧州與關東的邊界拓展勢力，雖卻不如預期，但還是順利存活於戰國時代。

〈家紋：五骨圓月扇〉

源賴朝會在旗幟文字上別上圓月扇，因而將其作為家紋。

佐竹家的歷史起源及族譜

■即便失去所有領地，但還是以御家人身份復活

　　長期以常陸（現今茨城縣）為據點，人稱「邊界梟雄」的佐竹家，其祖先為清和源氏一族的源義光。在義光之孫－昌義進入常陸的佐竹鄉後便改名為佐竹，佐竹家因此誕生。而同樣以義光為祖先的家系，則有甲斐（現今山梨縣）的武田家，所以與佐竹家是同族人。

　　平安時代末期發生的「平治之亂」，使源氏的勢力不振；而常陸佐竹家則與平氏越走越近，到了平氏勢力的全盛時代時，佐竹家已成為常陸的獨霸勢力。

　　但是到了第三代－秀義當家時，因源賴朝舉兵出征，使佐竹家遭受源氏一族的攻擊，雖然後來有得到奧州藤原氏的援助，但最後還是向賴朝投降。

　　接著，賴朝打倒伊勢平家設立鎌倉幕府。但因為幕府內部權力鬥爭不斷導致政權不安定，這對失去所領重新出發的佐竹家而言，是個立功的好機會；所以在第五代－長義當家時，便陸續重拾舊領勢力。當幕府倒下進入南北朝動亂期時，第八代－貞義則在協助足利尊氏方面有活躍的表現，因而被任命為常陸守護，佐竹家的領國範圍也因此急速擴張；然而卻在第十一代－義盛死後，卻因為繼位者問題，導致分家的山入家與佐竹宗家之間產生紛爭。這次的紛爭連帶影響幕府的關東統括機關－鎌倉府與幕府中央的對立，也使兩方長期處於敵對關係。

【佐竹家概略族譜圖】

源義光—義業—**❶佐竹昌義**—忠義

　　　　　　　　　　　　　　義弘

　　　　　　　　　　　　　❷隆義—❸秀義

❹義重—❺長義—❻義胤—❼行義—❽貞義

❾義篤—❿義宣—⓫義盛—⓬義憲—⓭義俊

⓮義治—⓯義舜—⓰義篤—⓱義昭—⓲義重

⓳義宣

戰國時代佐竹家的興亡

■即便遭到北条氏的壓迫，之後還是轉封秋田

　佐竹家與山入家的紛爭在第十五代－義舜當家時告一段落，在第十六代－義篤當家後，就慢慢地強化在常陸國內的勢力。直到演變為越後（現今新潟縣）上杉氏與北条氏之爭後，佐竹家就與上杉氏合作鎮壓常陸的國人。

　但由於上杉氏的當主－上杉謙信多次出征，還是無心在關東拓展領國；反觀以關東南部無為基礎的北条氏，卻陸續擴展所屬領土。加上奧州北部的伊達勢力因而崛起，佐竹家陷入遭南北勢力壓迫的狀態。

　不過，好險西國的情勢變化比關東來得更快。已經統一西國的羽柴秀吉（之後的豐臣秀吉），向北条氏施壓，對此持反抗態度的北条氏，因為「小田原征伐」而滅亡。伊達氏則是降服於秀吉，另外也有參與小田原征伐的佐竹家，則因此大幅增加領國面積。

　後來，在關原之戰態度不夠鮮明的佐竹家，卻因轉封秋田，而成為秋田藩始祖。

1572年左右的佐竹勢力

1595年左右的佐竹勢力

佐竹家的對立勢力

北条家　　P.132

鎮壓關東南部，也有入侵佐竹所領常陸的打算。

伊達家　　P.154

以奧州霸者身份持續拓展勢力，南下時對佐竹家的領國造成威脅。

山入家

支持幕府方，追隨鎌倉公方方展開宗家之爭。

佐竹家的居城　久保田城

　關原之戰後，轉封秋田的佐竹所搭建的新居城即為久保田城。

　但這卻是座很難得沒有石垣的城池，因為義宣不懂得如何修繕石垣，倒很擅長蓋土壘，所以現在還留有高台及城內土壘遺跡。

　城內也沒有明顯屋頂外觀及三層的眺望台，算是很樸實的居城，但據說是因為不想引起德川家反感，才會如此低調。

　唯一現存的建築物就是看管大門的檢查哨，而成為千秋公園的本丸遺址，則留有許多土壘遺跡。

　另外，有別於當時外形的三層四樓的高台，則是平成元年搭建而成的。

KUBOTA CASTLE

DATA

久保田城

所在地：秋田縣秋田市
別名：矢留城
文化區分：市指定文化財
築城者：佐竹義宣
築城年：1604年
構造：平山城

與北条、伊達爭霸的猛將

佐竹義重

■1547年生～1612年歿

繼承名門佐竹家的義重，是人稱魔鬼的猛將，即便遭北邊伊達家與南邊北条家的強大敵國挾擊，還是因貪念而將勢力魔爪伸入常陸、下野和南奧羽。

PROFILE

1547年	以佐竹義昭的長男身份出生
1575年	奪取白条城，擴大在常陸的勢力
1585年	由於北条軍佔領長沼城而達成和議
1585年	與蘆名連合軍與伊達軍在人取橋對戰（人取橋之戰）
1587年	次男義廣成為蘆名家的養嗣子
1588年	雖然組成反伊達連合軍，但沒有對戰而達成和解（郡山合戰）
1589年	讓位家督給義宣
1590年	與義宣一同參與小田原征伐，並加入石田三成的武藏忍城攻略

illustration：ue☆no

PARAMETER

武力5
智力3　政治3
運氣2　毅力3

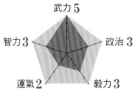

武力 5 一瞬間連斬敵軍七人，的確是符合「鬼義重」稱號的猛將。

運氣 2 在人取橋的對戰中追擊政宗、留守居城時也遭到攻擊，都無法得勝。

NATIVE PLACE

出身地〔常陸〕

在常陸建立基礎，令人害怕的「鬼義重」

■繼承家督後拓展南北領土

佐竹氏是以清和源氏為祖先的關東名門，而佐竹義重則為第十八代當主，他在與北条家的對戰中，瞬間連斬敵兵七人，所以人們稱他是令人害怕的「鬼義重」。

他也是個智勇兼備的人物，據說他在十歲時就代替父親執行政務，讓佐竹之名為全國世人所知，甚至還收到流浪的幕府最後將軍－足利義昭的求援書信。

由於義重所統治的常陸南邊連接北条家領地，所以自古以來就與北条家為敵對關係。因此在義重繼承家督後，還毫無顧慮地公開表示「厭惡北条」的宣言，並與宇都宮家聯合對抗北条氏。然而天敵北条卻與上杉謙信組成同盟，義重只好向武田信玄求援，但在此卻發生了意想不到的問題。

由於武田與佐竹都是同樣以清和源氏為祖先的家族，所以雙方產生了誰是嫡系繼承的議論，彼此互不相讓，因此兩家的同盟宣告失敗。或許就是因為出自名門，才會特別重視自尊，無法放下身段思考而失敗吧！

後來義重就與秀吉結盟，雖然得到了有力的後盾，但當時義重也正在抵抗氏政的侵略，尤其當氏政入侵下野後，長沼城就遭其攻陷，種種不利條件讓義重不得不與氏政和解。

■與政宗激烈抗爭

氏政為了與義重對抗，而與伊達家、蘆名家締結同盟關係，因此義重就在南北挾攻的情況下展開反擊。

事實上，義重的正室妻子為伊達晴宗之女，所以與伊達家是姻親關係，再加上兩家的領土鄰接而保持良好關係，因此這次的對戰可說是因為彼此的野心而引發的。

當會津的蘆名盛氏過世後，蘆名家的勢力急速衰弱，使政宗得以將勢力往南延伸。而義重則以救援二本松的畠山氏為名與蘆名組成連合軍。義重等人率領比政宗軍還多出三倍的連合軍追擊政宗至人取橋，但此時水戶城主－江戶重通卻趁著義重不在入侵常陸，因此義重只好在對戰途中趕緊返回國內，據說當時政宗盔甲已身中五槍，只差一步義重就能對其展開攻擊。

義重還讓次子－佐竹義廣作為蘆名家養子，以各種方式與多位大名聯手對抗政宗，但卻因為多位大名的意見相佐，而無法與政宗對戰，最後不得不與對方和解。

不久後政宗在摺上原擊敗義廣，會津因此成為伊達領地，這也使佐竹家與北条、伊達之間的緊張關係提升，並面臨存亡危機，但義重卻放棄聯姻策略，決定要向勢力強大的秀吉求援，並將家督讓位給兒子義宣。

所以，後來佐竹家得以仰賴秀吉之力而繼續存活，讓人看到義重狡猾求生的一面。

與佐竹義重關係密切的武將

北条氏政　P.136

在關東拓展勢力的北条家多次與佐竹家發生衝突，氏政與伊達家締結同盟等行動牽制義重，因而順利將勢力延伸至常陸。

伊達政宗　P.160

與以南下為目標的政宗多次激戰，義重在人數上壓制對方，但即使具備優勢仍無法得勝，在進入決戰前，奧州就已經歸秀吉所有。

因轉封而成為秋田藩之祖

佐竹義宣

■1570年生～1633年歿

在伊達政宗與北条氏政激烈爭鬥的同時接近秀吉，而成為常陸、下野五十四萬石的大名。擁有堅定的忠義性格，到最後沒有忘記石田三成的恩惠。

PROFILE

1570年	以佐竹義重長男身份出生
1589年	義重隱居而繼承家督
1590年	因為參與秀吉的小田原征伐，保有常陸五十四萬石領地。
1599年	與家康一同救出遭午斷派七人攻擊的三成
1600年	無法統一家族內意見，而保持中立（關原之戰）
1602年	出羽久保田二十一萬石遭減並轉封
1614年	大坂冬之陣以家康方身份出戰，與木村重成、後藤又兵衛苦戰（今福之戰）
1633年	在江戸神田宅邸死去

illustration：ue☆no

PARAMETER

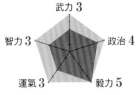

武力 3
智力 3
政治 4
運氣 3
毅力 5

政治 4　因義宣建立的基礎，讓久保田藩在江戸中期，比四十五萬石還多出一倍。

毅力 5　持續對石田三成行忠義之事，即便遭減轉封，還是積極經營新領地。

NATIVE PLACE

出身地［常陸］

感激石田三成恩義，懂得情理的秋田藩之祖

■在秀吉政權下成為五十四萬石的大名

佐竹義宣因為父親隱居而繼位家督，繼承了名門清和源氏血統的義宣，據說他能夠認得幾乎所有家臣的模樣；且因為不曉得寢室在哪，所以會在出入時都隨身攜帶長刀。義宣是個很用心謹慎的人，連家康都評價他為「頑固的重視義理者」，讓人看到他堅持情義的那一面。

在他繼承家督時，正處於北有伊達政宗、南有北条氏直的敵對狀態，面臨佐竹家的存亡危機。其實義重並未因隱居而抽身，他仍繼續發揮其強大的影響力，成為年輕義宣的後盾，且提供了許多謀略給義宣。義宣也透過石田三成與豐臣秀吉示好，成功地渡過此次危機。

義宣也和父親一樣對北条家是「無法忍受的關係」，毫不隱藏對北条的敵意。當秀吉展開「小田原征伐」後，義宣與父親一同參戰並跟隨三成進攻忍城，也因為有參與之後的奧州分配，所以從秀吉那裡獲得常陸及下野的五十四萬石獎賞。而北条滅亡、政宗也因為奧州分配而遭舊領減俸，只有佐竹家是大大拓展了勢力範圍。

■重情義而招致關原的失敗

佐竹家的常陸治權中，領內有江戶氏和小田氏等眾多有力國人領主，所以情勢並不安定。所幸義宣在三成的居中協助下，以秀吉的權勢為背景，流放江戶重通並奪取江戶城，而且還邀約國人眾參與宴會再將其謀殺。至此，佐竹家已成為完全領有常陸領土的大名。

而佐竹家的恩人三成，也就自然而然與重情義的義宣培養出深厚的情誼。當官僚派的三成與武功派的豐臣家家臣呈現對立後，義宣就成為支援三成的夥伴。在秀吉死後，當加藤清正等七人襲擊三成，而三成則是在自家的伏見城展開籠城時，義宣就集結家康和宇喜多家等人的力量，對此展開仲裁。成功地救援三成的義宣表示：「如果沒有三成，就失去生存意義」，可見兩人之間深厚的友誼。

在關原之戰時，義宣則是參與了家康的上杉征伐，但是收到三成舉兵消息的義宣，當場就表明要加入西軍的想法，不過由於父親主張要跟隨家康等因素，使家中意見無法一致，只好採取中立態度。戰後義宣也因為態度不明確而遭到家康的究責，遭轉封出羽久保田，所領也減少至二十一萬石。

但是義宣並未因此屈服，他不僅搭建堅固的久保田城，並積極錄用奧州及關東的舊臣，也陸續開墾新田等，以新型的領地經營方式，創造出久保田藩的榮景。

與佐竹義宣關係密切的武將

石田三成　P.54

當義宣堂兄宇都宮國綱義激怒秀吉而遭撤職時，義宣也陷入遭撤職危機，好險三成居中調解，才成功脫困。

德川家康　P.76

在關原之戰中採取中立態度，之後雖遭轉封，但還是認真為家康效力，而家康也認同其表現，讓久保田藩保有榮景。

結城家

對鎌倉公方表現忠誠的武門名家

結城家雖勢力不大，但也以武門背景而為人所知。不過在室町幕府之後，因為鎌倉府與幕府的對立關係而遭權力操弄，所以在沒能拓展勢力的情形下就沒落消失。

〈家紋：左三勾玉〉

以發射弓箭時左手會佩帶的指套為圖案的紋路。

結城家的歷史起源及族譜

■跟隨鎌倉幕府時曾創造繁景，但之後就逐漸沒落

討伐平將門而聞名的藤原秀鄉，因為此功績而成功守護母親的故鄉－下野（現今栃木縣）。而在秀鄉的後代子孫中，有一族因為居住在小山鄉所以改名為小山氏，而朝光就是以小山政光之子身份出生。

朝光之後也成為鄰國下總（現在的東京都、埼玉縣、千葉縣、茨城縣邊界附近）結城郡的領主，以地名而改姓為結城，結城家因此誕生。第二代朝廣的三男－祐廣則繼承了奧州白河庄（現今福島縣白河市附近），成為白川結城家（之後為白川家）。

因跟隨鎌倉幕府而一度繁榮的結城家，由於後來爆發討幕運動，後醍醐天皇就與白川家密切來往，並讓白川家來掌管結城家；趁著南北朝動亂的時機，結城一族就分裂成為足利尊氏方和天皇方展開爭鬥。

到了第九代－基光當家時，因為協助尊氏的功績受到注目，後來小山氏因為與鎌倉公方對立而被殲滅，結城家增加了小山氏領地，進而成為下野守護。

後來，關東爆發了「永享之亂」，當與幕府對立的鎌倉府足利持氏遭殺害後，持氏的遺子一同紛紛都投靠結城家。因為結城家無法坐視不管，結果導致遭幕府討伐，因此逐漸沒落。

最後存活下來的鎌倉公方遺子－萬壽王丸，以成氏之名恢復公方地位。而結城家也因為得到幕府的許可，在第十三代－成朝當家時再起，但前途艱困。

【結城家概略族譜圖】

❶結城朝光—❷朝廣—❸廣綱—❹時廣

❺貞廣—❻朝祐┬❼直朝
　　　　　　└❽直光—❾基光—❿滿廣

⓫氏朝┬⓬持朝
　　　├朝兼
　　　├長朝
　　　└⓭成朝—⓮氏廣—⓯政朝

⓰政勝═⓱晴朝═⓲秀康

戰國時代結城家的興亡

■到最後都無法脫離室町幕府與公方的影響

再次復活的鎌倉公方，很快就進入與關東管領－上杉憲忠嚴重對立的「享德之亂」。後來又發生鎌倉公方的家督之爭，使結城家、關東豪族都受到公方的權威擺佈。

這時，看清此狀況的新興勢力－北条氏則逐漸地加強勢力，直至勢力強大到能打倒鎌倉公方時，結城家又被迫成為北条家的下屬。不久，上杉謙信開始出征關東後，結城家就遭到上杉氏及北条氏的操弄。

接著，北条氏遭到即將稱霸全國的秀吉打敗，而當時結城家的第十七代當主－晴朝，也因為秀吉的要求而出征「小田原征伐」。之後結城家向秀吉提出養子請求，所以秀吉就交出原由德川家康過繼給秀吉的養子－秀康給結城家。

然而秀康之後因轉封而改姓德川，而繼承結城家的五男也改姓為松平，結城家的家名就此斷絕。

1556年左右的結城勢力

1604年左右的結城勢力

1604年家名消失

結城家的對立勢力

上杉家　P.118

出征關東與北条氏對決時，結城家臣服於上杉家。

北条家　P.132

陸續征服關東南部的豪族，而與抵抗的結城家對戰。

足利家　P.234

幕府足利家對向鎌倉公方宣誓忠誠的結城家而言是敵人。

結城家的居城　結城城

結城城是結城朝光進入結城郡後所搭建的居城，日後就成為歷代結城家的居城。由於足利持氏在「永享之亂」戰敗，其遺子一同投靠結城家，因此引發「結城合戰」，由當主一持朝以籠城戰術對抗幕府軍。

當時的結城城是由本丸及東西二館的三館構造，山丘附近配置能引導田間川水的水渠，是座相當堅固的居城。

西元1601年後，由於當主秀康轉封而廢城，直到過了一百年後，才由水野氏再次築城。不過因幕末爆發的「戊辰戰爭」，結城城受到左幕派封鎖，導致官兵進攻、燒毀，使結城城又再次成為廢城。目前只留有些許遺跡。

YUUKI CASTLE

DATA

結城城

所在地：茨城縣結城市
別名：臥牛城
文化區別：史跡
築城者：結城朝光
築城年：1183年
構造：平山城

名門結城家的最後當主

結城晴朝

■1534年生～1614年歿

建立起結城家全盛期的結城晴朝，迎接秀吉之子為養子，以秀吉之力為背景逐漸拓展領土範圍。是有技巧地行走於戰國亂世，並守護家族的謀略武將。

PROFILE

1534年	以小山高朝三男身份出生
1556年	進攻小田城（海老島合戰）
1559年	叔父結城勝政過世而繼承家督
1560年	即使面對宇都宮、佐竹、小田的連合軍勢，還是以籠城戰術擊退
1590年	臣服於秀吉並參與小田原征伐，而保有所領迎接秀吉之子為養子，讓位家督
1604年	秀康轉封越前後，養育秀康五男－直基，讓其繼承結城家
1614年	在中久喜城以八十一歲年紀離世

illustration：樋口一尉

PARAMETER

武力 2
智力 4
政治 3
運氣 3
毅力 4

智力 4　為了在競爭激烈的關東求生存，仔細思考服從對象，然後積極展開行動。

毅力 4　在宇都宮、佐竹、小田連合軍入侵時，死守居城並擊退敵方。

NATIVE PLACE

出身地【下總】

以同盟、背叛、服從方式守護名門的謀略武將

▋巧妙擴展領地的梟雄

身為小山高朝三男的結城晴朝，原本應該是以效力於結城家的小山家武將身份過一生，但卻因為結城家中發生的事件，而讓晴朝的命運有了重大改變。

晴朝的叔父結城政勝是在常陸南部拓展勢力、建立結城家全盛時期的人物，但政勝卻沒有能夠繼承家業的繼位者。

因為政勝的長男結城明朝很年輕就過世了，所以晴朝就以養子身份進入結城家，而企圖再擴大領土範圍的政勝，卻因為生病而在五十七歲時過世，因此，晴朝順理成章繼承結城家，成為第十七代當主。

晴朝繼承家督後，就遭到從父親那一代開始就敵對的佐竹、宇都宮、小田的連合軍攻擊，後來晴朝因為封鎖結城城而擊退敵軍，並與對方達成和解。雖說結城城是地理上占有優勢的久攻不落居城，但晴朝的精彩對戰也是成功擊退敵方的原因之一。

除了擁有強悍的戰鬥能力，晴朝也具備謹慎過頭的個性，是個擅長外交事務的人物。

在晴朝當家時北条氏的勢力抬頭，所以晴朝就成為北条氏照的下屬，與反北条勢力對戰；但就在上杉謙信入侵關東後，他卻背叛氏照轉而跟隨謙信，後來謙信撤兵，晴朝則又回頭與北条結盟。

另一方面，氏照雖然對於晴朝這樣的行為感到不愉快，卻也無意與結城家為敵。其實，晴朝這樣的反覆態度，也是在戰國時代生存的方式之一；為了能夠守護結城家，晴朝可以做到這種程度，也可算是打不倒的梟雄了。

▋因養子關係而加深與秀吉的情誼

不久後，因為秀吉關係而讓討伐北条的時機快速成熟。此時晴朝接近擔任關白的秀吉，兩人開始偷偷來往，而他也在展開「小田原征伐」時參戰，因此保有所領。

晴朝打算與天下人秀吉之間的關係更加穩固，所以他便提出養子請求，也由於晴朝本身傑出的外交手腕，於是成功地與趨勢站在同一陣線。

剛好秀吉也在此時生下了親生兒子－豐臣秀賴，這對養子身份的豐臣秀康而言是很尷尬的處境，晴朝瞭解秀吉會將養子秀康逐出，於是便讓他與養女鶴子結婚進入結城家。

而晴朝也隨即將養子朝勝廢嫡，接著又奪取有同盟關係的宇都宮家、壬生家所領，並從秀吉那裡得到保證所領安全的朱印狀，以確保這些領地的正當性。

為了結城家的繁榮，徹底利用能掌控的對象，絕不會失去任何可以擊敗對方的機會，要以小勢力的戰國武將身份生存，就必須具備有晴朝的謹慎個性。

之後晴朝隱居，秀康轉封越前、其嫡子也改為松平姓，可惜晴朝以外交方式，死命守護的結城家血脈，依然在晴朝這一代斷絕。

與結城晴朝關係密切的武將

豐臣秀吉　P.48

為了與北条氏對抗，很快就與秀吉結交良好關係。並參與「小田原征伐」，因而保有所領，並以養子方式穩固與秀吉的關係。

結城秀康　P.202

晴朝讓擁有秀吉（義父）與家康（親父），兩位天下人父親的秀康成為自己的養子，讓他繼承家督，而秀康也在關原之戰時加入東軍，並有出色表現。

命運多舛的家康之子

結城秀康

■ 1574年生～1607年歿

即使為家康次男，但還是接連成為豐臣秀吉、結城晴朝的養子。武藝出眾，也確實具備身為武將的自尊心，直到最後都為德川家盡心盡力。

PROFILE

1574年	以家康次男身份出生
1584年	作為「小牧長久手」之戰的和解條件，而成為秀吉養子
1590年	首次出征參與九州征伐，為豐前岩石城攻略的先鋒
1590年	成為結城晴朝的養子
1600年	參與上杉景勝討伐戰，負責駐守牽制景勝的西進（關原之戰）越前北庄七十六萬石的加增與轉封
1604年	被允許能使用松平姓
1607年	因病在三十四歲時離世

illustration：樋口一尉

PARAMETER

武力 5
智力 2　　政治 2
運氣 1　　毅力 5

武力 5　愛用的竹槍－御手杆，全長有二百一十公分，刀身則有一百三十八公分長。

運氣 1　雖然擁有成為天下人的資格與能力，但一生還是受到命運的捉弄。

NATIVE PLACE

出身地 [遠江]

具備成為天下人繼位者資格與資質的猛將

■遭父親厭惡但得兄長疼愛

結城家康為德川家康的次男，也是以勇猛聞名的武將，家世與能力都很優秀。雖然是擁有能成為天下人－家康繼位者身份的人物，但卻多次遭到命運的操弄。

家康對待兒子的態度不是特別溺愛，就是徹底地被厭惡，而秀康就是屬於後者。他的母親是家康正室－築山御前的侍女於萬，也許家康不想讓人發現他與侍女的關係，所以在秀康出生後從未去看過他。而得知此情況的秀康兄長－松平信康，便說服家康也終於讓父子兩人見面。

信康心地善良、對秀康也很好，這對在德川家沒什麼地位的秀康而言，是很重要的依賴與感激，可惜之後信康因為織田信長之命而自刃身亡。

而身為次男身份的秀康則不受家康想法影響，因為在旁人眼中他依舊是德川家的繼位者。在「小牧長久手之戰」織田信雄向豐臣秀吉投降後，家康就與秀吉保持和睦。當時秀吉也提出以秀康為人質身份，成為自己的養子要求作為和解條件，據說家康很乾脆地就答應了。

當秀吉對前往京都要求不為所動的家康表示威脅要殺掉秀康時，據說家康也是以一副事不關己的態度，做出「秀康已是秀吉之子，要殺就殺」的回答。既然被父親如此地厭惡，照道理說如果會對父親懷恨在心也不足為奇，但秀康卻沒有因此墮落，他還是好好地跟隨秀吉。這應該也是受到心地善良的

兄長－信康的手足之情所影響，及秀康本身的直爽性格所致。

■以德川與豐臣的溝通橋樑為目標

秀吉很欣賞秀康的武藝表現和個性，由於秀康體格健壯、具有度量，所以得到家臣們的認同，即便是人質身份他還是秀吉的繼位者後補。不過，此時卻又發生了一件改變秀康命運的大事，那就是秀吉親生兒子－豐臣秀賴的出生了。所以，不久後秀康就奉命迎娶結城晴朝的姪女，並成為結城家的養子。

秀吉死後，秀康加入親生父親家康的東軍之列，並與上杉家展開對峙。上杉軍因為秀康軍隊的強力攻擊而無法趕赴關原，秀康成功讓對方止步。秀康因為戰功評價極高，而加增為五十萬石，另外也得到改名松平姓的允許，但據說他一生都以結城為姓，這的確很像秀康的作為。

關原之戰後，秀康也為了豐臣家的存續問題而四處奔走，對德川家與豐臣家都展現出無比忠義。

擁有取得天下能力的秀康，雖命運相當曲折，但從他負責德川家與豐臣家溝通橋樑的表現來看，不禁讓人能夠感受到他貫徹理念的男性強烈意志。

第三章 其他的群雄【結城家】結城秀康

與結城秀康關係密切的武將

石田三成　P.54

秀康與三成感情深厚，當加藤清正等人企圖暗殺三成時，秀康就擔任三成的護衛，三成受秀康態度所感動，還把名刀－五郎正宗讓給秀康。

德川家康　P.76

據說家康向重臣們詢問繼位者人選意見時，本多忠勝、本多正信等人都推薦秀康，雖然受到家臣團的愛戴，但家康還是沒有指名秀康為繼承人。

今川家

擁有將軍繼承權之名門中的名門

出身自足利將軍家一門，在戰國時代初期就擁有強大勢力的今川家。不只多方面地發展公家文化，也取得眾多領國，是文武雙全的一族。

〈家紋：兩條直線〉
由於出身足利將軍家的一門，所以與足利家使用相同紋路。

今川家的歷史起源及族譜

■因為與足利家的淵源而擁有將軍繼承權的名門

今川家為室町時代以將軍家身份聞名的足利家一族，足利家在第三代－義氏當家時成為三河（現今愛知縣東部）守護，也為了補任三河吉良庄的莊官而移居。義氏的兒子長氏則改名為吉良，成為吉良家的祖先，之後長氏便讓長男繼承吉良家，次男國氏則得到吉良庄今川。

今川氏的起源即為國氏，但因至其孫範國那代時才就任遠江（現今靜岡縣西部）與駿河（現今靜岡縣東部）的守護，並在範國之後才被確立為守護大名的基礎。因此一般都認為範國才是今川家之祖。

到第六代－義忠時，今川家一直都是擔任駿河守護職，並在各地逐漸拓展勢力範圍。此外，今川家在輔佐同屬一族的足利將軍家同時，也擔負起監督關東鎌倉府的重任。

另外，今川家也一一將國人納入勢力範圍下，之後駿河也成為領國，擺脫了守護大名一職。

說到今川家猛將，就屬在「桶狹間之戰」遭織田信長討伐的今川義元最有名。雖然義元總是被形容為公家姿態，但其實今川家在駿河當地還形成帶起小京都文化。當京都因戰亂而荒蕪之際，據說就有許多文化人來到駿河。另外，由於今川家擁有繼承吉良家之後的將軍繼承權，所以算是名門中的名門。

【今川家概略族譜圖】

足利義氏──長氏──滿氏（吉良家）

　　　　　　　└─國氏──基氏──❶今川範國

❷範氏──❸泰範──❹範政──❺範忠

❻義忠──❼氏親──❽氏輝

　　　　　　　└─❾義元──❿氏真

戰國時代今川家的興亡

■成為東海的一大勢力後沒落

　　「應仁之亂」爆發後，第六代－義忠則跟隨東軍的細川方，之後因義忠意外戰死而引發內訌。雖然嫡男的氏親年紀尚小，但由於家臣－北条早雲的活躍，讓成人後的氏親成為今川家當主。

　　氏親在統整因內部紛爭而分裂的國內局勢後，就以實施檢地政策及制定分國法，來強化領國支配權朝戰國大名目標而努力。另一方面，對外則入侵、併吞遠江，接著開始侵略三河，發展成為強大的勢力。

　　在氏親經營下而強盛的今川家，因為氏親繼承人的氏輝早逝而引發家中內訌，最後由成功壓制紛爭的義元成為當主。

　　之後義元持續入侵三河加強支配力，甚至還企圖攻打尾張（現今愛知縣西部），但卻遭信長討伐而身亡，所幸此時已由氏真繼承家督，因此沒有造成大混亂。可惜之後卻遭由今川家獨立的德川家、武田家攻擊，以戰國大名身份失去所領的今川家就此滅亡。

1559年左右的今川勢力

1572年左右的今川勢力

1568年滅亡

今川家的對立勢力

織田家　P.12

因為三河領權而與今川家對立，在信長當家時討伐義元。

松平(德川)家　P.74

原為今川家的下屬，但獨立後卻入侵今川領地。

武田家　P.94

雖然彼此締結同盟，但之後卻入侵駿河，導致今川家沒落。

今川家的居城　賤機山城

　　今川家的居所是否為今川館至今仍尚未確認。1982年，在原為駿府城的駿府公園一角進行挖掘調查，發現了應是今川時代所留下的遺跡，因而推論今川館的遺跡應該深埋在駿府城下。而附近的賤機山，因在以前曾經搭建過賤機山城，所以似乎也是圍城。

　　賤機山城是在南北朝動亂期時，跟隨北朝方的今川家，為了防衛今川館而建築的居城。但據說在1568年遭武田信玄入侵駿河時攻陷，並在家康進入駿府之後成為廢城。至今除了溝渠外，只留有些許遺跡留存。

SHIZUHATAYAMA CASTLE

DATA

賤機山城

所在地：靜岡縣靜岡市
別名：－
文化區分：－
築城者：不明
築城年：14世紀
構造：山城

命喪桶狹間的東海第一弓

今川義元

■1519年生～1560年歿

出身自足利氏名門，於文於武都具備十足
力量的今川義元，雖然是當時最強勢力，
但卻因織田信長的奇襲，壯志未酬而死。

PROFILE

1522年	出家改名為梅岳承芳
1536年	在「花倉之亂」獲勝，並繼承今川家的家督
1548年	在「小豆坂之戰」擊敗織田信秀
1549年	得到三河支配權
1553年	「今川假名目錄」追加條項
1554年	締結「甲相駿三國同盟」
1560年	在「桶狹間之戰」中遭討伐而死

illustration：譽

PARAMETER

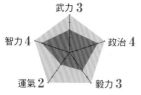

武力 3
智力 4
政治 4
運氣 2
毅力 3

政治 4

在義元有技巧的領國統治下，成為人稱「東海道第一」的大勢力。

運氣 2

應該已經作好萬全準備要入侵尾張，但卻因為信長的奇襲而夢碎。

NATIVE PLACE

出身地〔駿河〕

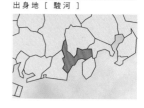

即便建立了今川家的全盛時期
還是戰敗於信長而死

■全心全意為達富國強兵目標

今川家是與足利家有關係的名門，從室町時代就以守護大名身份掌管駿河與遠江，而今川義元則是第九代繼承人。

義元因為第八代當主的兄長過世，為了繼承家督而從出家身分還俗，並成功鎮壓同樣還俗異母弟的反亂，成為第九代當主。

登上當主實座的義元，針對第七代當主父親氏規所制定的分國法－「今川假名目錄」，又另外再制定追加法，並以寄子寄親制度強化對領內與家臣團的統御能力。

為了保護商業還推動產業現代化、實施檢地政策增加稅收等，全心全力以國家物產豐沛為目標。因為上述種種制度，使得原本就是強國的今川家，因為義元的統治更加繁盛，儘管當時周圍有北条家、武田家等強國環繞，也讓人無法忽視其強大的存在感。

之後因為身為義元老師、左右手的太原雪齋的推動下，成功組了「甲相駿三國同盟」，義元得以確保東方和北方的安全，也能自由朝西方的尾張拓展勢力。

而且，在駿河與尾張之間的三河松平家（之後的德川家）也已臣服於今川家，今川家的國力已經能扳倒統治尾張的織田家了。

■意外戰死

然而，尾張的織田信長卻頑強抵抗義元的入侵攻勢，而造成今川、織田兩家的雙方要塞、小城勢力範圍呈現混亂狀態。

因此義元便親率軍進攻尾張，最初的目標是以被織田眾多要塞包圍的戰略為要點，及大高城的救援行動。

收到先鋒部隊陸續攻陷大高城周圍要塞的消息後，義元就率領本隊前往大高城，並在中途的桶狹間山稍做休息，卻在此時遭到信長奇襲，儘管義元奮力對戰，但還是戰敗身亡。

雙方以同等規模軍隊應戰，但總大將卻遭討伐而死，這樣的結果通常不會來得太快，只能說是信長的奇襲作戰真的過於巧妙。如果義元這位血統、實力都很優秀的武將沒有在此倒下的話，相信歷史也會有所改變。

與今川義元關係密切的武將

織田信長　P.14

從以前就是對立關係的今川家與織田家，雖然義元很謹慎地加強勢力，但還是因為一場戰役而失去一切，反觀信長卻因為成功討伐義元而成為大名。

武田信玄　P.96

就連人稱名將的信玄也認同義元實力。據說信玄也有參考「今川假名目錄」，因為在武田家的眼中認為，當時義元所治理的今川家為先進國家。

北条氏康　P.134

雖然北条家與今川家保持良好關係，但義元卻與氏康敵對的武田家聯姻，使得兩家關係惡化，義元還從氏康手中奪回曾一度失去的領地。

太原雪齋　P.208

他是讓義元出家並改名為梅岳承芳的老師，也是今川家的家臣，並在「甲相駿三國同盟」的締結等方面表現活躍，對義元而言是不可缺少的重要家臣。

太原雪齋

輔佐今川義元的名軍師

■1496年生～1555年歿

以義元的參謀身份，在不同領域上有出色表現的太原雪齋，擁有軍師、攝政者美名。而他的身亡，也使今川家加快了衰敗速度。

illustration：譽

PROFILE

1496年	出生於駿河
1536年	在今川家的家督之爭的『花倉之亂』中，引領義元獲得勝利
1548年	在「小豆坂之戰」中得勝
1549年	攻打安祥城並活捉織田信廣
1554年	盡力促成「甲相駿三國同盟」的締結
1555年	過世

PARAMETER

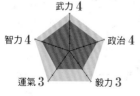

武力 4
智力 4
政治 4
運氣 3
毅力 3

武力 4
不只是在背後思考策略的武將，也能親自率軍得勝。

政治 4
達成「甲相駿三國同盟」的締結，應該算是雪齋最後的貢獻吧！

NATIVE PLACE

出身地［駿河］

輔佐義元並在多方面表現活躍

■讓今川家更加強大的有功者

太原雪齋的雙親背景都為今川家歷代重臣。當時在寺院出家修行的雪齋，收到今川家當主，也就是義元父親－今川氏親提出扶養義元的請求。

這就是雪齋與一生所追隨的義元相遇開端，但那時義元已經出家，雪齋當時想必不會知道自己日後會協助今川家共同創造榮景，因為最初兩人只以僧侶身份努力修行著。

不久後兩人的命運出現轉機，那就是繼承氏親家業的義元兄長－氏輝早逝了，得到繼承家督請求的義元隨即還俗，但同樣出家的同父異母之弟也因此還俗，進而演變為兩人爭奪家督之位的情勢。

在這場家督之爭中，雪齋盡力協助義元，使義元得以登上今川家當主之位。

立下重大功績的雪齋因此得到義元深厚的信任，之後雪齋就以義元的左右手身份，在軍事、內政、外交上多方面地展現出眾才華。此外，令人感到意外的是雪齋也是個擅長武藝的人物，並以總大將身份率領軍隊在戰場上有活躍表現。

■今川家的重大損失

雪齋最負盛名的功績是促成了「甲相駿三國同盟」，為此他費盡了心力。

所謂的甲相駿三國同盟就是分別以駿河、甲斐、相模為根據地的有力大名－今川家、武田家，及北条家所組成的同盟。

這三大家也因為此次的同盟，所以能享有一定的優勢；加上彼此國土鄰接，如此就不需防備另外兩家的攻擊，可以全力對抗其他的敵對勢力。

不過也由於這三家彼此相爭又合作，也造成彼此之間的宿怨累積。所以要讓這三家能好好溝通並不是件容易的事，不過終究還是在雪齋的努力之下，讓三家展開對話並締結同盟。

因為這層同盟關係，讓今川家無後顧之憂終於可以進攻尾張。而武田家也得以朝信濃地區進軍，至於北条家則是能夠將勢力伸向關東。

可是雪齋卻在締結同盟隔年便過世，而且在他離世後一年，義元也在「桶狹間之戰」中遭討伐身亡，就此今川家走向衰亡一途。而這也代表著武田家與北条家背後失去今川家的保衛功能，因此同盟關係也就失去意義了。

雪齋生前所完成的最後工作，沒有維持多久就遭毀棄，而今川家也因此遭受到曾為同盟關係的其他國家侵略。

如果雪齋還在世，或許就能為今川家的衰亡速度踩煞車。雪齋之死對今川家而言，真是無法估算的重大損失。

與太原雪齋關係密切的武將

德川家康　P.76

成為今川家人質的家康，其實原本是織田家的人質，之所以會變成今川家的人質，是因為要做為雪齋活捉織田信廣的人質交換。

今川義元　P.206

雖然義元本身也是名優秀的武將，但如果沒有雪齋的協助，就不可能讓今川家有如此好的發展。而雪齋在義元麾下也有充分發揮實力的發揮空間。

齋藤家

實現戰國時代的下剋上一族

齋藤家為土岐氏的重要人物，在土岐家因內部紛爭而力量衰落之際，讓從賣油商人成為武士的道三趁勢而起，雖然他之後成為美濃的國主，但最後還是滅亡。

〈家紋：撫子（石竹）紋〉

秋天的七草之一，也是大和撫子所使用的紋路。

齋藤家的歷史起源及族譜

■從守護代家臣到美濃之主

以齋藤道三的「竊國」故事而為人所熟知的美濃（現今岐阜縣南部）齋藤家，其實原為土岐氏家臣之一。

據說齋藤道三原本在京都遁入佛門，但在十一歲離開寺廟後，就成為賣油商人的女婿，為了增加油的銷量而遊走列國。

此時道三因為之前佛門舊識牽線，而認識了擔任美濃守護的齋藤氏總管－長井秀弘，之後便以繼承秀弘家臣的西村氏家督形式成為武士。如此一來得以進入土岐家的道三，也逐漸獲得土岐政房之子－賴藝的信任。

西元1517年土岐家中因為政房的繼位者問題，突然爆發紛爭，道三選擇擁立賴藝而將賴武流放。

在家中權力強大的道三，由於殺害秀弘之子－長弘而趁勢掠奪長井家，且在守護代－齋藤利良死後，還將家名改為齋藤氏。

當時土岐氏雖然不時與鄰國－尾張（現今愛知縣西部）的織田氏發生衝突，但由於織田氏與今川氏呈現嚴重對立狀態，所以土岐氏中有力的當權者齋藤道三便與織田氏保持和睦。後來，賴藝遭到道三流放，戰國大名－齋藤家因而誕生。

先前一般都認為道三的竊國之舉是他一人所為，不過近年來則傾向於，是由道三父親－長井新左衛門尉與道三一同完成歷經兩代的竊國行動。

【齋藤家概略族譜圖】

```
齋藤宗景──宗長──景賴──親賴──賴茂─┐
                                     │
┌────────────────────────────────────┘
│
└─利永──利藤──利國──利親──利良─┐
                                  │
┌─────────────────────────────────┘
│
└─❶道三─┬─❷義龍──❸龍興
         │
         ├─龍元
         │
         └─龍之
```

戰國時代齋藤家的興亡

■因為家中紛爭而斷絕同盟，並加入織田信長軍門下

成功奪得美濃領權的道三，雖然對土岐氏家臣們的反抗感到不安，但由於道三的政治手腕受到家臣們的認同，所以並沒有因此造成混亂局面。而之後遭流放的賴藝，雖然得到朝倉氏的援助，意圖恢復美濃領權，但據說以稻葉一鐵等人的「美濃三人眾」為首的家臣團，都願意站在道三這邊。

達成「竊國」之舉的道三，則在三年後的1554年隱居，並讓位家督給長男義龍。不過由於道三與義龍之間關係惡化，因此就在道三讓位家督的隔年，義龍便殺害了弟弟們並起而謀反，道三就在1556年所爆發的「長良川之戰」中戰死。

確定拿到家督之位的義龍，雖然展現出欲與信長對決的意向，但卻在1561年三十三歲時突然離世，雖然由兒子龍興繼承家業，但齋藤家的勢力因此逐漸衰退。

後來由於信長的攻勢漸強，導致家臣團的離反，連堪稱家中支柱的「美濃三人眾」也都投奔敵營，戰國大名齋藤家因此滅亡。

1552年左右的齋藤勢力

1567年左右的齋藤勢力

1567年滅亡

齋藤家的對立勢力

織田家　P.12
雖然迎娶道三女兒為正室，彼此締結同盟關係，但就在義龍謀反後形成對立。

淺井家　P.220
在義龍時代經受遭受攻擊，但與信長締結同盟後，就開始入侵美濃。

朝倉家　P.230
為了保護遭流放的土岐氏，不時攻打美濃。

齋藤家的居城　岐阜城

據說名為岐阜城的這座居城，是由鐮倉幕府中擔任執事的二階堂行政所搭建而成，之後就由美濃守護的土岐氏直接沿用，而道三則是整修了山城及城下町部分。

到了龍興當家時，居城就遭到家臣－竹中半兵衛奪取，所以之後也發生了將居城還給龍興的事件。

當信長入侵美濃時，將其居城改名為岐阜城，之後便由其一門使用，後來在關原之戰時遭到攻擊，而成為一座廢城。據說當時已經將天守閣、監視高台移往加納城。

至今所留存的城池，則是在1956年又再次重建的建築物，並成為三樓的資料展示室；此外修復了武器庫、食糧庫，另外也再搭建了岐阜城資料館。

GIFU CASTLE

DATA

凸
岐阜城

所在地：岐阜縣岐阜市
別名：稻葉山城
文化區分：市指定史跡
築城者：二階堂行政
築城年：1201年左右
構造：山城

父子二代所完成的「竊國之舉」

齋藤道三

■生年不詳～1556年歿

留下從賣油商人成為一國之主傳說的齋藤道三，就史實記載是歷經二代才完成的大業，但這樣戲劇般的下剋上情景，的確是無人能及。

PROFILE

不明	以西村新左衛門尉之子身份出生
1525年	父親－新左衛門尉因為擁立土岐賴藝，而遭美濃守護－土岐賴武流放
1533年	因父親之死而繼承家督
1538年	繼承守護代－齋藤氏名號
1548年	將女兒嫁給織田信長
1552年	流放守護－土岐賴藝，獲得美濃領權
1556年	因為長男－義龍謀反而戰死

illustration：佐藤仁彥

PARAMETER

武力 3
智力 5
政治 4
運氣 4
毅力 5

智力 5 身份低下卻能成功奪取美濃一國，想必一定擁有過人智慧。

毅力 5 能夠隱藏自己的陰謀，繼續為主君效力，擁有一定的耐力及毅力。

NATIVE PLACE

出身地 [山城]

人稱腹蛇的戰國第一謀略之士

■歷經二代篡奪美濃

成功「竊國」的齋藤道三，發展父親－新左衛門尉所打下的基礎，以逆道叛及計策運用方式，從一名僧侶身份歷經二代，躍升為一國之主。

據說道三一開始是賣油商人，並以用一文錢孔洞粗細的油，即可移動油壺的特殊技藝聚集不少人氣；並藉著在行商的途中蒐集美濃的情報，因此對城內外的動靜都一清二楚。而這也的確像注重細節，且頭腦清晰的道三行事風格。

道三父親－新左衛門尉在還俗後，便跟隨土岐氏家臣－長井彌二郎，且改姓為西村，並趁著土岐家中混亂之際，成為土岐氏三奉行中的一人。

新左衛門尉與主人長井長弘一同為土岐賴藝效命，之後以下剋上方式流放美濃守護土岐賴武、守護代的齋藤利良，成功除掉土岐家的中樞人物。因此，土岐賴藝對保護自己守護地位的新左衛門尉產生信任。

在新左衛門尉死後，繼承家業的道三打倒長井氏總領－長井景弘，並奪取長井家的家督地位及其所領，之後改名為長井姓。接下來，道三扳倒擔任守護代的齋藤家，並再趁機改名為齋藤。最後，道三便將賴藝流放至尾張，至此終於完全掌控美濃。

道三以家臣身份，以謀略陸續打倒長井家、齋藤家，以及土岐家的三家主人。

■計策之士過度沉溺於計謀

然而道三的逆道行為，卻招來土岐、齋藤一族的反抗，他們聯合鄰國的朝倉、織田氏一同攻擊道三。於是道三便將女兒－濃姬嫁給織田信長，讓齋藤家與織田家保持和睦；之後道三平定了美濃亂事後，便剃髮隱居，把家督讓位給嫡男－齋藤義龍。

其實讓位這個舉動也是道三的計謀之一。據說道三自己放出風聲，表示義龍其實是土岐賴藝與其側室所生之子，所以是土岐家的正統繼承人，而道三為了要繼續掌握實權，所以才讓位給他。

義龍深深瞭解這樣的情況，心中開始因此不安。非常瞭解道三之前所為的義龍，知道自己就算遭到殺害也不足為奇，因次決定先打倒道三。於是，義龍便以「為生父土岐賴藝報仇」名義而舉兵，這時對道三有諸多不滿的舊土岐家的家臣們也加入對戰，其軍隊人數多達一萬七千。相較於道三卻只有二千七百的兵力，道三的計策反而讓自己陷入不利的局面。

不過，道三並沒有逃走，仍正面與義龍對決，以未完成志業之姿離開人世。

與齋藤道三關係密切的武將

織田信長 P.14

雖然道三只有與織田信長見過一面，但也一眼看出信長的確是有能的武將，最後還留下要將美濃讓給信長的遺言。

齋藤義龍 P.219

義龍到底是道三之子，還是土岐賴藝之子，這問題至今還是個謎團，不過這已為義龍及道三之間的關係，帶來極大的影響。

以「頑固一徹」性格存活於戰國時代的武將

■1515年生～1588年歿

稻葉一鐵

陸續跟隨土岐家、齋藤家、織田家與豐臣家，不斷更換主君得以存活於戰國之世的稻葉一鐵，雖然是以「頑固」著名的武將，但也文武雙全，懂得該如何取悅主君。

PROFILE

1515年	以曾根城主－稻葉通則六男身份出生
1525年	還俗繼承家督
1567年	看穿齋藤龍興會轉而靠攏織田家
1570年	「姊川之戰」中解救陷困境的織田家
1588年	在美濃清水城病死

illustration：丞惡朗

PARAMETER

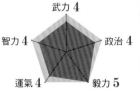

武力 4
智力 4
運氣 4
政治 4
毅力 5

武力 4
能夠轉戰於各地的武藝水準，讓德川家康都想得到他。

毅力 5
成為「頑固一徹」由來的頑固一鐵，就是有毅力的最佳佐證。

NATIVE PLACE

出身地 [美濃]

214

文武雙全的美濃勇猛武將

■看出齋藤家的不振，轉而追隨織田家

據說「頑固一徹」的說法是源自於稻葉一鐵。一鐵雖然是個頑固、不輕易向他人妥協的人，但這也正是生存於戰國不屈服的武將精神。

一鐵是效力於土岐家的稻葉家六男，原為僧侶身份，但父親通則及所有兄弟，都在近江的淺井軍攻打美濃時戰死，因此一鐵就還俗並跟隨土岐賴藝。

在土岐氏遭連三流放後，一鐵就轉而追隨道三，並與安藤守就、氏家卜全被稱為「美濃三人眾」，且持續追隨繼承道三家業的二代義龍、三代龍興。但由於年少的龍興不接受家臣的諫言，導致在遭到織田信長入侵美濃時，家中無法團結一致；之後還發生竹中半兵衛為了以行動勸諫龍興而奪取稻葉山城的事件。這些都讓一鐵對齋藤家的未來感到不安。

剛好此時豐臣秀吉說服了包括一鐵在內的「美濃三人眾」成為織田家的內應。而一鐵之所以作此決定，是因為已經看透龍興的能力底限，所以才決定轉而效力於織田家。比起越來越衰退的齋藤家，選擇後勢看漲的織田家才是戰國武將的冷靜判斷。

■以織田家家臣身份轉戰各地

信長一開始並不信任一鐵，因為他認為一鐵既然會背叛龍興，相必之後也會背叛自己。不過，有一次因為要討論計策，信長要一鐵來到房間裡，一鐵看到掛軸上的艱澀文句，就輕易地做出解說，這讓信長感嘆一鐵是個文武雙全的人才，終於對他漸漸放心。

一鐵在信長進攻美濃時，以先鋒身份應戰時有出色的表現，並且將齋藤家趕出美濃，之後更在各地立下不少戰功。雖然在與淺井、朝倉連合軍對戰的「姊川之戰」中，織田軍因為磯野員昌所率領的淺井軍的猛烈攻擊而陷入危機，幸虧一鐵率領一千人左右的士兵前來救援，才得以脫離困境。

之後信長也認定了一鐵在作戰時的表現，並將美濃清水城賞賜給一鐵，另外還提出將名字中的一字贈與，要一鐵改名為「長通」，但據說一鐵很生氣地拒絕這項提議。

■晚年追隨秀吉

在本能寺之變後信長過世後，一鐵的野心也開始萌芽，那就是美濃勢力獨立，讓自己能成為大名。當時與一鐵敵對的就是之前遭織田家流放的守就，守就趁著信長之死，為了奪回舊領在北方城展開亂事。不過，仍被一鐵所平定，之後一鐵轉而追隨秀吉。

雖然一鐵稱以「頑固」一詞所聞名，但他之所以會陸續追隨土岐家、齋藤家、織田家，和豐臣家，或許也可以算是在戰國生存的謹慎處世之道。

與稻葉一鐵關係密切的武將

明智光秀　P.16

光秀的家老齋藤利三原本也是一鐵的重臣，兩人還算有緣。在本能寺之變後，光秀立即要求援助，但一鐵卻沒有回應。

豐臣秀吉　P.48

因為秀吉的計謀而讓一鐵進入織田家，想必秀吉也是看出他的才能。在信長死後也有參與「賤岳之戰」和「小牧長久手之戰」，並繼續協助秀吉。

安藤守就

■1503年生～1582年歿

以「美濃三人眾」身份效力於織田家的安藤守就，雖然在各地立下不少戰功，但還是因為內通嫌疑而遭到流放。

illustration：
丞惡朗

PARAMETER

武力 4
政治 3
智力 3
毅力 4
運氣 2

NATIVE PLACE

出身地［美濃］

形成對比的「美濃三人眾」

■失勢的「美濃三人眾」

安藤守就為北方城主－安藤守利之子，原本是追隨土岐家，但由於齋藤道三的反逆奪權，遂轉而為道三效命，並與稻葉一鐵、氏家卜全所組成的「美濃三人眾」身份而表現活躍。

當齋藤家由道三之子－義龍繼承家督後，守就認為在義龍掌權下比較能發揮，所以便在義龍與道三對戰的「長良川之戰」中，加入義龍方參戰並成功討伐道三。

然而就在義龍之子－龍興繼承家督後，年輕的龍興只與一部分的寵臣來往，守就便與龍興越來越疏遠。

不久後重臣對龍興的不滿聲浪高漲，在1564年還發生守就的女婿－竹中半兵衛奪取稻葉山城事件。當時守就為了讓龍興有所醒悟所以也加入支援，但是龍興的態度依舊沒有任何改變。

與此同時，以美濃為攻擊目標的織田信長，趁著齋藤家內部發生紛爭之際，就叫秀吉去說服守就所屬的「美濃三人眾」負責織田方內應的工作。因此，守就終於放棄龍興，轉而投向織田家的懷抱。

成為織田家臣的守就，陸續參與了伊勢攻略、六角攻略等戰役，在「姊川之戰」還與其他的「美濃三人眾」成員組成一軍，終於在一番苦戰後拿下勝利。

不過，守就的命運卻忽然在此急轉直下，雖然沒有直接證據判定真假，但守就依然因與武田家的私通罪名而遭到流放處分。

而期盼能捲土重來的守就，趁著本能寺之變，為了拿回舊領而重新舉兵，可惜卻遭稻葉一鐵討伐身亡。同樣是從前被稱作是美濃三人眾的兩人，命運卻是如此具對比性。

信長後半生所倚靠的忠義武將

氏家卜全

■生年不詳～1571年歿

為「美濃三人眾」其中之一的氏家卜全，在看穿齋藤家的衰退後，便轉而跟隨織田信長，直到最後都真心為織田家奮戰。

illustration：
海老原英明

PARAMETER

```
        武力4
智力3           政治3

   運氣2      毅力4
```

NATIVE PLACE

出身地 [美濃]

最先戰死的「美濃三人眾」

■最後與一揆壯烈對戰而死

氏家卜全原本姓氏為桑原氏，效力於土岐家，但也在齋藤道三流放土岐氏後，轉而跟隨道三，之後也持續輔佐義龍與龍興所屬的齋藤家。

卜全與稻葉一鐵、安藤守就被稱為是「美濃三人眾」，雖然是齋藤家重要的家臣，但由於與龍興的關係惡劣，不久後就成為以美濃為目標的織田信長內應，導致稻葉山城遭攻陷。在信長掌管美濃後，卜全也轉而追隨信長並在此時入佛門，將名字從「直元」改為「卜全」。

卜全在信長前往京都時也被重用成為隨行者，在大河內城攻略及「姊川之戰」等戰役中都立下功績。雖然出身美濃的卜全是新進的外來者，但卻不輸給尾張出身的武將姿態，因此讓信長認為與出身何地並無關連，然後就以卜全戰功為由，讓他擔任大垣城主。

西元1571年，卜全參與了伊勢長島的一向一揆討伐。但由於一揆勢力強大，前年還殺死了信長之弟－信興，因而讓信長頭痛不已。信長為了鎮壓一揆，這次還讓柴田勝家等人率領五萬兵力進攻長島。

然而與舊齋藤家聯手的一揆勢力超乎想像的強大，織田軍被迫撤軍，且在撤退戰中也因為激戰使得勝家等人受傷；而擔任殿軍的卜全也遭到一揆眾的襲擊，在美濃石津戰亡。據說是因為下雨地面溼滑讓馬匹動彈不得，在他落馬時慘遭敵方殺害。當時的卜全已經是五十九歲，可以說是以衰老身軀與一揆對戰的勇將悲劇下場。

之後的家督就由長男氏家直通繼承，另外在「大阪之陣」表現活躍的氏家行廣則是卜全的次男。

只有自己的武器值得相信！
可兒才藏

■1554年生～1613年歿

擅長寶藏院流槍術的可兒才藏，即便不斷更換主人，但還是在多場戰事中，讓人見識到他精湛的槍術攻勢。

PARAMETER

```
          武力5
   智力4        政治3

   運氣4        毅力4
```

illustration：
中山KESHO

NATIVE PLACE

出身地〔美濃〕

在關原爆發的「竹之才藏」

■陸續替換主人的十字槍名手

可兒才藏自小就與寶藏院流槍術的始祖－寶藏院胤榮學習槍術，而他也把學習到的槍術完美地展現在戰場上，因為才藏相信的並非主人與忠義，而是自己的精湛槍術。

才藏很年輕就效力於齋藤龍興，但在龍興遭流放後，他則陸續追隨織田家臣的柴田勝家、明智光秀等人。在信長死後雖然也曾追隨信長三男－信孝，但在信孝遭秀吉殲滅後，他又轉而追隨豐臣秀次。

之後，豐臣軍在秀次擔任總大將的「小牧長久手之戰」中大敗，才藏眼看無獲勝機會，便拋下軍隊自行逃走。此時徒步逃脫的秀次正好看到騎馬逃亡的才藏，便要才藏下馬，但才藏依然自行離去。其實這並不是才藏膽小，是因為以槍出名的可藏，就是個會比較自身能力與敵軍數目而做出冷靜判斷的武將。

不過，才藏也因此激怒秀次而遭解雇成為浪人，當然才藏心中也不打算再繼續追隨無能的主人，所以不久後便轉而為福島正則效力。在「小田原征伐」時，才藏也參與了北條氏規所駐守的韮山城攻略，據說連氏規都對才藏的武藝讚譽有加。關原之戰則是跟隨正則加入東軍，並多次與西軍宇喜多秀家所率領的精兵激戰。

才藏手持竹槍與大刀奮戰，只要是砍下的頭顱，他就會以竹葉插入頭顱鼻孔，作為自己戰績的證明，然後再繼續衝鋒陷陣。據說當時才藏總共砍下多達十七個以上的頭顱，家康也對才藏的傑出表現讚不絕口。

而當家康檢查頭顱時，看到才藏擺放出來的頭顱插有竹葉，據說之後就下令要稱呼他為「竹之才藏」。

殺害父親及兄弟而奪得美濃
齋藤義龍

■1527年生～1561年歿

「美濃腹蛇」齋藤道三之子－義龍，由於對自己的身世存疑，而將道三當作是生父的敵人來殺害。

illustration：
三好載克

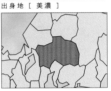

PARAMETER

武力3
智力4
政治4
運氣3
毅力4

NATIVE PLACE

出身地［美濃］

腹蛇之子還是腹蛇

■對身世存疑煩惱而行兇

雖然齋藤義龍以稻葉城主－齋藤道三嫡男身份繼承家督，但他還是對自己的身世抱持疑問。由於義龍的母親之前曾是美濃守護職－土岐賴藝的側室，因而出現道三迎娶其母時已經懷孕的傳聞，雖然無法辨別此說的真假，但有一說是道三為了安撫美濃國內的不滿人士，才會主張義龍是土岐一族的正統嫡子。

義龍是身高約為六尺四、五寸（約二米）的彪形大漢，但是在道三眼中他卻是個愚蠢之人，據說道三很溺愛其他兒子，還想要讓義龍以外的人來繼承家督。

而義龍也因為自己的身世，以及看到父親溺愛其他兄弟的表現感到十分苦惱。深知道三逆行的義龍，知道自己總有一天也會遭遇到被殺害或被流放的下場，所以他下定決心要先早一步行動。他先假裝生病，再趁著弟弟們來探病時將他們全部殺害，正式表明對道三的敵意。然後提出自己是遭道三流放的土岐賴藝之子，為正統守護職的宣言，並成功募集跟隨過土岐家的家臣們支持。

義龍與道三在長良川河畔展開對峙，義龍的兵力有一萬七千，但反觀道三卻只有二千七百的兵力，最後義龍成功討伐道三，成為美濃名副其實的主人。

義龍並導入宿老的合議制度來整頓內政，因此成功阻止以美濃為目標的織田信長行動。不過他卻在道三死後六年就生病突然死亡，雖然有其子龍興繼承家業，但年少的龍興無法統整領內勢力，之後齋藤家就遭到信長逐出美濃。

淺井家

講求舊有秩序的近江小領主

淺井家為京極氏的家臣，雖然有機會與戰國風雲人物－織田信長共組同盟，但由於無法認同信長過於革新的新秩序目標，而走上滅亡一途。

〈家紋：三個龜殼紋〉

仿傚龜殼上紋路再加上菱形花朵裝飾。

淺井家的歷史起源及族譜

■追隨京極氏並穩定發展

淺井家是在鄰近京都內的近江（現今滋賀縣）境內拓展勢力的一族，但並不清楚明確的起源為何，有一說是三条公綱的私生子，就後世的創作內容來看，也似乎是如此。

淺井家的歷史可追溯到1523年，京極氏發生內訌的時期。當時當主的淺井亮政為近江北部的京極氏直屬部下，但由於京極氏內部的國人具備強力發言權，而引起權力鬥爭。

近江南部的六角氏，及鄰國－美濃（現今岐阜縣南部）的齋藤氏都被捲入這場風暴中，而亮政就在累積勝利的情況下，慢慢地站穩腳步。

然而就在次代－久政當主時，六角氏的勢力增強，所以淺井家便透過讓嫡男－新九郎迎娶六角氏家臣之女等方式，來表示對六角氏的臣服之意。同時，淺井家也在其間進行領國支配的整頓，遵照舊有傳統與在地國人保持並非絕對的君主服從關係。

西元1559年，久政嫡男－新九郎成人後改名為賢政，之後隨即與妻子離婚。其實這是經過家臣團評估後的結果，因為若與六角氏有所牽連，對不利於日後發展，所以便切斷與其之間的聯繫。

不過，六角氏因此舉兵展開攻擊，可惜在「野良田之戰」中遭淺井家擊敗。至此，淺井家終於能脫離六角氏獨立，後來賢政改名為長政，以戰國大名身份廣為人知的淺井長政正式誕生。

【淺井家概略族譜圖】

淺井直政＝亮政—久政—長政┬萬福丸
　　　　　　　　　　　　　├女子（淀君）
　　　　　　　　　　　　　├初子（京極高次室）
　　　　　　　　　　　　　└達子（德川秀忠室）

戰國時代淺井家的興亡

■與織田信長組成同盟之後卻敵對而遭滅亡

　　勢力獨立的長政因為六角氏與美濃的齋藤氏有所往來，所以便與尾張（現今愛知縣西部）的織田信長合作，長政並在此時與信長之妹－阿市結婚。

　　在締結同盟時，曾提出「攻擊朝倉氏時，要先連絡淺井家」的條件，但卻沒有確實執行。近年來研究人員則表示在亮政時代，有六角氏與朝倉氏聯手攻打淺井家的記錄的存在。

　　由於之後在都內發生松永久秀殺害將軍－義輝的事件，逃離都內的義昭為了前往京都便向諸國求援，而信長也答應援助，於是長政就協助信長與阻礙前往京都行動的六角氏對戰。

　　但就在信長開始攻打朝倉氏時，長政卻背叛信長，而朝倉義景卻因為猶豫不絕而遭信長討伐身亡，長政則在「姉川之戰」敗北。由諸位大名所組成的「信長包圍網」也無法發揮作用，後來小谷城遭攻陷，淺井家也而此滅亡。

1570年左右的淺井勢力

1573年左右的淺井勢力

1573年滅亡

淺井家的對立勢力

織田家 P.12

雖然與淺井家締結同盟，但由於政治理念相違背，而遭到背叛。

齋藤家 P.210

與六角家共同入侵近江，並將淺井家與信長同盟一事，當作是攻打契機。

六角家 P.313

以強大的政治力與軍事力為背景，對淺井家產生極大影響。

淺井家的居城　小谷城

　　小谷城是由淺井亮政所搭建的山城，之後歷經久政、長政三代，都將其作為居城使用。詳細的築城年代並不清楚，但由於在1525年亮政遭六角氏攻擊之際，就已經有進行籠城戰的這點研判，此城是在1523年到1524年之間搭建的說法較有可信度。

　　在與信長對戰的「姉川之戰」中，信長擊敗淺井朝倉連合軍而獲得勝利，但當時小谷城依舊堅固，因此放棄攻城而撤軍。

　　後來羽柴秀吉（之後的豐臣秀吉）來到淺井郡，認為此處距離琵琶湖遙遠，認為交便上非常不便，因此為了要搭建新城－長濱城，所以將小谷城廢城。雖然沒有留有建築物遺跡，但城郭、土壘及石垣則有留存下來。

ODANI CASTLE

DATA

小谷城

所在地：滋賀縣東淺井郡湖北町
別名：－
文化區分：國家指定史跡
築城者：淺井亮政
築城年：1523年左右
構造：山城

因為重義氣而死的悲情年輕武將

淺井長政

■1545年生～1573年歿

很年輕就成為淺井家當主的淺井長政，與織田信長共組同盟擴大勢力，但由於無法割捨有恩的朝倉家，而淪為必須與信長對戰的命運……。

PROFILE

1545年	出生於六角氏總據點的觀音寺城下
1569年	獲得父親－久政讓位家督
1567年	迎娶織田信長之妹－阿市
1570年	急襲前來討伐朝倉義景而入侵越前的織田軍
1570年	「姊川之戰」與織田軍多次激戰，但還是戰敗
1573年	在小谷城自刃身亡

illustration：虹之彩乃

PARAMETER

武力 5

智力 4　　政治 3

運氣 1　　毅力 4

武力 5
十六歲就繼位家督，並靠著精湛武藝擊敗有力武將的六角義賢。

運氣 1
將信長逼入絕境，只差一步就能得勝，卻讓他給溜走。

NATIVE PLACE

出身地［ 近江 ］

因為家族歷史而被擊潰的悲情武將

■欲擊敗六角家一舉成名

淺井長政迎娶織田信長之妹－阿市為妻，因而與信長組成同盟關係，但不久後兩人卻轉變為敵對關係，長政最後也遭到信長殲滅。

淺井家三代的歷史負擔，也成為這位青年武將長久以來的煩惱。在長政出生時，父親－淺井久政臣服於六角氏，因此母親便成為人質，雖然長政也娶了六角家重臣之女為妻而成為其下屬，但長政並不能忍受如此屈辱。因此，才十六歲的長政讓消極的久政隱居，並將妻子歸還，藉此公然宣示要與六角家為敵。接著，長政率領的淺井軍戰勝六角軍，他出色的對戰身手立即傳遍近畿一帶。然而成長茁壯的長政，卻在此時出現重大轉變，那就是他與信長之妹－阿市的婚姻。

當時要入侵美濃的信長，需要長政的幫忙來挾擊美濃，再加上若是與長政組成同盟，前往京都行動就變得簡單多了。對於婚姻長政只有提出一個條件，那就是「織田家不能私自決定攻擊朝倉家」，因為長政無法漠視朝倉家長久以來對淺井家的恩惠。

以美濃與近江為要塞的淺井、織田同盟勢力也日漸擴大。1568年信長陪同足利義昭前往京都時，長政以織田軍先鋒身份，對淺井家的宿敵六角氏展開攻擊，並成功將其從近江驅逐。

■打破約定

但這樣的同盟關係並沒有持續很久，因為信長對不服從前往京都命令的朝倉義景展開攻擊，且沒有先知會長政就逕自展開朝倉討伐行動。而這樣的情況，也讓長政陷入苦思，不曉得到底該支持朝倉還是織田家。一邊是過去三代都有恩惠的朝倉家，一則是大舅子－信長，在苦惱許久後，長政還是選擇對朝倉家報以恩義，再加上父親及多數家臣也都贊成，所以長政決定協助朝倉家。

長政在金崎急襲信長軍，織田軍遭到淺井軍與朝倉軍的挾擊，費了一番功夫才得以撤退。但信長不是「順利逃脫」，正確說法應該是長政給了信長「逃脫的機會」，因為長政在反叛前，還讓阿市拿著兩端綁住的紅豆袋到信長陣營，其實那就是在告知信長對方會採取挾擊攻勢，及代表長政之後會反叛之意。長政也因為過去的情份，故意先磨鈍刀鋒。

後來，長政又再次與織田軍在「姉川之戰」激烈對戰，面對有人數上優勢的織田軍，淺井軍則是不斷地猛烈攻擊，雖然已經將織田軍的十三段軍陣擊潰至十一段，但淺井、朝倉連合軍最後還是敗北，淺井家也因此衰退。

不久後信長滅亡朝倉家，緊接著還包圍了近江的小谷城，雖然呼籲長政投降，但長政卻不理會，等到順利讓阿市及三個女兒出城後，自己則和父親－久政一同自殺身亡。

與淺井長政關係密切的武將

織田信長　P.14

長政在迎娶阿市前就很尊敬信長，還從信長那得到一字，由「賢政」改名為「長政」，兩者的同盟關係雖短暫但卻很深厚。

朝倉義景　P.232

淺井家雖然是京極家的家臣，但卻在長政的祖父－亮政的時代獨立。因為淺井家與六角家不時發生衝突，當時就受到朝倉家的援軍恩惠。

即便武藝出眾但最後卻下場悲慘

磯野員昌

■生年不詳～卒年不詳

因為「姉川十一段擊潰」而聞名的磯野員昌以殺敵隊長身份，在對戰中經常都是負責打頭牌，但卻中計遭淺野家追趕，之後轉而追隨織田家也遭遇困難。

illustration：佐藤仁彥

PROFILE

不詳	以京極家家臣－磯野員宗之子身份出生
1561年	以淺井家家臣身份而得到佐和山城
1570年	參與「姉川之戰」，雖然上演「姉川十一段擊潰」，但還是戰敗
1571年	效力於織田信長
1578年	遭流放至高野山

PARAMETER

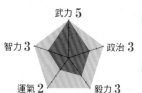

武力5
政治3
智力3
毅力3
運氣2

武力 5

在「姉川之戰」有傳說級的活躍表現，並一舉擊潰並行的織田家武將。

運氣 2

雖然擁有一身好武藝，但都遭到兩位主君不合理的流放處分。

NATIVE PLACE

出身地［近江］

跟隨淺井家與織田家的苦情武將

■衝鋒陷陣的淺井軍隊長

磯野員昌因為計謀失策遭到淺井家放逐，之後轉而追隨織田家，又因為激怒信長而遭到流放，真是個苦情纏身的武將。

磯野家原本是京極家的家臣，但就在淺井亮政擴大淺井家勢力之際，員昌選擇臣服於淺井家。員昌的能力也受到賞識，在被拔擢為佐和山城主之後，他就成為淺井家與六角家對戰的最前線人選。

員昌在與六角家的對戰中多次建功，因此深得長政信賴，於是便成為淺井軍作戰時的先鋒。在淺井家與織田家所對戰的「姉川之戰」中，員昌也展現了少見的突擊表現。當時的淺井軍以員昌為先鋒，接著則是由淺井政澄、阿閉貞征等人的軍隊縱向排列，並以信長本陣為目標前進。

員昌所率領的精銳部隊衝向織田軍，並突破坂井政尚、池田恒興、豐臣秀吉、柴田勝家等人的軍陣，接著進入森長可軍陣內。此時信長本陣就只剩下佐久間信盛的軍陣，員昌漂亮地一一擊破由優秀織田軍臣所組成的十三段軍陣中的十一段軍陣，所以被稱作是「員昌的姉川十一段擊潰」。

員昌接著率領淺井軍繼續朝織田軍攻擊，織田軍因而陷入危機中，為了避免更嚴重的後果，擔任後援的稻葉一鐵、擊退朝倉軍的德川援軍也趕緊前往支援，終於挽回些許情勢的織田軍，便與擺出突出軍陣的淺井軍展開反擊，讓淺井軍受到極大損害。

■追隨信長又遭流放

姉川之戰後，淺井家勢力逐漸弱化，就連員昌所居住的佐和山城也被織田軍包圍，不過也由於員昌死守佐和山城，而讓織田軍無計可施。因此秀吉想出一個計謀，就是放出員昌有謀反之意的流言到淺井方。

相信此傳言的淺井方，決定斷絕對佐和山城的支援，使得員昌陷入困境。身手了得的員昌也對這樣的斷糧舉動無計可施，只好捨棄佐和山城前往小谷城，然而聽信傳言的長政卻不打開城門，員昌只好帶著悲傷情緒向織田投誠。

轉而為織田家效力的員昌，受到信長贈與近江·新庄城等的破例待遇，這應該也是因為他在姉川之戰的表現受到信長認可的緣故。員昌之後在越前一向一揆的鎮壓、逮捕以信長為狙擊目標的槍砲名手－杉谷善住坊等，為信長的霸者之路有所貢獻。

然而卻在1578年，員昌突然因為激怒信長不但所領遭到沒收，還被流放到高野山。雖然不清楚原因為何，但所幸並沒有因此波及其家族，之後員昌一族就分別以石田三成、藤堂高虎的家臣身份活躍於歷史舞台。但員昌卻在此時從歷史舞台上消失了。

先是因為被懷疑與織田私通而遭到淺井家放逐，之後又因為不明原因被織田家流放，只能說員昌真的是一位苦情武將。

與磯野員昌關係密切的武將

織田信長　P.14

員昌突然遭到信長流放，應該是由於那幾年接連發生松永久秀與荒木村重的謀反等事件，所以才會讓信長對家臣的忠誠感到不安。

淺井長政　P.222

員昌在長政祖父那一代就跟隨淺井家，之後也持續為淺井家的久政與長政效力，雖然有立下功勞，但卻意外失去長政的信賴。

要自己選擇主君！由於慎選主君而成為三十二萬石的大名

藤堂高虎

■1556年生～1630年歿

懂得如何善用人才，以及如何為主君效力的高虎，他憑著過人的眼力替換主君，除了在日本各地以及朝鮮半島有出色表現之外，也是參與許多築城計劃的智將。

PROFILE

1556年	出生在近江的當地豪族家庭
1570年	「姉川之戰」首上戰場
1587年	九州攻略參戰
1597年	在慶長之役率水軍
1600年	「關原之戰」立下戰功
1608年	移封伊賀、伊勢二十二萬石

illustration：佐藤仁彦

PARAMETER

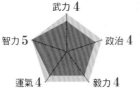

武力 4
政治 4
毅力 4
運氣 4
智力 5

智力 5
接連更換主君的高虎擁有優秀的人物鑑定眼光。

毅力 4
更換主君並不是件簡單的事，必須有所覺悟才行。

NATIVE PLACE

出身地［近江］

知道該如何善用人才，以及如何為主君效力的武將

■不斷更換主君的上半輩子

說出「沒有換過七次主君，就不算是武士」名言，因為一生多次更換主君而為人所知的藤堂高虎，在十五歲時就首次踏上戰場，是在淺井長政與織田信長所對戰的「姉川之戰」中，負責小谷城的守備工作。

由於高虎是身高有六尺二寸（約一百九十公分）的彪形大漢，所以即便混入大人的戰場上，也必定能有毫不遜色的表現。

在淺井家滅亡後，高虎便在各國流浪走訪各地城池學習兵法。其間他曾陸續續短暫跟隨過阿閉貞征、磯野員昌、信長外甥－織田信澄等人後，又轉而跟隨豐臣秀吉的異父弟－豐臣秀長，這才終於有了固定的主君。

雖然高虎易主的行為常被批判，但阿閉貞征之後因為協助明智光秀使其族滅亡、磯野員昌遭到流放、織田信澄也在本能寺之變的混亂中遭殺害；從這些結果看來，選擇離開這些武將的高虎，所做的判斷似乎沒錯。

■從豐臣到德川

高虎在秀長麾下參與了多場秀吉奪取天下的戰役，並立下不少戰功。且在中國攻略、「山崎之戰」、「賤岳之戰」、九州征伐等戰功都受到認可，而成為二萬石的大名。

秀長死後，高虎也以其子豐臣秀保的監護人身份為豐臣家效力，然而秀保卻因為生病而突然死亡，高虎一下子就失去了好不容易固定下來的主君。或許是因此對未來感到悲觀，信虎在四十歲時出家進入高野山，但由

於秀吉不願意看到他的能力就此被埋沒，因此要他還俗，並賞賜其伊予宇和島的七萬石。

秀吉死後，從朝鮮歸來的高虎便與德川家康越走越近。因為當時正值豐臣家的家臣們分裂為武斷派及文治派的時期，加入武斷派的高虎也因此成為家康夥伴，之後在關原之戰也加入東軍之列。

但在開戰前，高虎一直很在意擔任東軍先鋒的前秀吉家臣－福島正則與池田輝政等人是否會反叛，還規勸家康要確定他們沒有反叛意思後再到江戶做準備。

其實，高虎也在等待即將取得天下的家康到來，並且希望留在家康身邊為他做出貢獻。這也是懂得如何善用人才，及如何盡下屬義務的高虎，所留下的處事方式。

此外，高虎也是擅長築城的武將，除了領國的宇和島城之外，其他像是名古屋城、駿府城、江戶城等，德川幕府的重要城池搭建工程，高虎都有參與道。由此可知高虎的確具備傑出的築城術。

最後，成為德川家重臣的高虎也成為領有伊勢津藩三十二萬石的大名，雖然是外來者，但卻破例享有歷代大名的規格待遇。

與藤堂高虎關係密切的武將

小早川秀秋 P.73

由於秀秋曾經是秀吉的養子，所以便以西軍身份參與關原之戰，而勸說秀秋成為內應的人就是高虎。

德川家康 P.76

在秀吉死後，很快就看出家康會接著取得天下，所以便以送人質到江戶，以及傳達上層情報等方式來表示對家康的忠誠。

為光秀的勝利賭上性命

阿閉貞征

■1528年～1582年歿

原為淺井家有力家臣的阿閉貞征，雖然背叛淺井家成為織田家家臣，但由於協助光秀而落得悲慘下場。

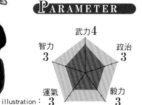

PARAMETER

武力 4
政治 3
毅力 3
運氣 3
智力 3

illustration：佐藤仁彥

NATIVE PLACE

出身地［近江］

代替淺井家以北近江為目標

■背叛淺井家並協助明智光秀

阿閉家世代都是北近江的國人，在淺井家擴大勢力之際成為淺井家下屬，到了貞征時代還變成為擁有山本山城的重臣。

貞征也有參與淺井、朝倉連合軍對戰織田、德川連合軍的「姉川之戰」。他率領一千騎兵，在磯野員昌、淺井政澄之後的第三段布陣，並深入進攻至織田軍的軍陣中。

但最後貞征等人的奮戰化為烏有，淺井家在姉川之戰敗北後，勢力大幅衰退，而貞征則是駐守在山本山城並陷入苦戰。但最後貞征還是決定反叛加入織田方，淺井家則走向滅亡，而貞征則因此保有所領。

雖然貞征成為秀吉的下級武士，但他卻與後來成為長濱城主的秀吉，因為琵琶湖上的竹生島領權有所爭執；或許這也是導致貞征之後做出可怕判斷的原因之一。

在秀吉奉信長之命進攻中國地區時，貞征則留守在山本山城，由於明智光秀引發本能寺之變，而導致近江沒有任何一個有力武將留守。貞征則將此時視為統治北近江的好機會，便與明智光秀、京極孝次一同攻陷秀吉的長濱城。

然而光秀的天下卻稍縱即逝，在從中國地區歸來的秀吉與光秀天下之爭的山崎之戰中，貞征因為無法抵擋擔任先鋒的高山重友等人的攻擊而敗北，不僅遭到逮捕也連帶讓一族都受波及，全都遭到秀吉殺害。

就因為以光秀的勝利為賭注，而讓貞征因為自己的魯莽而招來悲慘下場。

在陸上海上發揮軍事才能的舊淺井家家臣

脇坂安治

■1554年生～1626年歿

認定淺井家勢力不會再起，便轉而追隨織田家的脇坂安治，之後也為秀吉效力，並在陸上、海上都表現活躍。

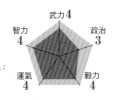

PARAMETER

```
          武力4
智力4              政治3
   運氣4        毅力4
```

illustration：佐藤仁彦

NATIVE PLACE

出身地〔近江〕

率領水軍迎戰有難度的「朝鮮出兵」

■從淺井家轉而跟隨豐臣家後遠近馳名

脇坂安治原本是淺井家的家臣，但由於看出淺井家即將滅亡，便轉而追隨織田家成為明智光秀的下屬。

安治的武藝曾得到人稱丹波赤鬼的敵將－赤井直正的讚賞，所以在織田家中也日漸受到信賴。之後安治也自願成為豐臣秀吉下屬，並且參與秀吉的中國攻略、播磨的三木城攻略等戰役，多次參戰秀吉主戰的戰役，並立下無數功勳。

其中在秀吉與柴田勝家對戰的賤岳之戰中，他則和福島正則、加藤清正等人被稱作是「賤岳七把槍」，讓人見識到他出色的表現，還因此成為洲本城的三萬大名。

不過安治的軍事才能不只在陸上展現，在水上也有很好的才能。即便在「小田原征伐」首次指揮水軍，但還是成功從海上進攻伊豆的下田城。安治也因為功績受肯定，便在「朝鮮出兵」時率領水軍出征。因為急於立功貿然行動，導致在閑山島海戰時大敗給朝鮮名將－李舜臣，之後也多次受到李舜臣的攻擊，且一直奮戰到最後。

秀吉死後安治就開始與德川家康往來。關原之戰時人在大阪的安治，則在石田三成舉兵時加入西軍，但決戰當日在松尾山布陣的安治，趁著小早川秀秋反叛之際，自己也起而謀反，將大谷吉繼的軍隊全都殲滅。

戰後因為家康而保有所領，之後也移封為五萬三千五百石的伊予大洲藩。雖然為了德川家展現忠義之舉，但在「大阪之陣」時，卻沒有加入任何一方。

即便在關原之戰加入東軍，但安治還是無法對有恩的豐臣家刀劍相向。

229

朝倉家

在亂世中突然興起的戰國大名

直接侍奉足利將軍而表現活躍，之後得到越前支配權的朝倉家，卻敗給否定舊有威權，而全力拓展勢力的織田信長，從歷史的表舞台上退場。

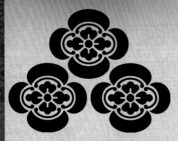

〈家紋：三角木瓜〉
據說是因為先祖擊退白色山豬，而得到源賴朝賜予的家紋。

230

朝倉家的歷史起源及族譜

■以應仁之亂為契機而成為戰國大名

雖然說關於朝倉家的起源眾說紛紜，但就「朝倉系圖」以及《朝倉始末記》的內容看來，一開始改名為日下部，到了平安時代末期的宗高時代改名為朝倉，其子清隆就成為朝倉的祖先。清隆雖然在因為在「源平合戰」中，與平氏合作導致所領遭沒收，但之後又由於戰功得到許可，也就是在此時家紋加上兩個木瓜，形成「三個木瓜」的家紋。

當南北朝動亂來臨時，自高清之後第八代的廣景則加入足利尊氏麾下，與斯波高經一同擊潰新田義貞的廣景，便獲得的越前（現今福井縣）的黑丸城為居城，而越前朝倉家就此誕生。

之後朝倉家二代－高景，以及三代－氏景都因協助尊氏而立下戰功，越前境內所領也不斷增加。當關東的行政府－鎌倉府發生反亂之際，朝倉家還是一貫地持續為幕府方效力。

西元1452年，擔任越前、尾張（現今愛知縣西部）與遠江（靜岡縣西部）的守護斯波義健死後，繼位的義敏便與守護代－甲斐氏之間產生爭鬥，而在之後演變成「應仁之亂」。

在此次亂事中，第七代－孝景以西軍主力身份奮戰，並立下許多戰功，之後回到領國，在收到將軍針對守護職所頒發的御令後便背叛西軍。

御令是表示認可孝景實質的越前支配權，孝景也因此成為戰國大名。

【朝倉家概略族譜圖】

朝倉高清——（中略）——❶朝倉廣景（越前朝倉家）

❷高景—❸氏景—❹貞景—❺教景—❻家景

❼孝景—❽氏景—❾貞景—❿孝景—⓫義景

戰國時代朝倉家的興亡

■雖然成功掌管越前，但卻遭織田信長殲滅

　　雖然朝倉家一直在強化越前的統治權，但繼承孝景家業的第八代－氏景卻早逝。當幼小的貞景成為當主後，斯波氏因為想要奪回越前治權而展開行動，但貞景還是以強大軍事力為背景，順利渡過此次難關。另外，也成功鎮壓族內的紛爭，讓朝倉氏在越前的領國支配更為穩固。

　　朝倉家第十代－孝景（仿照七代同名）成為當主時，也受將軍之命鎮壓亂事等，增加不少出征鄰國的機會。這也可以說是在畿內眾多勢力中，朝倉家戰力占有一席之地的最佳佐證。

　　到了十一代－義景當家時，爆發了將軍－義輝遭暗殺的事件，雖然義輝之弟－義昭前來投靠朝倉家，但義景由於實力不足無法遵從將軍意向，義昭就轉而投靠織田信長。擁立將軍前往京都的信長，便向朝倉家要求協助，但義景卻拒絕這樣的要求，因此正式與信長為敵。

　　後來朝倉家與背叛信長的淺井氏合作，並策劃「信長包圍網」等攻擊方式，但最後還是遭到信長殲滅。

1548年左右的朝倉勢力

1573年左右的朝倉勢力

1573年滅亡

朝倉家的對立勢力

織田家　P.12

由於朝倉家不答應前往京都要求，而遭織田家討伐滅亡。

本願寺家　P.252

雖然因為加賀的一向一揆問題，而與朝倉家對立，但之後又恢復和睦關係。

斯波家　P.306

由於越前的支配權而與朝倉家對立，戰敗後便逃往尾張。

朝倉家的居城　一乘谷城

　　據說一乘谷城是在第七代－孝景擊退斯波氏時，沿著一乘谷要害為據點而起源，之後便在周邊山上搭建要塞及守備台，另外也在一乘谷的南北方都搭建城門，在其內側形成長達一點五公里的城下町。而朝倉家的居住建築和家臣們的武家宅邸，也都是搭建於其中。

　　直到京內因為「應仁之亂」而荒廢後，許多的文化人逃至此處因而快速發展。雖然作為越前中心地而繁榮，但卻在1573年遭信長入侵，又化為一片灰燼。

　　據說由於之後領有越前的柴田勝家，因為以北之庄為據點，所以遺址的保存狀態良好。現在除了武家宅邸以及街道已恢復之外，整座遺跡為特別史跡，而四個庭園則是被指定為國家特別名勝。

ICHIJODANI CASTLE

DATA

所在地：福井縣福井市
別名：－
文化區分：國家指定特別史跡
築城者：朝倉孝景
築城年：15世紀後半
構造：山城

終結名門朝倉家的文化人武將

朝倉義景

■1533年生～1573年歿

朝倉義景是精通詩歌、繪畫及坐禪等雅趣的一流文化人，他與淺井家以及石山本願寺聯合對抗信長，雖然一度讓信長陷入困境，但最終還是以悲劇方式結束生命。

illustration：NAKAGAWA

PROFILE

1548年	繼承家督
1555年	加賀出兵
1564年	鎮壓加賀半國
1565年	接受從京畿逃出的足利義昭
1570年	在與淺井家共同挑起的「姊川之戰」中敗北
1573年	在賢松寺自殺身亡

PARAMETER

武力 3
智力 3　政治 3
運氣 2　毅力 2

智力 3
義景的才能只限於詩歌、繪畫以及坐禪等方面，並不擅於軍事策略。

政治 3
在保護足利義昭的同時，卻沒有善加利用其力量，真的很可惜。

NATIVE PLACE
出身地【越前】

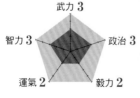

貪圖小京都一乘谷的安寧

■名門朝倉家最後的當主

出生在越前國主－名門朝倉家的朝倉義景，由於父親之死而在十六歲時繼位家督。

義景之名是從將軍－足利義輝一字賜予，再加上他正室妻子是足利幕府管領之女，所以朝倉家對室町幕府而言，是具備重要地位的大名。據說在歷經三代的輔佐朝倉家的名將－朝倉宗滴，在其1555年病死前朝倉家的武力曾經非常強大。

因此當將軍－義輝在京都遭暗殺後，其弟－義昭當然會來投靠朝倉家，雖然義景也給予義昭高規格的保護，但是對義昭希望自己陪同前往京都的想法，卻是消極以對。

雖然這對義景而言，是個能有所躍升的機會，但因為越前國力及一向一揆等因素，讓國內情勢處於不安定狀態。所以義昭只好透過明智光秀的牽線，轉而投靠織田信長，並落實了陪同義昭前往京都的行動。

然而信長也有邀義景一同前往京都，但義景卻沒有答應，雖然義景並沒有要與信長敵對的意思，但由於越前情勢會對美濃造成威脅，所以便受到信長的施壓。

另外，義昭也逐漸察覺自己只不過是信長的傀儡，所以與信長之間的關係降到冰點，於是義昭便開始策劃「信長包圍網」行動，也促使義景參與其中。

■沒有把握千載難逢的機會而自刃

西元1570年，信長率領三萬兵力往京內出發，並入侵越前陸續攻陷了手筒山城以及金崎城。正當朝倉家就要因此滅亡之際，中立的淺井長政卻舉兵從背後對織田軍展開攻擊，織田軍因而潰敗，連信長都好不容易才逃回京內。但義景卻沒有好好掌握這個大好機會，導致最終讓自己與朝倉家遭到殲滅。

重整態勢的織田軍，在「姊川之戰」擊敗淺井、朝倉連合軍，雖然在信長出兵石山本願寺其間有展開反擊，但之後勢力日漸衰退。直到東邊的武田勢力全滅後，信長就全心投入與淺井與朝倉的對戰，同時入侵越前與近江。義景雖然下令要一族的朝倉景鏡與家臣魚住景固出征，但兩人都因為疲倦而拒絕參戰，此時朝倉家一族的家臣團的動搖幅度正不斷加大。

義景不得已只好親自上陣，而信長也展開攻勢，並切斷義景與長政的支援，因此義景只好往越前撤退，但由於淺井軍被封鎖在小谷城，無法對織田軍展開制克。而義景雖然在越前國境迎擊織田軍，但還是無法抵擋織田軍的攻勢，他的妻子便帶著幾位隨從逃往大野。

之後義景也因為景鏡的反叛而被迫自刃，就此拉下人生布幕。

與朝倉義景關係密切的武將

足利義昭　P.238

當足利義輝被暗殺後，義昭就投靠義景。精通雅道的文化人義景，雖在義昭成人時擔任其監護人，但卻沒有前往京都。

本願寺顯如　P.254

顯如為了對付信長，而與義景保持連繫，其長子教如還與義景之女締結婚約，不過由於義景都一直在往返越前與近江，所以無法確定這個方式有沒有效。

足利家

與舊有秩序一同消失於戰國之世的將軍家

打倒鎌倉幕府並建立全新室町幕府，以武家棟樑之姿君臨天下的足利家，由於族內部不間斷地權力鬥爭，而導致戰亂之世的出現，並因此日漸沒落。

〈家紋：足利二直線〉
其中一種圓內直線呈現方式，因為是將軍家，所以設計也很特別。

足利家的歷史起源及族譜

■推翻鎌倉幕府成為室町幕府將軍家

以河內（現今大阪府東部）為總據點的河內源氏棟樑，即是源義家的三男－義國，同時並領有下野（現今栃木縣）足利莊。而足利家的起源便是在次男－義康改名為足利氏之後。

第三代－義氏當家時，足利家在擔任三河（現今愛知縣東部）守護的同時也因為補任三河吉良庄的領主而移居至此，義氏讓長男繼承領國吉良庄、讓次男的泰氏繼承宗家。

之後足利宗家就以下野為總據點，世代都從旁輔佐鎌倉幕府，但在第八代－尊氏因為協助後醍醐天皇的「建武新政」而倒幕，後來就自行創立室町幕府。

尊氏開創室町幕府的舉動，等於是與以重現古代朝廷為目標的後醍醐天皇的決裂，因而開啟南北朝的動亂期。此次動亂持續了五十六年之久，最後終於在三代將軍－義滿在位時完成南北朝的統一，幕府制度也因此穩定化發展。

但就在義滿死後，守護大名的勢力明顯抬頭，甚至還爆發與關東行政機關－鎌倉府對立的「永享之亂」等事件，使幕府權威急速下墜。而想要強化權限的第六代將軍－義教遭到暗殺，進而使繼位者問題引起「應仁之亂」，也因為此次亂事讓局勢突然進入戰國之世。到了第十一代將軍－義植當家時，將軍家的權威已完全如同虛設。

【足利家概略族譜圖】

❶足利義康—❷義兼—❸義氏—❹泰氏—❺賴氏

❻家時—❼貞氏—❽尊氏—❾義詮—❿義滿

⓫義持—⓬義量
⓭義教—⓮義勝
　　　　⓯義政—⓰義尚　　　⓳義晴—⓴義輝
　　　政知—⓲義澄　　　　　　　　　㉒義昭
　　　義視—⓱義植　　　　義維—㉑義榮

戰國時代足利家的興亡

■最終還是無法恢復將軍權威

　　雖然說將軍權威如同虛設，但「擁立將軍」對大名而言，似乎是能得到權威的一件事，所以將軍就成為畿內有力大名權力鬥爭之下的犧牲品。

　　到了第十三代－義輝當家時，由在畿內擔任輔佐將軍管領職的細川晴元掌權，然而晴元家臣－三好長慶卻與晴元對立，另外擁立細川氏綱，並叛亂建立起一大勢力。

　　而義輝雖然在京內遭驅逐，但他還是持續對抗長慶，只是最後還是形同傀儡地與其和解，才得以回到京內。不過義輝也繼續以將軍身份積極活動，漸漸看到將軍權威逐漸回復的一線曙光。

　　不過就在長慶死後，以幕府掌權為目標的松永久秀，卻進攻二條城殺害義輝。

　　此時逃出京內的義輝之弟－義昭，雖然後來獲得信長之助，完成前往京都行動，但最後還是因為與信長對立而遭到殲滅。在諸國政權不斷轉移後，由取得天下的豐臣秀吉廢除將軍職，足利將軍家因而滅亡。

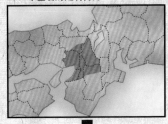

1572年左右的足利勢力

1573年左右的足利勢力

1573年領國流放

足利家的對立勢力

三好家　　P.256

直接率領軍隊進攻，以前所未有的手法殺害將軍。

足利家　　P.309

對足利家而言，與鎌倉公方的內部紛爭是最大的敵人。

後醍醐天皇

盼望古代朝廷的重現，與以確立武家政權為目標的足利家對立。

足利家的居城　足利氏館

　　由於足利氏館是在足利氏成為鎌倉幕府直屬武士時所搭造的建築物，所以是以當時典型的方形居館樣式呈現。雖然首創者不明，但現在則以足利家二代－義兼之說可信度較高。

　　西元1196年，義兼在館內建造佛堂，之後則成為鑁阿寺，也成為足利一族的宗祠。

　　因此寺廟存在的歷史比足利氏的據點還要長久，也可以說是到現在還停留在當時形態的原因之一。

　　以本堂、鐘樓等建築為首，櫻門與多寶塔等多數建築都被指定為國家重要文化財產、縣內有形文化財產，史料價值極高。

ASHIKAGASHI YAKATA
DATA

凸
足利氏館

所在地：栃木縣足利市
別名：－
文化區分：史跡、重要文化財等多數分類
築城者：足利義兼
築城年：鎌倉時代初期
構造：平城

重拾幕府權威的劍豪將軍

足利義輝

■1536年生～1565年歿

很適合生活於亂世的將軍，不僅有優秀的劍術，也具備霸氣及武士的威嚴，雖然讓幕府恢復威權，但卻遭到松永久秀的暗殺，以悔恨心情離開人世。

PROFILE

1536年	以足利義晴嫡男身份出生
1546年	十一歲時獲讓位家督
1552年	與三好長慶保持和睦，但回到京畿後卻與長慶爭鬥而敗北逃亡
1558年	再次與長慶保持和睦，並又再次與長慶爭鬥敗北，之後和解。負責出面調停各地抗爭
1564年	三好長慶病死
1565年	遭松永久秀的「三好三人眾」襲擊殺害（永祿之變）

illustration：三好載克

PARAMETER

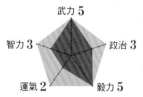

武力 5
智力 3
政治 3
運氣 2
毅力 5

武力 5
向塚原卜傳與上泉信綱學習劍術，遭襲擊時雖奮戰，但還是輸給敵方人數上的優勢。

毅力 5
想要重拾幕府威權的氣概，以及達成目標的實行能力都值得讚賞。

NATIVE PLACE

出身地【山城】

企圖脫離傀儡身份的霸氣將軍

■為了重拾將軍權勢而戰

室町幕府第十三代將軍足利義輝，據說他因為向劍聖－塚原卜傳學習劍術，晚年又得到新陰流的創始者－上泉信綱的劍術精髓傳授，所以被稱作是「劍豪將軍」。他是個擅長劍術、展現出霸氣十足武士模樣的將軍，並意圖重拾室町幕府威權。

「應仁之亂」後，足利將軍家實權被管領－細川氏掌握而成為傀儡政權，就連其父－足利義晴也難逃遭利用的命運。義輝自幼小就看到將軍家因喪失威權所受到的屈辱，這樣的經驗促使他學習劍術的動機。由於義晴在義輝小時候就感覺到他的霸氣，所以便把將軍職讓位給年僅十一歲的義輝。

這位年輕將軍的夢想就是要恢復室町幕府的權威。所以他先回到京內，與細川晴元保持和睦關係，但由於畿內有拓展勢力的三好長慶這號人物存在，所以義輝依舊是名傀儡。即便義輝個人具備傑出的劍術，但他還是沒有固定的軍力及領土，只有「將軍」這個頭銜存在。

因此義輝為了提高「將軍」頭銜的價值，便插手調停伊達政宗、武田信玄、上杉謙信、島津貴久、毛利元就等各地大名之間的紛爭；另外還將自己的「輝」字，授與伊達輝宗及毛利輝元等人，並給予二次前往京都的謙信關東管領一職。就這樣以恩惠與職務方式所架構出的關係逐漸展現成果，並再與朝倉義景、六角義賢、本願寺等勢力，組成三好包圍網與長慶對抗。

■新的敵人出現而遭到暗殺

在六角義賢等人的抗爭下，三好家的勢力也日漸衰退。不久後松永久秀掌握權力後，便打倒其他與自己敵對的家臣，並暗殺長慶的兒子與弟弟，而長慶也因為意志消沉而病死。

義輝將三好家的家臣逐出京內，終於得以重拾幕府權勢，然而抱有強大野心的久秀，卻與人稱「三好三人眾」的家老－三好長逸、三好政康、岩成友通共同策畫計謀。對他們來說需要的是一個傀儡將軍，而義輝的存在只會造成阻礙，因此便排除義輝，展開擁立義輝堂兄弟－足利義榮的行動。

久秀與三好三人眾以寺廟參拜為名義前往京內，暗地裡卻偷偷舉兵包圍義輝所在的二條城，雖然說將軍居所為城池，但還是有入侵的可能。

面對強敵入侵，義輝則是手上堆疊好幾把愛刀奮力抵抗，當手上的刀因為沾有太多血跡而不利時，他就抽出新刀持續砍殺敵兵，不難想像人稱劍豪的義輝當時有多麼可怕。

後來二條城遭到縱火，一下子就瀰漫著大火，義輝也在火勢中帶著壯志未酬心情結束人生，不難想像他心裡應該是非常地悔恨不已。

與足利義輝關係密切的武將

三好長慶 `P.258`

由於在京內架構出三好政權而與義輝抗爭，但又多次和好。因認為沒有將軍會造成不便，所以來到將軍住所議和，但實權還是掌握在長慶手中。

松永久秀 `P.260`

看好三好長慶的實力而成為其家臣並從旁協助，趁著長慶之死而嘗試掌控政界，因當時的最大阻礙就是義輝，所以久秀便強行使出暗殺手段。

室町幕府最後將軍

足利義昭

■1537年生～1597年歿

在京內遭松永久秀追擊而流浪，之後終於
因為信長而獲得將軍職，但就在與信長對
立逐漸升溫後，便動員周邊武將組成信長
包圍網。

PROFILE

1537年	以足利義晴次男身份出生
1565年	兄長－足利義輝遭松永久秀暗殺（永祿之變）雖然遭到軟禁，但還是被細川藤孝等人救出，而投靠六角家及朝倉家流浪各地
1568年	受信長的護衛而前往京都宣佈義昭成為第十五代將軍
1569年	信長發佈承認義昭為將軍的條款，並限制幕府行動
1571年	寫信給上杉謙信、毛利輝元、本願寺顯如、武田信玄、六角義賢等人（信長包圍網）
1573年	在京內遭到信長流放

illustration：三好載克

PARAMETER

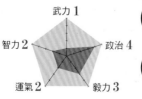

武力 1
智力 2
政治 4
運氣 2
毅力 3

政治 4

從回到將軍住所後，為了恢復幕府權威，而構思信長包圍網。

智力 2

以為會答應信長的和解，但之後又反叛等，表現出毫無戰略的反抗方式。

NATIVE PLACE

出身地【山城】

即便因信長而成為將軍，但最終還是激烈對立

■持續流浪的苦情公方

說到足利義昭的生平，就一定會提到織田信長，他因為信長相助而成為第十五代將軍，但卻與信長激烈爭鬥，反從京內遭到驅逐。以信長為主角的連續劇、小說，大多數都將義昭塑造成執著古代權力的貴族形象。雖然義昭之後因為勢力衰退遭到驅逐，但讓人看出其大膽與信長對抗之氣概與政治手腕的義昭，絕對也不是平庸之人。

不過，義昭一開始卻是過著與將軍職遙不可及的生活。由於兄長足利義輝擁有家督繼承權，所以他按照慣例入佛門，並改名為覺慶。優秀的義昭修行也進行的相當順利，照理說他應該會以高僧身份過一生，但就在1565年，義昭遭到松永久秀及三好三人眾等人暗殺身亡，義昭因此遭到軟禁，雖然之後受到細川藤孝等幕府重臣營救而脫逃，但卻使得義昭必須到處流浪過活。

由於是將軍家出身，所以不難找到藏匿地點，但卻始終沒遇到有強烈野心要離開都內的人物，於是義昭就如同「苦情公方」稱號一般，長時間流浪諸國。後來，前去投靠朝倉家的義昭，得知在畿內拓展勢力的信長這號人物，認為頒布「天下布武」之命的信長，應該能夠讓自己前往京都以及就任將軍，所以便透過明智光秀、藤孝等人的居中牽線，終於成功接見信長並與其取得協助約定。

■信長包圍網毀壞後遭流放

西元1568年，義昭要完成夢想的那一天終於到來。他一路上受到信長保護，雖然遭到三好三人眾從京內驅逐，但還是完成前往京都行動。他接受朝廷的將軍就職宣示，就任第十五代將軍，義昭開始展開讓義輝時代的舊臣復職等動作，並重拾幕府機能，展現其出眾的政治手腕；另外命令信長在將軍住所建造二層的水渠、高聳的石垣，以避免重蹈義輝遭暗殺的覆轍。入住新居處的義昭，心中確信幕府勢力會再興起，且在感謝狀上稱信長為「父親大人」，不難看出義昭對信長的絕對信任。

然而對信長而言，義昭只不過是他實行天下布武的一個工具。雖然義昭推舉信長為副將軍，但信長謝絕此項提議，因為對他來說，得到三好領地邊界的支配權比較重要。不久之後，信長就以武力為背景，限制住將軍家的權力。當然義昭不允許這樣的情形發生，於是便寫下給上杉謙信、毛利輝元、本願寺顯如、武田信玄等人的御內書，並組成信長包圍網讓信長陷入困境。雖然義昭的戰略眼光獨到，但卻因為信玄驟逝讓信長包圍網逐漸瓦解，反而演變成義昭直接與信長對決，最後連藤孝等人也遭流放而離去。

雖然義昭是在足利家已衰退的情況下成長，但他直到最後都貫徹將軍的自尊心在行動。

與足利義昭關係密切的武將

織田信長　P.14

義昭在幕府勢力越漸衰弱時，就激烈地與信長對立，即便信長包圍網一一瓦解，但舉兵後一概不答應信長的議和。

豐臣秀吉　P.48

在秀吉政權下的義昭獲得了山城的一萬石，這對將軍處所來說是破例的待遇，義昭也成為秀吉的說話對象並經常聊天，在和平的世界中度過幸福的時光。

精通百般武藝的知識人

細川藤孝

■1534年生～1610年歿

足利家一門出身，並效力於足利義輝、義昭兄弟，雖然與明智光秀成為盟友，但也在本能寺之變後斷絕來往。之後陸續成為秀吉、家康的家臣，創造細川家的繁盛。

PROFILE

1534年 以三淵晴員次男身份出生
1540年 成為叔父細川元常的養子
1552年 因為元常離世而繼承家督
1565年 足利義輝遭松永久秀的三好三人眾等人暗殺（永祿之亂）
藤孝救出遭軟禁的義昭，流浪於河父
1568年 信長陪同義昭前往京都，而藤孝同行
1582年 信長在本能寺遭到光秀討伐（本能寺之變），藤孝拒絕光秀請求而隱居，並讓位家督給忠興

illustration：三好載克

PARAMETER

武力 4
智力 4
政治 3
運氣 3
毅力 4

武力 4 廣泛涉略劍術、弓術、馬術等武藝，體格也很健壯結實。

毅力 4 即便主君和盟友都反叛，還是忠於自己的判斷，得以生存於戰國之世。

NATIVE PLACE

出身地 [山城]

與盟友明智光秀斷絕關係
陸續成為秀吉、家康的家臣

■為了再興幕府權威而與足利義昭到處流浪

細川家為清和源氏的家系，也是足利家的一門。而出生於名門的細川藤孝則是陸續跟隨足利義輝、足利義昭二代將軍，不但是熟悉和歌與茶道的知識人，也由於精通劍術、弓術、馬術等百般武藝，而練就一身健壯體格；他是個會在前往京都途中，做出抓住突然出現的牛隻牛角，並將其踢開的豪爽舉動人物。藤孝後來也陸續成為秀吉與家康的家臣，並在關原之戰時加入東軍之列，成為德川幕府政權下的大名。

他在二十一歲繼承家督後，就以幕府直臣身份為將軍效力，不過卻因為三好三人眾的襲擊使義輝遭到暗殺，藤孝解救出被軟禁的義昭，隨後即逃離京內，並先後投靠六角氏與朝倉氏，過著到處流浪的生活。而藤孝的生活似乎也不好過，因為連點燈的油都沒有。

但在這樣艱困情況下，依舊不放棄重建幕府威權的藤孝，當朝倉義景表態拒絕前往京都後，就將求援目標轉向聲勢大漲的信長身上，並透過明智光秀取得信長的前往京都承諾，因而開啟了室町幕府的重建之路。

另外藤孝也趁機與光秀成為盟友，之後讓嫡男長男細川忠興與光秀之女－加西亞結婚，以行動增進彼此間的關係。在義昭前往京都成為將軍後，藤孝則成為信長的客將。

■隱居讓位家督，並與光秀斷絕關係

成為信長客將後的藤孝，順利攻陷三好三人眾的岩城友通所居住的勝龍寺城，也在畿內四處轉戰，立下不少戰功。藤孝也是從此時開始以武將身份為人所知，因而產生也要讓細川家有所成就的想法。

不久後義昭與信長關係惡化，雖然藤孝因此來回奔走調解，但義昭還是不顧藤孝反對執意舉兵進攻。而藤孝也有所覺悟，便以率領軍隊迎接前往京都的信長等行為，來展現自己對信長的臣服之意。在義昭遭到流放後，他從旁協助光秀平定畿內亂事，而領有丹後十二萬石。

西元1582年，光秀謀反使信長死於本能寺，當時光秀便向盟友的藤孝提出協助護送使者的要求，然而藤孝卻一再拒絕光秀的請求，並毅然決然以幽齋玄旨為號而隱居，且將家督讓位給忠興。這是藤孝對內及對外表示自己與光秀謀反無關的舉動；而無法獲得藤孝支援的光秀，也在之後遭到秀吉討伐身亡。

後來，藤孝陸續參與秀吉的丹後平定與九州征伐等戰役；在關原之戰加入家康的東軍，並獲得但馬領權。據說他的晚年則是過著回味過往的悠然生活。

藤孝沒有持續協助義昭和光秀的舉動，與其說是背叛，還不如說是為了保命的生存之道。由此可知他的確是一位懂得如何在戰國之世生存的意志堅強武將。

與細川藤孝關係密切的武將

明智光秀　P.16

藤孝與光秀是在信長前往京都時成為盟友，不過卻因為本能寺之變讓兩人關係生變，藤孝想必也為此感到悲傷無奈。

足利義昭　P.238

藤孝與從京內逃出的義昭一同過著流浪生活，但是在義昭與信長關係惡化後，藤孝便積極奔走希望兩方和解，但義昭最後還是舉兵進攻，藤孝也因此選擇與義昭斷絕關係。

雜賀家

使用新型武器砲彈的傭兵集團

雖勢力不大，卻懂得使用新型武器砲彈攻勢，並率領傭兵集團的雜賀眾，活躍於畿內的主要戰場上。不僅讓織田信長嘗盡苦頭，也在天下統一之際掀起一陣波瀾。

〈家紋：三足鳥〉

以熊野神社信仰對象的八咫鳥為家紋。

雜賀家的歷史起源及族譜

■組成雜賀眾的幕後推手－雜賀孫一

在小說等出處頗為知名的雜賀孫一，其實就是「雜賀眾」組成的幕後功臣，也就是稱之為棟樑的人物。

普遍都是以孫一來稱呼這個人物，但另外也有鈴木重朝、鈴木重秀等名號，但真正姓名並未證實。不過可以確定的是，由鈴木家的人擔任雜賀眾中重要角色，之後則是改名為雜賀孫一。

和歌山縣有座名為熊野新宮的神社存在，而鈴木氏也大多都以穗積為本姓，據說穗積鈴木氏就是在熊野新宮擔任神官的一族。除了知道成為雜賀眾中心人物的鈴木家，是以現在的和歌山縣西北部為總據點的當地豪族外，其他並不清楚其詳細來歷，所以一般都將其當作是穗積鈴木氏的分家。

雜賀眾的勢力範圍是在紀伊半島的西南部（現今和歌山縣周邊），由於四周是險峻的山岳地帶，因此工業與林業發達，再加上有紀之川這條大川經過，所以貿易往來頻繁，因而形成各個專業人士的聚集團體，而其中的代表集團就是「雜賀眾」。

雖然當時是由山名氏、畠山氏擔任紀伊（現今和歌山縣）的守護職，但因並未完全獲得領國支配權，因此使居民產生自我意志，形成以有力當地豪族為中心的自治型態，讓雜賀眾勢力日漸壯大。

【雜賀家概略族譜圖】

穗積濃美麻呂──（中略）──鈴木重意──

　　　　┌義兼

　　　　├孫六

　　　　└重秀──重次──重義

戰國時代雜賀家的興亡

■起初就備有砲彈攻勢，而讓信長軍團吃足苦頭

據說雜賀眾是出現在十五世紀左右，一開始是應守護大名之畠山氏之邀到各地征戰。

之後有一個自種子島流傳來的砲彈出現在紀伊半島，所以一般都認為雜賀眾就以此為契機開始製造砲彈，或者是收購砲彈，並培養射手人才。

西元1570年，當三好三人眾與織田信長對戰之際，雜賀眾則分為兩方陣營進行激烈的槍擊戰，據說就是因為被畿內大名們雇用為傭兵，所以才產生這樣的局面。

但就在本願寺對信長展開攻擊後，由於雜賀眾有許多一向宗門徒，因而選擇加入本願寺陣營，這讓信長因此面臨到艱困對戰情勢。

後來當秀吉掌握權力後，由於當地豪族的在地支配開始瓦解；為了與秀吉對抗，雜賀便在「小牧長久手之戰」加入德川家康陣營，不過之後家康與秀吉卻達成和解。

等到秀吉展開紀州征伐後，便進攻雜賀地區，雜賀眾因此遭到解體崩壞。

1580年左右的雜賀勢力

1585年左右的雜賀勢力

1585年滅亡

雜賀家的對立勢力

織田家　P.12

在攻打本願寺時，與持有新型砲彈武器的雜賀眾陷入苦戰。

豐臣家　P.46

由於雜賀眾加入家康陣營，所以便展開紀州征伐，將其一掃而空。

土橋家

主張應該與信長徹底抗戰，而與親信長派的雜賀孫一形成對立狀態。

雜賀家的居城　雜賀城

雜賀城為鈴木佐太夫（重意）所建造之居城，搭建於妙見山的北側，周圍則是形成小規模的城下町。

由於現在幾乎已沒有遺跡存留，所以一般認為其並非寬廣居城，再加上雜賀眾是比起城池，更加重視團結的集團，因而推定此建築或許並非城池，而只是雜賀眾的中心人物所居住的宅邸。

不過也因為雜賀地區所在的紀伊半島，大部分都是險峻地帶，所以對於那些想要從外部進攻的敵人來說，此處地形是最需要克服的困難。

至今的居城遺址則為城跡山公園。

SAIGA CASTLE
DATA

凸
雜賀城

所在地：和歌山縣和歌山市
別名：妙見山城
文化區分：－
築城者：不明
築城年：不明
構造：平山城

創造傳說的武將

雜賀孫一

■生卒年不詳

雜賀孫一多次讓織田軍嘗到苦頭，展現出地方豪族強悍精神，並率領人稱戰國最強傳說中的槍砲傭兵部隊。

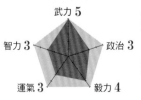

PROFILE

1570年 以本願寺方身份參與「石山合戰」

1576年 在「天王寺之戰」中，讓信長手部受傷

1577年 對戰織田家所發起的「紀州征伐」，在雜賀川擊潰織田軍

1580年 石山本願寺向信長投降

1585年 豐臣秀吉攻打紀州，雜賀眾幾乎都遭殲滅

illustration：佐藤仁彥

PARAMETER

武力 5
智力 3　政治 3
運氣 3　毅力 4

武力 5 率領廣受好評的戰國最強雜賀槍砲部隊，而聲名大噪。

毅力 4 雖然只是地方上的小勢力，但卻能果敢地與織田信長等強敵對戰。

NATIVE PLACE

出身地〔紀伊〕

第三章 其他的群雄【雜賀家】雜賀孫一

244

率領戰國最強槍砲隊的傭兵隊長

■傳說中的武將

說到雜賀眾就會讓人聯想到神話般的響亮名聲，即為具備戰國最強槍砲隊的集團，其中雜賀孫一就是率領雜賀眾傳說中的武將。

孫一是雜賀眾首領的名稱，也就是鈴木重秀，或重朝的這號人物等諸說存在；甚至還有說法認為孫一有可能是由數位人物所組成的集團名稱，但唯一能夠確定的是孫一所率領的雜賀眾，的確會讓對戰敵軍心生畏懼。

頂多只能算是占據紀伊國一小處勢力的雜賀眾，之所以能留名於後世，最重要的原因就是在於槍砲的使用。由於早期就引進大量槍砲彈藥，所以內部也都練就一身射擊好本領。孫一就帶著這群強而有力的槍砲集團在各地征戰，也就是所謂的傭兵隊長。

孫一應該算是在織田信長攻打本願寺的「石山合戰」時，闖出名號來的。

當時雜賀眾決定援助本願寺，孫一就率領雜賀眾進入久攻不落的要塞－石山本願寺，與一向宗信徒一同展開籠城戰。

雖然在所有戰國大名中，織田軍算是最會使用槍砲的軍隊，但在面對非常熟練槍砲技術的雜賀眾時，依然陷入苦戰。雖然織田軍已經奮力進攻，但卻遲遲無法奪勝，就這樣與石山本願寺的對戰持續了十年。

期間守備方的本願寺，也有過精彩的反擊場面。在進攻織田軍要塞的「天王寺之戰」時，由於孫一的出色表現，讓前來救援的信長腿部遭擊受傷。孫一所率領的雜賀眾簡直就像是本願寺的守護神存在。

■瞭解地方豪族想法的孫一

信長方面也因為孫一的活躍而煩惱不已，所以他便與其他紀伊在地豪族聯手，率領大軍入侵雜賀眾的總據點。然而，比起巧妙應戰的孫一雜賀軍，美其名為大軍的織田軍，卻因為隔著雜賀川的作戰，反而受到比較大的軍力折損。

孫一在這次對戰中腿部受傷，但據說還是為此勝利跳舞祝賀，而這舞也就是流傳至今的雜賀舞起源。不過，雜賀眾也沒有因為這次的獲勝，而擊退織田軍的攻勢，雙方依舊處於膠著狀態。

然而，長期對戰之下雜賀眾的領土因此荒蕪，織田軍也無法帶軍轉移戰線，雙方都陷入不利狀態。因此孫一等雜賀眾首領決定投降，讓雙方對戰就此結束。但是以信長為對手的地方豪族出色表現而言，這應算是實際上的勝利。

不久之後雜賀眾也各自守護自己的獨立地位，後來都成為幕府支配下的一員，而孫一的身影也同時就此消失。

與雜賀孫一關係密切的武將

織田信長　P.14

如果織田家發揮全部實力，還是有可能將雜賀眾一掃而空，可惜當時敵人不只雜賀眾。據說當雜賀眾投降後，孫一也臣服於信長。

本願寺顯如　P.254

顯如是一向宗的教主，勢力足以與大名匹敵，據說雜賀眾有許多一向宗的信徒，並與信長展開持續十年的抗爭。

筒井家

成為守護大名的興福寺眾徒

在大和特殊環境下，以寺廟神社勢力而就任守護職的筒井家，雖然在亂世中有兩度沒落的經驗，但還是極力克服困境，持續努力到最後一刻。

〈家紋：梅鉢〉
梅花紋的其中一種，以梅花為中心呈現出猶如太鼓的鉢形圖示。

筒井家的歷史起源及族譜

■從興福寺眾徒搖身一變成為戰國大名

雖然有關筒井家的起源尚不明確，但是至今以大和添下郡筒井村為發祥地的地方豪族，擔任大神神社神官一職的大神氏說法最具公信力。

但是在鎌倉時代的大和守護職並非由特定氏族擔任，是由興福寺負責此工作，而興福寺雖然是藤原氏的宗廟，但後來由於進行神佛習合活動時，藤原寺的另一座宗族神社－春日神社也歸入勢力之下，所以興福寺則成為藤原氏的第二大勢力所在。而後逐漸茁壯到足以支配大和一國程度的興福寺，就負責守護職的工作。

筒井家則是於鎌倉後期，在春日神社若宮負責祭禮的祭官，之後則成為興福寺的眾徒（僧兵）。

興福寺分為一乘院、大乘院兩門，由於兩門間的對立，使在鎌倉末期引發紛爭；也因為此次爭鬥，使得興福寺的權威急墜，反讓眾徒中有力的筒井家與越智家順勢崛起。

「應仁之亂」後，由於大和境內的畠山氏內部紛爭，國內持續呈現分裂局勢，而筒井家也因為長時間與越智家的爭鬥，導致勢力一度沒落。

不過就在筒井家由順興、順昭父子當家時代，就開始朝大名化發展。筒井家在擊退入侵大和境內的河內（現今大阪府東部）與山城（現今京都府南部）的守護代－木澤長政後，又適逢長年來的宿敵越智氏聲勢下滑，讓筒井家坐擁大和一國領權。

【筒井家概略族譜圖】

❶筒井順覺　┬順弘
　　　　　　└❷順永─❸順尊┬定慶
　　　　　　　　　　　　　　└❹順賢

❺順興─❻順昭┬❼順慶
　　　　　　　└❽定次

戰國時代筒井家的興亡

■雖然成為大和守護，但之後還是滅絕

　　雖然筒井家得以掌控大和一國，但仍處於戰國亂世之中。筒井家當主－順昭則在二十八歲時早逝，由年紀尚小的順慶繼承家督後，因為松永久秀的入侵，反遭驅逐而逃離大和。

　　之後由於筒井家追隨完成前往京都任務的信長，而順利打倒久秀，成為大和守護。之後筒井家也擔任信長家臣－光秀的後援，並在一向一揆及久秀的討伐戰中表現活躍。此外，筒井家在本能寺之變後，也拒絕光秀的勸誘，因而受到豐臣秀吉的保護，得以保有所領。

　　西元1584年順慶死後，養子定次雖成為筒井家當主，但由於資質平庸而遭移封為伊賀（現今三重縣西部）；之後即使在關原之戰加入東軍，但還是因為天主教信仰及家中內紛而遭到撤職。

　　定次之後由順慶姪子－定慶繼承家督，並以郡山城番身份力圖振作，但還是因「大阪之陣」遭攻陷城池，戰敗使家族滅亡。

1581年左右的筒井勢力

1615年左右的筒井勢力

1615年滅亡

筒井家的對立勢力

豐臣家　　P.46

在大阪一戰奪取郡山城，並滅絕筒井家。

松永家　　P.260

彼此爭奪大和支配權，但卻輸給借助信長威權的筒井家。

越智家

雖然一度讓筒井家沒落，但之後因筒井家再起而沒落。

筒井家的居城　筒井城

　　雖然不清楚筒井城的詳細建築時間，但由於在1429年的「大和永享之亂」時已經存在，所以推論為必定是在此之前所搭建的。

　　筒井城是搭建在平地的平城，為中世時期規模龐大的居城，溝渠支流內部除了有筒井家的宅館，還有家臣團所居住的宅邸，另外在外溝渠的內側也有設置市場。

　　不過就搭建時間來說，當初雖設為是座居城，但其實比較像有溝渠及土壘圍繞的中世居館。也由於在「應仁之亂」後，筒井城歷經多次戰事，一般推斷城郭部分應該也有多次改建。

　　現今還留存有水渠以及土壘等遺跡。

TSUTSUI CASTLE

DATA

凸
筒井城

所在地：奈良縣大和郡
別名：－
文化區分：－
築城者：不明
築城年：15世紀前半
構造：平城

背叛盟友光秀的知識人
筒井順慶

■1549年生～1584年歿

在多數為武士的織田家臣團中，很少見的
僧侶身份武將。雖然是明智光秀的友人，
但在本能寺之變後，面對光秀再三的援助
請求無動於衷，而持續守護大和國。

PROFILE

1549年 以筒井順昭男身份出生
1550年 因順昭病逝而繼承家督
1564年 遭到松永久秀攻擊，而逃離筒井
城（筒井城之戰）
1566年 與三好三人眾聯手奪回筒井城，
透過明智光秀而臣服於信長
1577年 攻打背叛信長的久秀（信貴山城
之戰）
1582年 拒絕在本能寺討伐信長的光秀援
助請求（山崎之戰）
1584年 在大和病逝，享年三十六歲

illustration：藤川純一

PARAMETER

武力 1
智力 3
政治 4
運氣 3
毅力 4

政治 4
由於順慶本身也是僧侶，
據說因此對大和寺廟保護
周到。

毅力 4
為了奪回舊領的大和國，
多次與松永久秀對戰，並
迫使其自殺身亡。

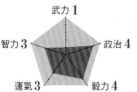

NATIVE PLACE

出身地〔大和〕

因山崎之戰的猶豫而被揶揄是投機主義

■具備僧侶身份且見識廣的滄桑之人

說到筒井順慶就會讓人想到人稱「筒井家的右近左近」，也就是筒井家的島右近與松倉右近兩位家臣、及有名的「洞峠見機行事」的故事。當時導致信長死於本能寺的明智光秀，正在大和國山崎與豐臣秀吉激戰，順慶向光秀、秀吉兩方都提出支援意願。當順慶與光秀結下參戰約定，而率軍前往「洞峠」時，卻仍無法決定該支持哪一方，持續觀望對戰情勢的走向，因為這件事因此被當作是在「洞峠」見機行事的心態。不過這似乎並非史實。

雖然順慶被認為是懦弱武將，但是他是同時兼備戰國大名、僧侶身份，喜好茶道與和歌的知識人，或許就是這樣特殊的背景，才會讓人產生他是投機主義者的印象。

大和國是在鎌倉時代就由興福寺握有守護權限的特別國土，而筒井家則是興福寺一條院方的宗徒，所以順慶具備了僧侶身份。到了父親－筒井順昭當家時，則成為戰國大名，進而擁有大和一國的支配權。

順昭死後，年僅二歲的順慶繼承家督，在叔父及母親的監護下成長。當時真正統治京內的人是三好長慶，而大和則是遭到松永久秀的攻打，因此順慶被迫逃離筒井城。因為自小就過著苦難的逃亡生活，因此年輕的順慶便許下要討伐久秀，並奪回舊領的心願。

■要選擇與光秀的友情還是筒井家的未來

之後順慶便與三好三人眾聯手，成功地驅逐久秀，然而久秀卻在信長前往京都後，向信長表示投降，順慶也因此再次被迫離開筒井城。

但順慶並沒有放棄自己心願，他趁著久秀對信長反叛時舉兵，再次成功的奪回筒井城，但由於久秀的攻勢激烈，陷入苦戰的順慶，只好透過光秀而向信長投降。

在以武者居多的織田家中，擅長和歌與茶道的知識人順慶，與同為知識人的光秀一拍即合，不僅成為光秀的後援，之後還讓光秀之子做為自己的養子，以血緣關係作串聯，兩人也培養出深厚的友誼。

在大和擔任守護的墙直政死後，順慶則接任成為大和守護，直到久秀再次謀反時，順慶以先鋒身份攻打信貴山城，最後久秀被迫自殺，順慶得以實現多年來的宿願。之後平定大和境內紛爭的順慶，成為在畿內僅次於光秀的第二大勢力。

本能寺之變爆發後，光秀立即向順慶提出協助請求，順慶也被迫要在與光秀之間的友情，及筒井家的復興之路作出選擇。

其實順慶直到最後都還猶豫不決，甚至還一度叫住準備要回去的光秀使者，不難看出順慶內心的煎熬。由於可知，順慶對於光秀的謀反感到極為心痛。雖然順慶之後還是追隨秀吉，但卻在三十六歲時便早早離世了。

與筒井順慶關係密切的武將

明智光秀　　P.16

自從以仲介身份加入信長麾下以來，兩人就建立起深厚情誼。對光秀而言，順慶是最為信賴之人，甚至還到洞之峠迎接，很希望能得到順慶的支援。

松永久秀　　P.260

久秀與順慶多次因為大和領權而激烈對戰，雖然兩人都是信長的部下，但久秀謀反後，順慶則以先鋒身份進攻信貴山城。

對三成貫徹忠義的猛將

島左近

■1540年生～1600年歿

據說三成為了讓浪人左近加入麾下，還付出了一半的所領，而左近直到最後也都跟隨為豐臣家盡忠義的三成，但卻在關原因敗戰而離開人世。

PROFILE

1540年	以島豐前之子身份出生
1562年	以筒井順政部下身份與三好長慶對戰（教興寺之戰）畠山家沒落後轉而隨筒井家
1584年	筒井順慶死去，因而離開筒井家
1592年	在此時加入石田三成麾下
1598年	提出暗殺家康的計劃，但卻遭三成拒絕
1600年	奇襲東軍並將其擊潰（杭瀬川之戰）當西軍呈現敗戰局勢時，就突擊正面的黑田長政軍隊，雖然奮戰但還是遭討伐而死（關原之戰）

illustration：佐藤仁彥

PARAMETER

武力 5
智力 4
政治 2
運氣 3
毅力 5

武力 5
在關原之戰的前哨戰中擊退中村一榮與有馬豐氏軍隊，因而提升西軍士氣。

毅力 5
在決勝負的關原之戰，不畏生死而大膽突擊黑田長政軍隊。

NATIVE PLACE

出身地 [大和]

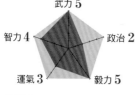

三成付出一半所領所換來的忠義之士

■與筒井順慶患共渡患難

人稱「能夠讓三成折服的就只有佐和山城、島左近」的名將－島左近，以石田三成的軍師身份參與「關原之戰」，並在決定勝負的場合奮力一搏，是直到最後都讓人感受到強烈意志的武將。即使知道終究會敗北，但還是不顧生死全力以赴，讓敵軍都不禁心生恐懼的左近，絕對可以說是在戰國末期，大放異彩的其中一位忠義之士。

左近起初是跟隨河內國守護－畠山高政，後來在畠山家沒落後，左近就成為筒井家的家臣。當時年紀尚小就繼承家督的筒井順慶，因為被迫逃離居城而開始展開流浪生涯，但左近依然選擇留下來與順慶同甘共苦，或許這也是重視忠義的左近生存之道。

順慶在左近的輔佐之下，多次與松永久秀激戰，而左近與松倉右近身為筒井家左右手－「右近左近」也在多次戰役中留下精彩出色的表現。不久後久秀被迫自殺，順慶也獲得織田信長肯定，得到大和國的支配權。然而順慶卻在三十六歲因病離世，左近因與繼承家督的筒井定次意見不合，於是便離開筒井家，之後也陸續跟隨過豐臣秀長與豐臣秀保父子，但在他們相繼去世後，左近就在近江地區成為一名浪人。

由於左近勇名遠播，有許多人都希望左近能成為自己的部下，但卻沒有人能打動左近，然而命運般的相遇卻在此時出現了，那就是近江領主三成提出了邀約。

■欣賞三成個性而願意為其盡忠義

即便左近多次拒絕三成的官職邀約，但三成並未因此放棄，就在三成鍥而不捨的邀約過程中，左近逐漸被三成的認真、誠實人品所吸引，所以決定追隨三成。而三成也願意給予左近二萬石的俸祿，這個數目在當時已經是三成所領一半的規格，可算是前所未有的待遇。

在豐臣秀吉死後，左近因為家康的大動作而備感危機，便在等待三成暗殺家康的首肯，或許左近很有機會能成功暗殺家康，然而非常重視正當理由的三成，卻始終不肯答應。

而左近其最著名的對戰勇姿之一，便是之前所提到的關原之戰。當時原要東上討伐會津上杉景勝的家康，忽然迅速地快馬加鞭西行至關原；為了要激勵內心有所動搖的西軍士兵，左近便率領五百士兵展開奇襲，並陸續擊潰中村一榮與有馬豐氏的軍陣，使西軍因此信心大增。

後來中彈受傷的左近不得不撤兵，西軍因而敗北。即便左近不畏生死，奮力突擊黑田長政所率領的軍隊，但最後還是氣力用盡慘遭殺害。據說左近的殺敵英姿，即使在經過數年後，仍成為困擾黑田軍兵士的惡夢。

與島左近關係密切的武將

石田三成　P.54

破例給予浪人二萬石的待遇，但左近不是為待遇而盡忠，而是欣賞為人正直又重視仁義的三成。

筒井順慶　P.248

輔佐才兩歲就繼承家督的順慶，而左近就在與松永久秀的爭鬥中，逐漸嶄露頭角。即便順慶被迫離開居城，境遇大不如前，但左近還是為其盡忠奉獻。

本願寺家

讓大名們為之驚恐的龐大寺社勢力

因為繼承親鸞思想，而成為淨土宗的總寺，由於與其他宗教勢力的對立而武裝，之後得到眾多門徒，並成為領導一揆眾的勢力所在。

〈家紋：下垂藤蔓〉
普遍認為是由親鸞出身的藤原北家日野氏流傳下來。

本願寺家的歷史起源及族譜

■由淨土宗發展而誕生的淨土真宗－本願寺派

在鎌倉初期由法然創立的其中一個宗教－淨土宗，由繼承淨土宗的親鸞，將其內涵更加發揚光大，而成為淨土真宗。

即便親鸞本人沒有意識到自己為開山祖師，但是當親鸞圓寂後，他所入葬的京都東山的大谷，還是為他建造了一座大谷廟堂。之後由於廟堂內部發生紛爭，因而遭到破壞。後來在1321年，由親鸞之孫覺如再次重建，改建為本願寺。

即便實際上建立起本願寺基礎的人是覺如，但他依然主張親鸞的祖廟繼承正當性，而自稱為本願寺三世，親鸞也因為覺如的舉動而成為開祖第一人。

淨土真宗除了允許僧侶能吃肉和娶妻之外，由於儀式與教誨也比其他宗教來得簡潔，因此得到一般平民廣泛地信奉。

然而也因為本願寺的獨特性，使其遭受到其他宗教團體及真宗系其他教派的攻擊，導致本願寺派一度勢力衰退。

直到第八世－蓮如當家時，將教義簡單化地以文章方式呈現製作出「御文」，讓信徒一下子爆增，本願寺的勢力因此向外逐漸拓展。1483年，蓮如在京都建造山科本願寺，日後本願寺便以此地作為總據點。另外，當時加賀（現今石川縣南部）的一向一揆眾，也由於守護－富樫氏介入內部紛爭，而擁有實質上的支配權，門徒勢力也因此有擴大傾向。

【本願寺家概略族譜圖】

```
日野經尹 ┬ 有範 ─❶範宴（親鸞）─善鸞─❷如信
         └ 範綱─廣綱─宗惠（覺惠）─❸宗昭（覺如）

慈俊（從覺）─❹俊玄（善如）─❺時藝（綽如）

❻玄康（巧如）─❼円兼（存如）─❽兼持（蓮如）

❾光兼（實如）─光融（円如）─❿光教（証如）

⓫光佐（顯如）┬ ⓬光壽（教如）（東本願寺）
             └ ⓬光昭（准如）（西本願寺）
```

戰國時代本願寺家的興亡

■雖然在石山合戰時分裂，但還是留傳至今

　突然進入到戰國之世後，也因為戰亂影響使本願寺門徒大幅增加，並發展成一個大規模的宗教團體。另一方面，無法對這股龐大宗教勢力坐視不管的諸位大名，便開始禁止領國內的宗教信仰，以及鎮壓門徒的行動。

　西元1532年，京都的日蓮宗徒與近江（現今滋賀縣）的六角定賴聯手燒毀山科本願寺，因此本願寺便在大阪的石山搭建新的本願寺，以此處作為總據點。

　到了本願寺第十一世－顯如當家時，以統一天下為目標的織田信長，便下令要本願寺撤離，顯如因此召集全國門徒站出來與信長展開對抗，因此爆發了「石山合戰」。

　這場與信長的抗爭持續了十年之久，最終還是傾向與信長議和，不過此舉讓本願寺內部分裂為贊成派與反對派，雖然最後還是與信長達成和解，但強硬派人士卻因此封鎖本願寺，導致本願寺遭燒毀。

　在此之後本願寺雖然也從大阪的天滿轉移到京內，然而內部的分裂狀態依然持續，直到今日都還是分裂為西本願寺以及東本願寺。

1574年左右的本願寺勢力

1580年左右的本願寺勢力

1580年滅亡

本願寺家的對立勢力

織田家　P.12

以統一天下為目標的信長，將掃蕩寺社勢力作為其中一個環節，對本願寺展開攻擊。

朝倉家　P.230

雖然朝倉孝景不時往加賀出兵，但雙方後來還是保持和睦關係。

六角家　P.313

與在京內擁有勢力的日蓮宗合作，進而攻擊山科本願寺。

本願寺家的居城　山科本願寺

　山科本願寺是由本願寺第八世－蓮如所建造的寺院，於1478年到1483年間，約歷時五年才終於搭建完成。當時只是單純的寺院建築，後來由於在第本願寺九世－實如、第十世－証如當家時，受到戰亂波及而荒廢，所以才加以城郭化。

　即便實如曾提出戒律表示：「不要與諸位大名為敵」，但他一樣打破戒律，介入河內（現今大阪府東部）的勢力爭鬥，並趁勢進攻大和（現今奈良縣）擊退興福寺勢力後，讓京內聽聞此消息的日蓮宗徒受到刺激，導致本能寺遭其討伐燒毀。

　山科本願寺的周圍建有溝渠以及土壘，一般認為除了証如一族以外，似乎其他多數信徒也都在此居住，內側也設有商店等設施，形成街道繁景。

YAMASHINAHONGANJI CASTLE

DATA

山科本願寺

所在地：京都府京都市
別名：－
文化區分：國家指定史跡
築城者：蓮如
築城年：1483年
構造：平城

迫使信長的「天下布武」計劃延後十年的男人

■1543年生～1592年歿

本願寺顯如

本願寺顯如為石山本願寺第十一世寺主，他聯合信徒的諸位大名共同組成信長包圍網，讓信長因此陷入苦戰，也讓信長「天下布武」計劃被迫延後十年。

PROFILE

1543年	以本願寺十世寺主－証如的長男身份出生
1554年	十二歲時出家
1559年	正親町任命其為寺廟最高管理者
1570年	與織田軍開戰
1580年	與織田軍和解，並轉移陣地至紀伊
1591年	在京都建立西本願寺

illustration：NAKAGAWA

PARAMETER

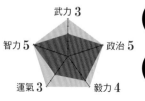

武力 3
智力 5
運氣 3
政治 5
毅力 4

政治 5

他在當時對全國各地信徒以及諸位大名而言，具有前所未見的影響力。

毅力 4

能夠與聲勢看漲的信長持續對戰十年之久，可見其毅力的確異於常人。

NATIVE PLACE

出身地〔 攝津 〕

254

讓信長十年來嘗盡苦頭的男人

■集結一向宗勢力而手握強權

　　本願寺第十一世門主的顯如，與各地戰國大名及一向宗門徒聯手對抗信長，長期讓信長備感壓力，可算是信長最大的敵人。

　　繼承父親家業成為門主的顯如，在畿內及北陸設置本願寺派的寺廟，藉此掌握各地的一向一揆情勢，並同時促進門徒的組織化。之後又以信仰所產生的巨大影響力，及門徒所繳納的龐大財富為背景，石山本願寺逐漸成為一個要塞地。由於石山本願寺的四周都被河川包圍並有搭建堅固石垣，是個不易進攻的要塞地形，所以之後豐臣秀吉才會利用此處遺址來搭建大阪城。

　　西元1568年，當信長陪同將軍－足利義昭前往京都，顯如一開始便以給予信長五千貫矢錢，或是贈送物品等方式表現對信長的臣服之意。

　　然而信長卻很在意一向宗門徒的勢力，於是便一再向顯如表示更多要求，直到信長開始攻打近江、越前時，兩方的對立也隨之表面化。顯如拒絕信長的所有要求，信長也要顯如趕快從石山本願寺中撤離。1570年，兩方陷入交戰狀態，便展開了長達十年之久的「石山合戰」。

■與諸位大名聯手組成信長包圍網

　　顯如以信長為「佛敵」的主張，號召全國門徒組織反信長軍，欲與信長對抗的義昭也順勢加入。而加賀、伊勢、長島、紀州等地的一向一揆行動更為劇烈，並獲得毛利氏的支援，甚至還與淺井、朝倉、武田、上杉締結盟約，組成所謂的「信長包圍網」。顯如自己則是封鎖石山本願寺，並組成以擅長使用槍砲策略出名的紀伊雜賀眾，準備與信長展開攻擊。

　　由於信長之弟－織田信興在伊勢戰死等不利局勢，剛開始讓信長持續陷入苦戰狀態；另一方面剛好反信長包圍網中的武田信玄過世，以及淺井、朝倉的滅亡等因素，諸位大名相繼離世，使得兩方對戰因而陷入膠著狀態，難以分出勝負。

　　當時一直都很平和的越前雖然爆發一向一揆，不過信長卻從容地陸續鎮壓長島與越前亂事，最後就只剩下毛利與紀伊一向一揆在支撐本願寺；再加上毛利水軍也敗給九鬼水軍，本願寺因此孤立無援，無法獲得足夠的補給物資。

　　就在對戰來到第十一年的1580年，終於因為朝廷的介入而達成和解。這樣的結果當然會讓顯如感到自尊受損，不過由於時勢所趨，再加上信長在對戰過程中，還發生了家臣－荒木村重謀反等事件，所以必須火速趕往平定攝津。

　　顯如遵照和解條件，從石山本願寺撤退轉移陣地至紀伊的鷺森。

　　因為顯如的抵抗，讓信長的「天下布武」政策延後十年，所帶來的影響損失實在不計其數。信長死後，本願寺與秀吉議和並因此獲得大阪天滿的寺地領權，顯如得以再次回到大阪，之後也在京都建造全新的本願寺，勢力再起。

與本願寺顯如關係密切的武將

織田信長　P.14

對於企圖建立新秩序的信長來說，具備歷史的本願寺是巨大阻礙；而顯如也無法屈服於「佛祖敵人」，讓兩者的對戰更為激烈。

雜賀孫一　P.244

雖然石山本願寺本身即為難攻的要塞，但雜賀眾的存在也讓它更為鞏固，因為要抵擋雜賀眾的槍砲隊攻擊，是非常困難的事。

三好家

戰國之世中曇花一現的近畿霸者

以管領－細川家武士身份而拓展勢力的三好家，成功獨立為以畿內為中心的大勢力，然而卻因為遭家臣掌握主導權而衰落，在與信長對戰時敗北。

〈家紋：三層菱〉

在三好家的牌位上能看到，以加上釘紋的紋路方式呈現。

三好家的歷史起源及族譜

■獲得守護職而移居阿波的小笠原氏後裔

三好家與武田家同樣都是以甲斐源氏為起源，源義光的曾孫長清來到甲斐（現今山梨縣）的小笠原庄，而改名為小笠原，並在1221年的「承久之亂」建功，就任阿波（現今德島縣）守護職，為阿波小笠原氏的先祖。

小笠原氏雖然在阿波創造家族繁景，但由於在南北朝動亂時加入南朝方，所以不久後就被足利尊氏任命為阿波守護職的細川家下層武士。

其間後代子孫－義長移居三好郡，因而改名三好氏，這也成為三好家的開始，三好家就以細川氏武士身份，逐漸強化自身的權勢。

在爆發將軍家與有力大名家督之爭的「應仁之亂」時，三好家也進入到由第三代－之長當家時期，並在細川家內部建立起大規模勢力。

然而細川家此時卻發生內部紛爭，而之長因為具備一定權勢而被波及，之後便與其子長秀一同遭處決。繼任三好家當主的元長，便與細川晴元聯手擊敗細川高國，成功的為祖父及父親報仇。

在畠山義宣與木澤長政之爭中，同族的三好勝宗選擇加入義宣，長政則向細川晴元要求援助，晴元再向本願寺要求援軍。但因元長身為日蓮宗最大施主，而日蓮宗又與本願寺長期處於對立關係，因此，最後元長不敵數萬人的本願寺軍隊襲擊而戰死，三好宗家的勢力也因此再度衰退。

【三好家概略族譜圖】

源清光──遠光──小笠原長清──長經──長房┐

長種──長景──長直──長親──長宣┐

長宗──長隆──❶三好義長──❷長之──❸之長┐

❹長秀──❺元長──❻長慶┬義興
　　　　　　　　　　└❼義繼

戰國時代三好家的興亡

■曾在京內頗具權勢但還是沒落

　　當主陸續戰死勢力衰退的三好家，身為元長之子－長慶，卻還是跟隨可以說是父親仇人的晴元身邊，刻意忘卻這樣的怨恨，努力回復已往勢力。

　　其間長慶不顧晴元命令而擊敗長政，並以迎娶畿內實力者－遊佐長教之女為妻等方式，來逐漸壯大自己的勢力。另外，以不配作為一族統率之名，討伐在元長戰死時慫恿晴元出征的三好政長。結果引發與政長合作夥伴的晴元、及與將軍－足利義晴的爭鬥，而長慶也成功擊退敵軍，晴元等人在京內的聲勢因而衰退。

　　實際上掌握京內實權的三好家也在這時建立起全盛時期，不過卻在1564年，長慶過世由養子義繼接手家業後，實權卻反倒被松永久秀、三好三人眾給掌握。

　　後來，在信長簇擁將軍－足利義昭前往京都時，三好家已經失去能夠與其對抗的能力。1573年三好家遭受織田軍攻擊，義繼自刃結束生命，宗家就此斷絕。

1553年左右的三好勢力

1577年左右的三好勢力

1577年滅亡

三好家的對立勢力

織田家　　P.12

擁立將軍－足利義昭前往京都，鏟除想要抵抗的三好家。

足利家　　P.234

由於與細川家的密切關係，所以不時與三好家對立。

細川家

雖然是三好家的主家，但由於三好家勢力過於龐大，而與其對立。

三好家的居城　芥川山城

　　芥川山城是由細川總管－細川高國所建造，據說第一代城主是追隨細川氏的能勢賴則，之後由細川晴元使用，但由於遭到三好長慶的掠奪而由芥川孫十郎入住，後來長慶是在1553年到1560年的七年間，將此作為居城使用。

　　長慶死後，三好長逸想將此作為居城，但由於遭受織田信長的侵略，因此將居城權交給和田惟長，並由家臣高山友照擔任城主。

　　芥川山城為戰國時代典型的山城，是建築在三方都有河川環繞的要害之地，分為主郭與東郭兩部分搭建。

　　至今仍留有曲輪群、水路和本丸等多數遺跡，也還留有山城罕見的石垣。

AKUTAGAWAYAMA CASTLE

DATA

芥川山城

所在地：大阪府高槻市
別名：三好山
文化區分：－
築城者：細川高國
築城年：1520年左右
構造：連郭式山城

決定以下剋上的梟雄

三好長慶

■1522年生～1564年歿

讓曾追隨的主君、將軍失去政權的三好長慶在繼承家督後，其領國數的成長幅度足以與北条家匹敵。而長慶的戰國最大規模的下剋上傳說，也不斷流傳於世間。

PROFILE

1522年	以細川家重臣－三好元長嫡男身份出生
1532年	因元長之死而繼承家督
1539年	從細川家奪回領地
1549年	細川政權崩毀，三好政權誕生
1558年	與將軍－足利義輝合作並握有實權

illustration：譽

PARAMETER

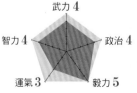

```
        武力 4
智力 4          政治 4
   運氣 3   毅力 5
```

武力 4
雖然對長慶的武藝並沒有公認的評價，但長慶軍團還是具備讓細川家為之恐懼的武力。

毅力 5
順利渡過小時候所受到屈辱的那段日子，成人後確立三好政權。

NATIVE PLACE

出身地【阿波】

將失意化為動力坐擁畿內最高權力

■三好家遭咀咒的衰退命運

對主君刀刃相向、利用流放將軍方式，而掌握權力的三好長慶，就猶如其「梟雄（殘暴勇猛的男人）」稱號，他絕對是個充滿野心的人物。但是他這樣的表現，並不只是純粹滿足自己的慾望，而是祖父、父親所發生的悲慘三好家歷史，讓長慶走向如此充滿報復心態的人生。

當足利家將軍的繼位者爆發「應仁之亂」時，細川家旗下的三好家立下不少戰功，照理說應該可以藉由這些功績，讓主君留下好印象，但三好家卻因此招來惡運。由於細川家認為名聲與地位都向上攀升的三好家，會對自己造成威脅，所以便殺害長慶祖父，也就是三好家當主－三好長秀。

然而這樣悲慘的命運，並未因此停留在長秀身上，之後也持續波及到長慶父親－三好元長。繼位當主的元長在細川家繼位者之爭中，為獲得勝利的細川晴元付出不少貢獻，不過這樣的元長卻被視為危險象徵，或者被解讀為以政治策略表現對立，所以便遭到同族的三好政長及晴元的謀略陷害，因而白白失去性命。這簡直可以說是「人怕出名，豬怕肥」，三好家就是因為太過優秀，所以才會走向被咀咒的命運。

在這樣的背景之下，長慶成為三好家的當主，不過卻因為年紀尚小，使得三好家的地位與領地全都遭沒收，已經走投無路的長慶只好被迫逃往阿波國，並為晴元效力，但其實內心藏著無限悔恨。

■畿內天下人的復仇心

照理說細川家之後應該就能夠過著高枕無憂的生活，然而長慶卻沒有那麼容易就此屈服，他將這樣的屈辱作為前進的動力，所以很認真地過活，並讓自己有所成長。直到長慶成人後，決定要重拾三好家權威。他以強大的武力為後盾，強烈要求細川家歸還三好家舊領，然而細川家卻無視於此，也沒有任何動作，此舉更加深兩方的對立。

另一方面，由於細川家與足利家有很深的淵源，長慶這樣的舉動勢必也會與將軍家為敵，但長慶一點也不在意。長慶的強烈攻勢，不但讓心生畏懼的晴元盼望達成和解，也讓將軍－足利義晴逃往其他國。

至此，三好家權威已完全恢復，長慶以細川家最重要家臣身份而崛起，得以一掃多年來的屈辱，成功讓三好家重拾以往風光。

但長慶並不因此滿足，他的野心逐漸增長。他先背叛了晴元，轉而追隨敵對的細川氏綱，並將晴元與將軍－足利義輝流放；接著，再殺害政長為父親報仇，因而確立了大阪一帶的支配權。之後與義輝保持和睦並握有幕府政治的主導權，成為畿內實質上的天下人。

雖然長慶過著有違常理的波折人生，但他依舊保有品格及智慧，他本身為擅長和歌的名手也愛好雅趣，是少見的知識人。

第三章 其他的群雄【三好家】三好長慶

與三好長慶關係密切的武將

足利義輝 P.236

與義輝等人保持和睦時，長慶就獲得幕府管領職的地位，雖然隔年打破和睦關係，但又在「京都靈山之戰」與義輝保持和睦，並趁機成為幕府的主導者。

松永久秀 P.260

長慶因為弟弟與兒子相繼離世，使身心都出了毛病，因此遭到久秀的操控，雖然最後長慶是因病死亡，但也有可能是被久秀謀殺而死的。

在戰國讓惡行開花結果

松永久秀

■1510年生～1577年歿

即便具備讓信長認可的器度，但久秀一生直到最後都不斷在背叛，他自己則說：「因為能力不足才會遭他人背叛，所以問題是在於被背叛者本身。」

illustration：七片藍

ᴘROFILE

1540年	擔任三好長慶的右筆(負責文書與記錄工作)
1560年	獲得大和一國領權
1565年	暗殺將軍足利義輝
1567年	燒毀東大寺大佛
1571年	背叛織田信長而參與信長包圍網
1577年	因再次背叛信長而自殺

ᴘARAMETER

武力 3
智力 3
政治 3
運氣 4
毅力 5

智力 3 做出背叛織田信長等對自己不利的舉動，的確是缺乏先見之明。

毅力 5 對於自己一切的背叛與謀略，都不覺得有任何不對，可以說是極度善惡不分。

ɴATIVE PLACE

出身地［山城］

260

因背叛而得到了榮華也因背叛而消逝

■略奪主家的少見野心

「殺害三好一族」、「將軍暗殺」、「燒毀東大寺大佛」，以畿內霸權為目標的松永久秀，因為毫不猶豫犯下上述三大惡行而聲名大噪。

在群雄割據的戰國時代，要說到狠毒武將非久秀莫屬。久秀追隨三好秀慶，因為擅長處理實務，所以被視為長慶的重要心腹臣下。他在三好家與細川家的抗爭、大和平定立下大功，因而獲得攝津及大和領權。而長慶也對久秀產生深厚的信賴感，久秀可以說是三好家進出近畿地區的最大功臣，然而久秀的野心卻不僅止於此。

久秀逐步累積自己的實力，在不知不覺中產生掠奪三好家的心態，而機會也意外地快速來到。就在長慶因為接二連三失去親人而萎靡不振時，久秀就趁機展開行動。他計劃要掌握三好家實權，並鏟除輔佐長慶的安宅冬康，所以他便誣稱冬康有謀反之意，讓長慶親自將其殺害。不久後長慶也因病離世，但也有傳言說是遭到久秀暗殺而死。

如此一來，三好家失去能與久秀對抗的能力，雖然長慶養子－三好義繼已繼位家督，但由於年紀尚小，所以由三好家重臣的「三好三人眾」，也就是三好長逸、三好政康、岩成友通為監護人。久秀則為三好三人眾效力，並一副三好家遲早都會是自己囊中物的態度。

■二次背叛信長的男人

腦中滿是野心的久秀，想以傀儡將軍方式來主導幕府政治，也就是仿效長慶之前所使用的策略，因此最快速的方式就是由自己擁立一位新將軍，但這不是個容易實行的策略。然而，當時的久秀已經被野心吞噬，因此他選擇暗殺在位將軍－足利義輝如此激烈的手段。看來也只有久秀會想出如此無理的手段。

由於此舉實在太過分，隔年三好三人眾隨即表明與久秀敵對的立場，而久秀因為無計可施，便以火燒方式夜襲在東大寺準備軍陣的三好三人眾。對久秀來說，為求勝利就是要無視正義、不擇手段。

後來在久秀對戰能力逐漸弱化、信長展開前往京都行動後，他便二話不說地向信長投降，雖然也受到信長寬容對待，得到大和領權，但是久秀內心的背叛因子依舊存在。

當諸位大名組成「信長包圍網」後，久秀居然將信長恩惠拋之腦後，加入包圍網並成為一個據點；不過就在武田信玄死後，久秀又再度向信長投降，這遭到信長沒收大和領權因而失去權勢。照理說久秀應對信長饒自己一命心存感激，但久秀的自尊心卻不允許自己這麼做，所以他又再次背叛信長。

之後遭到信長攻擊的久秀，最後卻以史上第一次的自爆方式結束生命。久秀不僅讓人見識到其破天荒的生存方式，就連最後的死法也是以破天荒方式結束。

與松永久秀關係密切的武將

織田信長　P.14

在信長追擊久秀時，承諾若他交出所擁有名器的「平蜘蛛茶壺」，便饒他一命的約定，然而久秀卻在平蜘蛛茶壺裝入火藥，因而自爆身亡。

三好長慶　P.258

久秀的才能很快就得到長慶的拔擢，還信任他到願意讓自己的愛女嫁給他。在三好家陷入危機的「久米田之戰」中，久秀則是營救了籠城中的長慶。

讓小孩也停止哭泣的「鬼十河」

十河一存

■1532年生～1561年歿

與兄長三好長慶同心協力，夢想實現霸權
的十河一存。人稱魔鬼的勇猛武者，但卻
會在兄長面前展現溫暖笑容，也由於一存
的早逝，讓長慶悲傷啜泣地放下政務。

PROFILE

1532年	以細川家重臣－三好元長四男身份出生
1549年	在「攝津江口之戰」擊潰仇敵－三好政長軍隊
1560年	攻打畠山高政鎮壓河內(現在的大阪府)
1561年	在有馬溫泉突然病逝

illustration：鯵屋槙志

PARAMETER

武力 4
智力 3
政治 3
運氣 2
毅力 5

武力 4

以人稱魔鬼與惡魔，殺光敵軍的勇猛表現，讓人瞠目結舌。

毅力 5

與兄長－長慶一樣有毅力，絕對要為父親報仇的意念，確實值得讓人佩服。

NATIVE PLACE

出身地 [阿波]

三好政權的軍事力基礎

■與兄長誓言要為父親報仇

雖然是以細川家重臣－三好元長之子身份出生，但十河一存之後則是成為在讚岐擁有勢力的國人－十河景滋的養子。因為在景滋的嫡男死去時，正好是三好家勢力剛要抬頭之際，所以景滋便想要以長慶的血親來強化地盤，而長慶則是思考要將一存送往四國，藉此吸收國人勢力，如此一來，長慶與景滋的利害關係便達成共識。此次的收養關係也成功奏效，在十河家成為支持長慶的強勁力量來源的同時，也順利獲得讚岐大多數地區的支配權。

由於父親－元長遭到細川家當主－細川晴元與同族的三好政長殺害，為此感到悔恨的長慶、一存兩兄弟，便誓言要為父親報仇。在名為「攝津江口之戰」的政長討伐戰中，一存率先發動攻擊，為了擊潰敵方大軍而猛然展開突擊，其勇姿也因此激勵其他士兵，因而一口氣擊退慌張的政長軍。

在長慶政權的確立後，十存便在各地巡視，主要是在軍事面上輔佐長慶，三好家就這樣迎接家族勢力的全盛時期，然而就在此時一存卻突然猝死。一存的早逝讓三好家出現大動盪，因為一存之死讓長慶的熱情也急速冷卻，使三好家逐漸衰退。

■創造許多武勇傳說的傑出勇將

一存的對戰英姿，不但能以勇猛果敢來形容，簡直已是到達頂端的水準。其中一個勇猛傳說便是：在一存對戰使左腕受傷時，居然以鹽塗抹傷口並以藤蔓來包紮。這樣處理傷口的方式，對一般人來說絕對是疼痛難耐，然而一存卻毫無感覺似地，再次重回戰場揮舞刀槍。因此不知從何時開始，他便有一個令人畏懼的「鬼十河」稱號。

另外，也由於一存將瀏海至頭頂部分的頭髮全都剃掉，導致這樣的髮型稱之為「十河額」，且廣為流傳。據說在當時的家臣與庶民之間造成流行，就連後世也深深受到「鬼十河」的武名影響，有許多年輕人還因此仿效這樣的造型。

■到死都與松永久秀有所關聯

但是看似擁有穩固緊密關係的長慶與一存，卻有一個不合之處，那就是長慶雖然全盤信任家臣松永久秀，但是對一存而言，久秀卻是個不值得重用的男人，一存甚至還多次嘗試說服長慶是否能將久秀鏟除。說到久秀，他是一個殺害將軍也沒有罪惡感的少見惡人，看來一存很早就看出他狠毒本性。

雖然一存最後是在有馬溫泉病逝，但是在他身邊卻曾出現久秀的身影。據說久秀前去探望因病而待在溫泉治療的一存，這算是兩人不和關係中的一椿充滿疑問的美談，然而或許也說不定是久秀對生病中的一存出手所致。

與十河一存關係密切的武將

三好長慶 P.258

照理說應該要由一存嫡男重存繼承十河家的家業，但由於長慶失去繼位者，而讓重存成為長慶養子，畢竟對一存而言，這也是令人感到驕傲的親戚關係。

松永久秀 P.260

有一說是一存因為落馬而死。據說久秀曾對騎乘蘆毛馬前去參拜有馬神的一存表示，神明討厭蘆名馬，但一存就無視警告而落馬死亡。

263

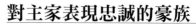

池田勝正

■1539年生～1578年歿

背負攝津池田家歷史信念的男人，即便受到情勢波及，還是不願輕易向信長屈服。

PARAMETER

武力3
智力3
政治3
運氣4
毅力4

illustration：
ue☆no

NATIVE PLACE

出身地 [攝津]

才能受織田信長青睞得以支配攝津

■名家－攝津池田的再興

攝津池田家從平安時代就一直追隨攝津支配者的一族。在三好政權時代，繼承家督的則是池田長正嫡男－勝正，據說勝正並非長正之子，若事實真是如此，只能說勝正具備與當主相符的器度，所以才會受到推舉。

在三好長慶病逝後，由三好長逸所率領的三好三人眾，與有力家中總管的松永久秀聯手。一開始是為了保持三好家的和平秩序而合作，然而當雙方關係惡化後，察覺家中危機的勝正，就對三好三人眾伸出援手與久秀展開激戰。

以統治畿內為目標的織田信長，因為其前往京都行動發揮影響，周圍的豪族都因此一一向信長伏首稱臣，但固執的勝正還是對此強烈抵抗，雖然最後不得不屈服，但也已經做好不願諂媚、遭處決的心裡準備。但是信長卻很欣賞勝正的表現，反而給予勝正增

加其所領。從信長給予勝正的高評價中，不難看出勝正的優秀程度。因為如此，勝正與伊丹親興、和田惟政共同治理攝津，並獲得「攝津三守護」的稱號。

之後勝正就任於室町幕府的攝津守護職，當時同等級的親興、惟政都成為他的部下，可說是三位守護中，才能最突出的一位。

然而，從前夥伴的三好三人眾卻讓勝正陷入危機。就在三好三人眾以恢復職權為目標而有所行動時，家臣中的荒木村重卻反叛，勝正因此遭到流放。

雖然勝正因此轉戰各地，但最後還是受到上天眷顧，由於村重而成為信長家臣，所以勝正也得以回到池田家，心無旁騖地過著隱居生活。

三好長逸

■生卒年不詳

一心牽掛三好家未來的三好長逸，即便淪為殺害將軍的幫手，但初衷絕非滿足自身慾望，一切都是為了三好家的繁榮著想。

illustration：
ue☆no

PARAMETER

武力 4
政治 4
殺力 4
運氣 3
智力 3

NATIVE PLACE

出身地（不詳）

出身地不詳

向強大的霸王提議再戰的勇者

■獲得深厚信賴的三好家支柱

三好長逸是打下三好家全盛時期的名將－三好之長的孫子，由於祖父、父親都很早就戰死沙場，所以長逸在六歲時就繼承家督，但他並不畏懼周圍所給與的壓力，順利的長大成人。之後他就追隨三好長慶轉戰畿內，不論在多麼艱困的情況下，都能確實立下功績。

長逸與三好政康、岩成友通合稱「三好三人眾」，他也是其中的領導者，之所以能夠擔任攝津重要據點的飯岡城城主，也是因為深受長慶信賴。他的官位也晉升為「從四位」，而在之後也晉升為從四位的長慶侍從－松永久秀，在當時卻沒被提名為候補人選，看來長逸的資質還比久秀早一步得到認可，並在三好家的地位逐漸上升。

然而善惡分明的長逸，卻被幕府政治的實權給蒙蔽雙眼。在長慶死後他竟然與久秀合作，協助暗殺將軍－足利義輝，引起這樣前所未有的大事件。不過事後長逸也對自己居然一時誤信久秀感到後悔不已，不久後便與久秀關係決裂，但就在兩方激戰到最後時，長逸認為久秀軍已日漸衰退，可以讓三好家安全無虞時，這時卻出現了真正的敵人，那就是擁有強大軍事力的織田信長。

長逸絕不能讓三好家的榮景就此消失，因此便率領三好三人眾，誓言要徹底抗戰，並與從前的宿敵六角家、紀伊國人眾協調溝通，再勇敢地迎擊織田軍。雖然奮戰到最後還是敗北，但長逸仍固執地等待反擊的機會，所以便悄悄累積力量，隔年率領四國的三好軍展開反擊，可惜還是不敵織田軍的龐大軍力，在敗戰後就了無音訊，身影就此消失。

以雙手洗刷過去汙名！

三好政康

■1528年生～1615年歿

雖然曾經犯下暗殺將軍的重罪，但政康還是以對主君絕對忠誠的義將身份，再次施展長才，其忠義表現也成為「真田十勇士」的典範。

PARAMETER

武力3
政治3
智力4
殺力5
運氣3

illustration：
ue☆no

NATIVE PLACE

出身地〔不詳〕

出身地不詳

以忠義彌補過去罪行的老將

■盡力達成三好家重臣的責任義務

三好政康正確來說應該是細川家的家臣，曾經與三好長慶刀刃相向，但就在與長慶和解後，便很認真地在處理畿內的軍政事務。直到政康的功勞受到肯定、成為三好家重臣後，也加入長慶親衛隊的三好三人眾之列，看來政康絕對是在三好家占有一席之地的重要人物。

長慶死後，三好三人眾便與有力者的松永久秀共謀暗殺將軍－足利義輝，而企圖掌握幕府實權。但不久後就因為無法苟同久秀想法，而決定與其敵對。雖然沒有成功討伐久秀，但還是讓人見識到政康追擊久秀的英姿。之後三好三人眾便組成共同戰線，雖然敗北但由於有織田信長的協助，進而成功討伐久秀。像政康這樣有實力的人，很有可能因此加入信長麾下，然而政康卻在戰後失去消息。

過了五年後，政康則是以豐臣秀吉的家臣身份再次出現在歷史舞台上。在秀吉死後，雖然有許多家臣選擇臣服於德川家康，但政康還是一貫地持續為豐臣家效力。

其實是因為還在懺悔自己暗殺將軍的大罪，所以才會特別重視忠義。政康就帶著這樣後悔的心情，在德川家為討伐豐臣家的「大阪之陣」一戰中，以八十七歲高齡參戰。對他來說在武者的歷史舞台上，以對戰方式了無遺憾地離世，就是他長年以來的願望。

另外，政康出家後的名字為三好入道清海，也成為知名的「真田十武士」的傳說中，名為三好清海入道的武士描寫範本。所謂的真田十武士是指在真田幸村旗下表現活躍的十位勇者，而政康也因此躍升成為故事中的英雄人物，直到現在仍深受大眾喜愛。

保住三好門面的三好眾

岩成友通

■生年不詳～1573年歿

在背後掌控三好家的軍政，並加入將軍暗殺行列，但是岩成友通並非依一意孤行，而且遵照三好三人眾決定而行動。

illustration：
ue☆no

PARAMETER

武力3

智力3　　　政治3

運氣3　　毅力5

NATIVE PLACE

出身地〔不詳〕

出身地不詳

不惜一死持續與信長對抗的男人

■以謀略攫取地位

岩成友通是與三好長逸、三好政康，以「三好三人眾」身份為長慶效力，雖然他是唯一不是三好姓氏出身的這一點令人好奇，不過很可惜的是完全不清楚其原因，能夠做為線索的就只有大和、備後所留有的岩成地名；推測或許是那裡的當地豪族，或和那個地方有所關聯，不過可以確定的是會被當成優秀人才，成為三好三人眾的一員，友通絕對是個有才能的人物。

在長慶死後，友通擔任繼位者三好義繼的監護人。但由於義繼年紀尚小，只能算是個傀儡，因此由長慶的侍從松永久秀掌握實權。雖然友通為三好家付出不少心力，但還是被久秀的野心給煽動，使三人眾想要獲得權威，最後共謀暗殺了將軍。

但就在一切事物順利進行的過程中，久秀卻與大家的想法格格不入，於是三人眾便一致決定與久秀敵對。由於三人認識已久意志

團結，相信若要對決也不會輸給久秀，而從久秀情急之下居然火燒東大寺大佛的舉動，就可看出久秀有多希望能擺脫三人眾的追擊。

然而就在信長展開前往京都行動後，對友通來說即是打破寧靜的開端。雖然一度對這位從未交手的強敵感到害怕，但友通依舊與其他的三人眾有志一同，展現出要徹底抗戰的態度。過程中有時還企圖與近江的有力者－六角義賢聯手反擊，或是趁著信長回國時，襲擊在信長保護下的足利義昭將軍。即便所有策略都沒有發揮效果、周圍所有人都選擇臣服於信長的情況，友通直到最後，都還是心向三好的堅持態度。

尼子家

以地位作為背景而拓展勢力的一族

以守護代身份來到出雲拓展勢力的尼子家，成為擔任八個國家守護的一大勢力，因之後與毛利氏的抗爭失敗而沒落，但家族仍延續至20世紀。

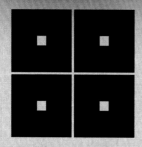

〈家紋：四個方形〉
繼承佐佐木氏所使用的紋路。

尼子家的歷史起源及族譜

■以守護代身份移居出雲展開領國化行動

源氏有許多分支家族，其中第五十九代－宇多天皇子孫的宇多源氏，則是培育出了公家的堂上家及武家的佐佐木家。佐佐木氏的其中一派，移居至近江（現今滋賀縣）並改名為京極氏；而尼子家也是出自此佐佐木氏的分支家族。

室町時代初期的佐佐木高久移居近江的尼子鄉，並改名為尼子氏，即為尼子家的起源。不久後主家的京極氏就任出雲（現今島根縣東部）與隱岐（現今島根縣隱岐島）的守護職，而當時在現場監督的守護代，並移居出雲的就是高久的次男－持久，他同時也是出雲尼子氏的先祖。

之後第二代的清定、第三代的經久也陸續拓展勢力範圍。在經久當家時，不只掌握出雲支配權，也開始將勢力延伸至因幡（現今鳥取縣東部）、伯耆（現今鳥取縣中部與西部）、備後（現今廣島縣東部）、安藝（現今廣島縣西部）及石見（現今島根縣西部）。

另外，尼子家也違抗主家京極氏，以不繳納稅金等方式來促進出雲的領國化，並確立戰國大名身份的基礎。雖然在與當地豪族的對抗過程中，發生經久嫡男－政久喪命的意外，但最後還是由政久嫡男－晴久繼承家督。在晴久當主的時期，尼子氏成為八個國家的守護大名。

【尼子家概略族譜圖】

京極高秀─高詮

尼子高久─❶持久（出雲尼子家）

❷清定

❸經久─政久─❹晴久─❺義久─元知─就易

國久─誠久─氏久

吉久

秀久

勝久

戰國時代尼子家的興亡

■在中國地區東部築起一大勢力

在由晴久擔任新當主迎接全盛時期的尼子家，接著平定備中（現今岡山縣西部）後，也持續將勢力伸往備前（現今岡山縣東南部）。但由於當時在西邊有西國第一的大名大內氏，所以尼子家不時與大內氏對抗。

西元1557年，毛利元就因為解決了大內氏的內部紛爭而勢力抬頭，對尼子家來說西部的壓迫力量增強。再加上晴久在1560年突然過世，雖然繼承家業的義久透過將軍─足利義輝而與元就保持和睦，但元就卻頻頻破壞約定入侵出雲，最後義久只好在1566年向元就投降，尼子家宣告滅亡。

在此之後，擁立尼子勝久的山中鹿介想以暗中借助織田信長之力等方式，展開尼子家的再興活動。雖然一度成功掠奪城池，但還是敗給毛利氏，勝久因此自殺而鹿介則遭到謀殺身亡。

但尼子家本身卻還是持續存在到1940年，最後的當主逝世為止。

1525年左右的尼子勢力

1566年左右的尼子勢力

1566年滅亡

尼子家的對立勢力

毛利家　　P.142

取代大內家而勢力崛起，並殲滅尼子家，成為中國地區的霸者。

大內家　　P.280

稱霸北九州與中國地區南部，並與尼子家不時鬥爭。

京極家　　P.312

對於開始有反抗舉動的尼子家，發出經久的流放命令的方式來對抗。

尼子家的居城　月山富田城

月山富田城是出雲守護戰的居城，雖然不清楚明確的築城時間，不過有傳言說勝日高守神社是在1156年～1159年左右，由進入出雲的平清景在月山築城時，所移建的神社，因此有在此時期搭建的一說存在。無論如何在1185年佐佐木義清擔任守護時，月山富田城就已經搭建完成，所以推論應是在此之前即完工。

到了戰國時代則成為尼子氏的根據地，因為此位置地處險峻要塞的居城，所以被稱之為「天空之城」。

在尼子家滅亡後，堀尾吉晴是在1600年入城，雖然有以近世城郭為標準進行大幅整修，但由於之後便將居城移往松江，所以此處淪為廢城。

GASSANTODA CASTLE

DATA

月山富田城

所在地：島根縣安來市
別名：月山城、富田城
文化區分：國家指定史跡
築城者：不明
築城年：1185年左右
構造：複郭式山城

一代即稱霸的梟雄

尼子經久

雖一度被迫離開居城，但還是力圖振作、
確立戰國大名地位的氣魄武將，但卻可悲
地因為繼位者問題，讓經久功績化為烏
有。

PROFILE

1478年	繼承父親家業成為出雲國守護代
1484年	出雲守護代一職被奪，且遭流放
1486年	奪回月山富田城
1518年	嫡男政久戰死
1530年	三男興久謀反
1537年	讓位給晴久而隱居
1541年	在月山富田城病逝

illustration：海老原英明

PARAMETER

武力 4
智力 4
政治 4
運氣 2
毅力 5

運氣 2

要繼承家業的兒子都一一
出事，到了孫子那一代，
具備大名身份的尼子氏終
究滅亡。

毅力 5

即便被迫離開居城到處流
浪，但還是力圖振作，歷
經一代就成為一大勢力。

NATIVE PLACE

出身地 [出雲]

不畏逆境而順利恢復勢力

■以流浪之身上演逆轉劇

歷經一代時間，就成為擁有最多八國所領的龐大勢力，就是被稱之為「山陰之雄」的武將─尼子經久。

經久雖然繼承了擔任出雲守護代的清定家業成為家督，但在數年後由於不履行向足利幕府繳納稅金的義務，因而侵犯到主君守護的權益。事實上這是經久想要轉換成大名身份所導致的結果，所以當然會因此損害到幕府與守護的權益，而經久的行為更被國人視為專橫舉動，因此對他產生反感，最後終於對經久發出追討令。

結果經久不但失去守護代的地位，也被迫逃離根據地的月山富田城，過著流浪的生活。

不過景經久不是個輕易放棄的武將，他在離開居城二年後，趁著城內在舉辦正月宴席時展開奇襲，順利的奪回自己的居城。

之後經久就特別花心思在處理領民的事務上，也因為他知道如何掌握人心，使鄰近的國人眾也逐漸接受他。由於這些人的服從，讓經久終於得以再度確立大名地位。

■為繼位者問題而苦惱的經久

成為戰國大名的經久，勢力從出雲擴展至現今廣島縣與鳥取縣，然而一切看似順遂的經久，其實存在著一個困擾。

那就是下一代的繼承問題。雖然經久有生下嫡男政久，不過他卻在國人眾謀反攻打居城時戰死。據說政久是位橫笛名手，就在某天晚上吹笛時，突然有飛箭襲來，政久因而喪命，使得這位繼位者無預警的過世。

接著，三男興久又因為沒有得到理想的領地權而企圖謀反，經久被迫親自制裁，最後興久以自殺方式結束生命。經久因此再次失去一個兒子，而且這次還是直接以自己的雙手奪去兒子性命，不難想像其內心的苦悶。

後來經久只好讓孫子尼子晴久繼承家業，自己則擔任監護人角色，過著隱居生活。可惜晴久並沒有達到經久期望，且不聽從經久忠告，擅自進攻毛利家的吉田郡山上失敗，讓尼子家造成極大損害。

經久死後，晴久與叔父尼子國久一同掃蕩尼子家中國久不喜歡的武士，這導致家中戰力衰退，晴久成為無意間的受害者。

之後尼子家的權勢日漸弱化，最後遭毛利氏殲滅。然而這對一代便建立起尼子家榮景的經久而言，或許沒有親眼目睹此事實就離開人世，也是種幸福吧！

與尼子經久關係密切的武將

毛利元就 P.144

元就一開始是追隨尼子氏，不過由於經久要繼承家督時，元就以反對立場加以干涉，最後轉向大內氏靠攏，之後殲滅尼子氏。

大內義隆 P.282

為西國一大勢力的大名，與新興的尼子勢力多次對抗。義隆因遭家臣反亂，而在逃亡處自殺結束一生。

為了讓主家重振聲勢，而付出一切持續戰鬥

山中鹿介

■1545年生～1578年歿

期盼能讓遭毛利家滅亡的主家－尼子家勢力再起，而奉獻全部人生的山中鹿介，應該沒有其他武將能像鹿介那樣，只單純全心全意為主家盡忠。

PROFILE

1560年	伯耆尾高城攻略首次出征
1565年	保護月山富田城，以一對一方式討伐品川大膳
1566年	尼子家滅亡
1568年	讓尼子勝久還俗並擁立其繼承家業
1571年	向信長提出讓尼子家再興的請求
1574年	在因幡轉戰
1578年	上月城遭攻陷，淪為俘虜但卻在護送中遭殺害

illustration：鰺屋槌志

PARAMETER

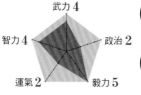

武力 4
智力 4
政治 2
運氣 2
毅力 5

武力 4
立下無數戰功，以罕見的一對一方式討伐敵軍。

毅力 5
為了達成幾乎不可能的主家再興，可說是不顧生死地下定決心。

NATIVE PLACE

出身地 ［ 出雲 ］

一生都在找尋讓尼子家恢復大名身份的方法

■在背後支撐弱化的尼子家

以向月亮祈禱表示：「願我嚐盡七難八苦」，以換來尼子家再興而聞名的山中鹿介，即使這是後世創作出的故事，但還是能從中看出鹿介是一生全心付出、只為復興主家勢力的武將。

鹿介成人時，尼子家還處於為保衛大名地位，後來受到毛利家勢力擴張影響，勢力大幅衰退。在那樣不利的情況下，只有鹿介一人努力奮戰；但也由於鹿介在首征就順利討伐知名敵軍，且在各個戰場上有活躍表現因此武名遠播，甚至廣為流傳至敵方陣營。

當時毛利方還有個因鹿介過於有名而產生不滿的武士－狼介（原名為品川大膳），在毛利家攻打月山富田城時，遭鹿介以一對一方式對戰身亡。

然而即使鹿介如此努力奮戰，卻還是無法改變大局；尼子家的月富山城依然遭敵方攻陷，尼子當主的尼子義久雖未遭殺害，卻遭毛利家軟禁。

■壯志未酬身先死

擁有大名身份的尼子家宣告滅亡，但鹿介依然難以接受此事實，甚至還打算讓已經出家的尼子國久之子－勝久還俗，持續想再為尼子家而戰。

鹿介曾一度召集舊尼子家的家臣，希望藉機能有占領尼子家出雲根據地一絲希望，但最終還是不敵以總軍力獲勝的毛利家。不但軍隊遭到毛利方的猛將吉川元春擊潰，鹿介也成為敵方俘虜。

不過鹿介仍想盡方法脫逃，並期盼有東山再起的一天。後來鹿介投靠了信長，為了恢復主家的權勢，在信長麾下到各處征戰。

鹿介參與了與自身毫無關聯的信貴山攻略，並因此立下戰功。其實這都是鹿介為了打倒宿敵的毛利家，必須借助信長之力所作的一切。

不久後鹿介的心願終於得以實現，在豐臣秀吉組成中國攻略軍後，任命鹿介擔任先鋒而前往上月城。

可惜在上月城的鹿介，卻遭到元春所率領的毛利大軍包圍，信長因此對上月城置之不理，勝久最後自殺身亡，鹿介則是再度遭到俘虜。

對鹿介來說，為了要復興主家當然不會想要以自刃方式結束生命，他絕對會在自己有限的生命中，不斷找尋能夠再站起來的機會。而毛利方也對此戒慎恐懼，所以便在護送鹿介途中將他殺害了。

這對一生都不斷想讓主家聲勢再起，且持續奮戰的鹿介來說，應該是意料之外、最充滿悔恨的死法。

尼子家的再興行動，因為隨著代表人物鹿介之死而宣告終止，大名身份的尼子家命運就此停歇。

與山中鹿介關係密切的武將

織田信長　P.14

鹿介將希望寄託在與毛利家敵對的信長身上，他知道信長沒有理由要幫助尼子家，所以信長棄上月城於不顧時，鹿介一句怨言也沒有。

吉川元春　P.146

為毛利知名猛將，多次與鹿介對戰，即使第一次要逮捕鹿介時允許讓他逃走，但當鹿介再次遭逮補後，元春決定不再重蹈覆轍，處決鹿介。

宇喜多家

利用謀略一躍成為戰國大名

只能算是備前守護代－浦上氏的下級武士的宇喜多家，最終打倒主家成為大名，但由於勢力已嚴重威脅到豐臣秀吉，所以落得遭流放的命運。

〈家紋：劍鳩酢草〉

雖然宇喜多家的兒字紋很有名，但最初原本只有劍鳩酢草的圖案。

274

宇喜多家的歷史起源及族譜

■以浦上家武士身份強化勢力

一般認為宇喜多家為備前（現今岡山縣東南部）三宅氏的後裔，而有關三宅氏的起源則眾說紛紜。根據「宇喜多能家肖像贊」表示，從前有來自朝鮮半島的百濟國的兄弟進入備前，其子孫因此改名為三宅氏。另外也有一說是來自於新羅而非百濟，是新羅皇子天日槍的子孫。不過至今仍無明確說法出現。

三宅氏之後由於在鎌倉時代，獲得備前兒島的領主職而改名為兒島，接著並移居同樣位於備前的宇喜多，因此再度改名為宇喜多氏，據說這就是宇喜多家的起源。

不過，宇喜多之名直到室町中期才確實出現在文獻上。當時宇喜多氏效力於備前守護職赤松氏的守護代－浦上氏。後來赤松氏的勢力衰退後，勢力逐漸強化的浦上氏便與主家的赤松氏關係破裂。由於與主家的對立，使得家中基礎有所動搖，但在浦上家中有能力的宇喜多能家則率軍多次對戰，之後浦上家終於打倒赤松氏，順利完成此次的下剋上行動。

然而，當主浦上村宗卻在細川晴元與細川高國之爭的「天王寺之戰」中戰死，宇喜多能家因此過隱居生活，後來因為遭受到從前就關係不睦的浦上家家臣－島村盛實的攻擊，而被迫自刃身亡。但有關此次事件，也有一說是家族內訌所引起，至今未有確切說法。

總而言之，當時的宇喜多家因此一度沒落，要等到宇喜多家直家當家時，才有再次興起的機會。

【宇喜多家概略族譜圖】

❶宇喜多宗家——❷久家——❸能家——❹興家

❺直家——❻秀家——秀隆
　　　　　　　　└秀繼

戰國時代宇喜多家的興亡

■以謀略晉升高位，但還是遭流放至八丈島

　　雖然因為宇喜多能家遭謀殺，使宇喜多家勢力衰退，但是輪到直家掌權時，就開始恢復原有權勢。直家為了要替祖父報仇便殺害盛實，及暗殺在美作（現今岡山縣東北部）拓展勢力的備中（岡山縣西部）戰國大名－三村家親，用各種方式來提升自己在浦上家中的地位。

　　之後由於與浦上氏交惡，於是與毛利氏聯手打倒浦上氏，不過卻在羽柴秀吉（之後的豐臣秀吉）奉織田信長之命入侵中國地區時，直家卻倒戈轉而加入織田方，利用毛利氏與織田氏抗爭，來擴大自己的勢力範圍。

　　後來直家雖然在秀家年紀尚小時就過世了，不過秀家在秀吉的培養下成為五十七萬石的大名，並在秀吉晚年時成為五大老之一，不過也由於發生內訌，導致勢力急速弱化。之後因為在關原之戰加入西軍，而遭受八丈島流放的罪行處罰。

　　但是宇喜多家的家族血源還是在八丈島逐漸擴張，也因為受到前田氏的援助而存續至今。

1585年左右的宇喜多勢力

1600年左右的宇喜多勢力

1600年滅亡

宇喜多家的對立勢力

德川家　　　　P.74
雖然宇喜多家為西軍的副大將，但由於有前田氏為其求情，只受到流放之罪處罰。

毛利家　　　　P.142
原本為合作關係，不過因為宇喜多家轉而加入織田方，而與其對戰。

赤松家　　　　P.314
因為和浦上家的關係惡化，所以也必須與其所屬武士的宇喜多家對戰。

宇喜多家的居城　岡山城

　　岡山城原本是金光氏的居城，但在1570年遭宇喜多直家掠奪，之後便成為其根據地。一般認定築城期為金光氏生存的時代，但也有一說是由南北朝的名和氏所搭建而成，至今仍未有固定說法出現。

　　直家召集商人來城下居住，並實施層層保護的經濟振興政策，相當於信長的樂市與樂座型式。

　　到了成為五十七萬大名的秀家時代，便進行大幅整修，並使用金箔瓦片搭建望樓型的天守閣，因為天守外壁為黑色的材質，因而有「烏城」的別名出現。

　　現在除了還留有月見櫓之外，天守及走廊大門等部分都還在修復當中。

OKAYAMA CASTLE
DATA

岡山城

所在地：岡山縣岡山市
別名：烏城
文化區分：國家指定史跡、國家指定特別名勝
築城者：金光氏
築城年：1521年～1527年左右
構造：平山城

宇喜多直家

■1529年生～1581年歿

自小就過著流浪生活的宇喜多直家，憑藉自身謀略踏上仕途，最後流放曾追隨的浦上家，坐收備前領權，之後又背叛毛利家，轉而加入織田家麾下。

PROFILE

1529年	以宇喜多興家之子身份出生
1534年	因為祖父遭殺害而與父親一同流浪
1543年	追隨浦上宗景
1573年	奪取岡山城
1577年	流放浦上宗景
1579年	臣服於織田信長
1582年	病逝於岡山城

illustration：樋口一尉

PARAMETER

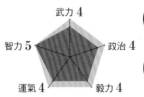

武力 4
智力 5
政治 4
運氣 4
毅力 4

智力 5：順利奪得備前，並懂得如何遊走於毛利家與織田家，具備一定程度的智慧。

毅力 4：如果沒有一定要有所成就的決心，也無法成為一國之主。

NATIVE PLACE

出身地 [備前]

即便小時候過著流浪生活
但還是以謀略奪得一國領權

■流浪的幼年時代

除了齋藤道三、松永久秀並稱「惡人」以外，和尼子經久、毛利元就合稱中國地區「三大謀將」之一的宇喜多直家，也是個特別擅長謀略的武將。

直家在六歲時，身為備前浦上家重臣的祖父－能家遭到島村盛實殺害，因此直家便與父親－興家過著艱難的流浪生活。

可想而知，這件事在幼小的直家心中留下了深刻的陰影。由於渡過了長達九年的流浪生活，直家期間必定有在思考如何報復盛實，及要怎樣打倒備前各個勢力的方法。

不久後得以追隨天神山城主－浦上宗景的直家，因為在短時間內就立下功勞，所以受到宗景的青睞。

在浦上家擁有地位的直家，暗殺了祖父的敵人－盛實，甚至因懷疑妻子的父親－中山信正也有謀反嫌疑而將其殺害，並奪取其所領，因為這件事也妻子自殺了。

不過，直家的野心並不僅止於此。他陸續暗殺各地的豪族，或以討伐方式在備前驅逐浦上家以外的勢力，成為浦上家實力排名第一的人物。

■背叛主家的浦上家

西元1566年毛利大軍入侵備中，此時直家以槍砲射擊敵將－三村家親，成功的渡過此次難關。之後家親之子元親便發起弔唁父親的對戰，直家依然順利獲得勝利。

成功將威脅勢力驅趕出備中的直家，終於

要針對備前的支配權展開行動。首先，他將金光宗高冠上與毛利內通的嫌疑，而掠奪之前就希望得到的岡山城；使直家的實力，到達能與主君浦上家能匹敵的程度。

為了打倒勢力相當的浦上家，直家拼命思考各種可行戰略，最後決定與敵人毛利家合作。在直家殲滅浦上家後，即成為坐擁備前與備中領權，並將勢力延伸至美作的戰國大名。

而直家的謀略，也讓家族親戚備感恐懼，據說連直家的弟弟出現在他面前時，都已經做好了赴死的打算。

■這次則是背叛毛利

直家雖然跟隨毛利家，但就在織田信長家臣的豐臣秀吉開始入侵中國地區後，便決定要背叛毛利家。因為直家看到秀吉的對戰表現，就知道毛利家將會陷入不利戰局。所以之後直家便臣服於信長，直到他在岡山城病死之前，他都是與秀吉一同對抗毛利。

因為直家會使用毒殺、暗殺，及槍枝狙擊等方式，同時毫不猶豫採取謀略及背叛行動，而讓他成為戰國中的惡人。不過他之所以能從一個流浪之人，而晉升為大名身份，不僅要具備相當水準的實力，其智力及狀況判斷能力，應該也都在水準之上。

與宇喜多直家關係密切的武將

豐臣秀吉 P.48

傳聞有直家將妻子－阿福送給秀吉的說法存在，如果這是事實，那就能解釋為何秀吉會重用直家與阿福之子的宇喜多秀家的理由何在。

毛利輝元 P.150

雖然直家起初是與毛利敵對，但由於必須合作攻打尼子家等因素，使雙方關係密切。後來因為與信長的對戰不利於毛利方，直家又轉而支持信長。

在關原以西軍身份奮力應戰

宇喜多秀家

■1572年生～1655年歿

自小就得到秀吉的信賴而成為五大老之一的宇喜多秀家，即便在關原之戰以西軍主力身份奮戰，戰後還是遭到流放。

PROFILE

1572年	以宇喜多直家次男身份出生
1582年	父親離世而繼承家督
1585年	成人並改名為秀家
1586年	娶秀吉養女─豪姬為妻
1599年	宇喜多家族紛爭
1600年	關原之戰敗北
1655年	在八丈島過了五十年流放生活後死去

illustration：樋口一尉

PARAMETER

武力 4
智力 3
政治 3
運氣 2
毅力 4

武力 4
雖然因為年紀關係而鮮少有戰鬥經驗，但在關原之戰中武藝表現出色。

政治 3
不同於父親─直家，這位富有強烈正義感的年輕武將不擅長處理政治問題。

NATIVE PLACE
出身地 [備前]

光榮的前半生及關原後的逆轉人生

■豐臣家的王子

宇喜多直家之子－秀家，在父親死後的十一歲時繼承家督，在輔佐叔父宇喜多忠家的同時，也追隨豐臣秀吉參戰四國征伐、九州征伐及小田原征伐。

成人後便獲得秀吉的一字賞賜，並與秀吉養女也就是前田利家之女豪姬結婚，成為秀吉的女婿，也受到從豐臣姓的許可等待遇。秀家自小就備受秀吉寵愛，可說是與小早川秀秋與豐臣秀保並列，是能成為下一代繼承家業的人才。特別是在「朝鮮出兵」的「文祿之役」時，才二十歲就被任命為總大將，備受有別於常情的待遇。在朝鮮時，雖然年輕的秀家曾不顧旁人反對執意出擊，但結果仍立下大功。

秀家領地範圍包括有備前、美作、備中半國，以及播磨三郡，多達五十七萬石，並被任命為豐臣家有力大名的五大老其中一人，占有豐臣政權中樞地位。

然而家中的紛爭卻讓秀家的勢力蒙上陰影。當時家中的法華宗信徒與天主教徒對立，使支撐宇喜多家的四家老以及七十多位有力家臣都離開宇喜多家，他們大多轉而跟隨德川家康。這對秀家而言，無疑是個沉重打擊。在四大老離開後，就只剩天主教徒大名明石全登續留下來為快要解體的宇喜多家效力，且在關原之戰中展現出精彩的指揮戰略。

■關原之戰敗北而開啟五十年的流浪人生

西元1600年收到石田三成舉兵消息的秀家，隨即毫不遲疑地表示協助出兵的意願。其實就這一路來秀家所賜予的恩惠來說，秀家似乎也沒有其他選擇方式；因此秀家便擔任西軍總大將－毛利輝元旗下的副將。雖然在關原之戰中，西軍集結了八萬以上的兵力，但扣除掉無法動彈的毛利軍、反叛的小早川軍等兵力後，實際上只有頂多三萬的兵力而已，其中的一萬七千兵力還是秀家所率領的。

這場對戰由東軍的福島正則軍朝宇喜多軍的突擊揭開序幕，由於兩方都是知名的猛將，所以對戰十分激烈。不久後宇喜多軍順利壓制福島軍，讓戰況逐漸朝向對西軍有利的方向發展。

然而，曾是秀吉養子的秀秋卻在此時反叛，雖說這二人從前都受過秀吉恩惠，但在行動上卻是如此相異地做對照表現。

宇喜多軍的側面因此受到威脅，導致戰線崩毀，西軍最後落得敗戰下場。

關原之戰後，好不容易存活下來的秀家逃往薩摩島津家藏匿，三年後才得以結束躲藏命運。因為受到島津家久及豪姬之兄－前田利長的求情，使秀家不致於被處以死罪，而是與兩個兒子一同被流放至伊豆八丈島，當時的秀家也才三十四歲。

遭到流放的秀家，在八丈島的生活了五十年之久，讓人不禁好奇在這段時間裡，秀家的心裡到底在回憶及思考些什麼呢？

與宇喜多秀家關係密切的武將

豐臣秀吉　P.48

秀吉因為無子嗣，而收養眾多養子。在經歷豐臣秀次、小早川秀秋等人多次失敗的收養子過程後，仍對秀家寵愛有加。

宇喜多直家　P.276

秀家與擅長謀略的父親－直家性格迥異，但如果他有父親那樣的謀略，或許家中紛爭以及關原之戰會有完全不同的結果。

大內家

在周防紮根、成長的大名

以周防地方豪族身份，拓展勢力的大內家。隨著勢力擴大的腳步，其根據地的山口也發展成人們口中的西邊京都，然而這股勢力卻在亂世中消失。

〈家紋：大內菱〉

菱形內再加上花菱裝飾，為其中一種唐花菱。

大內家的歷史起源及族譜

■以周防為根據地而擴大勢力

有關大內氏的起源至今尚未定論，雖然有傳說表示是由百濟盛王的第三子移居至周防（現今山口縣東南部），並獲得多多良姓氏而成為大內家的始祖，但此番說法被視為是後人編撰。不過自古以來，周防的大內村的確有多多良一族的勢力存在，所以不管起源為何，多多良為大內氏始祖的可能性頗高。

平安時代末期，有多多良盛房之名流傳；到了盛房之子弘盛時代，則出現「大內介」之名，或許大內就是在此時誕生。

鎌倉時代時，其一族大多擔任周防的國衙（國家的公家機關）職務，實際地掌握了當地的治理機構，甚至以御家人身份擔任六波羅評定眾。

在南北朝動亂期時，因為大內弘幸與叔父長弘之間的鬥爭等因素，導致大內家內部的對立。後來在弘幸之子－弘世的時代時已將勢力延伸至西方，並將根據地移往山口，在當地建立起一族發展的基礎。到了義弘時代，由於鎮壓「明德之亂」有功，因此獲得以和泉（現今大阪府西南部）、紀伊（現今和歌山縣、三重縣南部）為首的六個國家的守護職。

之後大內氏雖然因為「應永之亂」，導致勢力日漸式微，不過在「應仁之亂」時順利恢復權勢，並以西軍的山名方武將身份表現活躍。在義興時代時則完成前往京都、掌握幕府政權等，成為勢力龐大的一族。

【大內家概略族譜圖】

❶大內盛成──❷弘盛──❸滿盛──❹弘成

❺弘貞──❻弘家──❼重弘──❽弘幸──❾弘世

❿盛見──⓫教幸──⓬教弘──⓭政弘

──⓮義興──⓯義隆──春持

└隆弘　　　　　　　└⓰義長

戰國時代大內家的興亡

■建立起西國第一勢力，但卻遭毛利氏殲滅

在天下局勢突然進入戰國時代之際，大內家當時由義隆擔任當主，並獲得周防、長門（現今山口縣西部）、安藝（現今廣島縣西部）、備後（現今廣島縣東部）、石見（現今島根縣西部）、豐前（現今福岡縣東部、大分縣北部），筑前（現今福岡縣西部）的七國守護職，建立起一大勢力。

大內家除了與中國大陸進行貿易之外，由於義隆喜好學問，因此獎勵學問及藝術；從山口的「西邊京都」稱號中，不難看出此地文化興盛程度。

然而就在與出雲（現今島根縣東部）的尼子氏對戰後，義隆因為失去養子而放棄處理政務的資格，進而引發家中文治派與武斷派的激烈爭鬥。不久後武斷派家臣－陶晴賢謀反後，義隆被迫自殺，晴賢擁立出自大友氏的養子－大內義長來掌握實權。不過由於與毛利元就失和，於是晴賢在「嚴島之戰」中遭其殲滅，最後大內家也難逃被毛利氏併吞的命運。

1522年左右的大內家勢力

1557年左右的大內家勢力

1557年滅亡

大內家的對立勢力

毛利家　P.142

以整合國人眾方式累積勢力，並打倒晴賢而獨立。

尼子家　P.268

根據地的出雲曾一度遭大內氏攻擊，不過遭擊退後保持和睦關係。

陶家　P.284

在晴賢眼中，義隆只不過是個喜好學問的軟弱當主。

大內家的居城　大內氏館

雖然說大內館的搭建年代尚未有定論，但根據江戶時代的《山口古圖》記載，此建築在1360年就已存在，但就發掘調查卻是在1400年中期後才被發現，因此居館現狀推定是在十五世紀半所搭建。

與其說是居城，其實比較像是中世武士宅邸風格；調查顯示，居館範圍似乎是隨著年代而逐漸擴張。另外也證實表示居館本身經過五次的整修，推論應該是在當主交替時就會進行整修。

居館的基礎部分現在則是作為龍福寺內部土地，修復完成的西門、枯山水庭園等部分，也有向外公開展示。

OHUCHISHI YAKATA
DATA

大內氏館

所在地：山口縣山口市
別名：－
文化區分：國家指定史跡
築城者：不明
築城年：1400年中期
構造：城館

一度稱霸西國的文人大名

大內義隆

■1507年生〜1551年歿

以長門為據點逐漸拓展勢力，並打造出「西邊京都」榮景的義隆，卻因為繼位者之死，中途放棄處理政務只管玩樂，因而導致家臣的謀反。

PROFILE

1528年	繼承大內氏家督
1536年	平定北九州
1540年	支援毛利氏，並在「吉田郡山城之戰」擊敗尼子氏
1542年	進攻尼子氏的月山富田城失敗，而在此時失去繼位者
1551年	因陶晴賢的謀反，而自殺身亡

illustration：MIKISATO

PARAMETER

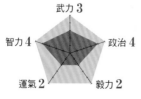

武力 3
智力 4
政治 4
運氣 2
毅力 2

政治 4
長門能夠繁盛到被稱作是「西邊京都」，都要歸功於義隆的努力付出。

毅力 2
在出雲遠征失敗後，就沉迷於自己的興趣玩樂，而引發家臣的反叛。

NATIVE PLACE

出身地 ［ 長門 ］

放棄身為大名職責，而被迫了斷生命

■西國之雄霸者

大內義隆是以長門為據點，在戰國初期的中國地區、北九州擴展勢力，可以說是西國霸者的戰國大名。

在歷代為守護大名的顯赫名門家世背景下，義隆是以文武平衡方式治理國家，因此在義隆這一代大內氏的權勢到達巔峰階段。

內政方面，歷代的大內氏都很重視貿易，並具備一定的經濟知識，所以義隆本身也非常積極地推動貿易往來。正是因為累積了不少的經濟實力，義隆才得以順利擴大勢力，而他也以這樣的經濟實力為背景，入侵領國周邊土地。

此外，他也時常渡海進攻位於關門海峽另一側的北九州。由於北九州擁有九州最大的城市博多，他藉由取得當地的貿易權，使得大內家越加繁榮。

接著義隆還將觸手伸向中國地區，並透過順利協助毛利元就擊敗尼子氏等方式，再一步成功拓展勢力，因而成就義隆統治下的大內氏繁景。

如果要說當時戰國大名義隆的權勢程度，最明顯的例子就是同時代有許多西國的武將，會特別突顯義隆的「隆」字；像是有名的小早川隆景、毛利隆元、龍造寺隆信等人，而他們也都是在歷史上留下輝煌事蹟的武將。

■埋首於興趣的義隆

然而義隆的全盛時期卻沒有維持很久，其與尼子氏的抗爭則是他勢力衰退的開端。在以毛利氏援軍身份參與的戰事中，對擊敗尼子氏有信心的重臣陶晴賢，主張應該要一舉殲滅尼子氏。雖然家中有時機未到的反對意見，但義隆仍親自率領大軍，勢如破竹展開行動並包圍月山富田城，然而卻因為長期戰導致義隆軍隊疲憊不堪而戰敗，甚至連義隆認可的繼位者—大內晴持，也在此時戰死。

原本以為只是一次的敗戰，不過這戰敗卻因此失去繼位者，使義隆精神上感到悲痛，於是他就開始遠離政治，並將政事交由近臣處理，自己則沉浸在詩歌等雅趣的世界裡。從此由義隆所領導的大內氏，開始走上毀滅一途。

此時義隆所重用的是反對攻打尼子氏的文治派家臣。以往在領國統治上取得平衡的義隆卻在中途放棄治國，讓文治派擔負此重任，因而導致家中的分裂，這個缺陷也導致日後陶晴賢的謀反。

由於重臣的謀反，使義隆無法逃脫只好被迫自殺。雖是由義隆建立起大內氏的全盛期，但同時也是自己招致這樣的結果。雖然說是自作自受，但以這樣的方式結束生命，還是讓人感到不勝唏噓啊！

與大內義隆關係密切的武將

毛利元就　P.144

起初為敵對關係的毛利氏與大內氏，因為尼子經久在毛利家督繼承時造成妨礙，所以暫時與大內氏同一陣線攻打尼子氏。

尼子經久　P.270

在謀略天才－尼子經久死後，攻打尼子氏的義隆，卻遭到尼子身旁豪族的背叛而戰敗，也有人說這是經久的先見之明發揮效用。

武士的悲慘末路

陶晴賢

■1521年生～1555年歿

在大內家負責處理軍事方面的陶晴賢，由於已看清疏於政務的主君底限，所以在獲得毛利氏的力量支援後，便起而謀反。

PROFILE

1521年	出生於長門國
1540年	以總大將身份在「吉田郡山城之戰」擊退攻擊毛利家的尼子軍
1542年	參與「第一次月山富田城合戰」而遭擊敗
1551年	起而謀反導致主君大內義隆自刃身亡
1554年	遭晴賢進攻的石見（島根縣）吉見氏舉兵反擊
1555年	在「嚴島之戰」敗北而自殺

illustration：MIKISATO

PARAMETER

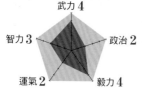

武力 4
政治 2
智力 3
毅力 4
運氣 2

政治 2
雖然因謀反而成功掌握大內家的實權，但卻無法掌控人心，而與毛利氏等人日漸疏離。

毅力 4
人稱「西國無雙的侍大將」，以大內家勇猛的武士身份而廣為人知。

NATIVE PLACE

出身地 [長門]

即便成功謀反，但卻無法維持權勢而遭殲滅的武將

■在晴賢決定謀反之前

雖然陶晴賢與毛利氏聯手逼迫主君的大內義隆自殺，但是他也在「嚴島之戰」中，因為大敗給毛利元就而遭到殲滅。給人從旁協助毛利家卓越印象的陶晴賢，到底是怎樣的一名武將呢？

這要追溯到二年前，當元就遭尼子軍包圍居城─吉田郡山城時，奉義隆之命以援軍身份前來的晴賢很順利地拿下勝利。這次的勝利想必也加深了晴賢的自信。或許因為尼子經久於前年去世，因此晴賢看到尼子家即將衰敗的徵兆，所以才選在此時進攻也說不定。

然而在大內家中負責處理政治事務的文治派家臣，卻慎重地反對晴賢的交戰意見，他們認為如果要持續對戰的話，最後一定會出現大內方大敗的結果。

因為未獲得文治派家臣支持，晴賢的立場顯得不利，再加上主君義隆後來因為戰敗，而加深了厭戰情緒，將政事都交給文治派家臣處理，自己則沉迷於雅趣的世界裡。

義隆重用文治派家臣的舉動，相信也讓晴賢感覺到已危及到自己在家中的地位，所以晴賢便企圖謀殺文治派家臣，不過卻被義隆察覺，導致兩人之間的關係急速惡化，因此晴賢才會謀反。

由於身處戰亂之世，弱者遭強者併吞已是當時的常規，所以這對武士之身的晴賢來說，察覺到超級大名大內家的中樞開始動搖，也不會令人感到驚訝。

因為感受到的大內家現況所產生的危機感，再加上在義隆麾下失去立場的危機感，恐怕就是這些情感的累積，才會讓晴賢決定謀反。

■「嚴島之戰」敗北

決定謀反的晴賢，行動既快速又確實，最終逼得義隆不得不自殺結束生命。他甚至還攻擊與自己對立的文治派家臣，並將其一一殺害。不過晴賢沒有主動讓自己成為君主，反而藉由九州的大友家之力，擁立繼承大內家血統的義長，進而掌握大內家實權。

到此一切都順利進行，不過由於晴賢強硬地管理家中大小事，因此暗地裡也有許多人對他產生不滿。

不久後，晴賢陷入想趁此擴大勢力的元就陷阱，而成功地掠奪晴賢的安藝國領權。

為此晴賢展開反擊，發動「嚴島之戰」卻遭元就的奇襲而戰敗，在敗逃途中晴賢自刃身亡。這真的讓人意想不到，人稱「西國第一侍大將」的勇猛武士，居然會以這樣的方式結束人生。

即便他有一人率領大軍在戰場上勇敢的對戰表現，但或許對晴賢而言，經營大名家也是個沉重負荷；因為錯誤的行動方式，才會對晴賢造成這樣的悲劇。

與陶晴賢關係密切的武將

毛利元就　P.144

元就以支持晴賢謀反的型式來擴大勢力，之後背離晴賢趁機壓制安藝國，接著在「嚴島之戰」獲勝，成為超級大名。

大內義隆　P.282

據說遭到晴賢攻擊的義隆，為了要抗戰還派出投誠者及逃亡的士兵。除了文治派的家臣以外，其他人好像都已經放棄義隆。

一条家

從攝關家成為戰國大名的土佐名門

一条家的歷史起源及族譜

■移居至領國而誕生的土佐一条家

在藤原氏中屬於嫡流、位居頂端的家族，有近衞家、鷹司家，以及九条家。九条家族之後在鎌倉時代，則分為一条、二条，及九条三家，而這五個家族就稱之為「五攝家」。

而一条家即是九条家的分支家族，九条道家的三男－一条實經，因為居住在一条坊門，所以改名為一条氏。

一条家的成員，不只是擔任攝政及關白職務，也有以古典學者身份而為人所知；在當時被稱作是「五百年來的學者」、「無雙才人」等封號的一条兼良也很出名。

由於在兼良擔任當主時爆發了「應仁之亂」，所以兼良便逃往奈良避難，當時雖然已經有兼良之子－教房先逃往奈良避難，但後來他還是將奈良的避難所讓給兼良居住。而教房則是移居至領國的土佐藩多莊，成為土佐一条的先祖，之後土佐一条家則由教房次男－房家所繼承，並一步步朝戰國大名化邁進。

但就在房家之後繼承家業的房冬，卻在成為當主不久後就病逝，其子房基則致力於其他勢力的擴展，之後原因不明地自刃身亡。

基於這樣的背景下，使土佐家沒有很積極地擴大勢力，再加上繼承房基家業的兼定，大多擔任以長宗我部為首的國人間紛爭調停者角色，或許這似乎是不想讓土佐受到戰亂波及所採取的行動。

【一条家概略族譜圖】

```
九条道家──一条實經──家經──內實──內經──┐
                                        │
                                        │
  經通──經嗣──兼良──❶教房(土佐一条家)
         │
         ├─政房──┬─房通
         │       │
         └❷房家──┴─義房
                  │
                  └❸房冬─❹房基─❺兼定
                                 │
                                 └❻內政
```

名列五攝家之一的一条家，因京都戰亂而逃往領國，土佐一条家因而誕生。雖之後土佐一条家成為公家大名，但還是因敗給長宗我部氏而沒落。

〈家紋：下垂藤蔓〉
屬於藤原北家分流的一条家，與九条家同樣使用下垂藤紋。

戰國時代一条家的興亡

■遭到長宗我部氏殲滅

土佐一条家領地的幡多莊中村，由於是公家所領所以不會受到擔任守護一職的細川氏所影響。

就在細川氏家臣因為內部紛爭，而讓長宗我部兼序遭到以大山氏為首的豪族們討伐時，一条家的當主房家則是離開居城前去保護長宗我部國親，之後還從中調解，讓雙方回復以往關係。

後來長宗我部氏的勢力急速增長，不久後長宗我部元親就壓制了土佐一半以上的勢力。由於當時擔任一条家當主的兼定，可以說是呈現半放棄政務的狀態，因此許多部下都選擇追隨長宗我部氏，導致兼定遭流放。

之後兼定雖試圖奪回領國，但由於計劃失敗而隱居，雖然有其子繼承家業，但實際上卻還是長宗我部氏手中的傀儡，所以不久後也遭到流放，具備大名身份的土佐一条家宣告滅亡。

雖然如此，一条家本身還是有延續繼承土佐一条家的血脈，並在明治時期後勢力又再次抬頭。

1560年左右的一条勢力

1575年左右的一条勢力

1575年滅亡

一条家的對立勢力

長宗我部家　P.166

雖然受一条家恩惠，但之後還是壓制且併吞一条家所領。

西園寺家　P.316

同樣具備公家大名身份，並以伊予（現今愛媛縣）為據點，雙方不時發生紛爭。

河野家　P.316

伊予的有力豪族，與毛利氏聯手對抗入侵的一条家，導致一条家大敗。

一条家的居城　中村城

中村城的築城年份至今還未出現定論，不過據說是由在此地擁有勢力的豪族－為松氏所建。所以一条教房在移居土佐後，便拔擢為松氏為家老。

在此建造作為一条家住處的中村御所，由於是仿造京都風的街道來搭建，因此以作為城郭的機能來說相當不足，據說只能將它當作是據點居城來使用。

在兼定遭流放後，由長宗我部元親之弟－吉良親貞入主此城，便將此城整修成更具實戰性的居城。

關原之戰後長宗我部氏遭撤職，由山內一豐移居土佐，由於另外搭建了高知城作為根據地，所以在之後的一國一城令發布後，中村城便成為廢城。

NAKAMURA CASTLE
DATA

中村城

所在地：高知縣四萬十市
別名：為松城
文化區分：史跡
築城者：為松氏
築城年：不明
構造：連郭式平山城

遭流放的土佐一条家最後當主

一条兼定

■1543年生～1585年歿

統治土佐豪族中的一人，出生在人稱御所的大勢力名家，然而就在長宗我部氏的勢力強化之時，因無暇管理政治慘遭家臣流放。

illustration：MIKISATO

PROFILE

1543年	以一条房基的嫡男身份出生
1549年	因房基自殺而繼承家督
1558年	迎娶宇都宮豐綱之女
1564年	與宇都宮豐綱之女離婚，而迎娶大友宗麟之女
1568年	攻打伊予卻大敗
1569年	由於安藝國虎自殺，而失去對抗元親的手段，而轉變為暴君
1573年	遭老臣們強迫隱居
1574年	被流放至豐後國，並投靠大友宗麟
1575年	舉兵再起但還是大敗給元親（四萬十川之戰）

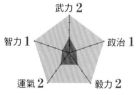

PARAMETER

武力 2
智力 1
政治 1
運氣 2
毅力 2

 政治 1
放著政治事物不管，還將提出諫言的家臣處以逆上之刑，導致家臣離反。

 智力 1
面對勢力逐漸增大的元親，兼定卻完全沒有能與其對抗的手段。

NATIVE PLACE

出身地［土佐］

288

自幼繼承家督
但由於失政而遭流放的名門平凡武將

■與元親爭奪土佐霸權

土佐一条家為公家出身的土佐國司，並在居城的土佐中村城下積極引進京都文化，創造出一個以京都為範本的城市。

一条兼定為第五代當主，由於父親一条房基自殺，所以緊急繼承家督，當時的兼定才只有七歲。自小就以當主身份，在祖父及家臣守護下成長的兼定，並未培養出能在戰國之世生存的能力，因此也就無法順利集結優秀部下；可以依靠的人，就只有妹婿─安藝國虎一人。雖然如此，如果這是在極為平和的時代裡或許能進行領國經營，不過在兼定擔任家督時期，正好是土佐猛將－長宗我部元親展開土佐統一行動的時候，只能說兼定的運氣真的很差。

一条家擁有西部土佐勢力，而元親則在東部擴展勢力，所以兼定只好逃往伊予。兼定十六歲時，迎娶伊予大洲城主的宇都宮豐綱之女，在與對方締結同盟後便向東出兵，並在伊予國內跟宇都宮氏爭鬥的河野通直展開激戰。

之後兼定判斷若與進行伊予攻略的大友家結盟會更有利，所以兼定便離婚改迎娶大友宗麟之女為妻，順利與大友家締結同盟關係。其實兼定之母即為大友義鑑之女，即使已有血緣關係，但兼定還是想尋求更深一層的關係牽絆。

■成為暴君導致家臣紛紛離去

西元1568年兼定因為要支援豐綱，而率領士兵進入伊予，卻遭到伊予河野軍痛擊，使得豐綱大敗，宇都宮家因此滅亡。

期間由於身為妹婿的國虎與元親對立，雖有兼定成為雙方和解的橋樑，但國虎還是提出要攻打元親的援軍要求，然而兼定還未行動時，國虎就在元親猛攻下被迫自刃。

失去唯一能對付元親的國虎，對一条家造成極大損失，一条家的領土也因此接二連三落入元親手中，一条家的勢力日漸趨於弱化。而兼定就是在此時轉變成暴君的，他完全不碰政事，還殺害了多次提出諫言的土居宗珊，使重臣們無法對此坐視不管，所以便藉由家老的合議，強制讓兼定過著隱居生活，將他流放到豐後國的臼杵。不過，流放兼定的舉動卻激怒了家臣─加久見左衛門，於是他與對一条家老臣產生反感的領主們共謀，決定舉兵入侵中村。

而元親自然不會錯過這樣一個混亂時機，他藉以壓制一条家反亂為名義，將中村納入自己的領地範圍內。

此時遭流放至土佐的兼定，則轉而投靠宗麟。由於宗麟是知名的天主教大名，所以當兼定也受洗成為天主教徒，並企圖藉由宗麟的力量以回復失去領土。就在兼定舉兵再次與元親對戰時，卻仍以失敗作終。

兼定最後則在夢想一条家還能再起的同時因病去世。

與一条兼定關係密切的武將

長宗我部元親 P.168

在元親之父－國親時代就掠奪一条家領國居城，因而拓展勢力。而一条家的內部混亂，正好給了元親在此時出兵的理由。

安藝國虎 P.290

迎娶兼定之妹，而與一条家為同盟關係，成為長宗我部元親統一土佐的阻礙。國虎後來因為夥伴的反叛而自殺身亡。

阻擋在元親面前的堅強敵手

■1530年生～1569年歿

安藝國虎

土佐有力國司的其中一人，也是與元親激戰的勇將。因為個性受人愛戴，據說在敗給元親自刃時，有許多人也一同殉死。

PROFILE

1530年 以安藝元泰嫡男身份出生

1563年 趁元親不在時攻打岡豐城，但遭敵方背後攻擊而敗北，透過一条兼定調停而和解

1569年 拒絕元親的來城邀請，而導致元親與國虎開戰，對元親的進攻予以反擊，歷經一番激戰終究敗北（八流之戰）

同年 以封鎖安藝城方式抗戰，但由於橫山民部的反叛而投降，之後在淨貞寺自殺身亡

illustration：MIKISATO

PARAMETER

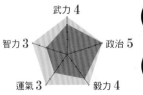

武力 4
智力 3
政治 5
運氣 3
毅力 4

政治 5 進行整頓安藝城下的商人街道等行動，處理內政的手法相當優秀。

毅力 4 不怪罪入侵長宗我部領地的士兵，因而激怒元侵陣營。

NATIVE PLACE

出身地 [土佐]

勇猛又受人愛戴，是在土佐元親最大強敵

■領地與長宗我部相鄰

在長宗我部元親即將統一土佐之際，卻遭遇到一個巨大障礙，那就是安藝國虎。他不僅武藝精湛，也深受領民及家臣愛戴，擁有正面形象的人物。

當時，安藝家是有力的國司，而土佐則由人稱「七守護」的豪族所支配，但後來因為七守護都遭到同是國司的元親殲滅，於是元親更順勢展開統一土佐的行動。而安藝的領地剛好與長宗我部領地相鄰，因此雙方對立更加激烈。

先是長宗我部領地的夜須，遭國虎部下士兵入侵而變成荒土一片。事實上夜須原本是安藝領地，所以才會多次針對長宗我部家做出挑釁動作。而這也激怒了長宗我部家重臣－吉田重俊嫡男的吉田重康，於是他也佔領安藝領地的馬之上城。

由此獲得正當理由能展開報復的國虎，便趁元親不在時攻打長宗我部家的根據地—岡豐城，不過由於吉田父子前來救援，並從背後突襲國虎軍隊，使國虎進攻失敗。與此同時，元親為了反擊決定要殲滅安藝家，後來因一条兼定的裁決讓雙方達成和解，也因為兼定的從旁協助，讓國虎得以暫時過著安穩日子。

之後換成元親率先展開動作，他先派遣使者前去拜訪國虎。由於兩方之前已在兼定面前達成和解，所以元親便藉口想邀請國虎來岡豐城作客。然而國虎則是懷疑元親「也許是想要展開暗殺行動」，雖然不曉得元親真

正的意圖為何，但他絕對不相信懷有統一土佐野心的元親，會真心想保持和睦關係。因此，國虎在遣返使者後以兼定為首，向鄰近諸國廣發檄文，準備與元親展開決戰。

■奮力抵抗元親的侵略

另一方面，元親也迅速地展開行動。或許他也推論出彼此會演變成對戰型式，所以才會特地派遣使者前去探風聲也說不定。元親將大軍分為兩隊並分頭展開行動，而國虎與元親的軍隊的確也激烈對戰，雙方呈現互有領先的局面。

不過，長宗我部軍仍成功率先打破膠著的局勢；他們先將漁船聚集，並在海邊製造螺聲、人聲、吵雜聲。以這樣的方式讓國虎士兵誤以為敵軍會從後方攻擊，因而動搖信心，接著長宗我部軍再一口氣進攻，又加上國虎方出現叛徒，逼得國虎軍只好返回安藝城並進行籠城戰術，等待兼定的援軍。

不過就在此時又有人謀反，將毒藥放入井水中。由於當時正值盛夏，如果缺乏水源根本無法再繼續封鎖城池，因此國虎決定將正室妻子、女兒送往一条家，並讓嫡男－千壽丸逃往安藝，自己則選擇以自殺來結束生命。

國虎持續對元親奮戰時，雖接連有叛徒出現，不過在國虎自殺後，卻也有許多人一同殉死，可知國虎仍深受多數人愛戴；這也讓人覺得那些叛徒並非對國虎產生反感才反叛，應是受到元親的計策所致。或許也就是謀略面不如元親，國虎才會戰敗吧！

與安藝國虎關係密切的武將

長宗我部元親 P.168

企圖在土佐拓展勢力的國虎，免不了要與元親對決，雖然雙方一度和解，但關係惡化後，元親便入侵國虎領地，導致國虎自刃身亡。

一条兼定 P.288

因為迎娶兼定之妹為正室，而讓一条家與國虎成為盟友。當國虎敗給元親時，兼定也負責雙方和解的工作，但之後又開啟戰端，導致國虎身亡。

大友家

自源賴朝時期就延續下來的武士舊家

原是源賴朝寵臣的大友家，是以九州北部為中心而擁有權勢。不過也因為當主過度沉迷於天主教，導致家中亂事，不久後就逐漸沒落。

〈家紋：環抱杏葉〉

由中國流傳而來的，馬匹金屬套環上的杏葉紋。

大友家的歷史起源及族譜

■從賴朝寵臣晉升為戰國大名

大友氏的始祖為古庄能成之子的能直，他是以母方家族的相模（現今神奈川縣）大友鄉為根據地，改名為大友氏，成為大友家的起源。

能直成為源賴朝的寵臣後，除了獲得豐後（現今大分縣）與筑後（現今福岡縣一部分）的守護職以外，還受封了許多特別待遇的地位。

雖然嫡子親秀也跟隨賴朝，但是到了第三代－賴泰當家時便移居豐後，而且在蒙古軍襲擊時，以鎮西奉行身份表現活躍。

鎌倉時代末期，第六代－貞宗則在「元弘之亂」建功；進入到南北朝時代後則加入北朝方。不過由於九州南朝的勢力增大，所以到了第九代－氏繼則追隨南朝方，並將家督讓位給在北朝方的弟弟－親世。

雖然大友家一分為二是為了讓家族的延續，但這個原因日後也成為同族內的紛爭，而這內部紛爭直到第十五代－親繁在位時才落幕。然而卻因為第十六代－政親與第十七代－義右父子倆對立，又再次爆發內部紛爭，使大友氏一度勢力衰退。

不過在政親之弟親治成為第十八代當主後，便重整態勢且確立了戰國大名身份的體制。到了義鎮當家時，建立起除了豐後與筑後以外，橫跨豐前（現今福岡縣東部、大分縣北部）、筑前（現今福岡縣西部）、肥前（現今佐賀縣、長崎縣）、肥後（現今熊本縣）的六國勢力範圍。

【大友家概略族譜圖】

古庄能成－❶大友能直－❷親秀－❸賴泰－❹親時

❺貞親－❻貞宗－❼氏泰　❾氏繼－⓫親著
　　　　　　　　❽氏時　⓾親世－⓬持直
　　　　　　　　　　　　　　　└⓮親隆

├⓭親綱
├⓯親繁－⓰政親－⓱義右－⓲親治－⓳義長

⓴義鑑－㉑義鎮（宗麟）－㉒義統－㉓義乘

戰國時代大友家的興亡

■疏於管理而走向凋零一途

　　雖然大友家擁有廣大的領國，但由於義鎮過於熱衷天主教，導致家中開始出現反亂。

　　另外，大友家雖然收到遭島津氏入侵的日向（現今宮崎縣）伊東氏的委託而出兵，但卻在「耳川之戰」大敗，反而受到島津氏的壓制。

　　又加上龍造寺隆信的入侵，及有力者接連的反亂等因素，讓大友家面臨領國將遭瓜分的危機。就連島津軍都展開北上行動，大友家的命運可說是猶如風中殘燭。

　　所以為了解決目前困境，大友宗麟、義統父子，便向即將統一天下的豐臣秀吉求援，後來因為秀吉的九州征伐，而讓豐後一國安全無虞。

　　然而好不容易保有一國支配權的大友家，卻因為義統在秀吉的「朝鮮出兵」失態而遭到撤職處分，大友家也因此滅亡。不過義統卻被送往毛利輝元陣營，嫡子義乘則經由加藤清正送往德川家康陣營，由德川家負責養育，使大友家之後成為高家。

1566年左右的大友勢力

1586年左右的大友勢力

1586年滅亡

大友家的對立勢力

毛利家　　P.142
因為殲滅大內氏而勢力抬頭，也多次嘗試入侵北九州。

島津家　　P.176
以耳川之戰大勝為契機，開始北上併吞大友領地。

龍造寺家　　P.298
等到大友家出現勢力衰退徵兆便謀反，因而擴大領國範圍。

大友家的居城 大友氏館

　　大友氏長久以來都以大友氏館作為根據地，而此居館則是以京都的將軍宅邸為範本搭建而成，可以說是典型的守護居館。

　　近世所建造的府內城則位於其東南方，居館的南北方則有以大友氏的菩提寺、萬壽寺為首多達五千家的連接房舍，形成所謂的城下町。到了大友宗麟掌權時，由於實施保護天主教的政策，也在此搭建教會學校、西洋式醫院等建築。

　　根據挖掘調查內容顯示，除了有中國南部、東南亞的燒製陶器出土，也有發現玫瑰經、十字架項鍊等物品，充分突顯出當時多元的國際化城市景象。

　　現在居館周邊成為住宅地，並得到居民的協助持續進行挖掘調查工作。

OHTOMOSHI YAKATA

DATA

大友氏館

所在地：大分縣大分市
別名：一
文化區分：國家指定史跡
築城者：大友氏
築城年：15世紀
構造：平城

人生滿是波瀾的戰國大名
大友宗麟

■1530年生～1587年歿

以天主教大名身份廣為人知，並一度擁有極高權勢的大友宗麟，由於與諸位大名間的對戰皆一一敗北，導致勢力衰退，晚年只能過著慘澹生活。

PROFILE

1550年	因「二階崩之變」而繼承大友家的家督
1557年	獲得北九州的舊大內氏領地
1570年	「今山之戰」戰敗，龍造寺攻略失敗
1578年	「耳川之戰」毀滅行地大敗北
1586年	兒子義統所參戰的豐臣秀吉軍，在「戶次川之戰」大敗給島津家
1587年	病逝

illustration：MIKISATO

PARAMETER

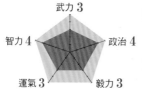

武力 3
智力 4
政治 4
運氣 3
毅力 3

智力 4
因為島津家的猛烈攻擊面臨存亡危機，但依然靠著外交戰略而順利存活。

毅力 3
與企將自己廢嫡的父親對戰，靠自己的雙手得到家督之位。

NATIVE PLACE

出身地［豐後］

自家勢力瓦解的原因在於
過度喜好天主教以及奢侈行為

■運氣極佳而成為九州第一的超級大名

順利稱霸九州，並打造出大友氏全盛時期的宗麟，其實是一生充滿波折的人物。

首先是宗麟繼承家督時所發生的混亂局勢。宗麟遭到父親廢嫡，也就是所謂的「二階崩之變」，當時宗麟還因此受傷，才得以在這場慘烈的家族紛爭中存活，並繼承家督。之後帶領大友家的宗麟，因為鄰國大內家的滅亡等好運降臨，趁機一口氣拓展勢力範圍，並成為九州第一大勢力。

接著，好奇心旺盛的宗麟積極地接受西洋文物，且表現出對天主教的興趣，最後受洗成為天主教徒。據說宗麟因為過於熱衷信仰，多次破壞領內的神社佛寺，而這樣的舉動也讓家臣及領民產生不滿，這應也是大友家日後勢力會如此快速衰退的其中一個原因。

宗麟在受洗為天主教徒的同時，將家督讓位給兒子義統，不過因為「耳川之戰」的大敗讓大友家中陷入混亂，使宗麟又再度出面來處理政事。

■只保有一國領地

然而就算宗麟再次回到舞台上，還是無法阻止大友家的勢力弱化。剛開始是龍造寺家，之後是打倒龍造寺家的島津家，皆因為覬覦大友家領地而展開侵略行動。

此時幫大友家解除危機的是豐臣秀吉針對大名間所發布的「總無事令」，因為這是禁止大名間私自對戰的命令，而宗麟後來也因為自願成為秀吉的家臣，所以與中央政權保持友好關係。因此，當秀吉的九州征伐軍出兵時，對宗麟而言即為大內家的實質援軍。

最後宗麟靠著巧妙的外交戰略，順利延長擁有大名身份的大友家命脈。不過，九州平定結束後，秀吉在訂定諸位大名領地權的同時，大友家的領地已僅剩下豐後一國。

雖然宗麟在此之前就因病離世，但如果讓他看到大友家從擁有九州四國支配權的極盛時期，到最後凋零至此的悽涼景象，不知道會作何感想。

與大友宗麟關係密切的武將

毛利元就　P.144

大友義長為宗麟的親弟弟，並擁有古董一大內葫蘆，據說就在元就包圍義長，並告知宗麟其弟處境時，宗麟卻比較關心名古董的安危。

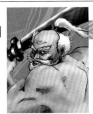

島津義弘　P.180

造成大友家沒落開端的「耳川之戰」中，島津義弘有相當精彩的表現。對於在此戰被打得落花流水的宗麟來說，或許義弘本身就是個可怕災難。

立花道雪　P.296

大友家第一的名將與忠臣，且決心持續輔佐勢力日漸弱化的大友家武將。一生為大友家盡心盡力的道雪，據說也會勸諫宗麟不要過度沉迷酒色與奢侈行徑。

鍋島直茂　P.302

在龍造寺家名將直茂的奇襲，所引發的「今山之戰」中，宗麟不僅失去弟弟，也吃下敗戰。

成為大友家刀劍及盾牌的名將
立花道雪

■1513年生～1585年歿

一生為大友義鑑、宗麟二代盡忠誠，並在戰場上有猶如雷神化身的精彩表現。

illustration：
MIKISATO

PARAMETER

武力 5
政治 3
智力 3
毅力 5
運氣 3

NATIVE PLACE

出身地〔豐後〕

向主家宣誓終生不變忠誠的名將

■展現雷神般斬殺勇姿的人物

　立花道雪在大友家建立全盛期的過程中，付出不少貢獻，即使面對勢力已不復以往的大友家仍持續奮戰，的確是足以代表大友家的名將。

　而這樣的道雪，也有一段有趣的軼聞流傳。由於後來的道雪行動不太方便，所以總是乘坐輪子指揮軍隊。但他行動不方便的原因是，據說他之前曾被雷劈中，幸虧他當時迅速以刀砍向雷神，才因此保住性命，因此那把刀就稱為「雷切」。雖然這個趣聞應該只是個傳說，不過參與過大大小小超過一百次戰役卻從未嘗過敗戰的道雪，簡直可以說是猶如雷神的化身。

　不久後大友宗麟成為當主後，道雪面對這位新的君主，依舊保持不變的忠誠持續為主家盡心盡力。

　之後在大內家滅亡後，道雪也為了保住舊領而到處奔波，後來道雪大多都是待在大友家領地的北部，並與毛利對戰中表現活躍。特別是在「多多良濱之戰」中，道雪順利擊敗由毛利名將的吉川元春、小早川隆景的毛利兩川所率領的軍隊。

　道雪不只擁有出色的指揮能力，他也懂得如何統率家臣。道雪認為：「身為武士就不會是弱者，但若是真的出現這種情形，那將不會是當事者的問題，而是大將應該負責」，以這種方式來培養勇士。

　而道雪之名則代表：「道路上的積雪永不消失」，如同這個名字，道雪一生都持續為主家付出永不改變的忠誠。

西國第一的天下無雙武將

立花宗茂

■1567年生～1642年歿

受到兩位名將父親的薰陶，立下無數戰功而得到武神讚賞封號。

PARAMETER

武力 5
智力 3　　政治 3
運氣 4　　毅力 5

illustration：MIKISATO

NATIVE PLACE

出身地 [筑前]

繼承生父－紹運的才能
讓義父－道雪也讚許不已

■忠義與武藝都很出色的戰國英傑

被豐臣秀吉評為忠義、武藝，都是九州第一的武將立花宗茂，本身擁有兩位偉大的父親。

一位是義父－立花道雪，他是武藝極為出眾的大友家守護神；另一位生父，同樣也是大友家臣的高橋紹運，則是以忠烈猛將表現而出名的武將。

擁有戰國優良血統的宗茂，據說是因為道雪膝下無子，所以便拜託紹運讓宗茂成為自己的女婿、養子，由此足以看出宗茂自小就具備有一定程度的器量。

宗茂並受到道雪的嚴格教育，不過道雪卻在二年後病逝，又過了二年連生父也都離他而去。

當時島津家為了要稱霸九州全國，因此展開一連串的猛烈攻勢，而宗茂與生父紹運所居住的筑前，也遭受到島津軍的攻擊。

紹運所封鎖的岩屋城，其實也只有七百名城兵駐守，但進攻的島津軍總人數卻多達五萬。宗茂因此想說服父親撤退至自己的立花城，不過卻遭紹運拒絕；奮戰下來的結果不僅損失眾多將士，也花費過多時間在抵擋島津軍的攻勢上，但紹連的奮力對抗。

不過多虧有父親的視死抵抗，才讓宗茂得以阻擋並擊破島津攻勢，讓人見識到他欲擊敗島津軍的那份決心。

之後順利平定九州的秀吉，由於很賞識宗茂的武藝表現便拔擢他為大名。另外，宗茂也在「朝鮮出兵」中，順利救出因兵力薄弱而遭到包圍的加藤清正，完全發揮出優秀的作戰能力。

但後來在關原之戰時，加入西軍的宗茂因此遭到撤職，不過他出眾武藝表現，還是讓他成功恢復大名身份，並讓家族存續至明治時期，成為柳川藩的藩祖。

第三章　其他的群雄【大友家】立花宗茂

297

龍造寺家

在隆信一代繁盛的戰國大名

以少貳家直屬部下身份強化勢力，在當主－隆信掌權時到達全盛期，不過在隆信死後就沒落，實權落入鍋島氏手中，結束了戰國大名的任務。

〈家紋：十二道太陽光〉
代表從高處往低處走時，依然能受到邪光照射而產生夢想的紋路。

龍造寺家的歷史起源及族譜

■繼承藤原家血統的有力豪族

關於龍造寺家的起源，有一說是藤原秀鄉的後裔，或是藤原高木氏、藤原兼隆的後裔，有許多說法存在。

秀鄉是平定「平將門之亂」而廣為人知的人物，其後裔的佐藤公清之子－季清，則是隨同兒子－季喜前往肥前（現今佐賀縣、長崎縣）。由於當時的源為朝四處作惡，因此季清父子即是來討伐為朝，而他們父子倆當時所居住的地方就是龍造寺村。

之後由來自高木家的季喜養子－季家，則改名為龍造寺，龍造寺家就此誕生。因此，這番說法也表示以家系來說，龍造寺家的先祖就是藤原秀鄉，而血統則來自高木氏。

為肥前佐賀郡國人身份的龍造寺家，在南北朝動亂期時，先是擔任一色氏直屬部下，之後則是成為少貳氏的直屬部下，以武家身份對戰。之後到了第十四代－康家之子的家兼，因為在興水江家勢力頗盛，所以在少貳家極具份量，同僚的馬場賴周因而心生妒意，便向少貳氏讒言，便發生了龍造寺一族有數人遭殺害的事件。

龍造氏家也以此為契機獲得大內氏相助，並與少貳氏對戰，戰敗的少貳氏只好逃往筑後（現今福岡縣的一部分）。龍造寺家因此得以脫離少貳氏而獨立，不過也由於本家血統已經斷絕，所以是由家兼之孫－隆信繼承家業。

【龍造寺家概略族譜圖】

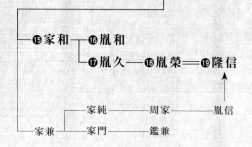

戰國時代龍造寺家的興亡

■擊退大友氏而擴展勢力，最後仍敗給島津氏

　　由隆信擔任當主的龍造寺家，因為得知大友氏的九州統一動作，因此引發家中內部紛爭，且另擁立與大友氏有關係的龍造寺鑑兼，並將隆信驅逐至筑前。

　　後來隆信得到大友氏家臣－蒲池鑑盛的厚待，並重整態勢、順利的進攻佐賀恢復政權。接著，隆信一一平定周邊地區勢力，與有所恩怨的馬場氏、神代氏對戰。

　　之後，隆信更分別入侵計劃復興少貳家的相馬氏和大友氏的領土，雖然成功擊退相馬氏，不過根據地的佐賀城卻遭到大友氏的包圍，但是隆信仍發揮實力，以夜襲方式成功討伐敵方總大將－大友親貞。

　　成功化解危機的龍造寺家，在與大友家達成和解後，便分別擊破支持大友氏的豪族進而掌握肥前勢力。之後順利奪取肥後支配權後，也將勢力拓展至筑後與筑前（現今福岡縣西部）。

　　不過隆信卻在與入侵肥後的島津氏對戰時戰死，使家中實權轉移至鍋島氏。

1581年左右的龍造寺勢力

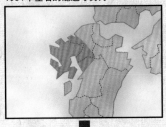

1584年左右的龍造寺勢力

1584年滅亡

龍造寺家的對立勢力

島津家　P.176

互相爭奪肥後領權，並成功討伐隆信，導致龍造寺家的沒落。

大友家　P.292

與拓展勢力的龍造寺家發生衝突，雖然一度進攻到對方的根據地，但還是遭擊退。

少貳家

雖然對增強勢力的龍造寺家有所警戒，而想要削弱其力量，但之後還是被擊敗。

龍造寺家的居城　佐賀城

　　一般認為作為龍造寺家根據地的村中城，是在鎌倉時期搭建而成的。在龍造寺隆信死後，鍋島氏經過幕府認可而正式掌握實權後，便立即在1602年展開整修工程。經過九年的修繕後，搖身一變為佐賀城。由於村中城沒有遺跡存留，所以在這裡是針對佐賀城來做介紹。

　　以土壘築成的溝渠所圍繞的佐賀城，是為了預防若遭到大水淹沒時，可讓主要居城能有時間準備。但因為後來曾歷經兩次火災，所以使藩政中心的二之丸御殿遭到燒毀；雖然之後有搭建本丸御殿，且沿用至明治時代，卻也在1957年時毀壞。

　　現今則是還留有天守台、鯱門遺址，本丸御殿的一部分也正在修復當中。

SAGA CASTLE

DATA

佐賀城

所在地：佐賀縣佐賀市
別名：龍造寺城
文化區分：縣指定史跡、國家指定重要文化財
築城者：鍋島直茂
築城年：1602年
構造：平城

人稱「肥前熊」的梟雄

龍造寺隆信

■1529年生～1584年歿

即便身處多位諸位大名施壓的逆境，仍腳踏實地累積勢力。這位西北州梟雄是只花一代時間，即擁有「五州二島太守」之稱的強大戰國大名。

PROFILE

1546年	繼承家督
1553年	結束亡命生活回復以往
1569年	大友家開始進行肥前攻略
1570年	在「今山之戰」獲勝
1578年	平定佐賀平野部
1579年	入侵筑後、肥後
1580年	與大友氏分別占領筑前
1584年	在沖田畷戰死

illustration：三好載克

PARAMETER

武力 4
智力 4
政治 4
運氣 3
毅力 5

智力 4　即使受到強大勢力的大友家施壓，但還是能巧妙地擴張勢力範圍。

毅力 5　從一無所有到晉升為一代就成為九州三強之一的地位，其毅力不容小覷。

NATIVE PLACE

出身地 [肥前]

經過長年的試煉與忍耐
終於稱霸九州北部的猛將

■「肥前熊」突破艱困處境

龍造寺隆信在全盛期獲得「五州二島太守」封號，並在艱困環境中求生存，成為令人畏懼的「肥前熊」。隆信幾乎是在什麼都沒有的狀態下展開行動，之後才確立其戰國大名的地位，簡直就是亂世中的梟雄武將。

其實一開始龍造寺氏只不過是國人領主，而且在隆信成為當主後，他就陷入以祖父、父親為首，家族成員幾乎都以有謀反嫌疑，而遭到主君少貳家殺害的悲慘狀態。

這也因此讓隆信在長久且艱困的蟄伏生活中，產生了強烈的再起決心。後來他雖然透過與西國第一大名家的大內義隆，保持友好而獲得權勢，後因失去靠山而被逐出肥前，被迫過著三年的亡命生活。

之後雖然恢復正常生活，也成功討伐迫害自己的對手，但這次的獨立仍遭到肥前守護的大友家威脅。因此，隆信之所以要分割周邊敵對勢力，就是為了與宗麟所率領的大友家及家臣正面對抗。在與大友家爭鬥陷入最大危機的「今山之戰」中，隆信因為最信任部下的鍋島直茂有精彩表現而獲得勝利。不過從這樣的地區性勝利，還是能很明顯看出大友家與龍造寺家的勢力差距。但隆信並未就此放棄，他依然努力攻打鄰近大友家的周邊勢力，有時也受到大友家的討伐軍攻擊。

不過，隆信最後還是讓大友家認同這些自己所獲得的領土與權益，讓人看到其堅韌的外交能力。同時，隆信也成功讓肥前東部的敵對勢力屈服，並藉由謀略及締結關係的外交方式，不斷吸收其他勢力，在艱困的環境下持續累積實力。

■死於「沖田畷之戰」

就在隆信多年來的辛苦過後，獲得回報的時期終於到來；那就是大友家在「耳川之戰」大敗給島津家，隆信便趁著大友家支配下的國人領主有所動搖之際，一口氣擴大勢力範圍，並壓制了一半以上北九州的舊大友領地，成功地逆轉與大友家之間的勢力消長差距。

如此一來，得以擴大勢力的隆信免不了要與同在九州拓展勢力的島津氏展開對決。因此「沖田畷之戰」就這樣爆發了。

隆信在此戰中的敵人中，有與隆信關係決裂的有馬氏等各個勢力、島津氏聯合軍，對隆信而言，正是同時面對內憂外患的局勢。

因此隆信便組成了多敵軍一倍的大軍備戰，不幸卻遭擅長利用地形優勢的敵軍猛攻，而不小心判斷錯誤，導致隆信在對戰中死亡。

這對只花一代時間，就能稱霸九州並獲得大名身份的隆信而言，這樣的死去實在太讓人失望。

與龍造寺隆信關係密切的武將

島津家久 P.182

之所以能在「沖田畷之戰」擊敗隆信，要歸功於島津四兄弟中最好的戰術家－家久的出色指揮。這場戰役決定了龍造寺家的凋零，及島津家的繁盛。

鍋島直茂 P.302

直茂為隆信的表兄弟，隆信在沖田畷戰死後，直茂就接替帶領龍造寺家，抵擋島津家的施壓，並以豐臣政權為主家的大名身份得以繼續存活。

武藝、智略都很出色的名將

鍋島直茂

■1538年生～1618年歿

文武雙全的名將－鍋島直茂，在對戰、內政方面從旁輔佐龍造寺家，之後並繼承主家而有鍋島藩的出現。

PROFILE

1553年	首次出征
1570年	「今山之戰」的奇襲與實行，從大友軍手中救回佐嘉城
1578年	統一肥前
1581年	入住筑後柳川城
1584年	在沖田畷敗北，龍造寺隆信戰死
1600年	在關原之戰巧妙地行動而確保領土的安全

illustration：三好載克

PARAMETER

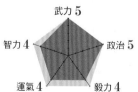

武力 5
智力 4　　政治 5
運氣 4　　毅力 4

武力 5 在「今川之戰」展現精彩的指揮手法，據說其個人的武藝也並非常人能比擬。

政治 5 在隆信死後妥善地統整龍造寺家，並藉著秀吉保有龍造寺家的地位。

NATIVE PLACE

出身地［肥前］

後來繼承主家的龍造寺家中實力第一的忠臣

■以隆信最信任的部下身份而活躍

龍造寺隆信是以肥前為中心，來擴大勢力範圍的「肥前熊」；而隆信之所以能完成此等霸業，必須歸功於一位不可或缺的武將，那就是隆信的表兄弟、結義兄弟─鍋島直茂。直茂的確是隆信身邊絕無僅有的忠臣、功臣。

直茂的功績相當令人印象深刻。在對戰中直茂多次以龍造寺軍的先鋒身份，為勝利做出貢獻；也在「今山之戰」中為了討伐入侵的大友家，進言表示要採取奇襲戰術，之後便持槍奮戰。因此，在龍造寺家的勢力維持及擴大的過程中，絕對不能缺少直茂的精彩表現。

直茂之後也被任命為：擁有對付島津家、大友家戰事最前線的筑後支配權。由讓直茂負責管理如此重要地區的舉動來看，隆信的確對直茂懷抱著深厚的信任。

而就直茂的智略面來說，即便龍造寺家的勢力已比起全盛時期大幅衰退許多，但直茂還是為了要守住龍造寺的大名地位，不屈服地處採取有利行動。

在隆信因為「沖田畷之戰」喪命後，直茂就從旁輔佐隆信還年輕的兒子政家，並負責龍造寺家的領國經營。一直持續注意中央情勢的直茂，即使表面上臣服於島津，但私底下卻與秀吉示好。然後也藉著擔任秀吉的九州征伐先鋒的出色表現，得以脫離島津勢力而獨立，更因此保障龍造寺家領地的安全。

主家的龍造寺勢力，雖然經歷如此劇烈起伏變化卻能存續下來，這都要歸功於直茂的功績。

同時這也讓立下大功的直茂，在主家中處於微妙的位置。

■篡奪龍造寺家!?

由於管理得宜，所以秀吉便將直茂當作是龍造寺家的最高權力者，而無視於真正當主政家的存在；例如：秀吉讓政家隱居，企圖讓才五歲的嫡男─高房擔任當主，並指派直茂為高房的監護人。

在朝鮮出兵時，直茂也參戰前往朝鮮並立下大功，不過秀吉卻不是向高房調派兵力，而是直接與直茂提出要求。

即使到了德川治世，這樣的傾向依然沒有改變，中央政權依舊將直茂當作是龍造寺家的代表人，還因為如此引發高房絕望悲憤而死的事件。

由於獲得龍造寺一族的支持，德川幕府便命令直茂嫡男的勝茂繼承龍造寺家的家督，因此肥前的鍋島藩便就此誕生。

對於最後以這樣的方式奪取主家權力的直茂，也有人認為他是篡奪者，或許他本身也的確是個很難分辨是忠臣還是逆臣的人物。

不過直茂在無數戰場上的精彩表現，還有在隆信死後，統整家臣團、領內事務的政治手腕，以及從沒有追隨過錯誤對象的先見之明等表現來看，若要說直茂是個具備高水準、懂得如何拿捏平衡的稀世武將，應該也沒有人會反對才是。

與鍋島直茂關係密切的武將

立花宗茂　P.297

直茂讓兒子鍋島勝茂加入西軍的同時，他自己則在九州以東軍身份參戰攻打西軍的宗茂，讓柳川城開城，並得以拿回舊領。

龍造寺隆信　P.300

隆信是直茂的主君、堂兄弟及結義兄弟。可以說是由隆信與直茂，同心協力打造出龍造寺家的全盛時期。

蝦夷的英雄－安倍貞任的血族

安東家

在艱苦的環境中，靠著與阿伊努人的交易而繁盛，之後成為戰國大名

歷史起源與戰國時代的興亡

安東家是在「前九年之役」中，與朝廷討伐對戰的蝦夷英雄－安倍貞任的後裔，其領土範圍則是從現今青森縣西部，到秋田縣附近的日本海一帶。在鎌倉時代擔任統整蝦夷民族的蝦夷管理代官職。

從鎌倉時代到室町幕府時代，握有位於青森縣十三湖的十三湊支配權，並以此為根據地與阿伊努人的交易等方式而繁盛。

之後成為戰國大名後，便改名為秋田氏，但由於在「上杉討伐」時沒有遵從德川家康所發布的「協助最上家」命令，於是領國便替換為常陸（現今茨城縣）的宍（編註：音同肉）戶。

■戰國時代當主＜安東愛季＞

雖然在鎌倉末期，由於內部紛爭導致安東家一分為二，後來由安東愛季再次統一。

愛季在與南部氏、大寶寺氏對戰時擴展勢力，之後也因為受封冠位等功績，而建立起安東家的全盛時期，不過卻在1587年，與戶澤氏的對戰中而戰死。

安東家的對立勢力

蠣崎家
P.304

雖然長期為安東家的直屬部下，後以阿伊努民族的反亂為契機，企圖自立門戶。

南部家
P.305

將安東政季納入勢力，並掌握北方海域的安東家勢力等，成為安東家的一大阻礙。

脫離安東氏獨立的戰國大名

蠣崎家

懂得順應情勢，以與阿伊努人結盟、或敵對的方式維持領國，而成為松前藩的先祖

歷史起源與戰國時代的興亡

室町時代時受到將軍命令而討伐一色義貫，因為此功績獲得若狹（現今福井縣南部）守護職的武田氏，其第二代當主武田信賢之子－信廣，因前去投靠南部氏，並得到蠣崎知行一職，而改名為蠣崎氏，據說這就是蠣崎家的起源。另外也有一說是奧羽（現今東北地區）的豪族移居至蝦夷，而謊稱自己為武田。至今尚未有定論出現。

蠣崎家因為鎮壓阿伊努人的武裝反亂，使勢力抬頭。雖然長久以來都為安東氏的直屬部下，但還是靠著婚姻等方式，加強與諸大名間關係逐漸戰國大名化。在松前慶廣在位時因為豐臣秀吉的謁見，而保有所領權，之後與德川家康有密切往來，並改名為松前，成為松前藩主。

■戰國時代當主＜蠣崎季廣＞

蠣崎家長期與阿伊努民族不斷對抗，然而季廣卻改採取與阿伊努民族和解的政策，因為彼此的交易而提升利益，藉此強化了蠣崎家的勢力。

當時雖然是安東氏的直屬部下，但也嘗試與諸大名締結婚姻關係的方式，來提升家族背景；其子慶廣因為受到秀吉謁見，而得以脫離他人統治而獨立。

蠣崎家的對立勢力

阿伊努民族

由於和蠣崎家長久的交易等行為有所往來，但也因買賣上的糾紛，而爆發「阿伊努之戰」，並在首戰就以奇襲方式展開攻擊，讓蠣崎家陷入存亡危機。

繼承甲斐源氏血統的北方名門

南部家

出自於甲斐試源氏一門的南部家，從鎌倉時代就在北方拓展勢力，而成為盛岡藩始祖

歷史起源與戰國時代的興亡

有許多大名都是出自以源義光為先祖的甲斐氏一族，南部家也是其中之一。

義光後裔的光行，因為居住在甲斐（現今山梨縣）巨摩郡南部而自稱南部氏，南部家因此誕生。之後跟隨鎌倉幕府進行奧州（現今東北地區）藤原氏的討伐，和南北朝動亂期的奧州展開活動，後來在南北合一後，便移居至奧州。

雖然在第二十四代－晴政掌權時到達全盛期，不過同時族內也不斷發生家督紛爭。

因為加入豐臣秀吉的「小田原征伐」而保有七郡領地；在九戶政時反亂時，獲得秀吉援助而順利鎮壓。江戶時代，則以盛岡藩身份存續著。

■戰國時代當主＜南部晴政＞

由於南部家的內部統籌混亂，因而一分為二互相鬥爭，後由晴政將其統一，也因此確立戰國大名身份的基礎。

除了在繼承家督前順利擊敗入侵的斯波氏以外，之後也阻止安東氏的侵略，並將鄰近一族家臣化，藉此強化勢力建立起南部氏的全盛時期。

南部家的對立勢力

| 安東家 P.304 | 因為領有東北地區西部，所以與位在東部的南部家不時發生衝突。 |

| 九戶家 | 原為南部家的分支，具備一定勢力，但之後因為內部紛爭，便以家督繼承為目標。 |

戰國時代末期才出現

津輕家

在戰國末期脫離主家－南部氏的勢力管轄而獨立。

歷史起源與戰國時代的興亡

津輕家出自於南部氏庶子家系，原本自稱為大浦氏，但因屬南部氏一族，所以必須服從南部；之後從久慈氏過繼來的養子為信，打倒了統領津輕地區的石川高信，便以脫離統治為目標。加上當時因為南部氏當主晴政與信直之間意見不和，為信就趁機展開行動。

他與豐臣秀吉保持友好，並參戰「小田原征伐」。雖然之後被南部氏檢舉違反「總無事令」，所幸透過石田三成的解釋得以保有本領地。後來雖然爆發家中紛爭但還是順利解決，並以弘前藩身份而繼續存活。

■戰國時代當主＜津輕為信＞

津輕為信是久慈氏後代，之後便以養子身份來到大浦家並繼承家督。

等南部氏當主－晴政與養子一信直衝突加深後，為信便討伐信直之父－石川高信（有一說是高信有逃出並存活），企圖脫離管轄而獨立，並殲滅周邊的南部氏一族，掌握津輕地區的政權。

津輕家的對立勢力

| 南部家 P.305 | 趁著晴政與信直關係破裂之際趁機獨立，並奪取津輕地區政權。雖然之後有被告發違反秀吉的總無事令，但由於為信對秀吉與三成表現誠懇，所以並沒有因此受罰。 |

培育出眾多奧州戰國大名的名族

斯波家

雖然以足利將軍家一門身份，在各地擔任守護職，但斯波宗家最終依然勢力衰退

歷史起源與戰國時代的興亡

斯波家在鎌倉時代中期，由於第四代將軍－泰氏的嫡男移居奧州的斯波郡（現今岩手縣紫郡附近），而開始自稱為斯波氏。

同時斯波家獲得越前（現今福井縣）守護職，之後的斯波家兼也成為奧州管領。在南北朝動亂期時，則以將軍家一門身份協助足利尊氏與北畠氏對抗。

在奧州生根的斯波氏，之後也衍生出大崎氏與最上氏。雖然斯波氏在室町時代，成為擔任管領的三管領家首席而極具權勢，不過卻在之後發生家督之爭，接著直到畠山氏與足利將軍所引發的「應仁之亂」後，因為領國內的今川氏與朝倉氏勢力崛起而衰退。

■戰國時代當主＜斯波義銀＞

由於張張（現今愛知縣西部）守護－斯波義統，遭到守護代的織田信友討伐身亡，因此義統之子－義銀便委託織田信長幫忙討伐信友。雖然義銀追隨信長成為尾張守護，但其實只是信長手中的傀儡而已，所以義銀便計劃要流放吉良義昭與信長，但因為露出馬腳而被驅逐出尾張。

斯波家的對立勢力

| 今川家　P.204 | 原本所領為遠江（現今靜岡縣西部），之後與斯波家鬥爭奪取一國領權。 |
| 朝倉家　P.230 | 雖然是越前（現今福井縣嶺北地區）守護代，但卻遭到斯波家奪走守護一職。 |

消失於戰國之世的將軍血族

大崎家

大崎家因為擁有將軍血統，而權勢加身，不過仍與時代一同凋零

歷史起源與戰國時代的興亡

大崎家是從斯波氏中誕生的一族，祖先則為足利將軍家，也是奧州管領的斯波家兼的後裔。

一開始臣服於伊達氏、南部氏，以及葛西氏的有力國人勢力之下。直到室町時代的幕府與統治關東的鎌倉府對立後，奧州管理職就遭到廢止，權力也因此削弱，沒落淪為國人眾之一。不久後便正式加入之前曾追隨的伊達氏麾下。

大崎家雖企圖脫離伊達家尋求獨立，但都以失敗作終，又加上沒有參與秀吉的「小田原征伐」而遭到撤職處分。後來其遺族雖然想藉由一揆活動再起，但還是沒有成功。

■戰國時代當主＜大崎義隆＞

在大崎義隆繼承家督時，大崎家的勢力已經很明顯地弱化，並遭受伊達氏的壓迫。當秀吉下令參戰「小田原征伐」時，也因為伊達氏的陰謀讓領國爆發一揆，導致義隆無法參戰，受到撤職處分。

之後義隆轉而跟隨蒲生氏鄉與上杉景勝，最後在會津過世。

大崎家的對立勢力

| 伊達家　P.154 | 與奧州國人合作並擴大勢力，接著吸收勢力不再的大崎家。 |
| 葛西家 | 等到大崎家的勢力弱化後，便以與伊達氏合作的方式來保障領國安全，而與大崎家發生衝突。 |

與伊達氏對戰的將門公後裔
相馬家

在家族相爭、分裂的情況下，相馬家靠著對戰諸大名的方式，順利存活下來

歷史起源與戰國時代的興亡

據說相馬家是以千葉常胤之子－師常繼過給平將門子孫－相馬師國為養子，而成為相馬家的先祖為起源。在三代的胤村之子－胤氏移居下總國相馬郡，以及師胤移居陸奧國行方郡後，就分為奧州相馬家與下總相馬家兩個家系。相馬家之所以會分裂也是因為家督之爭，兩家不時相互爭奪所領。

雖然下總相馬家之後追隨北条氏，但還是在「小田原征伐」後遭到撤職。而奧州相馬家則是在伊達家與佐竹氏的爭鬥中，仍舊還保有獨立的勢力，後來雖然在關之戰因保持中立而面臨遭撤職的危機，但最終仍保有本領而順利存活。

■戰國時代當主＜相馬盛胤＞

由於在伊達氏內部紛爭的「天文之亂」中選擇加入稙宗方，因此相馬家與伊達氏形成敵對關係。

成為當主的盛胤與伊達晴宗及輝宗對戰，並成功佔領伊具郡和丸森城，讓人見識到他活躍的表現。即便在把家督讓位給義胤之後，也以輔佐身份支撐著相馬家。

相馬家的對立勢力

伊達家 P.154	超過半世紀以上都在與相馬家相爭，即便在伊達政宗掌權時佔有優勢，但依然無法分出勝負。
田村家	家中分裂為伊達派與相馬派，自從伊達派勝利後，兩方關係更加惡化。

因家中亂事而沒落的名族
蘆名家

蘆名家在會津拓展勢力，但由於家中不斷發生紛爭，所以在中途就走向自我毀滅一途

歷史起源與戰國時代的興亡

蘆名家原本是在三浦半島擴展勢力的三浦氏一族，並以三浦義明七男－佐原義連為先祖。蘆名二字是緣自地名的芦名，因此也會記載為芦名與蘯名。

據說由於參與源氏的奧州藤原氏討伐建功，而獲得會津地區的領地。之後蘆名家就掌管會津並自稱為會津守護。

到了第十六代－盛氏掌權時，勢力到達巔峰狀態，在幕府記錄中，曾與伊達氏並列為得到認可的東國大名眾。

不過後來因為盛氏的逝世，讓家中的統治開始出現動亂，也接連發生當主的暗殺與早逝事件。之後則由佐竹氏擔任當主，卻遭到伊達氏殲滅。

■戰國時代當主＜蘆名盛氏＞

第十六代當主－盛氏因為吸收了相馬義胤、二本松義繼，及二階堂盛義等諸位豪族的勢力，而建立起蘆名家的全盛時期。

他也懂得如何作戰，不但看出敵對的田村氏會與佐竹氏合作，還與佐竹家敵人的北条氏、武田氏聯手與其對抗，的確是個政治手腕極高的人物。

蘆名家的對立勢力

伊達家 P.154	成功在「摺上原之戰」討伐由佐竹家擔任當主而敵對的蘆名家，並使其沒落。
佐竹家 P.192	因為援助田村氏，所以成為以擴大勢力為目標的蘆名家眼前的障礙。

武名遠播的公家末裔
宇都宮家

宇都宮家雖然在激烈對戰的關東奮鬥，但最後因為犯錯而遭撤職

歷史起源與戰國時代的興亡

有關宇都宮家的起源，有一說是藤原道兼的後裔，或說是貴族的中原氏，以及豪族的下毛野氏的後裔等解釋說法存在。其一族分布於日本全國，出身地則是下野（現今栃木縣）。

在鎌倉時代就武名遠播的宇都宮家，在南北朝動亂期時加入了足利尊氏方，並在北關東拓展勢力。

到了戰國時代，由於稱霸關東的北条氏勢力抬頭，所以便向與北条氏敵對的佐竹氏、上杉氏聯手對抗。

之後雖然因為參與「小田原征伐」而保有所領，不過由於沒有向上據實申報所領而遭到撤職。

■戰國時代當主＜宇都宮成綱＞

讓下野宇都宮家再起的先祖成綱，雖然很年輕就成為當主，但仍以加強管理的方式，讓家中一族團結一致。

在關東管領上杉氏與鎌倉府足利氏的爭鬥中，成綱選擇加入管領方，且順利擊潰代表鎌倉府方進攻的佐竹氏，讓人見識到其活躍表現。

宇都宮家的對立勢力

| 北条家 P.132 | 壓制周圍的國人並擴大勢力範圍，計劃入侵宇都宮家的領國下野。 |

| 足利家 P.309 | 鎌倉府的足利方持續追擊跟隨幕府方的宇都宮，導致宇都宮家一度沒落。 |

持續與相模王者對抗的實力派
里見家

一度滅亡又再起的里見家，因為持續與北条氏對抗，得以存活至江戶時代

歷史起源與戰國時代的興亡

為上野源氏先祖的新田義重，由於其子—義俊之後移居上野（現今群馬縣）里見而自稱里見，這就是里見家的起源。

之後因為在「結城合戰」跟隨鎌倉府方，受到幕府攻擊一度滅亡，所幸後來流放於安房（現今千葉縣南端）的安西氏，因而擁有新的所領地，而安房里見家也因此誕生。

里見家和北条氏、上總（現今千葉縣中部）的真里谷氏彼此爭奪，雖然曾大敗給北条氏且一度陷入危機，不過也曾和武田氏、上杉氏聯手對抗。後來因與豐臣秀吉合作，而保障所領安全，且順利存活至德川幕府時代。

■戰國時代當主＜里家義堯＞

義堯借助北条氏力量化解家督紛爭，之後便與小弓公方－足利義明一同對戰北条氏，卻敗北導致勢力衰退。

後來又再與佐竹氏和上杉氏聯手持續對抗，並一一平定跟隨北条方的國人，最後終於成功擊敗北条家，奪回大半的領地。

里見家的對立勢力

| 北条家 P.132 | 不時試圖入侵里見氏的領國，不過由於對方的頑強抵抗，只讓領土合併。 |

| 足利家 P.234 | 由於在結城合戰中，里見家與幕府對立，所以加入鎌倉公方方，後因遭攻擊滅亡。 |

從幕府將軍家出走的關東首領

足利家

關東足利家明顯表現出與京都足利家的對立態度，最後依然逐漸衰退

歷史起源與戰國時代的興亡

鎌倉幕府倒下後，足利尊氏便開創了室町幕府，但尊氏為了統治關東就設立了鎌倉府，並指派三男的基氏擔任鎌倉公方，因此他成為關東足利氏的先祖。

關東的統治是以鎌倉府為中心，再以上杉氏從旁輔佐的模式來進行。不過就在基氏死後，繼承鎌倉府的子孫卻與幕府對立。鎌倉公方家則在第四代足利持氏掌權時，在「永享之亂」中敗北滅亡。

之後公方家雖然得到幕府許可，改由其子一成氏重起爐灶，但依然沒有改變與幕府的對立姿態，且放棄鎌倉改以古河公方名義再起，可惜最後還是遭到滅絕。而後來興起的堀越公方與小弓公方，也都相繼遭北条氏殲滅。

■戰國時代當主＜足利晴氏＞

公方方放棄鎌倉移居古河（現今茨城縣古河市），而自稱為古河公方，不過到了第三代公方一高基掌權時，其弟義明便獨立自稱小弓公方。

足利晴氏雖與北条氏綱聯手殲滅義明，但卻與氏綱之子一氏康敵對，且曾入侵北条領地，卻遭擊退而沒落。

足利家的對立勢力

北条家 P.132	以關東霸權為目標的北条家，之後便以公方家為傀儡，利用其權威。

足利家 P.234	足利將軍家雖然攻打對立的鎌倉公方家，但卻無法完全抑制其勢力。

以輔佐鎌倉府的身份而繁榮的一族

上杉家

上杉家雖然以關東管領身份，而從旁輔佐鎌倉府，但還是遭到北条氏的壓制，勢力逐漸衰退

歷史起源與戰國時代的興亡

上杉家為藤原氏的後裔，原本是天皇底下的公家，到了重房掌權時因為領有丹波（現今京都府中部）上杉庄，而自稱為上杉氏。

當室町幕府設立了掌管關東的鎌倉府後，上杉家則就任輔佐鎌倉府的關東管領一職。

上杉一族總共分為四個家系，其中又屬山內上杉家與扇谷上杉家的勢力較大；進入戰國時代後，兩家便不斷爭鬥，導致勢力的弱化。

北条氏興起後，山內上杉家與扇谷上杉家便聯手對抗北条家，但扇谷上杉家卻在「河越夜戰」遭殲滅，而山內上杉氏也無法抵抗北条氏的攻擊，且逃往越後（現今新潟縣），並將管理職讓位給養子上杉謙信。

■戰國時代當主＜上杉憲政＞

上杉憲政是遭到北条氏壓制，而逃往越後的山內上杉氏當主。憲政過繼長尾景虎為養子，並將關東管理職位讓給養子，上杉謙信就此誕生。憲政之後就隱居在春日山城下的居館。

不過在謙信死後，憲政卻被捲入家督之爭的風波中，最後遭到景勝方討伐身亡。

上杉家的對立勢力

北条家 P.132	在上杉謙信之前的舊上杉勢力，也可以說是遭到北条氏迫害而沒落。

扇谷上杉家	因為關東管理職而與山內上杉家爭鬥；這也使上杉軍勢力的衰退有所關聯。

最終還是無法成為大名

神保家

沒落後又再次復活的神保家，終究無法成為大名

歷史起源與戰國時代的興亡

神保家是源自以中國秦朝的始皇帝為先祖的秦氏一派，以惟宗氏為起源；又因為與上野（現今群馬縣）的神保邑有關聯，所以自稱神保。

鎌倉時代時跟隨畠山氏；室町時代時期則擔任畠山氏領國的越中（現今富山縣）和紀伊（現今和歌山縣與三重縣南部）的守護代。

之後雖試圖脫離畠山氏而獨立，但卻因失敗導致沒落。後來神保長職有回復勢力，也因為敗給上杉氏而引發家中內部紛爭，反讓家臣掌握實權。神保長職只好加入信長麾下。

在上杉謙信死後，長住也入侵越中恢復其權勢，但因無法掌控家中，而被驅逐出領國之外。

■戰國時代當主＜神保長職＞

神保長職讓沒落的神保家恢復權勢，並靠著在越中與椎名氏的爭鬥，拓展勢力範圍，成為越中的最大勢力。但之後卻敗給向上杉謙信尋求援助的椎名氏。

後來椎名氏背叛上杉氏，並與反上杉派的神保長職嫡子一長住對立。因為此次的內部紛爭，使神保家的勢力再次衰退。

神保家的對立勢力

| 上杉家 P.118 | 由於椎名氏要求援助而介入，對於以擴大勢力為目標的神保家而言，是極大的阻礙。 |

| 畠山家 P.310 | 因為神保家想要自立門戶，而與一向一揆聯手反叛，但遭到畠山氏討伐而沒落。 |

在北陸擁有權勢的足利氏一門

畠山家

雖然在被鎌倉幕府殲滅後，又再度復活，但還是因敗給上杉氏而滅亡

歷史起源與戰國時代的興亡

畠山氏是以平安時代關東土著的桓武平氏之一族—秩父氏為起源，雖在俗稱源平合戰的「治承壽永之亂」中，有表現活躍的畠山重忠頗為知名，但在之後因為執權－北条時政的策略使畠山家滅亡。

不過也由於足利將軍家的足利義純，繼承了畠山的名號，所以畠山家得以藉由足利一門的身份再次出發。而畠山氏也衍生出越中（現今富山縣）的能登畠山家、紀伊（現今和歌山縣與三重縣南部）、河內的河內畠山家等數個家系。但擁有權勢的在地家族能登畠山家，因為家中混亂情勢出現紛爭，而遭到上杉氏殲滅。

■戰國時代當主＜畠山義總＞

畠山義總為能登畠山家的第七代當主。當時由於爆發一向一揆，義總便與叔父的義元一同鎮壓反亂，並建造以堅城聞名的七尾城。除了為了強化領國支配，而與義元進行共同政治以外，也實際保障工商業者的政策，讓城下町能順利發展，並且打造出能登畠山家的全盛時期。

畠山家的對立勢力

| 上杉家 P.118 | 在能登畠山家無法駕馭家臣團後，便趁著畠山家家中混亂，趁機殲滅畠山氏。 |

| 遊佐家 | 與其他重臣掌握實權後，引發主導權之爭，成為能登畠山家衰退的原因之一。 |

讓信玄嘗到苦頭的甲斐豪族

村上家

村上家因為與武田家的對抗，而武名遠播，但最後卻被驅逐出信濃

■ 歷史起源與戰國時代的興亡

村上家的起源有許多種說法，有一說是清和源氏賴信流的盛清因為受處分，被流放至信濃（現今長野縣）的村上鄉，其子孫則在之後崛起。

村上家由於在南北朝的動亂時期，跟隨足利尊氏立功，而累積了能與守護小笠原氏匹敵的勢力。

勢力擴增的村上家，雖與守護的小笠原氏相互爭奪，後因和解而臣服；但就在小笠原氏發生內部紛爭後，村上家就趁機奪取信濃北部領權。

不過在驅逐海野氏後，與其有關聯的真田氏便與武田氏往來，武田氏並成為村上家的敵人。

雖然村上家一度擊退武田氏，但之後還是被驅逐出信濃，而前去投靠上杉氏。

■ 戰國時代當主〈村上義清〉

支配北信濃的義清在與武田信玄的初次對戰—「上田原之戰」時，順利擊退敵方。在以砥石城為目標的對戰中，也在最後追擊撤退的武田軍而大勝。

因為具備出色的對戰技術，所以領內並沒有發生一揆與叛亂行動，也的確是個擅長政治手段的人物。

村上家的對立勢力

武田家 P.94
與村上家一度合作，之後得到真田幸村而成為敵人，並將村上家驅逐出信濃。

小笠原家
以實力為背景、不輕易屈服的村上家，可以說是不能置之不理的守護。

由家臣繼承名號的飛驒豪族

姊小路家

因為族內爭鬥使勢力衰退的姊小路家，由於遭家臣奪取政權，而加入秀吉麾下

■ 歷史起源與戰國時代的興亡

姊小路家的先祖是藤原北家支流的藤原濟時，在南北朝動亂期時擔任飛驒的國司（行政官），並以南朝方身份參戰。

之後姊小路家則發展為嫡流的小島家、庶流的向家，以及古河家的三家。後因同族的爭鬥而衰退，並受到守護—京極氏的壓迫。

到了戰國時代後，京極氏直屬部下三木氏崛起，進而發展成為戰國大名。在三木良賴掌權時，繼承已經不復存在的古河姊小路家名號，其子賴綱則平定了鄰近的各個勢力，並完成飛驒的統一。

不過卻在本能寺之變後與秀吉敵對，在遭到攻擊後便投降。

■ 戰國時代當主〈姊小路賴綱〉

賴綱奉擔任飛驒守的父親—良賴之命，繼承國司—姊小路的名號，並以與織田信長合作的方式強化領國支配權。

在信長死後，為了要完全掌控飛驒，便和佐佐成政與柴田勝家聯手對抗秀吉，但卻遭金森長近攻陷高堂城，最後只好投降。

姊小路家的對立勢力

豐臣家 P.46
由於在信長繼位者之爭中，姊小路家加入柴田勝家方，而遭到金森長近攻陷。

京極家 P.312
姊小路家中的古河家、向家遭到飛驒守護的京極家流放，使勢力衰退。

遭魔王埋葬的悲劇一族
北畠家

歷史起源與戰國時代的興亡

　　北畠家是流有村上天皇血統的村上源氏一派，並以中源氏為起源。由於中院雅家住在洛北的北畠，所以便自稱為北畠氏。

　　北畠家是歷代侍奉天皇家的公家，也是後醍醐天皇的重臣，在南北朝動亂期則成為南朝方核心的重要人物。此時北畠顯能成為伊勢（現今三重縣）的國司，進而成為伊勢北畠家的起始。

　　到了戰國時代除了壓制志摩（現今三重縣東端），也將勢力延伸至紀伊（現今和歌山縣與三重縣南部）。

　　後因遭受織田信長攻擊而投降後，以當主為首的一族遭到暗殺，北畠家就此沒落。

■戰國時代當主＜北畠晴具＞

　　文武皆出色的北畠晴具，除了進攻志摩，也將紀伊南部納入勢力之下，甚至遭入侵大和（現今奈良縣），而領有一部分土地。

　　雖然將家督讓位給具教，但仍掌握軍權，與具教一同擊退伊勢北部的長野氏。

北畠家的對立勢力

織田家 P.12		進攻伊勢時曾一度和解，但之後卻暗殺北畠一族，使其滅亡。
長野家		勢力範圍在伊勢中部，雖南下與北畠家展開爭奪，但後來還是臣服於北畠家。

克服勢力衰退困境存續至戰國時代
京極家

歷史起源與戰國時代的興亡

　　近江（現今滋賀縣）的名族京極家，為第五十九代－宇多天皇子孫－宇多源氏之一派，並以佐佐木氏為起源。在鎌倉時代，成為近江守護的佐佐木信綱有四個兒子，其中住在京都京極的四男－氏信自稱為京極氏，即為京極氏起源。

　　南北朝時代足利尊氏所掌管的幕府擁有權勢，當時因為京極高氏的活躍表現，讓京極的聲勢大漲；除了近江以外，也獲得出雲（現今島根縣東部）、隱岐（現今隱岐島）等地的守護職。

　　「應仁之亂」後，由於族內的紛爭而無法有效掌控家中大小事，又加上默許淺井氏與尼子氏的勢力抬頭，導致權勢衰退。所幸因為懂得如何生存於戰國時代，得以領國的大名身份存活。

■戰國時代當主＜京極高次＞

　　戰國時代擔任當主的高次雖然跟隨織田信長，但卻在本能寺之變時援助明智光秀，雖然因此遭到羽柴秀吉（之後的豐臣秀吉）的追擊，後因妹妹成為秀吉側室，而獲得原諒，並成為大津城主。

　　關原之戰時的表現，則讓四萬名西軍為之震撼，並獲得加增及轉封。

京極家的對立勢力

淺井家 P.220		「應仁之亂」後，趁著家督之爭而加強勢力，但之後卻遭到京極高吉流放。
尼子家 P.268		擔任出雲和隱岐的守護後，並在京極家內部紛爭之際，趁機奪取出雲，成為戰國大名。

波多野家

趁著細川氏內部紛爭，順利脫離統治獨立的波多野家，卻因敗給織田信長而滅亡

歷史起源與戰國時代的興亡

有關波多野家的起源也存在著許多說法，其中以藤原秀鄉的後裔，居住在相模（現今神奈川縣）的波多野庄，而自稱波多野氏的說法最具公信力。

在「應仁之亂」加入東軍的波多野家，因為功績而獲得丹波（現今京都府中部）多紀郡領權。在波多野植通掌權時建造八上城作為根據地，並趁著細川氏發生內部紛爭時，打倒守護代－內藤氏，得以脫離統治獨立。

在細川氏與三好氏爭鬥之際，雖然八上城遭到與細川氏合作的三好方松永久秀入侵，但之後仍順利奪回並掌控丹波全部治權。

織田信長崛起後，波多野家雖一度表示服從，但後來還是與之敵對，並在對戰中敗北。戰國大名－波多野家因此宣告滅亡。

■戰國時代當主＜波多野秀治＞

當八上城遭攻陷時，波多野家雖淪為三好家的家臣，但秀治趁著三好家慶之死，藉機奪回八上城，成功恢復權勢。

在跟隨織田信長時，討伐了丹波的反織田勢力，不過之後因參與了信長包圍網，而與信長敵對；最後在被明智光秀制伏後遭到處決。

波多野家的對立勢力

織田家 P.12　光秀攻擊與足利將軍合作的秀晴，並在其投降後，為了讓其他人引以為戒，而將其處決。

三好家 P.256　與細川晴元爭鬥時，由於波多野家支持晴元，便入侵丹波並強迫其投降。

歷史起源與戰國時代的興亡

六角家

順利克服畿內政治爭鬥困境，並以擁立將軍方式累積實力，可惜最後仍敗給織田信長

歷史起源與戰國時代的興亡

京極氏的始祖－佐佐木氏信為佐佐木信綱的四男，而信綱三男－泰綱則將六角家發揚光大。泰綱雖然繼承佐佐木宗家，但由於居館位於六角，所以便自稱六角氏。

六角氏領有近江（現今滋賀縣）南部，京極氏則領有北部，由於近江分為兩家統治，所以導致出現同族的兩方互相爭奪的場面。

另外，因為在「應仁之亂」時六角家加入西軍，雖然曾二度遭足利將軍攻擊，但都順利擊退進而強化領國支配勢力。

在當主一定賴掌權時，便擁立足利義晴、義輝前往京都，並壓制淺井氏、京極氏，勢力到達全盛時期。

不過就在六角義賢、義治父子掌權時衰退，而敗給織田信長，家族就此沒落。

■戰國時代當主＜六角義賢＞

義賢是打造六角家全盛時期的定賴之子，不過因為多次的敗戰，導致家中勢力衰退。

之後與完成京都之行的織田信長對戰，雖然參與信長包圍網，但後來還是敗戰投降，並遭到佐久間盛信的監禁，之後雖順利逃脫，但就再也沒有關於他的消息。

六角家的對立勢力

織田家 P.12　在要前往京都時，曾向義賢要求援軍，卻遭其拒絕而演變為對戰局面。

淺井家 P.220　在六角定賴掌權時表示臣服，但是一發現六角家有衰退的徵兆，便開始入侵六角領地。

赤松家

原為有力守護而失勢的村上源氏末裔

雖然在室町幕府的開創上有所貢獻，卻因無法掌控家中而沒落

歷史起源與戰國時代的興亡

　　赤松家的起源原為繼承村上天皇血統的村上源氏，在家範掌權時居住在播磨（現今兵庫縣西南部）赤松村，因而自稱為赤松氏。

　　赤松家在足利尊氏開創室町幕府時有所貢獻，因此成為擁有權權的有力守護大名之一，但由於赤松滿祐與第六代將軍－足利義教不和，所以便暗殺義教，因而引發「嘉吉之亂」導致家族沒落。

　　之後赤松家雖力圖振作，但家中浦上氏的勢力增強，因而產生內部紛爭；再加上織田信長崛起，赤松家失勢變為一介領主。

　　豐臣秀吉政權時期移封為領有阿波（現今德島縣），之後因關原之戰表現失利而遭到撤職。

■戰國時代當主＜赤松義祐＞

　　義祐流放了對立的父親一晴政，成為赤松家的當主。不過當時赤松家就等同於守護代一浦上氏的傀儡，再加上遭別所氏奪取已經獨立的播磨東部等因素，導致赤松家持續衰退。

　　之後義祐雖想藉由織田信長之力回復勢力，終究還是因敗給浦上氏而沒落。

赤松家的對立勢力

浦上家 P.314
雖然是赤松家有力的直屬部下，但由於和赤松家當主持對立態度，所以赤松家反倒被當做是傀儡。

山名家 P.315
在滿祐暗殺將軍之際，成為追討軍的核心，並以此為契機增強勢力。

浦上家

展現下剋上行動的戰國大名

雖然以赤松家直屬部下身份，成功以下剋上方式奪取權勢，後因敗給家中的宇喜多氏而滅亡

歷史起源與戰國時代的興亡

　　浦上家繼承了平安時代公卿－紀長谷雄的血統，並以播磨（現今兵庫縣西南部）的浦上庄為出身地。

　　在室町時代初期，浦上家成為赤松家直屬部下，彼此勢力都有所成長。直到赤松滿祐因為「嘉吉之亂」而沒落才跟隨赤松政則，並盡力協助其再次崛起。後來政則成為播磨、美作（現今岡山縣東北部），以及備前（現今岡山縣東南部）守護後，浦上家則擔任守護代一職。

　　在當主－村宗掌權時，則殺害了繼承政則家業的赤松義村，使得浦上家勢力從播磨南部延伸至備前東部，同時並在次男－宗景掌權時成為戰國大名。

　　可惜最後卻敗給宇多喜氏並慘遭流放，擁有大名身份的浦上家就此滅亡。

■戰國時代當主＜浦上宗景＞

　　在村宗死後，嫡男的政宗雖繼承家督，但弟弟宗景卻與政宗對立，導致浦上家呈現分裂狀態。雖然政宗打倒赤松政秀，但宗景卻在備前與美作擁有勢力。

　　宗景靠著織田信長保有所領，卻和家臣宇喜多直家關係惡化，後來在備前的天神山被對方擊敗，慘遭流放。

浦上家的對立勢力

尼子家 P.268
入侵備前、美作與播磨，並打倒守護－赤松晴政，並一度擁有這些領土。

宇喜多家 P.274
猶如浦上家脫離赤松家獨立，宇喜多家則是流放浦上家而自立門戶。

山名家

權勢加身的前代有力家族

在室町時代初期擁有權勢的山名家，因權勢削弱而衰退

歷史起源與在戰國時代的興亡

山名家是以清和源氏的源義家曾孫－義範居住在上野（現今群馬縣）的山名，而自稱為山名氏。

室町時代初期山名家擔任十一國的守護，不過因為將其視為威脅的足利義滿之策略，導致山名家勢力銳減至只剩兩國的守護職。

在之後爆發的「嘉吉之亂」中，山名持豐因為功勳而成為六國的守護，重新恢復原有權勢。

但在持豐死後，山名家因為國人們的反亂與獨立，以及族內的爭鬥等因素而衰退。之後山名家就遭受織田信長麾下的豐臣秀吉，及毛利元就的領國勢力挾擊，在1580年遭秀吉降伏。

■戰國時代當主＜山名祐豐＞

在祐豐擔任但馬（現今兵庫縣北部）山名家當主時，雖然山名家一分為二，但因為成功討伐因幡（現今鳥取縣東部）山名家，因此再度合而為一。

面對入侵的織田信長，雖一度表示臣服，後來卻突然反叛與毛利氏合作，最後在居城遭攻陷的情況下身亡。

山名家的對立勢力

足利家
P.234 — 山名家因為賞賜使勢力龐大，所以必須要將這股足以威脅將軍的勢力削弱掉。

細川家 — 以管領家身份與山名家的權勢較勁，並在「應仁之亂」等舞台上正面對決。

一色家

缺乏成為大名的實力

雖然屬於將軍一門，但在與豪族的爭鬥中，走向衰退一途而滅亡

歷史起源與戰國時代的興亡

一色家為足利將軍一族，據說是以足利泰氏的七男－公深居住於三河（現今愛知縣東部）一色鄉，而自稱為一色氏。

雖然在室町時代獲得若狹（現今福井縣南部）與丹後（現今京都府北部）的守護職，但卻遭到足利義教削弱勢力。不久後便開始與若狹武田氏展開抗爭，使得一色家勢力日漸衰退。

戰國時代時一色家還是持續與武田氏抗爭，並接連發生國人自立、反叛的情況。

面對奉織田信長之命的細川藤孝之攻擊，雖然皆奮力抵抗，但當當主接二連三遭討伐後，一色家走向滅亡一途。

■戰國時代當主＜一色義道＞

在完成京都之行後的信長，便與足利義昭的關係惡化，此時的義道由於受到義昭保護，所以與信長為敵對關係，而細川藤孝則奉信長之命展開攻擊。雖一度擊退藤孝，但後來藤孝得到明智光秀的協助，使義道處於劣勢，最後義道順利從居城逃出，卻因有人反叛而被迫自殺身亡。

一色家的對立勢力

織田家
P.12 — 一開始與一色家關係良好，但由於義道幫忙藏匿比叡山的僧侶與將軍義昭，而遭到信長討伐。

若狹武田家 — 在殺害違背幕府的一色義貫後，得到若狹守護職，並驅逐一色家勢力。

自古以來就居住在伊予的豪族血脈

河野家

自古便居住在伊予的在地豪族，卻因沒有具備堅強實力，而遭戰國之世的操弄滅亡

歷史起源與戰國時代的興亡

河野家是以自古就居住在伊予（現今愛媛縣）的在地豪族－越智氏為起源，其後裔因移居至河野鄉，所以便自稱為河野氏。

河野家在源賴朝舉兵後便表示服從，並與平家對戰，也因此功績保有所領，在伊予一帶擁有勢力。

在南北朝時代，不時與入侵四國的細川氏發生衝突。到了室町時代雖獲得伊予守護職，卻因為宗家與伊予東部的予州家對立等因素，導致家中情勢不穩定。

戰國時代時受到勢力攀升的長宗我部元親的壓制，身為當主的通直被迫投降，加入長宗我部的勢力之下。但在豐臣秀吉的四國征伐後，則移居安藝（現今廣島縣西部）後來因病過世，河野家也因此滅亡。

■戰國時代當主＜河野通直＞

在通直擔任當主時，河野家已處於危急狀態。面對長宗我部氏的侵略，通直雖然與中國地區的毛利氏聯手對抗，但最終還是遭到降伏。在豐臣秀吉的四國征伐中，雖與小早川隆景對戰，後來因對方的勸誘而投降，接著移居至隆景的本領地－安藝，之後便在此病逝。

河野家的對立勢力

長宗我部家 P.166	以四國霸權為目標的長宗我部家，成功制伏河野家的抵抗，並讓其俯首稱臣。
細川家	接連入侵讚岐（現今香川縣）與阿波（現今德島縣），因侵略伊予而和河野家發生衝突。

在伊予紮根的公家大名

西園寺家

以公家身份成為大名的西園寺家，因為周邊豪族勢力的壓迫而衰退

歷史起源與戰國時代的興亡

西園寺家為藤原北家閑院流的公家，據說是因為西園寺公經在山城（現今京都府南部）北山搭建別業西園寺，所以便以此為家名，而伊予西園寺家則為分支血統。

在鎌倉時代，公經從幕府手上得到覬覦已久的橘家所領－伊予（愛媛縣）宇和郡。之後庶流的公良展開在地統治後，其子的公俊便建造松葉城，並一一吸收周邊豪族勢力，逐漸朝大名之路邁進。

到了戰國時代，因為受到伊予東部的河野氏與豐後（現今大分縣）的大友氏等人的侵略導致勢力衰退。

在遭到長宗我部降伏後，則又面臨到豐臣秀吉的四國征伐，由於當主遭到新領主的戶田勝隆殺害，西園寺家因而滅亡。

■戰國時代當主＜西園寺公廣＞

公廣原為僧侶，但由於當主－實充之子戰死，所以他便還俗繼承家督。

雖然與毛利氏、河野氏聯手對抗宇都宮氏與一條氏，卻仍遭到長宗我部元親降伏。在豐臣秀吉的四國征伐後，歸順於小早川隆景，最後遭到宇和郡新領主的戶田勝隆殺害。

西園寺家的對立勢力

一条家 P.286	一条兼定掌權時，受到有姻親關係的大友氏援助，而與西園寺相互鬥門。
宇都宮家 P.308	在伊予南部拓展勢力，與西園寺實充對戰時，討伐了實充之子－公高。

秋月家

自古就存在於九州的名族

歷史起源與戰國時代的興亡

秋月家是以中國東漢時期的靈帝為先祖的大藏氏後裔，因在鎮壓「藤原純友之亂」有功，而獲得筑前（現今福岡縣西部）領權的在地一族。而從大藏氏所誕生的原田氏的種雄，由於在「源平合戰」立功，於是得到秋月庄的賞賜，而自稱為秋月氏。

到了戰國時代，曾先後跟隨少貳氏及大內氏，之後則成為大友氏部下。後來和毛利氏聯手反叛大友氏而沒落。

之後，克服困境的種實順利復興秋月家，並與島津氏聯手對抗大友氏，成長為領有三十六萬石的大勢力。

在豐臣秀吉的九州征伐中，秋月家雖與島津氏再度合作，但仍遭到降伏。後來在關原之戰雖然隸屬西軍，但由於擔任與東軍的內應角色，得以保有所領。

■戰國時代當主〈秋月種實〉

因為投靠毛利氏得以存活的種實，二年後在毛利氏的協助下成功拿回舊領。

之後雖臣服於大友氏，卻與島津氏聯手侵吞大友領地，建立起秋月家的全盛時期。不過敗給秀吉的九州征伐，而遭移封至日向（現今宮崎縣）三萬石的種實，選擇讓位家督而隱居。

秋月家的對立勢力

豐臣家
P.46
作為統一全國的一環展開九州征伐，並對戰與島津家聯手抵抗的秋月家。

大友家
P.292
毛利氏對大友氏而言是大敵，所以絕不能放過與毛利氏合作而反叛的秋月家。

有馬家

在肥前蓬勃發展的小規模大名

歷史起源與戰國時代的興亡

雖然有說法指出有馬的起源為藤原純友，但實際上是肥前（現今佐賀縣與長崎縣）有間庄的平姓領主，在鎌倉時代之前都記載為「有間」。

在室町時代前因壓制有間庄的高來郡，因為援助少貳氏而得到賞賜的領地，並拓展勢力周邊，成長為肥前的最大勢力。

之後龍造寺隆信崛起後，有馬家則因為勢力衰退而被迫大幅縮小領國範圍，後因得到島津氏援助，在「沖田畷之戰」成功擊退隆信。

在豐臣秀吉的九州征伐中，因為追隨秀吉保有本領，之後在關原之戰雖加入西軍，也因反叛加入東軍得以存活。

■戰國時代當主〈有馬義貞〉

義貞成為當主時，正是開始受到有「肥前熊」之稱的龍造寺隆信強力壓迫時期。有馬在義貞掌權時，有顯著的勢力衰退現象，但這並非義貞無能，如果換作是由建立全盛時期的父親—晴純擔任這個時期的當主，結果應該也不會有太大的改變。

有馬家的對立勢力

龍造寺家
P.298
為少貳氏直屬部下的龍造寺家，在隆信掌權時打倒少貳家，並擴大勢力範圍、併吞了有馬家的領地。面對實力足以與大友氏匹敵的龍造寺家，有馬家完全沒有回擊能力。

被大勢力侵吞的小規模大名
相良家

相良家是肥後小規模的大名，雖與阿蘇氏聯手對抗島津氏，但仍遭到降伏

歷史起源與戰國時代的興亡

相良家繼承藤原南家的血統，因為居住在遠江（靜岡縣西部）相良庄，而自稱相良氏。

相良家在「源平合戰」追隨平家，雖然在鎌倉幕府誕生後被流放至肥後（現今熊本縣），但之後就得到允許得以歸來。

相良家雖然分為多良木庄、人吉庄兩家系，但在室町時代由於相良長續殲滅了多良木庄的相良家，使相良家就此合而為一。之後雖然相良家持續發生家督之爭，但到了義滋與養子晴廣掌權時，便成功整頓相良家，並以擴大勢力及情勢的穩定為目標。

後來雖然遭受島津氏攻擊而投降，但也在豐臣秀吉的九州征伐後，保有人吉的二萬石領地。

■戰國時代當主＜相良義陽＞

在義陽成為當主後，一族的上村賴孝便起而謀反，此次的討伐便成為義陽上任後的一大任務。

之後與伊東氏計劃攻打島津氏，但卻以失敗作終。在向島津氏投降後，奉命攻打阿蘇氏，雖順利進攻阿蘇氏居城，卻遭好友的甲斐宗運攻擊，最後戰死身亡。

相良家的對立勢力

島津家 P.176	雖然也有關係良好的時期，但由於無法掌控相良家，因而展開侵略。
菊池家	菊池家與有馬家不時發生衝突，不過之後為了壓制家中爭亂，便與有馬氏合作。

以阿蘇山祭司身份轉變為大名
阿蘇家

以阿蘇山的信仰累積一定勢力後，雖然被島津氏吸收，但之後仍以祭司身份再起

歷史起源與戰國時代的興亡

阿蘇家為在肥後（現今熊本縣）擔任一之宮祭司的一族，由於火山信仰顯示出阿蘇神社的重要性，也因此累積一定的勢力。

在南北朝動亂期後，阿蘇家持續發生內部紛爭，但在進入戰國時代後，受到甲斐親宣、親直父子輔佐的惟豐，打造出阿蘇家的榮景。

不過在肥後落入大友氏管轄內後，大友氏因為敗給島津氏而勢力衰退，阿蘇家雖奮力抵抗島津氏，仍遭其侵吞。

之後在豐臣秀吉的九州征伐後獲得知行一職，但因為遭懷疑參與「梅北之亂」而遭殲滅，之後則藉由加藤清正之力再起，並成為阿蘇神社的祭司。

■戰國時代當主＜阿蘇惟將＞

在惟將成為當主時，正處於北有龍造寺、南有島津氏的挾擊壓迫處境，這對於和開始衰退的大友氏合作的阿蘇家而言，可說是非常嚴苛的時期。

不過惟將卻借助甲斐親直之力，與龍造寺氏合作，再有技巧地與島津氏和平交涉，而得以同時保有領地權。

阿蘇家的對立勢力

島津家 P.176	與相良氏、大友氏聯手攻打敵對阿蘇氏，並將其領國納入自己管轄範圍內，而使阿蘇氏沒落。
足利家 P.234	介入支持南朝方的阿蘇家對戰中，完成將庶子家引領至武家方等任務。

以古代名族為先祖的一門
肝付家

自古就與島津家有所關聯，雖與伊東氏聯手對抗島津氏，但還是敗下陣來

歷史起源與戰國時代的興亡

普遍認為肝付氏的起源為伴氏，古代大伴氏或是以天智天皇之子的大友皇子為先祖。由於在薩摩（現今鹿兒島縣西部）擔任總追捕使的伴兼貞之子孫，居住在鄰國大隅（現今鹿兒島縣東部）的肝屬郡，而自稱為肝付氏。

肝付家之後就發展成為島津氏的莊司，以及肝屬郡的弁財使。雖然在南北朝動亂期曾與島津氏對立，但之後仍歸順於島津氏。

到了戰國時代後，肝付氏與日向的伊東氏聯手對抗島津氏。雖然也有一度壓制島津氏，但是到了肝付兼護掌權後，他便臣服於島津氏，大名身份的肝付家因此滅亡。

■戰國時代當主＜肝付兼續＞

第十六代的兼續與島津氏保持友好關係，並以平定大隅為目標，但由於之後與島津貴久關係惡化，而轉變為敵對關係。

雖然在「竹原山之戰」因成功討伐貴久之弟一忠將，而一度佔有優勢，可惜最後因為居城遭到攻陷而死。

肝付家的對立勢力

島津家
P.176

大隅原是島津家的莊園，也是獲得守護職的土地。對於以擴大勢力為目標的島津家而言，在大隅建立起龐大勢力的肝付家，絕對是造成阻礙的威脅。

持續與島津氏爭鬥的一族
伊東家

長年與九州南部之雄一島津氏彼此爭奪的伊東家，最後由於實力不足而敗北

歷史起源與戰國時代的興亡

伊東家是以繼承藤原南家血統的工藤氏為起源，由於居住在伊豆（現今伊豆半島）伊東的工藤祐經之子一祐時，獲得日向（現今宮崎縣）的領主職，所以自稱為伊東氏。

雖然伊東家來到日向定居，不過那裡可以說是島津氏的勢力範圍，所以便加深與島津氏之間的嫌隙。

到了戰國時代，取代了不斷發生內部紛爭的島津氏而成為日向守護，並壓制欲爭奪飫肥而抗爭的豐州島津家。不過伊東家卻在「木崎原之戰」大敗，且在與大友氏聯手作戰的「耳川之戰」也敗北，所以被驅逐出日向。之後，伊東家便跟隨豐臣秀吉，並在九州征伐後成功奪回飫肥城，以飫肥藩的形式繼續生存。

■戰國時代當主＜伊東義祐＞

義祐由於在當主的兄長死後，成功壓制內部紛爭，而成為第十當主。與肝付氏合作的義祐則因為日向南部的領權，與豐州島津家相互爭奪，並獲得飫肥領權，建立起伊東家的全盛時期。不過由於接連在「木崎原之戰」與「耳川之戰」敗給島津氏，最後死於堺市。

伊東家的對立勢力

島津家
P.176

由於具有日向守護的身份，自古以來就不時與伊東家展開多次抗爭。

土持家

剛開始為同盟關係，但就在「水島之變」時，因為相互較量功績為導火線，而與伊東家關係惡化。

■參考文獻

『歷史と旅 臨時增刊号14 日本武將總覽』、『歷史と旅 臨時增刊号54 信長をめぐる100人 激越なる覇王の生涯とともに生きた戰國群像』（以上、秋田書店）／『朝日 日本歷史人物事典』（朝日新聞社）、『家紋の世界 あなたのルーツはここにあった！』インデックス編集部編（イースト・プレス）／『元就と毛利兩川』利重忠著、『九州戰國の武將たち』吉永正春著（以上、海鳥社）／『學研M文庫 史伝 佐々成政』遠藤和子著、『學研M文庫 武田家臣団 信玄を支えた24將と息子たち』近衛龍春著、『歷史群像85 2007年10月号』、『歷史群像86 2007年10月号』、『歷史群像87 2008年2月号』、『歷史群像92 2008年12月号』、『歷史群像アーカイブVol.6 戰國合戰入門』、『歷史群像シリーズ 實錄「花の慶次」武將列伝』中西豪著、『歷史群像シリーズ19 伊達政宗 獨眼竜の野望と哮噪』、『歷史群像シリーズ30 豪壯秀吉軍団 天下に雄飛した精銳列伝』、『歷史群像シリーズ50 戰國合戰大全 上卷 下克上の奔流と群雄の戰い』黑田基樹 平山優 大野信長 藤井尚夫 藤本正行 小木香著、『歷史群像シリーズ51 戰國合戰大全 下卷 天下一統と三英傑の偉業』新宮正春 光武敏郎 貫井正之 三木靖 小笠原清 中村達夫著、『歷史群像シリーズ特別編集 決定版 圖說・戰國合戰地図集』、『歷史群像シリーズ特別編集 日本100名城公式ガイドブック』日本城郭協会監修、『歷史群像シリーズ特別編集 決定版 圖說・戰國甲冑集』伊達昭二著、『歷史群像シリーズ特別編集 全國版 戰國精強家臣団 勇將・猛將・烈將伝』、『歷史群像シリーズ特別編集 戰國九州三國志 島津・大友・龍造寺の戰い』、『新・歷史群像シリーズ3 信長・秀吉・家康 天下統一と戰國の三英傑』、『新・歷史群像シリーズ12 徳川家康 大戰略と激闘の譜』（以上、學研）／『天計図で読みとく 戰國名物語』竹内正浩著（講談社）／『龍造寺隆信 五州二島の太守』川副博著 川副義敦考訂（佐賀新聞社）／『戰國今川氏 その文化と謎を探る』小和田哲男著（静岡新聞社）／『家紋 知れば知るほど』丹羽基二監修（実業之日本社）／『戰國武將ものしり辞典』奈良本辰也監修（主婦と生活社）／『Truth In History8 武田信玄 武田三代興亡記』吉田龍司著、『Truth In History10 上杉謙信 信長も畏怖した戰國最強の義將』相川司著、『Truth In History11 伊達政宗 野望に彩られた獨眼龍の生涯』相川司著、『Truth In History13 戰國武將事典 乱世を生きた830人』吉田龍司 相川司 川口素生 清水昇著（以上、新紀元社）／『戰國 北条一族』黑田基樹著、『陸奥・出羽 斯波・最上一族』七宮涬三著、『常陸・秋田 佐竹一族』七宮涬三著、『下野 小山・結城一族』七宮涬三著、『戰國人名辞典 コンパクト版』阿部猛 西村圭子編、『歷史読本 2009年4月号特集 戰國大名血脈系譜總覽』、『天下取り採点 戰國武將205人』、『別冊歷史読本39 戰國武將列伝 甲冑・旗指物・陣羽織等、各項を一挙掲載』（以上、新人物往来社）／『新潮選書 伊達政宗の手紙』佐藤憲一著（新潮社）／『物語と史蹟をたずねて 伊達政宗』竹内勇太郎著（成美堂出版）／『BIGMANスペシャル その獨創と奇行の謎 改定新版 織田信長』小和田哲男 井沢元彦 童門冬二著、『ビジュアル戰國1000人 応仁の乱から大坂城炎上まで乱世のドラマを読む』小和田哲男監修（以上、世界文化社）／『宝島社文庫 戰國武將最強列伝』別冊宝島編集部編（宝島社）／『早わかり戰國史』戸川淳編著（日本実業出版社）／『戰國鬪將伝 島津義弘 慈悲深き鬼』戰國歷史研究会著、『上杉謙信と宇佐美定満』戰國歷史研究会著、『PHP文庫 戰國合戰事典 応仁の乱から大坂夏の陣まで』小和田哲男著、『PHP文庫 「戰國武將」がよくわかる本』株式会社レッカ社編著、『PHP新書 戰國大名 県別国盗り物語 我が故郷の武將にもチャンスがあった!?』八幡和郎著（以上、PHP研究所）／『CD-ROM 世界大百科事典 第2版』ベーシック版』（日立デジタル平凡社）／『激突！戰國の大合戰 最強軍団がゆく』青山誠著（双葉社）／『人物叢書 前田利家』岩沢愿彦著 日本歷史学会編集、『人物叢書 長宗我部元親』山本大著 日本歷史学会編集、『人物叢書 今川義元』有光友學著 日本歷史学会編集、『人物叢書 足利義滿』臼井信義著 日本歷史学会編、『人物叢書 一条兼良』永島福太郎著 日本歷史学会編、『人物叢書 大内義隆』福尾猛市郎著 日本歷史学会編、『人物叢書 大友宗麟』外山幹夫著 日本歷史学会編、『人物叢書 三好長慶』長江正一著 日本歷史学会編、『人物叢書 覚如』重松明久著 日本歷史学会編、『人物叢書 朝倉義景』水藤真著 日本歷史学会編、『人物叢書 浅井氏三代』宮島敬一著 日本歷史学会編（以上、吉川弘文館）／『リード文庫 戰國武將100選』川口素生著（リード社）／その他、多くの書籍やウェヴサイトを參考にさせていただいております。

The Quest For History
日本戰國武將 完全圖解事典

出　　　版／楓樹林出版事業有限公司	企劃・構成・編集	株式会社レッカ社
地　　　址／新北市板橋區信義路163巷3號10樓		斉藤史夫／下間大輔／鈴木大樹
網　　　址／www.maplebook.com.tw	ライティング	成瀬史弥／野村昌隆／和恵／坂本雅之／
電　　　話／(02)2957-6096		千田誠行／吉村次郎
傳　　　真／(02)2957-6435	イラスト	鯵屋槌志／伊吹アスカ／ue☆no／海老原
翻　　　譯／林文娟		英明／哉ヰ涼／米谷尚展／佐藤仁彦／丞
總　經　銷／商流文化事業有限公司		悪朗／すずき ちえるな／立澤準一／
地　　　址／新北市中和區中正路752號8樓		TOHRU／NAKAGAWA／中山けーしょー
網　　　址／www.vdm.com.tw		／七片藍／虹之彩乃／樋口一尉／藤川純
電　　　話／(02)2228-8841		一／誉／みきさと／三好載克／よじろー
傳　　　真／(02)2228-6939	カバー・本文デザイン	貞末浩子
港澳經銷／泛華發行代理有限公司	DTP	Design-Office OURS
定　　　價／350元		
初 版 日 期／2011年11月		